# GARY STEVENSON
## Das Milliardenspiel

Gary Stevenson

# Das Milliardenspiel

Wie man eine Bank
ausraubt – und den Rest
der Welt gleich mit

Der Insiderbericht
aus der Londoner City

Aus dem Englischen von Bernhard Schmid

Die Originalausgabe erschien 2024 unter dem Titel
*The Trading Game: A Confession* bei Allen Lane.

Der Verlag behält sich die Verwertung der urheberrechtlich
geschützten Inhalte dieses Werkes für Zwecke des Text- und
Data-Minings nach § 44 b UrhG ausdrücklich vor.
Jegliche unbefugte Nutzung ist hiermit ausgeschlossen.

Bibliografische Information der Deutschen Bibliothek

Die Deutsche Bibliothek verzeichnet diese Publikation in der
Deutschen Nationalbibliografie; detaillierte bibliografische Daten sind
im Internet unter www.dnb.de abrufbar.

Penguin Random House Verlagsgruppe FSC® N001967

Aus dem Englischen von Bernhard Schmid
© Gary Stevenson, 2024
© der deutschsprachigen Ausgabe 2024 Ariston Verlag
in der Penguin Random House Verlagsgruppe GmbH,
Neumarkter Straße 28, 81673 München
Alle Rechte vorbehalten
Redaktion: Anne Büntig
Umschlaggestaltung: wilhelm typo grafisch
unter Verwendung eines Motivs von Alamy Stock Foto/horst friedrichs
Satz: Satzwerk Huber, Germering
Druck und Bindung: GGP Media GmbH, Pößneck
Printed in Germany

ISBN: 978-3-424-20288-5

»*In einer verrückten Welt sind nur die Verrückten normal.*«
Akira Kurosawa

»*Das Leben ist das Leben. Spiel ist Spiel.*«
Anishs Großvater

# Prolog

»Ich will dir mal was erzählen.« Calebs überdimensioniertes Gesicht schob sich über die beiden Ramen-Schalen auf dem Tisch, die eine voll, die andere leer. Aus der meinen wand sich ein zartes Fähnchen Dampf vor sein strahlend weißes Lächeln. Von meiner Warte eines in seinen Stuhl gesunkenen Häufchen Elends aus, schienen ihm die aus meiner Schale ragenden Essstäbchen bis ans Kinn zu gehen. Sein Lächeln wurde immer breiter.

»Ich kannte da mal einen wirklich guten Trader. Einen wirklich, wirklich guten Trader. Bei der Deutschen Bank. Cleveres Bürschchen. Jung. Genau wie du.«

Calebs feiste Unterarme lagen um seine leere warme Schale geschlungen und lasteten jetzt mit ihrem ganzen Gewicht auf dem Tisch. Seine Hände befanden sich jetzt fast direkt vor meinem Gesicht, die Finger fest verschränkt. Ich habe den Anblick dieser Finger nie vergessen. Feist, rund und rosig, wie rohe Würste. Und sie schienen jeden Augenblick platzen zu wollen.

»Ich sag dir, so ein richtig guter Trader war das. Verdiente eine Menge Geld. Eine Menge Geld für sich, eine Menge Geld für die Deutsche Bank. Er hatte eine solide Karriere vor sich.«

Rund um uns herrschte rege Betriebsamkeit. Es war keines dieser rustikalen kleinen Ramen-Lokale, wie sie in den Nebenstraßen japanischer Großstädte aus dem Boden zu schießen scheinen. Es war ein großes, großzügig ausgelegtes Businessrestaurant im sechsten Stock eines großen, großzügig ausgelegten Businesstowers. Rundum saßen Geschäftsleute mit gelockertem Schlips beim Bier, stießen mit ihren Chefs an und lachten über deren Witze. Einige amerikanische Banker, die sich unter die japanischen Gehaltsempfänger verirrt hatten, redeten zu viel und zu laut. Ich sagte gar nichts. Ich war gebannt von dem übergroßen Gesicht, das im Schummerlicht über den Tisch hinweg auf mich zuzuschweben schien.

»Aber jetzt pass mal auf. Dieser junge Bursche, dieser Trader, so gut er als Trader auch sein mochte, er hatte ein ernstes Problem. Einen verhängnisvollen Makel, wenn du so willst ... Der Typ dachte, er könnte einfach so aussteigen. Er dachte, er könnte einfach so gehen. Du verstehst, was ich meine, ja?«

Caleb war ein Hüne. Das ist wohl schon klar geworden, aber nicht nur sein Gesicht und seine Finger waren überdimensioniert. Alles an ihm schien zwei Nummern größer, als es hätte sein sollen. Seine Brauen waren zu groß; sein Kinn war zu groß; selbst das Haar schien irgendwie zu groß für den Kopf. Mehr noch als all das war sein Lächeln gewaltig. Enorm, strahlend, perlweiß. Im Augenblick schien es mir breiter als das Gesicht selbst. Wie die Grinsekatze aus dem Ramen-Ya am Dienstagabend leuchtete dieses Lächeln durch das schummrige Licht des Restaurants.

»Pass auf, dieser Typ beschloss doch tatsächlich, sein Geld einzustecken und auszusteigen. Der Branche den Rücken zu kehren, du verstehst, ja? Nette Idee. Irgendwo eine Familie gründen. Wirklich nett. Die Sache ist nur die, dass der Typ nicht so recht verstand, wie diese Branche funktioniert. Die Deutsche Bank wollte schlicht nicht, dass er geht. Verstehst du?«

Man musste kein Genie sein, um zu sehen, worauf das hinauslief, und mir wurde allmählich flau im Magen. Eine leichte Übelkeit stellte sich ein. Ich hatte einen seltsamen Geschmack im Mund. War das Blut? Ich sank tiefer in mich zusammen und starrte ihn an. Caleb lächelte immer noch. Und sein Lächeln schien immer breiter zu werden.

»Wie auch immer, die Deutsche ging her und nahm sich alle seine Trades vor, du verstehst, ja? Seine Chats, seine E-Mails. Er hatte lange dort gearbeitet, also eine Menge Trades für die Leute gemacht. Und es kam dabei tatsächlich so einiges zutage, was nicht so doll war. Du weißt, was ich meine, ja? Dinge, die er nicht hätte tun sollen.«

Ich begann Feuer in meinen Füßen zu spüren. In meinen Beinen. Ein zunehmend heißes Jucken. Ein Brennen. Aber ich rührte mich nicht.

»Nun pass auf, nicht dass das fair gewesen wäre, ja? Aber die Deutsche hat den Trader doch tatsächlich verklagt. Dabei hatte er, offen gesagt, eigentlich nichts wirklich Schlimmes getan, aber man schaffte es, ihm was anzuhängen. Der Fall schleppte sich jahrelang von einem Gericht zum anderen. Du verstehst, ja? Eine Klage jagte die andere. Ein wahrer Albtraum. Und der Trader, großartiger junger Trader, der er war, konnte nie wirklich aussteigen, verstehst du? Aus der Traum von der Familie. Alles, was er sah, waren Gerichtssäle. Er verbrachte dort die besten Jahre seines Lebens. Kannst du dir das vorstellen, Gary? Ich meine, wirklich vorstellen? Der Prozess führte nirgendwohin, aber der Typ hat am Ende alles verloren. Anwaltskosten. Sein ganzes Geld und noch viel mehr. Am Ende war er pleite. Am Ende hatte er alles verloren.«

Das Brennen hatte von mir Besitz ergriffen, ebenso die Übelkeit und der Blutgeschmack. Ich rührte mich trotzdem nicht. Ich hob nur den Blick und sah ihm ins Gesicht.

»Gary, hörst du mir zu? Verstehst du, was ich hier zu sagen versuche?«

Das große runde Gesicht kam noch näher.

»Gary. Ich mag dich. Für mich bist du ein anständiger Kerl. Aber manchmal stößt eben auch anständigen Menschen Schlimmes zu. Das wirst du noch erfahren. Wir können dir das Leben schwer machen, sehr schwer.«

In diesem Augenblick schwappte eine Sturzflut von Erinnerungen über mich hinweg. Erinnerungen, die mich Tausende von Kilometern weit wegtrugen. Weg von Tokio und zurück nach Ilford, East London. Ich war achtzehn und saß in einer Sackgasse neben den Bahngleisen auf einem Fußball, als Harry mir sagte, seine Mom habe Krebs. Ich wusste nicht, was ich sagen sollte: »Möchtest du Fußball spielen?« Ich erinnerte mich, wie ich gegen eine Wand gedrängt, in irgendeiner Gasse, in einer finsteren Nacht, gebannt in Saravans Gesicht blickte, der mich abzustechen drohte. Er hatte die Hände in den Taschen. Hatte er ein Messer? Ich wusste es nicht. Ich erinnerte mich daran, wie sie hinter mir her waren, durch endlose Reihenhausschluchten, wie ich über Gartenzäune sprang, und daran, wie Brathap überfahren wurde und sein Körper zuckend auf der Straße lag. Ich erinnerte mich an all die hirnlose Gewalt und das Blut und den Unfug, an all den Unfug der Kids in unserer Straße und an all die Versprechen, die ich gegeben, und die Leute, die ich gekannt hatte. Ich erinnerte mich daran, mit Jamie auf dem Dach des Parkhauses zu sitzen und wie wir rund um uns, überall in der Stadt, die neuen Wolkenkratzer in den Himmel wachsen sahen; ich erinnerte mich, wie ich ihm sagte, dass ich mal etwas darstellen würde, irgendwann. Ich versprach es ihm. Im Mondschein an einer Zigarette ziehend, hatte er mich ausgelacht. Aber er wusste, ich würde es schaffen. Und ich wusste es auch.

Nein, dachte ich, das endet nicht hier. Nicht hier in diesem kalten Firmenrestaurant. Nicht unter dem Grabstein dieses Lächelns.

# ERSTER TEIL
## Aufwärts

# 1

In gewisser Hinsicht bin ich zum Trader geboren.

Am Ende der Straße, in der ich aufwuchs, stehen im Abstand von vier Metern vor der hohen, konkav gewölbten Mauer eines Werkstoffhofs ein Laternenpfahl und ein Telegrafenmast: die perfekten Pfosten für ein improvisiertes Tor.

Stellt man sich zwischen diese beiden Torpfosten, geht zehn große Schritte zurück und hebt den Kopf, sieht man über die hohe Mauer hinweg in der Ferne die zwinkernden Lichter des höchsten Wolkenkratzers von Canary Wharf.

Als Kind kickte ich, in der Schuluniform meines Bruders und abgetragenen Schuhen, nach der Schule so manchen langen Abend verbeulte Schaumstoffbälle in dieses Tor. Oder daneben. Wenn meine Mutter mich zum Abendessen rief, drehte ich mich noch einmal um und sah, wie der Wolkenkratzer mir zuzwinkerte. Er schien mir für ein unbekanntes neues Leben zu stehen.

Es waren nicht nur die Straßen von East London, die ich mit diesen hoch aufragenden schimmernden Tempeln des Kapitalismus teilte. Es war da noch etwas anderes, eine Art gemeinsamer Glaube. Es hatte irgendwie mit Geld zu tun. Mit einem Verlangen.

Ich war mir der Bedeutung des Geldes und des Wissens, dass wir praktisch keines hatten, seit jeher schmerzlich bewusst. In einer meiner frühesten Erinnerungen hatten mir meine Eltern eine Pfundmünze gegeben, um in der Esso-Tankstelle Limonade zu holen. Irgendwo auf dem Weg dorthin habe ich die Münze verloren. In meiner Erinnerung suchte ich stundenlang danach, kroch unter Autos, scharrte mit den Fingern in Gullys, bevor ich mit leeren Händen und Tränen in den Augen nach Hause kam. In Wirklichkeit waren es wahrscheinlich gerade mal dreißig Minuten. Aber ich denke mal, dreißig Minuten sind eine lange Zeit für ein Kind, und ein Pfund war für uns eine Menge Geld.

Ich weiß nicht, ob mir diese Liebe zum Geld jemals wirklich abhandengekommen ist. Obwohl, wenn ich so zurückblicke und überlege, bin ich mir nicht sicher, ob es das Wort »Liebe« so richtig trifft. Womöglich war es eher so etwas wie Angst, vor allem als ich noch klein war. Aber ob es nun Angst war, Liebe oder Hunger, das Gefühl wurde umso stärker, je größer ich wurde, und ich war immer auf der Jagd nach dem nächsten noch fehlenden Pfund. Mit zwölf begann ich, in der Schule Bonbons zu verkaufen; mit dreizehn trug ich Zeitungen aus, für dreizehn Pfund die Woche, 364 Tage im Jahr. Mit sechzehn, an der Highschool, waren meine Geschäfte schon wesentlich kühner geworden, einträglicher und nicht mehr ganz so legal. Aber das Wahre waren diese kleinen Gewinne dennoch nicht, und so guckte ich Abend für Abend nach Sonnenuntergang unsere Sackgasse entlang, hinauf zu den zwinkernden Wolkenkratzern von Canary Wharf.

Aber in so manch anderer Hinsicht bin ich auch wieder nicht zum Trader geboren, und die Gründe dafür waren – und sind – sehr wichtig.

Es gibt nämlich jede Menge junge, hungrige, ehrgeizige Jungs, die im Schatten von East Londons Wolkenkratzern mit ramponierten Fußbällen um Laternenpfähle und Autos herum Fußball spielen. Viele von ihnen sind clever, viele sind voll eiserner Entschlossenheit, fast alle würden jedes nur erdenkliche Opfer bringen für einen Job in Schlips und Manschetten in einem dieser hoch aufragenden, schimmernden Wahrzeichen des Geldes. Betritt man jedoch die »Trading Floors«, die Handelsräume, die einen Ehrenplatz einnehmen in diesen schimmernden Wolkenkratzern im Herzen von Londons ehemaligen Docklands, in denen junge Männer Jahr für Jahr Millionen verdienen, bekommt man mitnichten die stolzen Akzente von Millwall, Bow, Stepney, Mile End, Shadwell und Poplar zu hören. Ich weiß das, weil ich auf einem dieser Floors gearbeitet habe. Jemand fragte mich mal wegen meines Akzents, wo ich denn her sei. Er hatte gerade seinen Abschluss in Oxford gemacht.

Der Citibank Tower in Canary Wharf ist 42 Stockwerke hoch. 2006, als ich das Gebäude zum ersten Mal betrat, war es eines der beiden zweithöchsten Gebäude im Vereinigten Königreich. Im Jahr darauf beschloss ich eines Tages, ganz nach oben zu fahren, wegen der Aussicht und um zu sehen, ob man von dort oben mein Elternhaus sah.

Die oberste Etage des Citibank Centres wurde ausschließlich für Konferenzen und Events genutzt. Damit war der gesamte Raum, wann immer er nicht benutzt wurde, völlig leer: eine weite, ununterbrochene Landschaft aus dickem blauem Teppichboden, die rundum von dicken Glasfenstern begrenzt war. Lautlos schwebte ich über den Teppichboden an eine der Fensterfronten, aber die Gegend, in der ich wohnte, war nicht zu sehen. Vom 42. Stock des Citibank Centres aus ist East London schlicht nicht zu sehen. Man sieht nur den 42. Stock des HSBC-Towers gleich nebenan. Die ehrgeizigen jungen Kids von East London schauen zu den Wolkenkratzern hinauf, deren Schatten auf ihre Häuser fallen, aber die Wolkenkratzer erwidern ihre Blicke nicht. Sie sehen nur ihresgleichen.

Dies ist die Geschichte von einem, der als Einziger von all den Kids, die im Schatten dieser Türme Fußball spielten und Süßigkeiten verkloppten, einen Job auf dem Trading Floor der Citibank ergatterte. Sie erzählt, wie ich der weltweit profitabelste Trader der Citibank wurde, und sie erzählt, warum ich nach alledem trotzdem ausstieg.

Wir sprechen hier von den Jahren, in denen die Weltwirtschaft in den Abgrund zu rutschen begann, in den sie heute noch stürzt. Zeitweise rutschte auch mein Verstand mit ihr ab. Und manchmal tut er das immer noch. Ich habe meine Mitmenschen weiß Gott nicht immer so behandelt, wie sich das gehört hätte. Harry, Wizard, JB, mich selbst. All die Mädchen, die eigentlich Namen hätten haben sollen. Ich hoffe, ihr könnt mir verzeihen, dass ich eure Geschichten erzähle. Ihr wisst, sie sind, eine wie die andere, Teil meiner eigenen.

Ich widme meine Geschichte Anishs Großvater, der uns betrunkenen Teenagern als betrunkener alter Mann endlos den einzigen Satz vorbrummelte, der ihm auf Englisch gut über die Lippen kam.

»Das Leben ist das Leben. Spiel ist Spiel.«

Wir sind nie wirklich dahintergekommen, was er damit gemeint hat. Ich hoffe immer noch, dass uns das eines Tages gelingt.

# 2

Mein Weg auf den Trading Floor begann an der London School of Economics, der LSE.

Die London School of Economics hat nichts von Oxford oder Cambridge. Sie hat keinen großen grünen Campus. Die Universitätsgebäude verstecken sich, als Ansammlung unscheinbarer Büros getarnt, in einer Seitengasse des Londoner West Ends.

Trotz dieser eher unscheinbaren Umgebung schickt die Weltelite ihre Kinder mit erstaunlichem Enthusiasmus an diese Hochschule. Kein russischer Oligarch, so schien es, kein pakistanischer Luftwaffenkommandeur, kein Mitglied des chinesischen Politbüros wollte sich die Gelegenheit entgehen lassen, einen ehrgeizigen Sohn, eine Tochter, einen Neffen oder eine Nichte in diesem unscheinbaren Winkel Londons ein paar Jahre lang Simultangleichungen studieren zu lassen, bevor sie wieder nach Hause flogen, um die Führung ihres Landes zu übernehmen – womöglich nach einem mehrjährigen Abstecher bei Deloitte oder Goldman Sachs.

Als ich 2005 an die Universität kam, um dort Mathematik und Wirtschaftswissenschaften zu studieren, war ich alles andere als ein typischer LSE-Student. Drei Jahre zuvor hatte man mich von der Highschool geworfen, weil ich Cannabis verkauft hatte, im Wert von genau drei Pfund. Davor hatte ich versucht, ein Grime-Kollektiv auf die Beine zu stellen; ich hatte mir dazu eigens ein Hoodie maßschneidern lassen mit »MC Gaz« auf der Brust und »Cadaverous Crew« auf dem Rücken, beides in stilisierten Riesenlettern. Zu meiner ersten Vorlesung erschien ich in Ecko-Jogginghose und blau-weißem Ecko-Hoodie. Auf der Brust von Letzterem prangte ein großes marineblaues Nashorn. Bevor ich dort ankam, hatte ich nicht wirklich etwas über die Uni gewusst. Aber von einem Schulkameraden hatte ich erfahren, dass ein LSE-Abschluss ein Ticket zu einem fetten Job in der City war, und das hatte mir gereicht.

Wie nicht weiter überraschend, passte ich da nicht wirklich rein. Die russischen Oligarchen gingen nicht auf ein Brathähnchen in den Halal-Imbiss; die Singapurer konnten meinen Akzent nicht verstehen. Um zu sparen, wohnte ich bei meinen Eltern in Ilford, zehn Meilen östlich der LSE. Ich hatte gerade meine erste richtige Freundin kennengelernt, die wie ich aus Ilford war, und so verbrachte ich mein erstes Jahr größtenteils mit ihr – und der einen oder anderen Flasche – auf einer Parkbank. Und abends, wenn meine Mutter von der Arbeit nach Hause kam, schmuggelte ich sie aus meinem Schlafzimmerfenster und über die Bahngleise. An der Uni ließ ich mich gerade mal zu Vorlesungen und Seminaren sehen.

Trotzdem war ich fest entschlossen, einen guten Abschluss zu machen. Meine Familie hatte keine Connections, und ich kannte niemanden in der City. Ich war weder groß, noch sah ich gut aus, trug weder feinen Zwirn, noch hatte ich aalglatte Networking-Skills. Die eindrucksvollsten außerschulischen Pluspunkte meiner Vita waren eine ausgesprochen uninspirierte Karriere als Grime-MC mit Revolverschnauze und zwei Jahre Kissenaufschütteln in Becktons DFS-Sofastore. Aber Mathe lag mir schon immer, also gab es meiner Ansicht nach für mich nur einen Weg in die City: all die arabischen Milliardäre und chinesischen Industriellen mit einem erstklassigen Abschluss aus dem Feld zu schlagen und dann zu beten, dass Goldman Sachs Notiz von mir nahm.

Mein Plan dazu war relativ einfach: in jeder Vorlesung und in jedem Seminar ganz vorn zu sitzen und dafür zu sorgen, dass ich alles verstand, was Dozenten und Seminarleiter sagten.

Meine Strategie erwies sich als recht effektiv, und ich beendete das erste Studienjahr mit einer durchaus passablen Eins. Wenn ich ganz ehrlich bin, tat ich mich ziemlich leicht. Ich ging mit dem Gefühl in die Sommerferien, dass mein Plan tatsächlich aufgehen könnte.

Doch als ich mein zweites Jahr an der LSE anging, musste ich zwei merkliche Veränderungen konstatieren.

Erstens war plötzlich – so präzedenz- wie grundlos – jeder Student des gesamten Jahrgangs zu einem immens beflissenen Junior-Banker mutiert. Was nicht heißen soll, dass jeder einen Job in den schimmernden Wolkenkratzern von Canary Wharf oder der City ergattert hatte, aber unerwarteterweise – zumindest für mich – tat man so. Plötzlich gingen alle mittwochs und freitags zu den Events der Finance Society und montags auch noch zu den Networking-Events der Investment Society. Mit einem Mal wurden die Sätze meiner Kommilitonen zu Buchstabensuppe – ABS, IBD, CDS, CDO, M&A –, und sie unterhielten sich über »Sales and Trading« und »Sekuritisierung«. Aus irgendeinem unerklärlichen Grund kreuzten plötzlich eine ganze Reihe von ihnen in Business-Dreiteilern auf. Allenthalben wurden Gerüchte laut, so einige von uns – selbstverständlich das Kontingent hochgewachsener, breitschultriger und sorgfältig frisierter Anzugträger unklarer Nationalität, aber eindeutig betuchter Herkunft – hätten bereits illustre Praktika bei Goldman Sachs, der Deutschen Bank, JPMorgan oder Lehman Brothers in der Tasche. Von einigen hieß es gar, sie hätten bereits einen Vollzeitjob.

Alle begannen sich für Praktika zu bewerben. Nicht nur für ein oder zwei, sondern für fünfzehn oder zwanzig, manchmal mehr. Theoretische Fragen für Vorstellungsgespräche machten die Runde – angeblich hatte man sie einem mythischen Studenten aus den Fachbereichen Statistik oder Internationale Beziehungen gestellt. Bald galt es als erwiesen, dass man beim Vorstellungsgespräch mit an Sicherheit grenzender Wahrscheinlichkeit gefragt würde, wie viele kahlköpfige Männer es in Virginia gibt. Ein Student bekam angeblich fünf Sekunden für die Antwort auf 49 mal 49. Alle notierten sich eifrig 2.401. Kein Problem. Spontan bildeten sich an unvorhersehbaren Stellen auf dem Campus unerklärlich lange Schlangen. Normalerweise konnten die meisten nicht so recht sagen, wofür sie eigentlich anstanden. Aber womöglich wartete am Ende der Schlange ja ein Praktikumsplatz. Vielleicht ergab sich auch eine Gelegenheit zum Networking. Um die Computer in der Bibliothek bildeten sich große Trauben mit Taschenrechnern bewaffneter Studenten. Sie versuchten sich, Zahlen und Buchstaben bellend, an Morgan Stanleys Online-Tests.

Ich wusste nicht, wie ich auf diesen totalen Umschwung in Sachen Einstellung, Ansatz und Prioritäten um mich herum reagieren sollte. Viele gingen nicht mehr in die Vorlesungen, um ihre Zeit und Energie voll und ganz den Künsten des Networkings und der Bewerbung sowie dem Erlernen des Finanzjargons und dessen Akronymen zu widmen. Meine bis dahin anscheinend so erfolgreiche Strategie, einfach zu den Vorlesungen und Seminaren zu erscheinen und den Lehrstoff zu absorbieren, schien mir zunehmend – und zunehmend schmerzlich – unzureichend und naiv.

Ratlos wandte ich mich an einen der wenigen guten Freunde, die ich in meinem ersten Studienjahr gewonnen hatte, einen großen, gut aussehenden jungen Slowenen namens Matic, der mit mir Mathematik studierte. Zwar hatte der in England aufgewachsene Matic sich nicht wie viele andere gleich für die volle Business-Montur entschieden, aber auch er kam jetzt merklich eleganter daher. Er war Mitglied der Finance Societies. Er benutzte Akronyme. Er schrieb Bewerbungen. Er ging zu Vorstellungsgesprächen. Er besuchte Events.

Ich fragte Matic, was wohl über den Sommer passiert sein mochte. Was konnte eine derart tiefgreifende Veränderung in der Studentenschaft ausgelöst haben?

»Was meinst du, Gary? Weißt du das nicht? Das zweite Jahr ist Praktikumsjahr!«

Also, das funktioniert so. Oder zumindest sage ich Ihnen jetzt, was Matic mir damals erklärte.

Jeder Student der LSE möchte bei Goldman Sachs unterkommen. Oder bei der Deutschen Bank. Oder Morgan Stanley. Oder JPMorgan. Oder UBS.

Nicht nur alle an der LSE, sondern auch alle am Imperial. Alle an der Warwick. Natürlich alle in Nottingham und Durham und Bath. Und auch die Studenten aus Manchester und Birmingham hätten dort gern einen Job, nur dass die keine Chance haben, es sei denn, sie kennen jemanden aus der Branche, klar. Die Leute in Oxford und Cambridge würden auch gern dort unterkommen, zumindest die, die nicht reich genug sind, um nicht arbeiten zu müssen.

Nur gibt es nicht genug Stellen für all die Leute. Nicht einmal annähernd. Und nicht nur das, es sind auch nicht alle Jobs gleichwertig. Der beste von allen ist »Sales and Trading«. Er bietet die besten Arbeitszeiten (gerade mal zwölf Stunden am Tag, und die Wochenenden sind frei, was ein weiteres Plus ist); außerdem verdient man hier sein Geld am schnellsten, falls man etwas taugt. Bekommt man nichts in Sales and Trading, heißt das, in IBD oder M&A oder dergleichen hundert Stunden die Woche ranzuklotzen bis zum Seelentod und darüber hinaus. Wenn du das nicht bringst, bedeutet das »*Consulting*«.

Ich hatte keinen blassen Schimmer, was »Consulting« war. So wie Matic das Wort aussprach, hätte er auch von einem Job als Klofrau sprechen können.

Ohne Praktikum einen Job zu bekommen, ist schlicht unmöglich, es sei denn, man hat Connections, und der einzige Zeitpunkt für ein Praktikum ist *jetzt*. Wer nach dem zweiten Jahr kein Praktikum gemacht hat, muss das nach dem dritten nachholen. Nach dem Praktikum bekommen fünfzig Prozent der Praktikanten ein Angebot für eine Vollzeitstelle, aber das dauert ein geschlagenes Jahr, das heißt, wer sein Praktikum nach dem dritten Jahr macht, steht ein ganzes Jahr ohne Arbeit da. Das ist freilich graue Theorie, denn keine Investmentbank wird einen Praktikanten am Ende seines dritten Jahres einstellen – die Leute dort wissen, dass einen schon im zweiten Jahr keiner haben wollte, und wer will schon einen Praktikanten, den sonst keiner will?

»So sieht das aus. Es geht um alles oder nichts. Um Leben und Tod. Deine Zukunft entscheidet sich hier und heute. Vergiss ›Mathe und Wirtschaft‹. Du musst wissen, was ein CDS ist. Was ist M&A? Was ist IBD? Wie kannst du das nicht wissen, Gary? Jeder weiß das! Und du muss Bewerbungen verschicken. Für diese Praktika bewerben sich irrsinnig viele Leute, und du hast keine Connections. Eine Chance auf ein Praktikum hast du nur, wenn du dich bei mindestens dreißig Banken bewirbst. Bei wie vielen hast du dich bisher beworben? Keiner einzigen?!«

Ich war verloren.

Ich könnte mich auf Mathematik verlegen. Auf Wirtschaft. Aber in dieser neuen Welt der Akronyme war ich verloren. Als mir die Lehrer in der Schule gesagt hatten, ich bräuchte nur fleißig lernen und gute Noten schreiben, um einen guten Job zu bekommen, hatte ich das geglaubt. Was für ein Dummkopf war ich gewesen. Wie blöde kann man nur sein?

Matic mochte etwas steif sein, war aber ein lieber Kerl, und so hatte er Erbarmen mit mir. Er nahm mich mit zu einer Veranstaltung der

Finance Society, die unter dem Motto stand »Wie man einen Job bei einer Investmentbank bekommt«.

Die Veranstaltung in einem der älteren, größeren und lichteren Hörsäle der LSE war gut besucht. Wir hörten einen Vortrag eines ehemaligen Investmentbankers, der geradewegs vom Set eines Hollywoodfilms über die Wall Street zu kommen schien: hochgewachsen, Nadelstreifen, Frisiercreme.

Der Vortrag kam mir vor wie ein Bewusstseinsstrom zum Thema harte Arbeit, Satz für Satz gespickt mit all den Wörtern und Abkürzungen, die ich *zwar*, da war ich mir mittlerweile sicher, schon irgendwo gehört hatte, deren Bedeutung mir aber immer noch nicht ganz klar war – gerade so als hörte ich eine Fremdsprache, die man in der Highschool halbherzig mitnimmt, aber nicht wirklich lernt. Der Mann sprach mit einer schier unglaublichen Intensität und bewegte sich dabei unablässig und flink über die Bühne. Die Message, die ich mitnahm, war eher unkompliziert: Lies alles, lern die Buchstabensuppe und ihre Bedeutungen, knüpf Beziehungen mit allen und jedem, bewirb dich überall, arbeite Tag und Nacht, denk noch nicht mal an Schlaf. Ich bin mir nicht sicher, ob das genau die beabsichtigte Botschaft war. Ich verließ den Hörsaal zutiefst deprimiert.

Zu Matics Enttäuschung und, bis zu einem gewissen Grad, auch meiner eigenen, gab ich meine Bemühungen um eine Praktikumsstelle auf. Ich hatte das einfach nicht drauf. Ich habe mir Akronyme noch nie merken können. Das Ganze schlug mir schlicht aufs Gemüt. Außerdem gehörten zur ersten Phase des Bewerbungsverfahrens Lebenslauf und Anschreiben. Alle anderen hatten sich darauf seit dem vierten Lebensjahr vorbereitet. Jeder schien durch die Sahara getrekkt zu sein, die Junior United Nations geleitet oder seine beschissene Oboe in der Royal Albert Hall gespielt zu haben oder ähnlichen Scheiß. Meine Vita sah anders aus: sechs Jahre Zeitungsjunge, ein Jahr als verkrachter Grime-Rapper und zwei Jahre Kissenaufschütteln in einem Sofamarkt neben der Kläranlage von Beckton. Was sollte das bringen?

Was mich rettete, war die zweite Veränderung meiner Zeit an der Uni, die nicht weniger unerwartet und unerklärlich war als die erste. Als ich mein zweites Jahr antrat, wussten plötzlich alle, wer ich war. Studenten, die ich noch nie im Leben gesehen hatte, manchmal sogar aus dem Kontingent der Anzugträger, kamen in der Bibliothek auf mich zu und sprachen mich an. Einmal trat mir auf dem Korridor ein chinesischer Student in den Weg, musterte mich zehn Sekunden lang wütend und wortlos von Kopf bis Fuß und ließ mich dann stehen. Ein andermal erbot sich ein hochaufgeschossenes Mädchen mit undefinierbarem Akzent und fantastischem Haar, mit mir zu lernen. Nichts davon ergab auch nur den geringsten Sinn.

Völlig perplex erwähnte ich dieses Rätsel meinem Freund und Kommilitonen Sagar Malde gegenüber, einem großen, drahtigen Jungen kenianisch-indischer Herkunft mit herrlich überladenem Akzent, dessen Vater Herr über die gesamte ostafrikanische Seifenindustrie war.

»Ist doch klar, die wissen Bescheid«, rief Sagar aus, als wäre das selbstverständlich. »Sie wissen, wie du in den Prüfungen abgeschnitten hast.«

Seine Antwort vermochte das Rätsel nicht ganz zu klären. Meine Noten waren zwar gut gewesen, aber soweit ich wusste, hatte man sie nirgendwo angeschlagen, und der Beste war ich nun sicher nicht. Sagar selbst zum Beispiel hatte deutlich besser abgeschnitten als ich.

»Schon, Gary«, meinte er freundlich, als ich ihm das sagte, »nur von dir hätte das keiner erwartet.«

Sagar ist ein netter Kerl, wir sind noch heute befreundet. Aber in diesem Augenblick war ich echt schockiert. Ich war schon immer gut in Mathe, sehr gut sogar, solange ich zurückdenken kann. Jeder in der Grundschule wusste, dass ich gut in Mathe war, jeder in meiner Highschool wusste es. Ich hatte hier und da an Wettbewerben teilgenommen und in der Regel gewonnen. Lehrer, Familie, Freunde erwarteten das von mir. Ich selbst hatte es immer von mir erwartet. Manche Leute mochten vielleicht neidisch auf mich sein, aber überrascht hatte ich damit keinen.

Sagars beiläufige Bemerkung hatte mich jedoch zum ersten Mal auf etwas gebracht, was mir zuvor nie in den Sinn gekommen war: Eine Menge reiche Leute halten arme Leute von Haus aus für dumm. Die Wirtschaftsvorlesungen des ersten Studienjahrs an der LSE sind mit über tausend Hörern enorm beliebt. Wenn ich bei diesen Vorlesungen in der ersten

Reihe saß, mit Jogginganzug und Nike-Beutel, und in meinem unverkennbaren Ostlondoner Akzent Fragen stellte, hatte ich offensichtlich zur Belustigung der anderen, in der Regel bessergestellten Studenten beigetragen, aber niemand hatte in mir eine Bedrohung gesehen. Meine Noten im ersten Jahr hatten diesen Eindruck auf den Kopf gestellt.

Ich ließ mir das durch den Kopf gehen und überlegte, was ich tun sollte. Und damals, in eben diesem Augenblick, fasste ich den Entschluss, es ihnen zu zeigen: Wir sind nicht alle dumm, wir Kids im Jogginganzug. Okay, dann wusste ich eben nicht, was ein CDS ist, aber ich war ganz ordentlich in Mathe, wenn es darauf ankam. Denen werden wir's zeigen, ja, denen zeigen wir's. Wir werden denen zeigen, was wir draufhaben.

Während sich also alle anderen bei siebenunddreißig Investmentbanken bewarben, machte ich mich mit großer Geste daran, allen, die nicht gleich davonliefen, zu zeigen, wie gut ich in Wirtschaft und insbesondere in Mathe war. Zum ersten Mal in meinem Leben begann ich, in meiner Freizeit zu lernen. Ich stellte den Dozenten mehr Fragen denn je. Ich begann, ihre Fehler infrage zu stellen. Um ehrlich zu sein, hatte ich keine so rechte Ahnung, ob und wie ich jemals Karriere machen würde, aber darüber machte ich mir auch keinen allzu großen Kopf, nicht mehr. Ich wollte ihnen nur klarmachen, dass sie nicht besser sind als wir. Weil sie's nun mal nicht sind.

Wie auch immer, eines Tages passierte etwas ganz Merkwürdiges. In der Bibliothek kam ein schlaksiges Nordlicht aus Grimsby in einem zerknitterten Geschäftsanzug auf mich zu. Er hatte volles schwarzes Haar und schien um gut fünfzehn Zentimeter zu groß geraten. Er hieß Luke Blackwood und studierte wie ich Mathematik, war aber aus dem Jahrgang über mir.

»Bist du Gary?«, fragte er mich, und ich sagte Ja.

»Pass auf, die Citibank macht nächste Woche ein Event mit dem Motto ›The Trading Game‹, aber im Grunde geht's um Mathematik. Wenn du gewinnst, winkt dir eine Einladung zum landesweiten Finale, und wenn du das gewinnst, bekommst du eine Praktikumsstelle. Nach allem, was ich gehört habe, bist du ziemlich gut in Mathe. Du solltest da hingehen.«

Ich hatte mit Luke nie zu tun gehabt, aber er setzte sich neben mich, nannte mir Datum und Uhrzeit des Wettbewerbs und erklärte mir kurz die Spielregeln. Ich hatte keine Ahnung vom Trading, aber wie Luke sagte, war das auch nicht nötig – es war im Grunde ein relativ simples Mathespiel. Nachdem er mir alles erklärt hatte, stand Luke einfach auf und ließ mich sitzen, vor einem blinkenden Computer und einigen A4-Seiten mit Mathehausaufgaben, die noch zur Hälfte zu erledigen waren.

Ich weiß nicht warum, vielleicht stach mich in meiner Großspurigkeit einfach der Hafer, aber ich war mir vom Fleck weg ziemlich sicher, dass ich gewinnen würde. Ich mochte ja keine Ahnung von CDS, CDOs oder ABS-Anleihen haben, aber mit Games kannte ich mich aus und mit Mathe auch. Hier, so schien es mir, bot sich mir endlich ein Weg in die City, der verdammt noch mal nicht voraussetzte, dass ich Oboe spielte. Endlich mal gleiche Chancen für alle, ein echter Wettbewerb. Und ich wusste, es war einer, den ich gewinnen konnte. Ich legte Lehrbücher und Matheaufgaben beiseite, öffnete eine Tabellenkalkulation und begann, die mathematischen Aspekte des Spiels durchzurechnen.

*

Die erste Runde des Trading-Game-Events fand nur wenige Tage nach dem Gespräch mit Luke statt. Es war gerade mal das zweite Finanz-Event, an dem ich je teilgenommen hatte. Es war ein warmer Herbstabend, und obwohl man das Game nicht beworben hatte (oder zumindest nicht so, dass ich es mitbekommen hätte), wand sich eine mittelgroße Schlange aus einem der großen Verwaltungsgebäude der LSE. Die LSE-Finance-Society war ihr anzusehen: ein internationales Potpourri aus Chinesen, Russen, Pakistanis und vielen mehr – junge Leute, deren Akzente und Outfits eher Treuhandfonds suggerierten als Nationalität.

Ich hatte einen Vorteil gegenüber all diesen Leuten, und ich war mir dessen sehr wohl bewusst. Ich hatte mir vorher die Spielregeln erklären lassen und sie nicht. Das war nicht fair, aber das Leben ist nun mal nicht fair. Diese Leute hatten in ihrem Leben weiß Gott schon genügend Regeln erklärt bekommen, von denen ich nie erfahren würde. Es gab mir das Gefühl, zum ersten Mal im Leben im Vorteil zu sein. Ich genoss dieses Gefühl, als die Schlange, einer nach dem anderen, im Gebäude verschwand; ich spürte es als Prickeln in den Fingern und Zehen.

Die Schlange hungriger junger Möchtegern-Trader drängte in einen großen fensterlosen hohen Raum, einen Hörsaal irgendwo im Inneren des Gebäudes, den ich nie zuvor gesehen hatte. Wir wurden in Fünfergruppen aufgeteilt und als solche jeweils gesondert an einem Tisch platziert. Vor einem großen Flipchart im vorderen Teil des Raums stand strahlend ein Hüne von Mann. Es war der erste Trader, den ich in meinem Leben zu sehen bekam. So, dachte ich, muss also ein Trader aussehen.

Als wir Platz genommen hatten, erklärte uns der Trader die Spielregeln. Ich kannte sie natürlich schon, sodass ich Zeit hatte, ihn mir dabei genauer anzusehen. Seine Bewegungen hatten in ihrer Schwerfälligkeit etwas entschieden Bedächtiges, sein Lächeln eine untrügliche Sicherheit, als er einen Blick über das Meer leuchtender Augen warf. Er sah jeden von uns einzeln an. Sein Selbstvertrauen erfüllte den Saal. Es schien von ihm auszugehen wie der züngelnde Rauch einer Kerze. Es war von zähflüssiger, klebriger Dunkelheit, aber gleichzeitig von leuchtend scharfer Brillanz, wie Melasse in einem Glas. Dazu kam ein gewaltiges, nicht enden wollendes perlweißes Lächeln. Irgendetwas an dieser zähflüssigen, klebrigen Dunkelheit versetzte mich wieder nach Hause, nach Ilford. Zu den coolen Kids in der Schule, die zu Drogendealern wurden und mit dem Verkauf von Baggies aus zehn Pfund hundert machten. Aber hier sah ich eine Tiefe, die ich in Ilford nie gesehen hatte. Etwas, das ich erst an der LSE zu erkennen begann. Das Selbstvertrauen eines Mannes, der nicht nur heute, sondern auch morgen gewinnt. Das Selbstvertrauen eines Mannes, der weiß, dass er nicht verlieren kann. Irgendwie spürte ich schon damals, als ich noch keine Ahnung vom Trading hatte, dass es meine Bestimmung war.

Aber vorher gab es noch etwas zu erledigen. Ich hatte einen Wettbewerb zu gewinnen.

Und wie sollte ich das anstellen? Nun, zuerst muss man das Spiel verstehen. Das Trading Game sollte das Traden selbst simulieren, aber eigentlich war es nur ein Zahlenspiel.

Gespielt wurde mit einem speziellen Satz Karten: siebzehn Stück, einige höher, einige niedriger. Für den Fall, dass Sie es einmal selbst spielen möchten, der vollständige Satz besteht aus einer −10, einer 20 und allen Zahlen von 1 bis 15. Jeder Spieler erhält eine Karte, die er sich ansehen kann, und dann kommen drei weitere verdeckt in die Mitte des Tisches. Das Spiel funktioniert im Wesentlichen so, dass die Spieler gegeneinander auf die Höhe des Gesamtwerts der acht Karten im Spiel wetten (jeder der fünf Spieler hat eine Karte, dazu kommt der Wert der drei in der Mitte).

Die Idee dahinter ist folgende: Sie alle kaufen und verkaufen einen Vermögensgegenstand, und der Gesamtwert dieses Vermögensgegenstands ist die Summe der Karten im Spiel. Sie haben nur bestimmte Informationen (Ihre eigene Karte); weitere Informationen (die Karten in der Mitte) werden im Laufe des Spiels enthüllt. Wenn Sie eine hohe Karte haben, sagen wir mal die 15 oder die 20, dann verfügen Sie über das Insiderwissen, dass die Gesamtsumme wahrscheinlich recht hoch sein wird, sodass Sie »Kauf«-Wetten auf eine hohe Gesamtsumme abschließen sollten. Haben Sie eine niedrige Karte wie etwa die −10, sollten Sie darauf wetten, dass die Gesamtsumme niedrig ist. Haben Sie eine mittlere Karte wie eine 6 oder eine 7 bekommen, müssen Sie sich wohl etwas einfallen lassen.

Es ist im Wesentlichen dieses Wettsystem, das das Spiel zu einem »Trading Game« machte. Es sollte, so die Idee dahinter, die Art und Weise imitieren, wie Händler auf Märkten Wetten abschließen: als »Preissetzer« und »Preisnehmer« in einem »Kauf- und Verkaufsgeschäft«.

Lassen Sie mich schnell skizzieren, wie der Handel auf den Finanzmärkten funktioniert. Ein Großkunde – sagen wir mal ein Pensionsfonds, ein Hedgefonds oder ein Konzern – möchte etwas kaufen oder verkaufen. Das kann alles Mögliche sein, aber nehmen wir beispielsweise an, er möchte zehn Millionen britische Pfund im Austausch gegen US-Dollar kaufen. Im Allgemeinen ruft so jemand nicht bei einer Bank an und sagt: »Hallo, ich möchte zehn Millionen britische Pfund im Austausch gegen US-Dollar kaufen.« Und das aus zwei Gründen:

1. Wenn der Trader weiß, dass Sie britische Pfund kaufen wollen, wird er wahrscheinlich versuchen, den Preis für das Pfund in die Höhe zu treiben.
2. Wenn der Trader weiß, dass Sie britische Pfund kaufen wollen, könnte er sogar auf den Markt gehen und rasch in rauen Mengen Pfund kaufen in der Hoffnung, den Preis nach oben zu treiben, bevor er sie Ihnen zu diesem höheren Preis verkauft. Dies wird als »Frontrunning« bezeichnet und ist als Insidergeschäft in vielen Fällen illegal, kommt aber häufig vor.

Um es deutlich zu sagen: Als Kunde sollten Sie dem Trader auf keinen Fall sagen, dass Sie kaufen wollen, bevor Sie nicht auch tatsächlich die Möglichkeit dazu haben. Um das zu vermeiden, sagen Sie: »Hallo, geben Sie mir einen Preis für zehn Millionen Pfund.«

In diesem Fall weiß der Händler (zumindest der Theorie nach) nicht, ob Sie kaufen oder verkaufen wollen. So muss er Ihnen, den Konventionen entsprechend, *zwei* Preise nennen – einen, zu dem Sie kaufen, und einen, zu dem Sie verkaufen können. Man bezeichnet das als »Bid-Ask-Preis«, mit dem so gut wie alle großen Finanzmärkte arbeiten. Wenn Sie mal überlegen, sehen Sie etwas Ähnliches, wenn Sie am Flughafen auf den Devisenschalter zugehen: einen Preis, zu dem man Pfund im Tausch gegen Dollar *ankauft*, und einen zweiten, zu dem man Pfund im Tausch gegen Dollar *verkauft*. Der Preis, zu dem gekauft wird, ist selbstverständlich immer weit niedriger als der Preis, zu dem verkauft wird. Auf diese Weise verdienen die Devisenschalter ihr Geld. Und genauso ist das auch bei den Tradern.

Das Trading Game der Citibank funktionierte nach eben diesem Prinzip. Jeder Spieler konnte jederzeit jeden seiner Mitspieler fragen: »Was ist dein Preis?«, worauf der andere einem einen Bid-Ask-Preis mit einer Spanne (zwischen Ankaufs- und Verkaufspreis) von 2 zu geben hatte.

Mal angenommen, Sie spielen da als LSE-Student mit. Ein junger, geldgieriger Möchtegern-Trader, sitzen Sie an einem der Tische in einem teuren Anzug, für den Ihr Vater, ein Mitglied des chinesischen Politbüros, bei Londons bestem Schneider viel Geld hingelegt hat. Ein großer und extrem selbstbewusst wirkender Mann erklärt Ihnen kurz die Regeln eines scheinbar recht einfachen mathematischen Spiels, und plötzlich fragt Sie ein kleiner, offenbar aggressiver Junge mit einem blauen Nashorn auf dem weißen Kapuzenpulli mit kaum verständlichem Akzent: »Was ist dein Preis?«

Was machen Sie?

Als normaler LSE-Student, in Wirtschaft, Mathematik und Statistik bestens versiert, brauchen Sie da nicht lange zu überlegen. Sie schauen sich die Karte in Ihrer Hand an, schauen sich die möglichen Karten im Stapel an und führen eine simple statistische Berechnung zur Ermittlung des »Erwartungswerts« der Gesamtsumme aller Karten durch. Das ist rechnerisch kein Problem. Der Durchschnittswert einer Karte im Stapel beträgt 7,65. Bei acht Karten im Spiel belief sich die durchschnittliche Gesamtsumme demnach auf 61,2. Eine der Karten kennen Sie bereits, nämlich die Ihre. Ist die besonders hoch oder niedrig, verschieben Sie die Summe entsprechend nach oben oder unten. Haben Sie eine 20, liegt Ihr Erwartungswert bei 68. Sie hätten jetzt vielleicht einen Wert so um die 73 erwartet, da 20 um 12 mehr ist als 7,65, aber wenn Sie die 20 haben, bedeutet das, dass niemand sonst sie hat, und so erhöht sich der Erwartungswert nur um 7. Wenn Sie eine –10 haben, liegt Ihr Erwartungswert bei 51,2.

Das ist alles nur Mathematik und nun wirklich nicht schwer. Jeder am Tisch war dazu in der Lage. Nur ist es dumm. Und ich werde Ihnen auch gleich erklären, warum.

Zu dem Zeitpunkt hatte ich bereits ein Jahr lang mit LSE-Mathe-, Wirtschafts- und Finanztypen studiert. Ich wusste, wie sie tickten, und dachte mir, dass sie genau das tun würden. Versetzen Sie sich nur mal in die Situation. Stellen Sie sich vor, ein Spieler an Ihrem Tisch hat die 20, und er nennt Ihnen vom Fleck weg ein Angebot von 67–69 (vergessen Sie nicht, sein Erwartungswert ist 68). Ein anderer hat die –10 und eröffnet mit einem Angebot von 50–52. Was machen Sie?

Zunächst einmal wissen Sie natürlich sofort, dass der eine die –10 und der andere die 20 hat. Die Leute haben sich mit den ersten Worten aus ihrem Mund in die Karten schauen lassen. Aber darum geht es hier gar nicht mal. Die Sache ist vielmehr die, dass Sie mit dem 50–52-

Typ darauf wetten können, dass die Summe höher als 52 ausfallen wird. Dann können Sie mit dem 67–69-Typ darauf wetten, dass die Summe niedriger ausfallen wird als 67. Also kaufen Sie zu 52 und verkaufen zu 67. Die beiden Wetten heben einander sofort auf, und Sie machen einen Gewinn von 15. Und das unabhängig davon, wie hoch das tatsächliche Ergebnis des Spiels ausfallen wird – Sie machen einen völlig risikolosen Gewinn von 15. Dann machen Sie das Ganze noch mal.

Sind die anderen Spieler nicht auf den Kopf gefallen, werden sie sehen, dass Sie da einen schnellen Schnitt gemacht haben. Sie werden sehen, wie dumm es ist, etwas zu 52 zu verkaufen, wenn einer der anderen Herren ihnen 67 dafür bietet. Sind die anderen Spieler nicht auf den Kopf gefallen, werden sie sehen, dass der kleine Kerl mit dem Nashorn-Hoodie in der ersten Minute fünfzehn Preise erfragt und bereits einen garantierten Gewinn von 100 erzielt hat. Sie werden sehen, dass er ja vielleicht weiß, was er tut. Sie werden denken, dass sie sich vielleicht darauf einstellen sollten.

Aber die Art von Leuten, die an der LSE Wirtschaft studieren und zu den Veranstaltungen der Finance Society gehen, sind nun mal nicht clever. Oder besser gesagt, ihre Cleverness ist von anderer Art. Sie sind clever im Umgang mit Taschenrechnern und Tabellenkalkulationen. Geben Sie ihnen einen hübschen Schlips und ein Glas Wein und setzen Sie sie in einen Raum mit einem Recruiter der Deutschen Bank, und die beiden werden sich womöglich prächtig verstehen. Lassen Sie sie jedoch eine Partie Karten mit einem zungenfertigen jungen Kerl aus East London spielen, der bereits drei Tage Zeit gehabt hat, das Spiel zu durchschauen, merken sie wahrscheinlich erst eine Stunde zu spät, dass sie am Verlieren sind.

Und so habe ich den ganzen Wettbewerb gewonnen, einfach so. Niedrig kaufen, hoch verkaufen, niedrig kaufen, hoch verkaufen, niedrig kaufen und wieder hoch verkaufen. Es war zum Schreien. Meine Konkurrenten klebten mit der Nase am Taschenrechner. Während sie ihre Erwartungswerte ausrechneten, sackte ich Punkt für Punkt ein.

Dieses Spiel war zwar nur eine mathematische Spielerei, aber es verrät auch einiges über die Märkte:

1. Nicht der einzelne Trader bestimmt den Kurs. Nur weil Ihrer Ansicht nach etwas 60 wert ist, bieten Sie nicht 59 dafür, wenn es bei allen anderen für 50 zu haben ist. Wenn andere es für 50 verkaufen, sollten Sie höchstens 50–52 dafür quotieren. Es hat keinen Sinn, ein Kaufangebot für 51 zu machen, wenn jemand für 50 verkauft. Dies sagt uns etwas Interessantes über die Märkte, nämlich dass der einzelne Trader nicht den Preis quotieren sollte, den *er* einem Wirtschaftsgut beimisst, sondern den, den ihm *alle anderen* beimessen.
2. Entsprechend dürften Sie, wenn Sie zehn verschiedene Trader um einen Preis bitten, nicht zehn verschiedene Preise erhalten – ihre Preise dürften sich mehr oder weniger decken. Dies gilt selbst dann, wenn die zehn Händler völlig unterschiedliche Ansichten darüber haben, wie der Preis tatsächlich sein sollte.
3. Wenn es ganz so aussieht, als wüsste ein anderer, was er macht, und einen Haufen Geld verdient, während Sie keine Ahnung haben, was Sie da machen, dann machen Sie es ihm doch vielleicht einfach nach.
4. Punkt 3 ist allen voran die treibende Kraft auf den meisten Finanzmärkten.

Ich weiß, diese erste Runde des Trading Games war wettbewerbstechnisch eigentlich nicht fair. Ich hatte die Regeln drei Tage vorher erfahren, alle anderen erst am Tag des Wettbewerbs selbst. Ich weiß auch, dass das wahrscheinlich mit entscheidend dafür war, dass ich an diesem Tag gewann, und ich weiß, dass das letztendlich der erste Schritt zu einem Job war, der mich schließlich zum Millionär machen sollte. Das war nicht fair, das weiß ich. Aber, um ganz offen zu sein, ist mir das egal. Die anderen Leute dort sind später Millionäre geworden, weil ihre Väter Millionäre waren. Einige von ihnen wurden Trader, weil ihre Väter Trader waren. Mein Vater arbeitete bei der Post, und ich hatte zu Hause noch nicht mal einen Schreibtisch für meine Mathe-Hausaufgaben. Man packt wohl sein Glück am Schopf, wo immer es sich einem bietet. Ich ging hinauf zu dem Trader aufs Podium und drückte seine große Hand.

»Gut gemacht«, sagte er. »Wir sehen uns dann beim Finale.«
»Danke«, sagte ich. »Wir sehen uns dann dort.«

*

Zwischen der LSE-Runde des Trading Games und dem landesweiten Finale lagen etwa drei Wochen, und ich besuchte die ganze Zeit über praktisch weder eine Vorlesung noch ein Seminar. Matic hatte es ebenfalls geschafft. Ich brachte das Spiel auch allen meinen Freunden bei. Ich verkroch mich in einem Raum der Bibliothek und spielte dieses Spiel, nur dieses Spiel, drei Wochen lang, mit jedem, von dem ich wusste, dass er mitmachen wollte. Wenn sich kein Partner fand, stellte ich einschlägige Tabellen auf und lernte sie auswendig. Es war nur ein albernes Zahlenspiel, das man sich bei der Citibank ausgedacht hatte. Als das Finale kam, war ich wohl der weltweit führende Experte darin.

Das Finale sollte im Citigroup Tower stattfinden, der damals, 2006, zu den drei höchsten Gebäuden des Landes gehörte, wobei der HSBC-Tower und die blinkende Pyramidenkuppel des Canary Wharf Towers die beiden anderen Eckpunkte des Dreiecks waren. Es waren die Gebäude, die ich von Ilford aus am Horizont zwischen unseren Torpfosten über der Mauer am Ende der Straße gesehen hatte. Es kam mir vor wie Schicksal. Aber erst mal musste ich gewinnen.

Als das Finale anstand, war aus dem warmen Frühherbst ein kalter Frühwinter geworden. Ich schlüpfte in ein dunkelblau kariertes Hemd und band mir eine breite blau-gelbe Krawatte um. Das war der Aufzug, in dem ich bei DFS Kissen aufplustern ging. Es dunkelte bereits, als ich an der LSE in die U-Bahn nach Canary Wharf stieg. Die Züge der Jubilee Line hören sich ganz anders an als die, die jeden Morgen an meinem Bett vorbeifuhren. Beim Beschleunigen wie beim Abbremsen hört man nur ein spiralförmig aufsteigendes Surren. Sie klangen neu. Sie klangen nach Hightech. Für mich klangen sie immer nach Geld.

Das Trading Game fand in einem der obersten Stockwerke des Towers statt. An einem Winterabend ist London aus dieser Höhe nur eine einzige gewaltige Masse von Fenstern und leuchtenden Straßenlampen. Als Kind hatte ich jeden Tag zu diesen Wolkenkratzern hinaufgeschaut, und an jedem anderen Tag wäre es mir vielleicht in den Sinn gekommen, von dort oben aus mein Zuhause zu suchen. Aber ich war nicht zum Sightseeing da, mein Kopf war voller Zahlen. Außerdem hätte ich nicht gewusst, in welche Richtung ich hätte schauen sollen.

Vor dem Spiel gab es einen kurzen Empfang mit Champagner und Kanapees. Ich wusste nicht, was ein Kanapee ist, und Champagner trank ich keinen. Die anderen Kandidaten mischten sich unter die anwesenden Trader und lachten verhalten mit ihnen. Wahrscheinlich über CDOs, nahm ich an. Aber ich habe nicht zugehört. Ich war nur wegen der Zahlen da. Von fünf Universitäten waren je fünf Bewerber da: LSE, Oxford, Cambridge, Durham, Warwick. Was die Citibank anbelangte, so denke ich mal, zählten andere Universitäten wohl nicht. Damit gab es 25 Teilnehmer, mich eingeschlossen, und ich hatte das Game mittlerweile mit jedem aus dem LSE-Kontingent gespielt. Ich rechnete mir gute Chancen aus.

Wir setzten uns an unsere Tische. Während der lächelnde Hüne von einem Trader wie schon in der ersten Runde an der LSE ein paar motivierende Worte sagte, schätzte ich die Spieler an meinem Tisch ein. In dieser Runde würde ich eine völlig andere Strategie verfolgen müssen. Wer hier war, hatte in der ersten Runde gut genug abgeschnitten, um weiterzukommen. Sie dürften also gut genug sein, um zu verstehen, wie unsinnig es wäre, Preise zu quotieren, die von denen der anderen am Tisch abwichen. Für mich bedeutete das, dass ich für mein Geld würde arbeiten müssen – einfach bei den einen niedrig zu kaufen und bei den anderen hoch zu verkaufen, war hier nicht drin.

Die Tatsache, dass die Spieler einsehen würden, wie dumm es wäre, allzu weit divergierende Preise zu quotieren, schuf jedoch neue Möglichkeiten. Während meiner unermüdlichen Trainingspartien hatte ich bei den meisten Spielern eine eiserne Entschlossenheit festgestellt, nur geringfügig von den um sie herum quotierten Preisen abzuweichen. Sie entschieden dabei jedoch weitgehend von Fall zu Fall, indem sie auf die Preise achteten, die ihnen genannt wurden, um dann ihre eigenen in deren Nähe zu halten. Dies bot mir die Möglichkeit, die von den anderen quotierten Preise zu manipulieren, indem ich selbst Preise angab und das sehr laut. Das Spiel funktionierte (ähnlich der richtigen

Märkte) nach dem Jeder-gegen-jeden-Prinzip, und wenn die Preise um die 62–64 lagen, ließ sich der Preis durch ein lautstarkes »58–60!« oft auf etwa diesen Wert senken. Eine weitere Möglichkeit, das Preisniveau zu bestimmen, bestand darin, gleich zu Beginn des Spiels – ebenfalls lautstark – einen Preis zu quotieren.

Dadurch eröffnete sich mir eine neue, potenziell profitable Strategie. Hatte ich eine hohe Karte, begann ich das Spiel, indem ich einen niedrigen Preis in die Runde rief. Es ist dies ein relativ simpler Bluff. Ich lasse durchblicken, dass ich eine niedrige Karte habe, um den Gesamtpreis zu drücken, um dann, da sich alle an meine anfängliche niedrige Quotierung gehalten haben, auf einem niedrigeren Niveau von mehreren meiner Mitspieler kaufen zu können. Das Risiko dabei bestand natürlich darin, dass die anderen Teilnehmer meinen Bluff durchschauten und einfach zu einem niedrigen Preis bei mir kauften, um dann zu einem hohen Preis weiter zu handeln. Ich verließ mich dabei auf die relativ simple Message meines Freundes Sagar Malde einige Wochen zuvor: Reiche Leute halten arme Leute von Haus aus für dumm. Wenn einer, der aussieht wie ich und redet wie ich, das Spiel damit beginnt, dass er lautstark einen offenbar viel zu niedrigen Preis quotiert, werden die anderen darin eher das Werk eines Einfaltspinsels sehen, der ihnen wohlfeil sein Blatt gezeigt hat, als irgendeinen komplexen Bluff.

Im Folgenden bestand mein Plan einfach darin, die anderen unaufhörlich nach Preisen zu fragen, um so hinter ihre Strategie zu kommen und damit auf die Karte in ihrer Hand. Dabei stützte ich mich auf eine weitere Information, die ich von den LSE-Spielern aufgeschnappt hatte: Die meisten von ihnen rechneten gar nicht mit einem Sieg im Finale, sie sahen darin eher eine Gelegenheit zum Networking. In Anbetracht dessen konnte ich davon ausgehen, dass die Strategie der meisten von ihnen relativ simpel war – etwas über dem Durchschnitt zu bieten, wenn sie eine hohe Karte hatten, und etwas darunter mit einer niedrigen. Einige würden vielleicht einen neutralen Preis angeben, um sich nicht zu verraten, aber das wohl eher selten. Bluffen würden jedenfalls nur sehr wenige. Vergessen Sie nicht, dass diese Leute Wirtschaftswissenschaften studierten; Sie finden unter solchen Leuten kein Poker-Ass.

Die wesentliche Lektion hier ist, dass Volkswirtschaftler heutzutage letztlich Mathematiker und weder große Denker noch Zocker sind. Die anderen Studenten überließen das Spiel ihren Taschenrechnern, und während sie ihre Taschenrechner für sie spielen ließen, lenkte ich ihre Ohren und las ihre Augen. Ich eröffnete mit einem lautstarken Bluff und schätzte dann blitzschnell Intelligenz, Komplexität und schließlich die wahrscheinliche Karte eines jeden Mitspielers ein. Sobald das feststand, entschied ich, ob ich kaufen (auf einen hohen Gesamtwert wetten) oder verkaufen (auf einen niedrigen Gesamtwert wetten) sollte. Wenn ich Käufer war, manövrierte ich den Preis nach unten, indem ich lautstark niedrige Quotierungen gab und dabei aktiv auf diesem niedrigen Niveau von anderen kaufte. War ich Verkäufer, hielt ich es andersrum.

Die Strategie ging perfekt auf, und nach den ersten fünf Spielen stand ich im großen Finale, dem Finale des Finales. Nur noch fünf Spieler. Ein Praktikumsplatz stand auf dem Spiel. Das waren gute Aussichten.

Während wir fünf uns an den Tisch in der Mitte begaben, schauten die ausgeschiedenen Teilnehmer, Kanapees schnabulierend, zu.

Ich versuchte die Spieler um mich herum einzuschätzen. Gegen die meisten von ihnen hatte ich bereits in den Spielen vor diesem Finale gespielt. Sie waren alle gut, hatten ein feines Gespür für Preisbewegungen und waren sich der mathematischen Basis bewusst. Aber keiner von ihnen war – meiner Ansicht nach – clever genug gewesen, um zu bluffen oder einen Bluff zu erkennen. Meine Chancen, so fand ich, standen gut.

Die Karten wurden verteilt, und ich bekam eine –10. Das ist eine gute Karte. Die –10 ist am weitesten vom Durchschnitt entfernt, was bedeutet, dass sie mehr als alle anderen auf den Gesamtwert des Spiels zu wirken vermag. Aber natürlich ist sie nur dann von Wert, wenn die anderen nicht wissen, dass man sie hat. Andernfalls werden sie sofort selbst ihre Preise senken und berauben Sie damit der Möglichkeit, von ihr zu profitieren. Dies ist eine weitere allgemein gültige Regel des Tradings: Man verdient nicht notwendigerweise Geld, indem man recht hat, sondern indem man recht hat, wenn andere falsch liegen.

Ganz im Sinne meiner Strategie quotierte ich sofort einen hohen Preis. Wenn ich die ganze Runde über für ein hohes Preisniveau sorgen konnte, könnte ich, so hoffte ich jedenfalls, kontinuierlich zu hohen Preisen »verkaufen« und so das Beste aus meiner –10-Karte machen.

Überraschenderweise schlug der erste Spieler mein hohes Angebot aus. Worauf ich ihn nach seinem Preis fragte. Der sogar noch höher war. Womit er sich ja wohl verraten hatte – er hatte eine hohe Karte.

Ich fragte die übrigen drei. Einer wie der andere quotierte einen hohen Preis. Also hatten alle halbwegs hohe Karten, so schien es. Was bedeutete, dass wir auf eine hohe Gesamtsumme kommen würden – mal abgesehen von meiner –10. Also musste ich den Preis in die Höhe treiben, um einen Gewinn zu erzielen. Meine Quotes wurden von Mal zu Mal höher und lauter, bis man schließlich an mich zu verkaufen begann. So gelang es mir, den Preis noch etwas weiter nach oben zu treiben, und dann begann ich zu verkaufen, auf Teufel komm raus. Bei diesem Preis und mit der –10 in der Hinterhand konnte ich praktisch nicht verlieren. Der Trick bestand darin, den Markt durch ebenso hohe wie lautstarke Quotes in die Höhe zu treiben, sprich, wie ein aggressiver Käufer aufzutreten, während ich in Wirklichkeit verkaufte, wenn ich die anderen Spieler um ihren Preis bat. Im allgemeinen Tohuwabohu des Spiels konnten die anderen Spieler unmöglich verfolgen, wer anhand ihrer eigenen Quotes kaufte oder verkaufte, aber die ständige Wiederholung der Quotes hatte es in sich und wirkte stark auf den Preis.

In der Überzeugung, dass die Endsumme bei diesem Preis mit ziemlicher Sicherheit weit niedriger ausfallen würde, begann ich reihenweise »Sell«-Wetten zu platzieren. Dann wurde die erste der drei Karten in der Mitte aufgedeckt. Es war eine 13.

Das war gar nicht gut für mich. Dreizehn liegt deutlich über dem durchschnittlichen Kartenwert von 7,65 und hebt den erwarteten Gesamtwert der Karten um etwa 3 Punkte an. Bei all den »Sell«-Wetten auf meiner Scorecard war das keine gute Nachricht. Aber ich hatte die –10 in der Hinterhand, was niemand wusste, und die Preise waren hoch. Mathematisch gesehen stand alles zu meinen Gunsten. Also nutzte ich die Gelegenheit, um den Preis weiter hochzutreiben, und setzte meine Verkaufsserie fort.

Als die zweite Karte umgedreht wurde, hatte ich bereits zwei Scorecards voll »Sell«-Wetten. Die zweite Karte war eine 14.

Vielleicht hätte ich zu diesem Zeitpunkt misstrauisch werden sollen, aber das war ich nicht. Dazu hatte ich gar keine Zeit. Ich brauchte eine niedrige Gesamtsumme, sonst war es Essig mit meiner Karriere – nicht, dass es mich aufhalten würde, wenn sie nicht niedrig ausfiel. Ich trieb den Preis weiter nach oben und begann noch aggressiver zu verkaufen und zwar zu einem gar noch höheren Preis. Bis zum Ende des Spiels hatte ich etwa 300 Verkäufe auf meiner Card.

Die letzte Karte wurde umgedreht. Es war eine 20. Die vier anderen Spieler deckten ihre Karten auf: 10, 11, 12, 15. Das war schlicht unmöglich. Ich hatte die einzige –10-Karte, die anderen waren die sieben höchstmöglichen Karten im Spiel. Die Wahrscheinlichkeit eines Zufalls liegt hier bei eins zu elftausendvierhundertvierzig. 0,0087 Prozent. Das Spiel war manipuliert.

Ich wusste nicht, wie ich damit umgehen sollte. Für einen Augenblick war ich wie gelähmt. Das Publikum war begeistert. Die anderen Spieler natürlich auch. Bei all meinen Verkäufen quollen ihre Scorecards unweigerlich vor Käufen über. Und der Preis war am Ende irre hoch. Aber wer hatte das Spiel manipuliert? Und warum? Was hatte das zu bedeuten?

Die Runde löste sich auf, als Trader und andere Citigroup-Leute im hinteren Teil des Raums die Köpfe zusammensteckten, um die Scores auszuwerten. Die Spieler verschwanden in der Menge.

»Tut mir leid, Alter.« Matic legte mir eine Hand auf die Schulter. »Das war Pech, Mann. Du hast dein Bestes gegeben.«

Ich weiß nicht so recht, was ich damals zu Matic gesagt habe. Vielleicht habe ich einfach gar nichts gesagt.

Die nächsten fünf Minuten schien der Saal um mich herum sich aufzulösen. Ich bemerkte, dass ich ein Glas Champagner in der Hand hielt, mit all den kleinen Bläschen, die immer wieder aus dem Nichts auftauchen und nach oben sprudeln. Was war da gerade passiert? Wer steckte dahinter? Warum sollte man mich übers Ohr hauen wollen?

Kurz darauf schritt der Trader in die Mitte des Saals. Seine enorme Ausstrahlung ließ die Menge sofort verstummen. Man machte Platz rund um ihn.

»Ich möchte mich bei Ihnen allen fürs Mitspielen bedanken«, rief er, und seine amerikanische Stentorstimme riss mich zurück in den Saal. »Wir haben die Scores ausgewertet, und ich kann Ihnen den Sieger verkünden.«

Ich weiß nicht mehr genau, wie viele Punkte die einzelnen hatten. Mein Score jedenfalls lag unter minus tausend. Das ist ... nicht gut. Um die Wahrheit zu sagen, es war mir nicht peinlich. Wer nicht schießt, der trifft auch nicht, Sie verstehen?

Nachdem der Hüne von einem Trader die Resultate vorgelesen hatte, gab er den Gewinner bekannt. Und der Name, den er ausrief, war meiner. Ich hatte gewonnen. *Ich.*

Wie benommen trat ich vor.

Während er mir die Hand drückte, wandte sich der Trader der Menge zu.

»Gary lag mit seinen Ergebnissen in den Aufwärmrunden so weit vorn, dass wir beschlossen, ihn auf die Probe zu stellen. Wir wollten sehen, wie er reagiert, wenn er mit dem Rücken zur Wand steht, und so haben wir das Spiel manipuliert. Es ist wichtig zu wissen, ob ein Trader Selbstvertrauen hat oder ob er klein beigibt. Gary, Sie haben Rückgrat gezeigt, und so was sehen wir gerne. Gut gemacht.«

Der Trader hielt mir noch einmal seine riesige Hand hin, und ich ergriff sie.

»Ich bin Caleb Zucman, wir sehen uns dann am Desk.«

\*

Es war kalt an dem Abend, aber ich ging mit meinen Freunden in den Park, um etwas zu trinken. Und so betrunken, wie ich war, erinnere ich mich nicht wirklich an Einzelheiten. Nur eines ist mir deutlich im Gedächtnis geblieben. Ich erinnere mich noch, dass ich ein ziemliches Tempo draufhatte und mir die kalte Luft ins Gesicht fuhr. In dieser Erinnerung packe ich einen Freund bei den Schultern. »Ich werde Millionär«, rufe ich ihm zu. Ich schreie ihm ins Gesicht, und er lacht. »Ich werde Millionär.«

# 3

Eines Morgens, Anfang März 2007, wachte ich schon vor Sonnenaufgang auf.

In meinem Elternhaus gab es keine Dusche. Wir hatten so einen kleinen Gummischlauch, wie man ihn heute noch für sechs Pfund bei Argos bekommt. Den schloss ich am Wasserhahn an, setzte mich ins frühmorgendlich kalte Plastik der Badewanne und duschte mich. Noch bevor ich fertig war, klopfte mein Vater an die Badezimmertür. Auch er musste morgens früh aus dem Haus.

Ich kramte die alten Klamotten heraus, die ich bei DFS zum Kissenaufschütteln getragen hatte: dunkelblaues Hemd, breiter blau-gelber Schlips. Das Ganze packte ich in einen billigen, schlecht sitzenden schwarzen Anzug von Next oder so und gelte mein Haar. Dann zog ich los. Es war noch dunkel um diese Zeit.

Ich komme zwar aus Ilford, aber der nächstgelegene Bahnhof hieß damals Seven Kings. Im Winter stehen dort am frühen Morgen, noch vor Sonnenaufgang, die Pendler im Dunkeln und warten bibbernd auf ihren Zug. Ihr Atem ist ganz weiß in der kalten Luft. Das war der Zug, der durch mein Schlafzimmer fuhr. Ich versuchte im Vorbeifahren mein Fenster zu finden, konnte es aber nicht sehen.

In Stratford heißt es umsteigen in die Jubilee Line. Wieder dieses spiralig sich hochschraubende Surren, dann taucht der Zug in den Untergrund ein und schießt in Richtung Wharf. An diesem Tag im März 2007 war ich gerade mal zwanzig, und das Geräusch hörte sich für mich anders an. An diesem Tag klang es wie Zukunft in meinen Ohren.

Vor dem Bahnhof Canary Wharf schießt der Zug einmal mehr in den Untergrund. Diese Bahnhöfe waren damals alle nagelneu, und der von Canary Wharf mit seinem irre hohen Gewölbe hatte vom Ausmaß her etwas von einer unterirdischen Kathedrale. Man konnte sehen, dass alle, die hier ausstiegen und die Bahnsteige langliefen, Banker waren.

Teure anonyme Hemden. Teure anonyme Haarschnitte. In langen zielstrebigen Reihen schlängelten sie sich die Bahnsteige entlang auf die Ausgänge zu. Ich reihte mich in eine der Schlangen ein.

Ich kam aus dem Bahnhof und hielt auf das Gebäude zu, das jetzt, im ersten Licht der Morgendämmerung, vor mir aufragte: das Citigroup Centre – ein 42-stöckiger Wolkenkratzer aus metallgrauem Stahl und Glas an der Südspitze eines Dreiecks von Wolkenkratzern im Zentrum von Canary Wharf. Damals prangte am Gipfel des Gebäudes in großen, leuchtend roten Lettern der Name – CITIGROUP, daneben ein kleiner roter leuchtender Regenschirm. Aus irgendeinem Grund, und ich habe keine Ahnung warum, kommt im Winter morgens und abends dicker weißer Dampf von den Wipfeln dieser Gebäude. Die U-Bahn-Station hat vier lange Rolltreppen, die in eine riesige leuchtende runde Öffnung hoch über ihnen führen, sodass man beim Verlassen des Bahnhofs an Bord eines Raumschiffes oder dergleichen zu gehen meint. Aber wenn man dann oben ins Freie kommt, sieht man sich auf einem weiten, offenen Platz voller Bäume, Wasser, und, prägnanter noch als alles andere, mächtiger grauer Metallsäulen, aus denen Dampf in die marineblauen Wolken aufsteigt.

Einige Straßen überquerend, ging ich auf das Gebäude zu. Scharf fuhr der Wind zwischen den Wolkenkratzern hindurch, und als ich in die riesige warme und hell erleuchtete Lobby des Citigroup Centres trat, kam ich mir vor wie in einem Refugium. Drinnen empfingen mich, so weit das Auge reichte, teure Möbel, farbenfrohe abstrakte Kunst und geradezu unmöglich gut gebügeltes Personal. Eine weichgezeichnete Empfangsdame schickte mich zu einem weichgezeichneten Sofa, auf dem ich Platz nahm. Ich rückte meine Krawatte zurecht.

Eine freundliche Dame namens Stephanie tauchte auf und händigte mir einen Besucherausweis aus. Sie führte mich durch eine Reihe von Sicherheitsschleusen, und, um eine Ecke, in ein Gebäude, das mir wie das größte Atrium der Welt erschien: Rolltreppen und Glas, wohin man sah. Es handelte sich um ein anderes Gebäude, in dem ich bestimmt zwanzig Stockwerke über mir das Dach sehen konnte. Auf jeder riesigen, hell erleuchteten Etage boten auf zwei Seiten dicke Fensterwände einen Blick auf einen immensen hohen leeren Raum, an dessen unteren Ende ich stand und nach oben sah. In regelmäßigen Abständen sprossen aus Balkonen Glas- und Metallstege wie Brücken zwischen den Büros auf beiden Seiten der Kluft. Zu diesem Zeitpunkt wusste ich das noch nicht, aber kaum ein Jahr zuvor hatte ein Angestellter der Citigroup sich das Leben genommen, indem er von ganz oben in diese zentrale Hohlseele sprang. Er war zwanzig Stockwerke tief gefallen und musste dazu noch nicht mal nach draußen gehen. Einige der Trader waren auf die Balkone getreten, um nach unten zu sehen. So ist das eben, nehme ich an.

Stephanie führte mich über drei Rolltreppen zu den gläsernen Laufstegen im zweiten Obergeschoss. Auf den riesigen Glastüren stand in kristallweißen Lettern »Fixed Income Trading Floor«. Dieser Begriff sagte mir damals nichts. Ich sollte vier Jahre meines Lebens auf dieser Etage verbringen.

Der Trading Floor selbst ist ein riesiger Raum. Wenn man von der Mitte aus hereinkommt, scheint er sich fünfzig Meter weit in alle Richtungen zu erstrecken: links, rechts und geradeaus. Was sofort ins Auge sticht, sind die Monitore. Jeder Trader hat acht, neun, zehn oder gar zwölf davon, die sich in einem riesigen Quadrat um ihn herum oder im rechten Winkel vor ihm auftürmen. Reihe um Reihe um Reihe von Tradern, die alle den Hals recken, auf dass ihnen nichts, aber auch rein gar nichts auf diesen Monitorwänden über und um sie herum entgeht.

So wie die Trader sitzen, Rücken an Rücken in langen Reihen, den Hals den Monitoren entgegengereckt, spiegeln sie die langen Leuchtkörper, die über ihnen von der Decke hängen. Die Wände nach außen hin bestehen aus raumhohen Fenstern, aber von dort, wo ich stehe, direkt an der Tür, wirken diese Fenster weit, weit entfernt. Von der Decke hängen in Abständen breite schwarze digitale Anzeigetafeln mit der Uhrzeit in verschiedenen Städten der Welt: London, New York, Sydney, Tokio. Unter seiner Bildschirmwand hat jeder Trader eine große schwere schwarze Speakerbox, etwa einen Meter breit, voll Knöpfen, Reglern und Schaltern. Im Lauf des Morgens füllt sich der Saal mit einem Crescendo von Geräuschen aus diesen Boxen – Pings, Bleeps, Ka-tschings und geschrienen Zahlen – aber von meinem Platz aus war es, gegen 7.30 Uhr morgens, merkwürdig ruhig. Das Lauteste war das

Surren der Leuchtkörper über uns. Darunter das verhaltene Summen von Stimmen.

Stephanie führte mich rechter Hand ein Stück den Trading Floor entlang und bog dann links in eine der Schneisen zwischen den Reihen ein. Wir bewegten uns nun mitten hinein in das Herz des Floors, und ich konnte jetzt, links und rechts von mir, im Vorübergehen die endlosen Reihen von Tradern sehen: Rücken an Rücken, weißes Hemd, weißes Hemd, blassrosa Hemd, weißes Hemd. So sehen also Trader aus, dachte ich.

Wir kamen jetzt in einen Bereich des Floors, in dem es lauter zuging. Die Kakofonie elektronischer Signale und Warntöne, menschlichen Lachens und in den Raum gerufener Zahlen, die schließlich zur Musik meines Lebens werden sollte. Ich schaute mich um, als der Lärm zunahm, aber Stephanie hielt direkt auf einen bestimmten von all den Schreibtischen zu.

Wir bewegten uns jetzt direkt durch die schmale Schneise zwischen den Rücken der Trader. Der Lärm nahm unaufhaltsam zu, und ich konnte das Blinken der bunten Zahlen auf den riesigen Monitorwänden sehen. Unser Ziel, der Schreibtisch in der hinteren Ecke des Floors, befand sich direkt an einem riesigen Fenster, durch das ich auf den Eingang zur U-Bahn und die Bäume und das Wasser auf dem Platz sehen konnte. Und hoch über alledem sah ich, wie die Sonne aufging.

Stephanie blieb stehen, ging etwas in die Knie, beugte sich über den großen, massigen Rücken eines Traders und flüsterte ihm etwas ins Ohr.

Daraufhin stemmte der Trader die Arme gegen die Schreibtischkante und stieß sich mitsamt dem Sessel einen halben Meter nach hinten. Noch im Aufstehen drehte er sich zu mir um und stand dann in seiner ganzen Größe zwischen dem Fenster und mir. Im Gegenlicht der aufgehenden Sonne war sein breites, strahlendes Lächeln kaum zu erkennen, aber ich wusste, dass es Caleb Zucman war, und ergriff wieder die riesige Hand, die er mir aus luftiger Höhe entgegenhielt.

»Hallo, Gary. Willkommen am STIRT-Desk.«

# 4

Stephanie war wieder gegangen, was ich gar nicht bemerkt hatte, aber sie war definitiv nicht mehr da. Und ich stand, nach oben blinzelnd, in Calebs Schatten.

Mit seiner schweren Hand auf meiner Schulter bugsierte Caleb mich vom Fenster weg zurück auf den Mittelgang des Trading Floors. Der STIRT-Desk umfasste alles in allem etwa zehn Trader, die Rücken an Rücken zu beiden Seiten von uns platziert waren. Im Vorbeigehen stellte Caleb mir jeden von ihnen mit einer Geste vor.

»Das ist Bill, er macht Sterling.«
»Das ist JB, er macht Aussie, Kiwi und Yen.«
»Das ist Wheeley, er macht die Skandis.«

Ich wusste größtenteils nicht mal so recht, was all die Kürzel bedeuteten.

Nicht einer der Trader sprach mich an, als ich vorbeikam. Einige rissen fast instinktiv den Kopf herum, als sie ihren Namen hörten, um sich dann schnell wieder umzudrehen. Jeder von ihnen war in die endlose Folge blinkender Lichter und Geräusche seines Arbeitsplatzes vertieft. Einer von ihnen umklammerte ein dickes, schweres braunes Handtelefon, ein anderer rief Zahlen in seine riesige Speakerbox.

Am Ende der Reihe blieb Caleb stehen. Dort saß, durch eine Lücke deutlich abgesetzt von den anderen und so weit zurückgelehnt, dass er schier in die Schneise kippte, der Mann – oder rückblickend vielleicht eher der Junge –, der mein erster unmittelbarer Vorgesetzter auf dem Trading Floor sein sollte.

»Snoopy!«

Auf Calebs Ruf fuhr Snoopy herum. Kaum hatte er sich umgedreht, war er auch schon auf den Beinen und wischte sich die Hände an der Vorderseite seiner Hose ab. Er war, wie ich dankenswerterweise sofort feststellte, von ganz normaler Größe, vielleicht eine Handbreit größer als ich. Er stellte sich vor, drückte mir die Hand und nickte lächelnd. Wie sich herausstellte, hieß er nicht wirklich Snoopy, sondern Sundeep. Aus irgendeinem Grund wandte er sich, nachdem er sich mir vorgestellt hatte, Caleb zu und drückte auch ihm die Hand. Dabei lächelte er unablässig und nickte dazu.

Und schon war auch Caleb verschwunden, genauso plötzlich wie Stephanie, und ich stand allein mit Sundeep da. Ungeachtet der Tatsache, dass ich keinerlei Anweisungen oder Instruktionen hatte, wandte auch Sundeep sich rasch wieder ab und seiner Bildschirmfront zu. Und da stand ich nun, allein, am Rande des STIRT-Desks, und es war nicht sofort klar, was ich tun sollte, ja, wo überhaupt mein Platz war.

Aber das war okay. Jemand hatte mir davon erzählt. Ich war also gewarnt. Das war »das Nichts«. Ich hatte Grüppchen pakistanischer Mitglieder der Finance Society darüber in der Bibliothek der LSE beim gemeinsamen Ausfüllen von Bewerbungsformularen tuscheln hören. Man füllt fünfunddreißig Bewerbungsformulare aus, tippt fünfunddreißig Anschreiben, prägt sich die Bedeutung von etwa hundert Akronymen ein und stellt sich zwanzig- oder dreißigmal vor. Betritt man dann endlich voller Enthusiasmus seinen ersten Trading Floor, um sein erstes Praktikum anzutreten, und möchte sein erstes Team kennenlernen, seine erste Million verdienen, bekommt man ... *Nichts*. Keine Arbeit heute. Keine klaren Anweisungen. Keine erkennbare Aufgabe. Und in vielen Fällen, wie in meinem, noch nicht einmal einen Stuhl. Ein Praktikant bekommt seinen Job nicht geschenkt. Es ist deine Aufgabe, den Job zu deinem zu machen. Man verdient auf dem Trading Floor sein Geld auf eigene Faust, denke ich mal.

Links von Snoopy sah ich einen leeren Stuhl nebst einer kompletten Station mit Computern und Monitoren, aber nach allem, was ich wusste, konnte die auch jemandem gehören. Also schnappte ich mir, als gerade keiner hinguckte, einen leeren Stuhl von anderswo auf dem Floor und rollte ihn neben Snoopys rechte Schulter, vor einen kleinen Aktenschrank. So saß ich zwar halb in der Schneise, aber ich konnte sehen, was ich sehen musste: Snoopys Bildschirm direkt vor mir und den gesamten Desk mit den Tradern links von mir. Meine Aufgabe bestand nun darin, die Trader unauffällig im Auge zu behalten und darauf zu achten, ob einer gerade mal nicht beschäftigt war, um die Gelegenheit für ein Gespräch zu nutzen. Außerdem konnte ich den Aktenschrank als eine Art behelfsmäßigen Schreibtisch benutzen. Ich riss ein Blatt aus meinem Notizblock und zeichnete ein kleines Diagramm darauf, in das ich mir so viel wie möglich über die einzelnen Trader notierte: ihre Namen, ihre Aufgaben und wo sie saßen. Ich zeigte es Snoopy und fragte ihn, ob alles richtig war. Er fand das lustig und nahm eine Handvoll Korrekturen vor. Ich legte mein Werk auf den Aktenschrank vor mir, nahm ein frisches Blatt und fertigte eine saubere Kopie davon an. Die faltete ich zusammen und steckte sie ein.

Snoopy war zweifelsohne der Junior am Desk. Er konnte kaum mehr als drei, vier Jahre älter gewesen sein als ich, und all die andern Trader am Desk sahen mindestens sieben, acht Jahre älter aus als er. Ich versuchte mehrmals, mich in Snoopys peripheres Blickfeld zu manövrieren und ihn zu fragen, was er da machte, aber er winkte jedes Mal mit einem verlegenen Lächeln ab. Er kam mir vor wie ein Schüler, der die Hausaufgaben abschreibt. Ich mochte ihn vom Fleck weg. Aber es war sowohl mir als auch Snoopy klar, dass meine Zukunft nicht in seinen Händen lag. Er wusste es. Ich wusste es. Er wusste, dass ich es wusste.

Ich musste mich nach einem ranghöheren Opfer umsehen.

Ich wandte mich nach links und sah mir die Mitglieder des STIRT-Desks an. Selbst für meine ungeschulten jungen Augen hatten sie etwas von einem eher zweifelhaften Verein. In der hinteren Ecke, hinter Caleb und gegenüber dem Fenster saß ein kleiner Mann mittleren Alters. Weißhaarig, nahezu kugelförmig, saß er wie ein Hobbit auf seinem wackeligen Bürostuhl und tippte wie besessen, den Kopf nach links geneigt, eines der klotzigen braunen Telefone zwischen Schulter und Ohr geklemmt. Er streckte sich rücklings weg vom Desk hin zum Fenster und warf gelegentlich einen misstrauischen Blick in Richtung seiner Kollegen, fast, wie um nicht ertappt zu werden. Ein anderer, auch er mittleren Alters, aber groß, drahtig, mit rotem Gesicht und völlig kahl, arbeitete im Stehen. Ein rosa Hemdzipfel umflatterte ihn hektisch, während sein Besitzer, über den Tisch gebeugt, mit zum Schneiden dickem australischen Akzent fluchend auf seine Monitore einschrie. Drei Stationen weiter saß ein dunkelhäutiger Italiener in einem zerknitterten, wenn auch offensichtlich teuren Hemd und lachte kollernd in sein Headset. Er sah aus, als hätte er nicht geschlafen. Selbst Caleb, der beim Trading Game so locker, souverän und charmant gewesen war, wirkte älter und nicht mehr so elegant in seinem riesigen amerikanischen Anzug, als ich ihn freundlich telefonieren sah.

Es war genau genommen nicht mein allererstes Mal auf dem Trading Floor. Der Preis für den Sieg beim Trading Game waren zwei einwöchige Praktika gewesen, von denen dieses das zweite war. Die Herausforderung bestand darin, diese beiden Wochen in ein Sommerpraktikum umzuwandeln und das dann in einen Job. Meine erste Woche hatte ich im Dezember zuvor in der Abteilung »Credit Trading« verbracht, knapp zwei Jahre bevor diese Abteilung die Weltwirtschaft gegen die Wand fahren sollte. Natürlich hatte ich damals noch keine Ahnung von dem bevorstehenden Ableben der Weltwirtschaft gehabt. Die hatte ich auch jetzt, drei Monate später, noch nicht, als ich verzweifelt am Rand des STIRT-Desks klebte und noch immer nicht wusste, wofür »STIRT« eigentlich stand und warum die Trader hier so anders aussahen als die Credit Trader auf der anderen Seite des Saals.

Die Credit Trader sahen aus wie die Studenten an der LSE. Geschniegelt, frisch gestärkt, uniformiert, aalglatt. Die STIRT-Trader, nun ja, die waren das alles nicht. Und sie sprachen mit Akzenten. Richtigen Akzenten, aus real existierenden Gegenden. Das gefiel mir. Ich fragte mich auch, warum.

Es war dies jedoch nicht der Augenblick für soziologische Analysen. Die Zeit drängte. Ich brauchte ein Opfer.

Meine Entscheidung hätte einfacher nicht sein können. Während die meisten Trader in ihre Bildschirme oder Telefone vertieft waren, war der drahtige rote Glatzkopf im rosa Hemd ein Bündel hektischer Aktivität. Er rief Scherze in die Speakerboxen vor sich, schrie den Tradern an den anderen Stationen über die Bildschirmwände hinweg Satzfetzen zu, die ich nicht verstand, klopfte seinen Kollegen immer wieder mal unerwartet auf den Rücken. Er war ständig auf den Beinen. Ständig in Bewegung. Er schien geradezu darauf zu brennen, dass man ihn störte. Ich holte meinen Zettel heraus und sah nach. »JB. Ozzie. Kiwi. Yen.« Was immer das auch bedeuten mochte.

Ich stellte mich rechts hinter ihn, sodass ich vorsichtig in sein peripheres Blickfeld spähen konnte. Bei dem Wirbel, für den er sorgte, schien er mich gar nicht zu bemerken. Ich reckte den Hals.

»JB.«

JB hielt jäh inne, als hätte er ein Tier erspäht, und starrte mindestens fünf oder sechs Sekunden lang durch die Bildschirmfront hindurch ins Leere. Plötzlich drehte er schnell den Kopf nach rechts, wo ich stand, dann nach links und dann wieder nach rechts. Ich hätte ehrlich gesagt nicht sagen können, ob das ein Scherz sein sollte oder ob er mich wirklich nicht gesehen hatte. Niemand sonst nahm den Blick von seinen Monitoren.

»JB«, sagte ich noch mal, und JBs Blick senkte sich langsam auf mich. Ich schaute zu JB auf. JB schaute auf mich herab.

»Hi, JB. Ich bin Gary«, sagte ich, fast stotternd, als ich ihm eine Hand hinhielt.

JB betrachtete meine Hand. Länger, so hatte ich das Gefühl, als es eigentlich nötig war. Dann sah er mir wieder ins Gesicht. Meine Hand war nun schon eine Weile ausgestreckt, und ich schaute erneut zu ihm auf. Aus welchem Grund auch immer bot sein Gesicht immer noch ein Bild maßlosen Erstaunens.

Und dann, von einem Augenblick auf den anderen, strahlte er mich an und schüttelte meine Hand, als wolle er sie mir ausreißen.

»Himmel, Arsch, Mann! Wo zum Teufel hast'n den Schlips da her?«

Ich senkte den Blick auf meine Krawatte. Blau. Breit. Gelbe Streifen. JBs Hand drückte immer noch die meine. »Äh, ich weiß nicht, Mann. Ich glaube von Next?«

\*

JB machte eine winkende Geste, die ich als Aufforderung verstand, meinen Stuhl zu holen, und so schob ich den rüber neben seinen Aktenschrank, setzte mich und reckte den Hals in Richtung seiner Monitorwand. Nach allem, was ich damals wusste, hätten die blinkenden Zeilen und Zahlen auch für Pferdewetten stehen können. Im Nachhinein betrachtet, traf das vermutlich für mindestens einen der Monitore auch tatsächlich zu.

Mit meinem Auftauchen schien JB schlagartig das Interesse an den blinkenden Zeilen und Zahlen verloren zu haben. Er wandte sich mir halb zu. In dieser Haltung, in der er sich in raschem Wechsel über die rechte Schulter hinweg mit mir unterhielt und über seine linke Antworten in seine Computer schrie, unterzog JB mich einem überraschend persönlichen Verhör. Er wollte wissen, woher ich kam und was zum Teufel ich hier am Desk machte. Er fragte nach meinem Fußballverein und interessierte sich erstaunlicherweise für die Provenienz meiner Kleidung.

Damals fand ich sein Verhalten verwirrend. Mein vorheriger Aufenthalt auf dem Trading Floor bestand größtenteils aus wenig anregender Tabellenarbeit und eher gestelzten Erklärungen zu Credit Default Swaps. Nicht einer hatte wissen wollen, woher mein Schlips kam. Erst jetzt, nach sechs Jahren auf dem Floor, wird mir klar, dass Johnnys Fragen (JB hieß eigentlich Johnny Blackstone) unterm Strich überaus vernünftig waren. Zwanzigjährige Kids kreuzten im Allgemeinen nicht einfach so auf dem Trading Floor auf. Schon gar nicht Zwanzigjährige wie ich, die in ihren Klamotten aussahen, als hätten ihre Eltern sie zum Praktikum beim Immobilienmakler um die Ecke geschickt. Die einzigen Zwanzigjährigen, die einem auf dem Trading Floor unterkommen, sind die, deren Eltern dort das Sagen haben. Und diese Leute hören sich weder an wie ich noch sehen sie so aus. JB war, so denke ich mal, amüsiert und fasziniert zugleich. Im Nachhinein betrachtet, wäre ich das wohl auch gewesen.

JB war hocherfreut zu erfahren, dass ich aus Ilford stamme, nachdem er dahintergekommen war, dass Ilford zumindest in gewisser Hinsicht in Essex liegt. JBs Freundin und anscheinend auch viele seiner Broker (was auch immer ein Broker sein mochte) kamen ebenfalls aus Essex. Er drückte einen der Millionen Knöpfe auf dem großen schwarzen Kasten unter seinen Monitoren und fragte eine geheimnisvolle Person, ob sie mal in Ilford gewesen sei. Dröhnend meldete sich die abgrundtiefe Stimme eines Cockney, direkt aus dem Pub: »Ja, klar, Ilford. Als ich jünger war, ging ich immer ins Ilford Palais. Aber inzwischen hat sich da unten ja alles verändert. Alles total anders ...«

Noch mehr freute JB zu erfahren, dass ich Leyton-Orient-Fan war. »Orient!«, rief er aus, als hätte er noch nie ein O ausgesprochen. So nannte er mich denn auch den Rest der Woche: Orient.

JB erzählte mir alles über sich. Er war zwanzig Jahre zuvor nach England gekommen, um in Oxford Jura zu studieren. Seinem Akzent nach freilich hätte ich nicht gedacht, dass er viel länger als einen Tag von Queensland weg war. Jura schmeckte ihm nicht, und so hatte er das Studium abgebrochen, um professionell Rugby bei London Irish zu spielen.

Dann war er Broker geworden und schließlich Trader. Das war nicht gerade die traditionelle LSE-Pipeline, bei der man fünfunddreißig Lebensläufe und Anschreiben tippt, während man an der Uni Matrizen zu invertieren lernt. Ich konnte mich des Verdachts nicht erwehren, dass da irgendwas im Busch war, aber zum Nachhaken fehlte die Zeit. JB erklärte mir schließlich auch, wofür »STIRT« stand, nämlich für »Short Term Interest Rates Trading«. Damit war wenigstens eines meiner Probleme gelöst.

JB freute sich einmal mehr, als er erfuhr, dass ich mein Praktikum bei einem »Trading Game« gewonnen hatte. Daraufhin begann er einen langen Monolog über das Trading und seinen eigenen Weg in der Branche, von dem ich jedoch kaum etwas verstand. Er zeigte mir allerhand Diagramme und erzählte mir eine Menge Geschichten. Ich sah ihm in die Augen, ich sah mir seine Schaubilder an. Ich guckte in die Ferne und überlegte. Oder zumindest zog ich die Augen zusammen, um den Eindruck zu erwecken, dass ich überlegte. Ich fragte mich, ob er wohl merkte, dass ich kein Wort verstand.

Ich kann gar nicht genug betonen, wie sehr meine ersten Erfahrungen im Trading eben darin bestanden: Tradern zuzuhören, dabei weise zu nicken, tiefe Gedanken in mein Jungengesicht geschrieben, ohne auch nur das Geringste zu verstehen. Mir erschien mein Mangel an Verständnis damals so überwältigend, so absolut, so schmerzhaft offensichtlich, dass ich beim besten Willen nicht verstehen konnte, wie es den Leuten entgehen konnte, dass ich nur so tat. Jetzt, nach fünfzehn Jahren im Bereich Finanzen und Wirtschaft, weiß ich, warum. Jeder macht das, die ganze Zeit.

Wie auch immer, ich muss wohl gut darin gewesen sein, denn mein Nicken kam bestens an. JB und ich verstanden uns prächtig. (Fünfzehn Jahre nach diesem Gespräch, im neunten Schritt eines Zwölf-Schritte-Programms, sollte JB mir in einem alten Pub mit Blick auf die Themse erklären, warum er mich so schnell sympathisch fand und warum er so schnell sprach. Damals dachte ich, er sei eben einfach nur ein wirklich netter Kerl und ich vielleicht einfach nur sehr charmant.)

Nach etwa zwei Stunden angeregter Unterhaltung kam JB zu dem Schluss, dass es an der Zeit war, mich weiterzureichen. Er drehte seinen Stuhl so, dass er die Schneise blockierte, und rief dem Händler hinter sich, nach dem er fast hätte greifen können, unnötig laut zu: »Hobbsy!«

Hobbsy erschauerte leicht und drehte einige Sekunden später ganz langsam seinen Stuhl so, dass er uns zugewandt saß.

»Darf ich vorstellen: Gazza. Orient-Fan.«

Ich sprang auf und hielt Hobbsy die Hand hin, auf dass er sie schüttelte. Hobbsy nahm die gebotene Hand jedoch nicht an, sondern musterte mich von oben bis unten, langsam, auf eine Art und Weise, die heutzutage schlicht nicht mehr akzeptabel ist. Er saß, ich stand, die Hand ausgestreckt, und er musterte mich ganz langsam, von Kopf bis Fuß. Unten angekommen, hielt er inne, vielleicht um zu überlegen. Und dann kletterte sein Blick wieder hoch zu meinem Kopf.

Nach einer weiteren Pause wandte er sich wieder seinem Arbeitsplatz zu und öffnete ein Fach in seinem Rollcontainer. Er nahm eine Visitenkarte heraus, stand auf, drehte sich in gemessenem Tempo um und drückte sie mir in die Hand.

Ich sah mir die Karte an und las: »Rupert Hobhouse. Head of Euro Rates Trading«.

Ich hob den Blick, über den Rand der Karte hinweg, und sah Rupert Hobhouse an.

Erst dann bot mir Rupert Hobhouse die Hand.

»Rupert Hobhouse«, sagte er. »Head of Euro Rates Trading«.

»Hi, Rupert«, sagte ich, während Rupert mir jeden einzelnen Handknöchel brach, »ich bin Gary, freut mich.«

Während Rupert mich musterte, hatte ich Gelegenheit, mir sein Gesicht anzusehen. Es war kindlich und zugleich besorgniserregend streng, gleichzeitig nett anzusehen und unnötig feist. Er dürfte Anfang dreißig gewesen sein. Die Augen unter der professionell gestylten braunen Haartolle blickten durch den Rahmen einer Brille mit dicken Gläsern und schwarzem Rand. Er hatte die Ausstrahlung eines Mannes, den man als Sechsjährigen unerwartet ins Internat abgeschoben hatte, um ihn erst als Einundzwanzigjährigen wieder abzuholen. Wie ich später erfuhr, war dies gar nicht so weit von der Wahrheit entfernt. Er hatte den muskulösen Körper mit angehendem Fettansatz eines Mannes, der jahrelang, vermutlich von Geburt an, gut gegessen hatte. Es war ein Körper auf der verzweifelten Suche nach neuen Verwertungswegen für all die zu sich genommenen Kalorien. Ein Körper, mit anderen Worten, der hier und da aus den Nähten zu platzen drohte, ganz so wie das offensichtlich teure Hemd. Man spürte, dass er durchaus massiv werden konnte.

Rupert wandte sich wortlos wieder seinem Schreibtisch zu, während JB zur Toilette ging. Ich verstand das als Aufforderung, mich neben Rupert zu setzen. Ich brauchte eigentlich nur meinen Stuhl umzudrehen, und schon saß ich so, dass ich ihm über die Schulter schauen konnte.

Seiner Körpersprache nach zu urteilen, nahm Rupert meine Anwesenheit nicht zur Kenntnis, aber er begann nahtlos einen Monolog über das Wesen seiner Arbeit, der angesichts der Umstände nur mir gelten konnte. Der fehlende Augenkontakt ersparte mir weitgehend das Nicken, sodass ich stattdessen abwechselnd ins Blaue hinein Notizen machte und mich vorbeugte, um mir seine Bildschirme anzusehen.

Rupert Hobhouse war, wie er schon mindestens zwei Mal konstatiert hatte, der Senior Euro Rates Trader. Der Euro war bei Weitem die größte und wichtigste Währung am Desk, und er teilte sich die Verantwortung dafür, wenn auch nicht paritätisch, mit seinem Junior Ho Nguyen. Rupert wies mit einer Geste auf Ho Nguyen, ohne hinüberzuschauen, und so drehte ich mich nach dem Mann um. Mir war Nguyen als vietnamesischer Name geläufig, und ich fragte mich schon, ob er vielleicht einer von den internationalen LSE-Typen war, aber da wandte er sich mir auch schon mit einem breiten Lächeln zu und meinte: »Alles klar, Alter? Ich bin Hongo.« Es stellte sich heraus, dass er in Wirklichkeit aus Norwich kam.

Der Handel mit Euro-FX-Swaps (erst jetzt erfuhr ich, dass die Hauptaufgabe des Desks der Handel mit FX-Swaps war, obwohl ich keine Ahnung hatte, was FX-Swaps sind) beinhaltete eine Unmenge von Trades, erhebliche Risiken und Volumina sowie die ständige Interaktion mit jeder großen europäischen Bank.

In diesem Augenblick wies Rupert auf einen seiner Monitore, auf dem eine lange Liste für mich zusammenhangloser Wörter und Zahlen zu sehen war, von der ich heute weiß, dass es sich um ein »Trade-Blotter« handelte: eine vollständige Aufschlüsselung aller Trades, die er an diesem Tag getätigt hatte. Ich nickte und notierte mir wahllos einige der Zahlen auf meinem Block.

Rupert hatte mich noch immer nicht angesehen, nicht ein einziges Mal, aber seine herzlich unpersönliche Art der Kommunikation ließ sich – wenigstens teilweise – damit rechtfertigen, dass er und Ho – insbesondere Ho, ganz offen gesagt – weit beschäftigter zu sein schienen als JB. Ständig riefen andere Trader am Desk ihnen Wörter und Zahlen zu, Äußerungen, die offenbar der Überlegung, Verdauung und Reaktion bedurften. All die Bildschirme und Speakerboxen um sie herum piepsten in regelmäßigen Intervallen, und auf jeden Piepser, so schien es, galt es zu reagieren.

Im Verlauf der nächsten halben Stunde bot mir Rupert, reichlich illustriert mit immer längeren Listen von Wörtern und bunten Zahlen, eine ebenso kompakte wie prägnante Philosophie des Tradens, die zwar nur geringfügig verständlicher ausfiel als JBs Erklärungen, sich aber vom Stil her radikal unterschied. Während JB leidenschaftlich und emotional geworden war, blieb Rupert geradezu zwanghaft präzise. Ich hatte keine Ahnung, wer der bessere Trader war, konnte mir aber denken, wer im Pub besser ankam.

Unterm Strich war ich nach Ruperts Analyse des FX-Swap-Handels noch ratloser als zuvor.

Rupert hatte mich nichts Persönliches gefragt, was daran lag, dass er bereits alles über mich wusste. Oder zumindest wusste er bereits alles, was ich JB erzählt hatte. Das wiederum fand ich etwas beunruhigend, da ich keine Ahnung hatte, dass er oder irgendjemand sonst zugehört hatte. Bei dem ständigen Geblöke aus den Speakerboxen der einzelnen

Stationen war es ein Wunder, dass er meine Stimme überhaupt hatte heraushören können.

Wie dem auch sei, er kannte bereits die meisten Details. Die einzige zusätzliche Information, die er haben wollte, war natürlich, auf welche Art Schule ich gegangen war. Das war ein potenzieller Fallstrick, schließlich hatte man mich wegen Drogenhandels aus dem Gymnasium geworfen, und der Wechsel vom Gymnasium an eine Gesamtschule war ein deutlicher Makel in meiner Vita, zu der Caleb und damit möglicherweise auch Rupert Zugang hatte. Aber ich hatte mich auf genau diese Frage vorbereitet und behauptete Rupert gegenüber, ich hätte das Gymnasium zugunsten der Gesamtschule aufgegeben, nachdem ich gehört hätte, dass es bei den Universitäten Quoten für Gesamtschüler gab. Rupert zuckte kaum mit der Wimper, aber ich merkte, dass ihm das zusagte – ein dünnes englisches Lächeln umspielte, in gewisser Weise fast musikalisch, die Winkel seines verkniffenen Mundes.

Nachdem mein schulischer Werdegang abgehakt war, kam Rupert auf die Frage, die ihm wohl unter den Nägeln brannte. Erst jetzt würdigte er mich eines Blicks. Er hob die oberste Ablage in der Schreibtischschublade an, aus der er die Visitenkarte herausgeholt hatte, und brachte einen Packen Trading-Game-Karten zum Vorschein. Den legte er vor mich auf den Schreibtisch und wandte mir dann, ohne dabei den Hals zu bewegen, den Kopf zu, wie eine Eule. Und dann sah er mir zum ersten Mal in die Augen.

»Zeig mir, wie du das Trading Game gewonnen hast.«

Der plötzliche Blickkontakt kombiniert mit dieser eulenhaften Bewegung kam so überraschend, dass ich einen Augenblick sprachlos war. Aber ich beruhigte mich und erläuterte ihm rasch meine Überlegungen: dass die ideale Strategie vom Niveau des jeweiligen Gegners abhänge; dass schwache Spieler allein schon mittels Arbitrage zu schlagen seien; dass selbst die komplexeren Spielteilnehmer im Allgemeinen nicht mit Bluffs klarkämen und durch aggressive Lautstärke zu täuschen seien. Rupert saß bei alledem reglos da und ließ mich nicht aus den Augen. Wenn sein Computer piepte, achtete er nicht darauf; Hongo sprang für ihn ein. Mir kam der Gedanke, dass Rupert vielleicht aus irgendeinem Grund ganz bewusst beschlossen hatte, nicht weiter auf all die feineren, undefinierten Nuancen zwischen Zuhören und Ignorieren zu achten. Ein Jahr später nahm Rupert Hobhouse mich ohne ersichtlichen Grund mit nach Las Vegas, wo er mir anvertraute, dass er mit nur zehn Fragen mit absoluter Sicherheit in Erfahrung bringen könne, ob eine Frau mit ihm schlafen würde oder nicht. Welche Fragen das waren, hat er mir nie verraten.

Als ich mit meinen Ausführungen zum Trading Game fertig war, wandte sich Rupert einfach wieder seinem Computer zu und nahm seine Arbeit wieder auf, als hätte er nie aufgehört. Eine lastende Stille legte sich zwischen uns. Ich saß noch immer verdreht über den Rollcontainer des mir unbekannten Traders links von Rupert gebeugt, und der Umstand, dass niemand Notiz von mir nahm, strich meine ohnehin schon lächerliche Körperhaltung noch heraus.

Es war inzwischen fast Mittag, und so beugte ich mich in Ruperts Blickfeld und fragte: »Ähm ... Kann ich Ihnen vielleicht was zu essen holen?«

Daraufhin kam tatsächlich Leben in den Mann. Mit hochgezogener Braue wandte er sich mir zu, diesmal mit dem ganzen Körper, was viel natürlicher wirkte. Mit einem Griff in die Tasche holte er sein Portemonnaie heraus und reichte mir fünfzig Pfund.

»Ja. Und hol auch gleich den Lunch für Caleb, Hongo und JB.«

Ich war offen gesagt ziemlich erleichtert über seine Reaktion. Früher hatte ich häufig das Mittagessen für die Verkäufer bei DFS geholt, und es schien mir eine simple Methode, Aufmerksamkeit zu erregen und sich bei den Leuten beliebt zu machen. Also machte ich die Runde, sammelte die Bestellungen ein und schlich mich vom Floor.

Die Wolkenkratzer von Canary Wharf verbindet ein riesiger unterirdischer Einkaufskomplex, was sie wohl in gewisser Weise zu einem einzigen riesigen Gebäude macht, und als ich in diesen riesigen, künstlich beleuchteten breiten Korridoren von Imbiss zu Imbiss ging, kehrte spürbar meine Fassung zurück. Irgendetwas an dem Gespräch mit Rupert, wenn man es denn so nennen will, hatte mir die Luft aus den Lungen gesaugt.

Ich eilte zurück zum Trading Floor und setzte die Bestellungen der einzelnen Trader wortlos bei ihnen ab. Als ich zu Rupert kam, stellte ich ihm seine Mahlzeit hin, zusammen mit seinem Wechselgeld: ein Zehn-Pfund-Schein mit ein paar Münzen obendrauf.

Mit jener instinktiven Plötzlichkeit, zu der Menschen neigen, wenn sie Münzen zu Boden fallen hören, fiel Ruperts Blick auf das Kleingeld.

»Was ist das?«

»Ähm, Ihr Wechselgeld.«

Rupert rührte sich nicht. Schweigend starrte er auf das Häuflein Münzen auf seinem Tisch. Ich hatte das Gefühl, irgendwie die falsche Antwort gegeben zu haben, also versuchte ich es anders.

»Ähm, sind genau elf Pfund vierundsiebzig.«

Ich wusste, dass es elf Pfund vierundsiebzig waren, weil ich mir rasch notiert hatte, was die Bestellungen der anderen gekostet hatten, um sicherzugehen, dass Ruperts Wechselgeld stimmte.

Rupert öffnete wieder die oberste Schublade und schob das Geld über den Schreibtisch, bis es über die Kante in die Schublade fiel. Dann drehte er sich zu mir um, als wollte er sich mir anvertrauen, aber stattdessen fixierte er mich mit einer grimmigen Intensität, die in keinem Verhältnis zu unserer Situation stand.

»An diesem Desk behalten wir das Wechselgeld.«

So etwas hatte ich mein Lebtag noch nie gehört.

\*

In den nächsten Tagen bildete sich ein Muster heraus. Ich wachte morgens auf und duschte mit dem Gummischlauch in unserem kalten Bad. Ich fand mich extrem früh am Desk ein – im Lauf der Tage sogar immer früher, aus Gründen, auf die ich gleich eingehen werde. Caleb hatte sich schließlich meiner erbarmt und mir ein kompliziertes, wenn auch letztlich sinnloses Arbeitsblatt gegeben, und so verbrachte ich jeden Morgen mehrere Stunden damit, dahinterzukommen, wie man die Reihen einer Excel-Tabelle mit abwechselnden Pastellfarben füllt. Sobald sich die Hektik des Morgengeschäfts gelegt hatte, setzte ich mich entweder zu Rupert oder zu JB, je nachdem, wer meine Anwesenheit eher zu würdigen schien. Wenn ich ehrlich bin, schien mir JB in der Regel erpichter auf meine Gesellschaft, aber ich lernte, Ruperts subtile

Stimmungen zu taxieren. Diese beiden zu beeindrucken, wäre letzten Endes der Schlüssel zu einem Leben als Millionär, und so widmete ich mich ganz der Aufgabe, den beiden gefällig zu sein.

Die Arbeit mit JB war leicht. Er wollte einfach nur Publikum für seine Geschichten und Witze, und ehrlich gesagt waren die meisten durchaus amüsant. Außerdem hörte er gerne etwas über das Leben in East London, übers Kissenaufschütteln bei DFS und über meine Wochenenden, etwa als ich mir mit meinem Vater das verschneite Auswärts-Null-zu-Null-Unentschieden zwischen Orient und Dagenham & Redbridge ansah. Rupert war komplizierter. Ich stellte bald fest, dass ihm nichts lieber war, als wenn ich falschlag. Das heißt, es ging ihm nicht eigentlich darum, dass ich mich irrte, sondern darum, dass ich mich voll und ganz zu meinem Irrtum bekannte, mich vorbehaltlos und ergebenst dafür entschuldigte und dann, alle meine Reserven zusammennehmend, stoisch ein Loch in die Luft starrte, fest entschlossen, ein besserer Mensch zu werden. Rupert hatte eine solche Freude daran, dass ich mich oft und gerne zu irren begann und mir vornahm, lieber öfter mal falschzuliegen, als recht zu haben.

Nach einem solchen Vormittag erbot ich mich dann – so gut wie das am ersten Tag angekommen war –, Lunch für alle zu holen. Jeder Trader wollte etwas anderes, aus einem anderen Restaurant, und dafür zu sorgen, dass alle Bestellungen richtig ausgeführt wurden, ja, allein sie alle an den Desk zu schleppen, war gar nicht so leicht. Aber es war eine einfache Möglichkeit, ein gewisses Maß an Fähigkeit und Zuverlässigkeit unter Beweis zu stellen, und ich bin bis heute davon überzeugt, dass dies bei Weitem meine wichtigste Aufgabe in dieser Woche am Desk war. Ich hatte zunächst gezögert, Ruperts Anweisung bezüglich des Wechselgelds nachzukommen, aber angesichts des vehementen, ja bissigen Nachdrucks, mit der er sie vorgebracht hatte, schien mir nichts anderes übrig zu bleiben. Nach ein paar Tagen meinte Caleb, dass der Lunch langsam teuer würde so ganz ohne Wechselgeld. Aber dabei sah er mich an wie seinen Erstgeborenen, daher wusste ich, dass es irgendwie, so unmöglich es schien, richtig sein musste, was ich da tat. Merkwürdiger Haufen, diese Leute, dachte ich mir. Ich verdiente um die zwanzig Pfund am Tag.

Durch beiläufige Gespräche schnappte ich Informationen auf, die mir bei der Einordnung der Leute am Desk halfen. So erfuhr ich, dass Caleb mit achtundzwanzig Jahren der jüngste Managing Director aller Zeiten auf dem Trading Floor war (ich hatte keine Ahnung, was ein Managing Director oder »MD« sein sollte, aber es war offensichtlich eine große Sache) und dass er nach einer erfolgreichen Karriere bei Citi Japan erst kürzlich Chef des Londoner Desks geworden war. Ich erfuhr, dass man Bill, die wortkarge Silberpappel aus Liverpool in der Ecke, einige Jahre zuvor für viel Geld bei Halifax eingekauft hatte, nur hatte er, sehr zu Ruperts Leidwesen und Genugtuung, hinsichtlich der Ergebnisse völlig versagt. Ich erfuhr auch, dass Bill im Gegensatz zu allen anderen Tradern am Desk nie studiert hatte. Vielleicht war das der Grund, warum er lieber auf Abstand blieb.

An den Nachmittagen, an denen es im Allgemeinen weit ruhiger zuging, kam Caleb in meine Ecke geschlendert, um sich die Mathematik und die beeindruckende Farbgebung meiner Tabelle anzusehen und meine Formeln zu kommentieren. Caleb hatte Volkswirtschaft an der Columbia University in New York studiert und war mir daher vom Background her bei Weitem am ähnlichsten. Er sprach die Sprache der Mathematik, der Zahlen und Formeln, aber, irgendwie, ohne dabei an Charme zu verlieren. Caleb war daran gelegen, dass ich so rasch wie möglich die logischen und mathematischen Zusammenhänge und die Theorie hinter den Produkten am Desk verstand. Das deckte sich, ausnahmsweise, mit dem, was ich studierte. Von allen Leuten, mit denen ich auf dem Floor sprach, war Caleb der Einzige, bei dem ich das Gefühl hatte, dass er das »Alles klar!« auf meinem Gesicht durchschaute. Ich hatte irgendwie den Eindruck, dass er wusste, was ich wusste und was nicht. Ich hatte das Gefühl, dass er *mich* kannte, und ich meine damit wirklich *mich*.

Es gab noch einen weiteren Trader am Desk, der genau wusste, dass ich keine Ahnung hatte, was ich da machte, und das war Snoopy. Der war, wie ich erfuhr, nicht auf dem traditionellen akademischen Weg auf dem Floor gelandet; man hatte ihn vielmehr als Programmierer eingestellt, bevor Caleb ihn praktisch über Nacht zum Trader beförderte. Das erklärte, warum er wie ein Sechzehnjähriger wirkte, der Wodka zu kaufen versucht. Snoopy hatte keinen Background in Finanz- und Volkswirtschaft und war auch noch nicht lange am Desk. Entsprechend hatte sich sein Verstand noch nicht an das Nicken eines hoffnungslos aufgeschmissenen Mannes gewöhnt; er wusste sofort, dass ich keine Ahnung hatte. Was für ein Glück für mich, dass es Snoopy genauso ging.

Snoopy und ich kamen weiß Gott nicht aus demselben Milieu. Er war Welten entfernt von mir aufgewachsen, in einem Golfclub irgendwo in der Idylle von Oxfordshire, als Nachbar von David Cameron. Er hatte siebzehn aufeinanderfolgende Generationen von gut bezahlten und honorigen niedergelassenen Ärzten im Blut und war (wie man sah) noch nie hungrig ins Bett gegangen. Doch bei allen Unterschieden bestand zwischen uns sofort ein enges Band. Ich wusste, dass Snoopy nichts wusste, und Snoopy wusste, dass ich nichts wusste. Ich wusste, dass Snoopy dort nichts verloren hatte, und Snoopy wusste, dass ich dort nichts verloren hatte. Und auf einer tiefen, instinktiven Ebene wussten wir beide, dass wir von absoluten Spinnern umgeben waren und dass es wichtig war, dass man uns nicht auf die Schliche kam. Wir waren blinde Passagiere auf einem Piratenschiff auf dem Weg zu einem vergrabenen Schatz und mussten nur die Nerven behalten, bis wir dort waren. Wenn wir nur lange genug durchhielten, würden wir den Schatz vielleicht vor dem Rest dieser Irren finden.

Da wir in Snoopys Ecke etwas abseits vom übrigen Desk saßen, vertraute ich ihm schon am Ende des ersten Tages an, dass ich sowohl mit JB als auch mit Rupert eine geraume Weile zusammengesessen und kaum ein Wort von dem verstanden hatte, was die beiden von sich gaben.

»Hör zu, Alter«, sagte Snoopy leise und beugte sich verschwörerisch zu mir herüber, »mach dir da mal keine Sorgen. Keiner hier versteht auch nur das Geringste. Siehst du den Typ da drüben?«

Snoopy wies mit dem Daumen über seine linke Schulter auf den dunkelhäutigen Italiener mit dem sonoren Bass. »Das ist Lorenzo di Luca. Er ist der dümmste Kerl, der mir je untergekommen ist. Alles, was er im Kopf hat, sind Weiber. Ich bin mir nicht mal sicher, ob er überhaupt Englisch kann. Neulich kam er drei Stunden zu spät, und als Caleb ihn fragte, warum, meinte er nur achselzuckend: ›Schwedisches

Neujahr.‹ Der Typ ist ein totaler Trottel. Und trotzdem macht er für den Desk Millionen. Wenn der Typ das kann, kann es jeder. Mach dir da mal keine Sorgen, Alter, wir bringen das, bleib nur immer schön cool.«

Ich sah zu Lorenzo di Luca hinüber. Er sah irgendwie gut aus und, ja, so fand ich, irgendwie tatsächlich ein bisschen dumm. Er lachte immer noch in ein Headset mit seinem sonoren italienischen Bass. Okay, dachte ich. Interessant.

Snoopy war jedoch noch nicht fertig. »Außerdem, Alter, wirst du weder von JB noch von Rupert was lernen, die haben nämlich selbst keine Ahnung, was sie da machen. Wenn du wirklich was lernen willst, halte dich mal besser an Bill.«

Schon wieder dieser Name, Bill. Ich sah zu ihm hinüber. Er war noch immer derselbe kleine Hobbit, der kugelförmig auf seinem Stuhl saß und aus dem Fenster guckte, das große braune Telefon zwischen Achsel und Ohr. Immer wieder war von Bill die Rede, aber es war mir noch nicht gelungen, auch nur ein Wort mit ihm zu wechseln. Jedes Mal, wenn ich mich ihm näherte, wandte er mir den Kopf zu wie eine Katze, die sich mit der Zunge zwischen den Beinen ertappt sieht, und ich wechselte schnell den Kurs.

Okay, Bill. Mein Plan für Bill war folgender: Mir fiel auf, dass Bill viel Kaffee trank. Ich fragte Snoopy, welche Variante er bevorzuge, und der meinte: Cappuccino. Also kam ich am nächsten Morgen um halb sieben, um Bill einen Cappuccino auf den Schreibtisch zu stellen, noch bevor er kam. Nur war Bill um halb sieben schon da. Er war der Einzige am ganzen Desk. Er saß in seiner Ecke, ein winziges Kerlchen, im Dunkeln, mutterseelenallein. Verdammt, wie früh fängt der Kerl eigentlich an? Wenigstens sah ich keinen Kaffee, und am Telefon war er auch noch nicht. Ich ging zu ihm nach hinten und fragte, ob ich ihm einen Kaffee holen könne. Bill drehte sich nicht zu mir um, knallte aber seinen Ausweis auf den Tisch. In einem kleinen Café im Handelssaal konnte man mit dem Ausweis Getränke kaufen.

»Ja, mach mal, Kumpel, und nimm dir auch einen mit.«

Ich nahm den Ausweis vom Tisch und sah darauf Bills finsteres kleines Gesicht. Daneben las ich: »WILLIAM STEPHEN ANTHONY GARY THOMAS«.

Tags darauf, am Mittwoch, kam ich um Viertel vor sechs. Gott sei Dank war der Typ noch nicht da. Also kaufte ich einen Cappuccino und stellte ihn Bill auf den Tisch. Um fünf nach sechs war Bill immer noch nicht da, und der Kaffee musste längst kalt gewesen sein, also schüttete ich ihn weg und holte einen neuen. Das machte ich um Viertel nach sechs noch mal, und zum Glück traf Bill kurz danach ein. Ich wollte nicht zu ihm hinüberschauen, als er sich setzte und den Kaffee vor sich fand, weil ich nicht wollte, dass er mitbekam, dass ich ihn ansah. Aber er musste sich wohl hingesetzt haben, jedenfalls rief er mir etwas zu.

»Dank dir, Gal«, rief er in seinem Liverpooler Akzent.

Ich dürfte mich umgedreht haben, als wäre ich überrascht, und sagte wohl etwas wie: »Ah ja, nicht der Rede wert, Bill. Alles klar.«

Am nächsten Tag kam ich um sechs und wiederholte die Prozedur.

Wieder einen Tag darauf, Freitag, war mein letzter Tag am Desk. Bill kam bereits mit einem eigenen Cappuccino herein. Er setzte ihn im Vorbeigehen auf meinem Schreibtisch ab.

»Dank dir, Gal. Setz dich doch zu mir, wenn du zurückkommst.«

Ich hatte es geschafft.

Lassen Sie mich noch eine kleine Anekdote über Bill erzählen, damit Sie ihn ein bisschen kennenlernen und vielleicht etwas besser verstehen, warum ich ihn unbedingt beeindrucken wollte. Bill war der Sterling-Trader, was bedeutete, dass es in erster Linie ihm oblag, ein Auge auf die britische Wirtschaft zu haben. Gleich am Morgen meines zweiten Praktikumstages, einem Dienstag, veröffentlichte man irgendwelche Daten über das Vereinigte Königreich. Ich weiß nicht mehr, worum es ging, Inflation oder so.

Kurz bevor die Daten herauskamen, machten die Typen am nächsten Desk, die eigentlich Seller und keine Trader waren, was ich damals nicht wusste, einen drauf, hörten Musik, lachten, tanzten – was auf dem Floor nichts Ungewöhnliches war. Bill, der wie ich gut achtzehn, zwanzig Zentimeter kleiner war als der Durchschnitt der Hünen auf dem Floor, stand auf, ging rüber zum benachbarten Desk und bat sie, die Musik leiser zu stellen.

Was sie denn auch taten, und dann saß Bill wieder da und lauerte wie ein Falke auf die Daten. Deren Herausgabe musste sich, was weiß ich, irgendwie verzögert haben, denn ein paar Minuten darauf ging die Musik wieder los, und Bill stand wieder auf und bat die Seller, ein wenig nachdrücklicher diesmal, die Musik leiser zu stellen.

Wieder stellte man die Musik leiser, wieder wartete Bill gespannt.

Nach ein paar Minuten ging die Musik wieder los. Bill stand nicht noch mal auf. Der andere Desk lag Bill genau gegenüber, die Seller saßen mit anderen Worten mit dem Gesicht zu ihm, wenn auch hinter zwei hohen Monitorwänden, Bills und ihrer eigenen. Die Stromkabel aller Monitore mündeten jedoch in ein zentrales Loch zwischen seinem und ihrem Desk, desgleichen die Kabel für die Lautsprecher, aus denen die Musik erklang.

Bill öffnete nur wortlos die Schublade an seinem Tisch, nahm eine Schere heraus und schnitt damit die Lautsprecherkabel durch. Er tat das seelenruhig. Man wäre nie darauf gekommen, dass er überhaupt etwas getan hatte. Kaum, dass er den Blick von seinen Bildschirmen nahm.

Die Musik hörte natürlich schlagartig auf, aber es dauerte eine Weile, bis die Seller begriffen, was passiert war. Irgendwann fiel natürlich der Groschen, und der Desk-Leiter, ein stattlicher Engländer mit blondem Schopf, großer Nase und piekfeiner Provenienz namens Archibald Quigley, kam um die Ecke geschossen und brüllte los, als sei er bereit, sich zu prügeln.

Caleb, der natürlich mitbekommen hatte, was da passiert war, musste aufspringen und mit Gewalt dazwischengehen. Archie schrie auf ihn ein.

Bill hatte bei alledem nicht mit der Wimper gezuckt. Er hatte nur Augen für seine Bildschirme. Für mich war der Mann ein verdammter Held.

\*

An meinem letzten Tag am Desk hatten Rupert und Caleb eine Überraschung für mich. Die beiden hatten eine bizarre Freude an meinen mittäglichen Botengängen gehabt und sie von Tag zu Tag kompliziert. So verlangten sie einzelne Gerichte aus verschiedenen, weit voneinander entfernten Lokalen oder sehr spezielle Änderungen an den Gerichten selbst. Sie baten mich, den Lunch für Freunde zu besorgen, die hier und da und dort über den Floor verstreut waren. Manchmal fragte ich mich, ob sie die Leute überhaupt kannten. Ich denke mal, sie wollten testen, ob ich alles richtig hinbekam. (Was außer Frage stand, schließlich war es die einzige halbwegs komplizierte Aufgabe meiner ganzen Praktikumswoche dort.) Ich denke mal, sie hatten einfach ihren Spaß daran, mich schwitzen zu sehen.

Um halb elf rief mich Caleb zu sich.

»Ich spendiere Lunch für den ganzen Floor.«

Er sagte das, als wäre es nichts. Aber der Floor war verdammt groß. Ich behielt die Nerven. Er wollte, dass ich die Nerven verlor. Ich wusste es. Ich sah ihm direkt in die Augen und sagte: »Okay, kein Problem.«

Das hat ihm gefallen.

Es war eine Mordsoperation und unmöglich, allein zu schaffen. Ich ging auf dem Floor von Desk zu Desk und erklärte, worum es ging. Die Geschichte muss Caleb Tausende gekostet haben. Ich musste die einzelnen Desk-Leiter dazu überreden, mir für eine Stunde ihren Junior auszuleihen. Nur so wäre die Sache über die Bühne zu bringen. Das gelang mir jedoch nicht in jedem Fall, und ich muss wohl mindestens hundert Burger selbst hochgeschleppt haben. Rückblickend nehme ich an, dass da eine Art beabsichtigte Demütigung mit im Spiel war. Aber mir war das, ehrlich gesagt, scheißegal. Nur zwei Jahre zuvor hatte ich an 364 Tagen im Jahr morgens um sieben Zeitungen ausgetragen, für zwölf Pfund die Woche. Ich erinnere mich noch genau an den Tag, an dem mein Chef mich nach meiner Runde zu sich rief, um mir zu sagen, dass er meinen Lohn kürzen würde, von dreizehn Pfund auf besagte zwölf. Manchmal legte ich eine der großen Sonntagszeitungen vors falsche Haus, worauf ich jedes Mal etwas vom Lohn abgezogen bekam. Diese Leute hier zahlten mir 700 Pfund dafür, dass ich eine Woche lang Burger austrug. Und obendrein waren sie meine beste Chance, Millionär zu werden. Wäre ihnen danach gewesen, hätten sie mich auch die Toiletten putzen lassen können.

Als jeder seinen Burger hatte, war es bereits zwei. Ich sank erschöpft auf den Stuhl in meiner kleinen Eckstation und saß dann da, halb in der Schneise. Rupert und Caleb hatten beide ihre Stühle um neunzig Grad gedreht, also weg von ihren Computern, und schauten mich an. Ich ignorierte sie.

»Hey, Gazza!«, rief Caleb. Er saß ganz am anderen Ende des Desks. Ich wandte mich ihm zu und sah über Ruperts Schulter hinweg sein strahlendes Lächeln. Sie lehnten sich beide in ihre Sessel zurück.

»Hast du einen Reisepass?«

Ich hatte einen. Schon seit zwei Jahren. Damals hatte ich mit Freunden zur Feier meiner A-Levels ganz Teneriffa bekotzt.

»Geh nach Hause und hol ihn. Du gehst zum Skifahren.«

\*

Ich saß in der U-Bahn nach Stratford und schrieb meinem Vater eine SMS. »Wo ist mein Reisepass?«, fragte ich ihn. »Der ist im Schubfach unter meinem Bett«, antwortete er.

Er lag dort unter seiner Unterwäsche.

Wussten Sie, dass die Leute zum Skifahren tatsächlich bis ganz oben auf die Berggipfel fahren? Und von dort oben aus können sie dann um sich herum all die anderen schneebedeckten Berge sehen. Also, ich wusste das nicht, aber es ist so. Das machen die.

Meine Mutter schickte mir eine SMS.

»Heißt das, du hast den Job?«

»Ich bin mir nicht sicher. Vermutlich.«

Dann bat sie mich um Geld.

# ZWEITER TEIL
## Willste was ab?

# 1

Diese Märzwoche am STIRT-Desk brachte mir das Sommerpraktikum ein. Als ich es antrat, war ich bereits bekannt wie ein bunter Hund: Ich war der Junge, der allen einen Burger spendiert hatte. Die kleine Aktion hatte jeden wissen lassen, dass Caleb mich wollte, und da Caleb mich wollte, wollten mich auch alle anderen. Der Credit-Trading-Desk rückte mir mit einer Großoffensive zu Leibe, was Caleb dazu brachte, mich noch mehr zu wollen. Und das alles trotz, oder vielleicht besser gesagt, ungeachtet der Tatsache, dass ich immer noch keinen blassen Schimmer hatte, was auch nur einer von den Leuten dort trieb. Vermutlich könnte man von einer »Spekulationsblase« sprechen, und wenn man es recht überlegt, könnte man daraus etwas über die Funktionsweise von Bitcoin lernen.

Der rote Faden war vorgegeben, ich konnte ihn sehen. Ich konnte jeden Schritt des Wegs vor mir riechen. Ich hatte bereits meine Jahresendprüfungen mit Bravour hingelegt. Jetzt würde ich beim Sommerpraktikum in die Vollen gehen. Danach würde man mir eine Stelle anbieten, die ich ein Jahr später, nach Abschluss der Uni, antreten würde. Ich würde das bringen; ich würde der beste Trader der Welt werden und irgendwann Millionär. In meinem Plan klafften zwar noch einige Lücken, wie zum Beispiel der Umstand, dass ich vom Devisenhandel keine Ahnung hatte, aber davon wollte ich mich nicht aufhalten lassen. Ich hatte das ganze Jahr bereits in der Tasche und das mit links.

Diesen Sommer kniete ich mich ordentlich rein und konzentrierte mich darauf, sämtliche Praktikumswettbewerbe zu gewinnen. Es gab drei »Trading Competitions«, und ich habe alle gewonnen. Bei allen waren kleine Tricks eingebaut, die sich ausnutzen ließen, wenn man sie nur fand. Im Endeffekt waren es Games. Es gab einen Rhetorikwettbewerb, bei dem ein Vortrag zu halten war, und auch den habe ich gewonnen. Ich weiß gar nicht so recht, was ich Ihnen dazu sagen soll. Ich denke mal, ich war einfach ein wettbewerbsorientierter kleiner Kerl.

Matic hatte ebenfalls ein Praktikum bei Citi ergattert. Er hatte wohl beim Finale des Trading Games Kontakte geknüpft. In so was war er ganz groß. Er schlug sich das ganze Praktikum völlig zugedröhnt mit Kaffee und Koffeinpillen an einem dieser futuristischen Super-Hightech-Desks mit gigantischen Spreadsheets und Millionen-Formeln oder, anders gesagt, mit »Kreditstrukturierung« herum. Zu der Zeit ging in der Finanzwelt nichts darüber. Matic ging während des ganzen Praktikums so gut wie überhaupt nicht nach Hause. Er verbrachte den ganzen Tag mit Microsoft Excel und schlief nachts unter dem Schreibtisch. Er stellte den Wecker auf fünf Uhr morgens, um aufzuwachen, bevor jemand zur Arbeit kam, und kein Mensch wusste, dass er die Nacht über geblieben war. Am Ende des Praktikums bot ihm Citi eine Vollzeitstelle, die er jedoch zugunsten eines Masterstudiums in Informatik in Cambridge ausschlug. Im Sommer kreuzte er wieder auf, um noch ein Praktikum zu machen. Manche Leute, so denke ich mal, sind einfach nicht ganz gescheit.

Abends, wenn alle nach Hause gegangen waren, ging ich rüber und setzte mich zu ihm, während er an seinen Tabellen saß. Er war ein großer, kräftiger Kerl, dem aber beim Hantieren mit Maus und Keyboard, kaum merklich, aber dennoch die Hände zitterten. Seine müden Augen huschten unstet umher.

Bei einem dieser Gespräche fragte ich Matic, was ich seiner Ansicht nach mit meiner neu gewonnenen Popularität anfangen sollte. Matic hielt mit seinen Ansichten nicht hinterm Berg: »Arbeite nicht am STIRT-Desk.« Er bezeichnete die Trader als »Anachronismen«, die »in den 80er-Jahren hängen geblieben« seien. Dergleichen war mir eher egal, aber Matics nächster Punkt beunruhigte mich dann doch:

»FX-Trader verdienen kein Geld.«

FX steht für »Foreign Exchange« oder Devisenhandel, und obwohl STIRT für »Short-Term Interest Rate Trading«, also Handel mit kurzfristigen Zinssätzen steht, gehört der Desk aus irgendeinem Grund zur Devisenabteilung. Der allgemeine Konsens unter den Genies der Credit-Trader auf der anderen Seite des Floors war, dass FX-Trader Trottel seien, deren Aufgaben in Kürze von Computern übernommen würden. Sie hätten, mit anderen Worten, keine Zukunft.

Sie bezeichneten die FX-Trader buchstäblich als »Affen«, ein Spitzname, den diese mit Freuden für sich vereinnahmt hatten. Gefährlicher und schmerzlicher als all das war freilich der vernichtende Vorwurf, sie seien arm. Das war das Einzige, was ich beunruhigend fand.

Trotzdem und aus Gründen, die ich Ihnen ehrlich gesagt vermutlich gar nicht nennen könnte, stand mein Entschluss bereits in diesem Stadium fest.

Ich habe Matic nach solchen Gesprächen immer eine Dose Red Bull oder einen Kaffee gebracht. Dann verdrückte ich mich, und er haute sich unterm Schreibtisch aufs Ohr.

*

Selbstredend bot mir Citi am Ende des Praktikums einen Platz in ihrem Graduiertenprogramm, das war ja abzusehen, und die STIRT-Boys behielten mich im Auge, als ich wieder an die Uni musste, um mein letztes Jahr zu absolvieren. Jeder von ihnen, ohne Ausnahme, war felsenfest davon überzeugt, dass er Profi-Sportler geworden wäre, hätte er sich nicht als Teenager irgendeine unselige Verletzung zugezogen oder hätte ihm das Schicksal nicht sonst irgendeinen grausamen Streich gespielt. Durch mich hatten sie nun endlich Zugriff auf die Zahlen, die für ein reguläres Fußballmatch nötig waren: Egal, wie viele uns fehlten, ich konnte in Ilford jederzeit ein paar Kids mit Bock auf ein kostenloses Match und ein paar Bier von der Straße holen. Und Fußball bedeutete, dass ich die meisten der STIRT-Boys jede Woche sah. Die besten Spieler waren Hongo und – merkwürdigerweise – der kleine Billy aus Liverpool, der sich trotz seines Kugelbauchs als wieselflink erwies. Und man wusste immer, wenn Rupert auf dem Platz hinter einem stand. Er knurrte einem nämlich ins Ohr.

Caleb und Rupert behielten mich besonders im Auge, und im Lauf des Jahres kam es zu einer ganzen Reihe von Avancen. Damals ging ich davon aus, dass diese aufeinander abgestimmt waren. Es dauerte eine ganze Weile, bis ich dahinterkam, dass die beiden einander nicht ausstehen konnten, womit es sich also eher um Konkurrenzangebote handelte.

Rupert überredete mich, mit einigen Kids von der Straße seine Wohnung in Clapham zu tünchen. Ich bin kein Anstreicher oder dergleichen, aber er bot jedem von uns hundert Pfund pro Tag. Er bezahlte mich in Fünfzig-Pfund-Scheinen, die ich nirgendwo ausgeben konnte. Ich versuchte mit drei fortlaufend nummerierten Fünfzigern bei Boots eine Feuchtigkeitscreme zu kaufen, und am Ende gab ich dann auf und ging nach Hause. Ruperts Wohnung war verdammt groß. Sie zog sich über drei Etagen, von denen die untere ein kompletter Kinoraum war. Außer an den Bädern gab es in der ganzen Wohnung nicht eine Tür. Überall sonst gab es bewegliche Wände. Er wollte, dass wir die Wohnung weiß tünchten, obwohl sie schon weiß war. Was soll's? Ist ja sein Geld, dachte ich mir.

Es dürfte im April gewesen sein, als Caleb mich in ein kleines Büro mit Glaswänden rief, das einen Blick auf all die anderen kleinen Büros mit Glaswänden in den anderen Gebäuden auf der anderen Seite des Kais bot.

Wenn einem heute eine große Investmentbank eine Stelle anbietet, weiß man nicht wirklich, welche Rolle man letzten Endes dort spielen wird. Man muss im Rahmen eines groß angelegten »Graduate Schemes« ein Trainee- und Rotationsprogramm absolvieren, bei dem sie einem in Klassenzimmern im obersten Stock irgendeinen Unsinn erzählen, der kein Aas interessiert, und dann verbringt man buchstäblich anderthalb Jahre damit, zwischen verschiedenen Desks auf dem Floor zu rotieren und dabei zu hoffen, dass einem jemand einen Job gibt.

Caleb hatte mit mir etwas anderes vor. Er wollte, dass ich gleich am Desk anfange. Ich weiß nicht, ob er wusste, dass ich wusste, dass der Desk nicht eben die besten Aussichten bot, aber seine beiden Angebote waren klipp und klar. Erstens: Ich konnte anfangen, wann immer ich wollte. Zweitens: Ich könnte vom ersten Tag an mit dem Traden beginnen. Das bedeutete eine PnL, eine Zeile in der Gewinn- und Verlusttabelle, mit einer eindeutigen Zahl neben meinem Namen. Erst sie bringt den Bonus, und erst durch ihn kommt man in der Branche ans große Geld. Die Zahl neben seinem Namen ist bares Geld. Und es dauert normalerweise Jahre, bis man so eine Zeile kriegt.

Womöglich habe ich mich deshalb trotz Matics Hiobsbotschaft für den STIRT-Desk entschieden. Womöglich wusste ich, gerade mal einundzwanzig Jahre alt, in meinem jugendlichen Übermut, dass meine PnL, hätte ich erst einmal eine, binnen weniger Jahre die größte der ganzen Bank sein würde. Und die Vorahnung wäre durchaus richtig gewesen. Vielleicht war es aber auch etwas anderes. Vielleicht waren es Billys Liverpooler Dialekt und JBs Rugby-Latein. Vielleicht waren es Ruperts Kino und seine drehbaren Wände. Vielleicht war es aber einfach die Art, wie Caleb mich in dem kleinen Glaskasten an jenem strahlenden Aprilnachmittag ansah, mit einem breiten Lächeln und Augen, die glitzerten wie das Wasser, das durch das Fenster unten am Kai zu sehen war.

\*

Meine letzte Prüfung an der LSE nannte sich »MA303: Chaos in Dynamischen Systemen«. Das war am 26. Juni 2008, einem Donnerstag. Ich sagte Caleb, ich würde nächsten Montag anfangen. Ich bräuchte das Wochenende, um Hosen und Hemden kaufen zu gehen.

Nach meinem Gespräch mit Caleb nahm mich Hobbs mit nach L.A. und Las Vegas. In einer Limousine auf dem Weg zu Carmen Electras Geburtstagsparty bekam einer der Trader dort Nasenbluten, und ich dachte, das käme vielleicht von der Höhenlage oder so, und hielt ihm ein Taschentuch hin. Er nahm es nicht an. Ich trug eine graue Weste von H&M für zwanzig Pfund.

Ich hätte eigentlich für meine Prüfungen pauken sollen.

Da war ich also. Mit einundzwanzig Jahren und einem frisch rasierten Kopf betrat ich am 30. Juni 2008 in einem nagelneuen Paar spitzer Schuhe von Topman den Trading Floor, nur vier Tage nach meiner letzten Prüfung an der Uni. Der jüngste Trader der ganzen City. Warum ich mir den Kopf rasiert hatte, weiß ich nicht. Es fühlte sich einfach richtig an.

Ich werde nie vergessen, wie ich nach meinem ersten einwöchigen Praktikum, das nun anderthalb Jahre zurücklag, meine Sammlung von

Visitenkarten zusammengeklaubt und allen eine persönliche Dankes-E-Mail geschickt hatte. In diesen E-Mails hatte ich unter anderem um Ratschläge oder Lesetipps gebeten, die mir als frischgebackener Trader nützlich sein könnten.

Ein irgendwie verhuscht wirkender Engländer mittleren Alters namens Clarky hatte mir eine kurze, knappe Antwort geschickt. Sie lautete:

»Es war schön, Sie kennenzulernen, Gary. Stürzen Sie sich nicht gleich auf den Trading Floor. Lassen Sie sich Zeit, schauen Sie sich die Welt an, genießen Sie Ihre Jugend. Sind Sie da erst mal drin, kommen Sie nie wieder raus.
Alles Gute, Clarky.«

Nun, ich hatte nicht auf Clarky gehört. Wenn ich heute so überlege, erscheint mir sein Rat weit klüger als damals. Warum habe ich ihn nicht befolgt?

Versuche ich mich heute in den einundzwanzigjährigen Gary zurückzuversetzen, kann ich Ihnen nur Folgendes sagen: Ich war hungrig. Vermutlich war ich das schon lange gewesen. Das lag wohl an all den Nächten auf durchgefurzten Matratzen. Sie wissen, was ich meine, ja? Oder etwa nicht?

Angenommen, Sie wollten eine Bank ausrauben und die Tür zum Tresor stünde offen, was würden Sie tun? Würden Sie lange rumstehen? Außerdem, wie soll man sich die Welt anschauen ohne Geld? Scheiße, Mann, jetzt war ich mal dran.

\*

Ich wusste vom ersten Tag an, dass diesmal alles anders sein würde. Es ging jetzt nicht mehr nur darum, »die Jungs zu beeindrucken – ein paar Burger auszugeben – einen Job zu kriegen«. Ich habe jetzt eine Gewinn- und Verlustzeile mit meinem Namen. Das ist *mein* Geld. Geld für *mich*.

Tja, was mache ich jetzt? Mein Angriffsplan hat zwei Flanken:

1. Das Traden lernen.
2. Ein Book bekommen.

Ganz einfacher Plan, oder? Aber was ist ein Book?

Nun, so wie der STIRT-Desk funktioniert, handelt jeder dort mit FX-Swaps, das heißt Devisenswaps. Wenn Sie nicht wissen, was ein Devisenswap ist, keine Sorge. Mir war das zu dem Zeitpunkt selbst noch nicht so ganz klar. Alles, was Sie interessieren muss, ist, dass Sie einen Devisenswap in jeder Währung handeln können, und am STIRT-Desk wurden zehn Währungen gehandelt: Euro (EUR), britische Pfund (GBP), Schweizer Franken (CHF), die drei skandinavischen Währungen (SEK, NOK, DKK), japanische Yen (JPY) und australische, neuseeländische und kanadische Dollar (AUD, NZD, CAD). Und alle wurden sie gegen den mächtigen US-Dollar (USD) gehandelt.

Jeder Trader ist für eine oder mehrere Währungen zuständig. So war Rupert, wie Sie bereits wissen, der Senior Trader für den Euro, ein »Book«, das er sich mit Ho Nguyen teilte. Bill Thomas leitete das Book für das britische Pfund. Caleb leitete das für den Schweizer Franken, während JB für Ozzie (AUD), Kiwi (NZD) und Yen (JPY) zuständig war.

Aber was ist nun das Besondere an einem Book?

Das Besondere daran ist, dass, wenn Sie ein Book in einer Währung führen, alle Kunden und alle Trades in dieser Währung direkt an Sie gehen. Und das ist gut. Warum?

Erinnern Sie sich an die Lektion aus dem Trading Game. Jeder konnte jederzeit von jedem einen Preis verlangen, und der Betreffende musste ihm einen Preis mit einem »Two-Point-Spread« nennen, wobei der Spread die Spanne zwischen An- und Verkaufskurs ist. So bedeutet zum Beispiel 67–69: »Ich kaufe für 67 oder ich verkaufe für 69.« Stellen Sie sich nun vor, dass es in diesem Game eine Reihe von externen Kunden gibt, die bereit sind, mit einem größeren Spread zu handeln, dann hieße etwa ein Spread von vier Punkten im Falle von 66–70: »Ich kaufe zu 66 oder verkaufe zu 70.« So in etwa funktionieren reale Märkte. In einem solchen Fall könnten Sie beispielsweise von den externen Kunden für 66 kaufen, dann sofort eine Kehrtwende machen und ihren

Einkauf für 67 weiterverkaufen und hätten damit einen sofortigen garantierten Gewinn von 1 Punkt. Wären Sie jedoch bereit, das Risiko etwas länger zu tragen, könnten Sie sogar jemanden finden, der bereit ist, 68 oder 69 zu zahlen, und Ihren Gewinn damit potenziell verdoppeln oder verdreifachen. Genau das bedeutet »ein Book bekommen« – mit anderen Worten Zugang zu Kunden, die bereit sind, zu schlechteren als den Marktpreisen zu handeln, was für Sie einen fast garantierten Gewinn bedeutet. Das wiederum ist, wie ich Ihnen wahrscheinlich nicht eigens sagen muss, eine tolle Sache. (Wenn Sie mal überlegen, ist das übrigens auch genau das, was ein Reisebüro wie Thomas Cook mit Ihren Devisen macht, wenn Sie in den Urlaub fahren.)

Womöglich fragen Sie sich jetzt, warum Kunden bereit sind, zu schlechteren als den jeweiligen Marktpreisen zu traden? Das wäre eine sehr gute Frage und obendrein eine, die zu stellen mir mit meinen einundzwanzig Jahren noch nicht mal einfiel. Aber haben Sie etwas Geduld, darauf kommen wir noch früh genug.

Lassen Sie uns zunächst mal sehen, wie man an so ein Book kommt.

Also, die Kehrseite all des wohlfeilen Geldes ist, dass Sie, sobald Sie ein Book haben, jederzeit bereit sein müssen, selbst Preise zu machen. Und man weiß nie, wann jemand so einen Devisenswap in Schweizer Franken oder australischen Dollar – oder wofür auch immer Ihr Book verdammt noch mal zuständig ist – braucht. Und die Citibank bietet einen 24-Stunden-Pricing-Service (sie hat neben London auch Desks in New York, Sydney und Tokio), das heißt wenn Sie mal pinkeln gehen oder gerade mal in Las Vegas sind, muss jemand für Sie den Preis quotieren. Aus diesem Grund war jedem am Desk ein Partner zugewiesen, der den Preis zu machen hatte, wenn man, aus welchem Grund auch immer, nicht am Desk oder anderweitig verhindert war (einige Trader waren häufiger verhindert als andere, wie wir noch sehen werden).

Diese Rolle firmiert unter der Bezeichnung »Cover Trader«, weil der Betreffende für einen einspringt, und sie ist eine wichtige Aufgabe. Wenn Sie nicht am Desk sind und Ihr Cover Trader einen Preis in Ihrer Währung quotiert, wird dieser Trade trotzdem in Ihrem Book verbucht, nicht in seinem, und der Gewinn (wie der Verlust) geht an Sie. Für einen Junior Trader war das Cover Trading also von besonderer Bedeutung: Man konnte für die Senior Trader am Desk Geld verdienen (oder verlieren). Man konnte seine Fähigkeiten als Preismacher unter Beweis stellen. Man konnte im Grunde so seinen Anspruch auf ein eigenes Book anmelden. Wenn man unter Beweis stellen konnte, dass man ein angemessener oder sogar ausgesprochen profitabler Cover Trader war, rissen die Senior Trader sich darum, dass man für sie coverte, wenn sie mal nicht am Desk waren. Das machte jedem sofort klar, dass man zu Recht unter allen Anwärtern der nächste für ein Book war, und erinnerte die Chefs vielleicht auch daran, dass der ergraute müde Knabe in der Ecke ja vielleicht nicht gleich ganz allein für drei Books verantwortlich sein musste.

Nur, wenn man noch nicht ganz trocken hinter den Ohren ist, will einen niemand als »Cover« haben. Man ist ein Risiko. Man ist ein Klotz am Bein. Als solcher muss man erst das Vertrauen der Leute gewinnen. Und hier kommen die beiden Ziele in Deckung. Gewinnen Sie das Vertrauen des anderen, beweisen Sie ihm, dass Sie ein guter Cover Trader sind, dann bringt er Ihnen, so Gott will, auch das Traden bei.

Okay, womit wir wieder mal ein Opfer bräuchten. Gehen wir doch mal unsere Optionen durch.

Der erste Kandidat, nun, das ist selbstredend Bill. Er hat sich in meinen Augen bereits als eine Art Held etabliert und ist Snoopy zufolge (dessen Meinung ich respektiere) der cleverste Trader am Desk. Und nicht nur das: Er ist Brite, er ist klein, und er ist kein feiner Pinkel. Wir haben also eine Menge gemeinsam. Das könnte klappen. Das einzige Problem dabei ist, dass ich, als ich am Desk aufkreuze, feststellen muss, dass Snoopy in Bills Ecke umgezogen ist und den Platz für sich beansprucht. Definitiv. Snoopy hat etwa anderthalb Jahre mehr Erfahrung als ich und ist der Ranghöhere. Da einen Fuß reinzubekommen, das ist wohl kaum drin.

Die nächsten beiden Optionen liegen auf der Hand: Rupert und JB. Ich habe bei beiden einen guten Eindruck hinterlassen, und sie scheinen beide durchaus erpicht auf die Arbeit mit mir. Sie würden mich wahrscheinlich beide nehmen, aber sie bieten auch gewisse Probleme. Deren offensichtlichstes ist, dass sie mir beide irgendwie vom Wahnsinn gestreift scheinen. Nehmen wir mal JB. JB ist ein famoser

Kerl, daran besteht kein Zweifel, und inzwischen habe ich alle seine Geschichten gehört und mehr als ein paar Bierchen mit ihm getrunken. Ich war – Sie erinnern sich? – während des Sommerpraktikums fünf Wochen lang an diesem Desk. Das Problem ist, dass er redet wie ein Schnellfeuergewehr und ich nicht verstehe, was er übers Traden oder überhaupt so sagt. Er ist also womöglich nicht der beste Mentor. Außerdem scheint ein mehr oder weniger junger Trader aus New York zum Team gestoßen zu sein, der irgendwie was von Frankenstein hat – und den Platz gleich neben JB. Womit der womöglich nicht mehr zur Verfügung steht.

Bleibt also noch Rupert. Die positiven Seiten sind hier ziemlich offensichtlich. Erstens: Der Gute hat mich nach Las Vegas mitgenommen. Zweitens: Ich habe sein Schlafzimmer getüncht. Sieht doch nach einer guten Basis für eine Freundschaft aus, oder? Rupert teilt sich das Euro-Book mit Hongo, aber Hongo ist bereits in den Dreißigern, womit Platz für einen Junior zu sein scheint. Rupert ist der Senior Euro-Rates Trader, mit anderen Worten der große Zampano am Desk, sodass er wohl ein guter Trader sein muss. Außerdem scheint er als Trader einen vernünftigen, disziplinierten Style zu haben, von dem sich vielleicht eine Scheibe abschneiden lässt. Auf der Sollseite ist er womöglich ein Psychopath. Ich habe inzwischen genug Zeit mit ihm verbracht, um zu wissen, dass das definitiv ein Risiko ist. Aber ich meine, nobody is perfect.

Dann ist da natürlich noch Caleb. Er ist immer da. Aber ich bitte Sie, Caleb ist der Boss. Das geht ja wohl nicht – der Liebling des Lehrers? Das steht mir nicht.

Also entschied ich mich für Rupert. Oder sollte ich sagen, Rupert entschied sich für mich?

Also, wo Snoopy nun in Billys Ecke hinten am Fenster saß, bekam ich Snoopys alten Arbeitsplatz, weitab vom Fenster, mein Stuhl praktisch zur Hälfte im Mittelgang. Dort saß ich, wegen der leeren Station zu meiner Linken, etwas abseits von den anderen. Ich weiß nicht, warum man diesen Platz unbesetzt ließ – vielleicht als sichtbare Erinnerung für den Jüngsten am Desk, erst für Snoopy, dann für mich, sich nicht allzu viel einzubilden. Links von diesem leeren Platz saß Rupert, der mich die gesamte erste Hälfte meines ersten Tages über völlig ignorierte.

Ich kam an diesem Tag erst gegen zwei zum Mittagessen, und als ich zurückkam, saß Rupert auf dem leeren Bürostuhl neben meinem und drehte sich darauf hin und her. Ich fand das etwas beunruhigend, aber versuchte, mir nichts anmerken zu lassen. Ich setzte mich und richtete den Blick auf die Monitore vor mir, aber seine beiden riesigen runden Knie wiesen direkt auf mich, sodass es schwer war, so zu tun, als wäre er gar nicht da.

»Wo warst du denn?«

Ich wandte mich ihm zu, ganz nonchalant, als wäre nichts. Er drückte einen leuchtend orangenen Stressball, als hätte er etwas gegen ihn.

»Oh, ich habe nur etwas zu Mittag gegessen?«

»Was gab's denn?«, fragte Rupert irgendwie zu schnell, noch bevor ich mein Fragezeichen herausbekam.

»Ähm, Würstchen. Und Bohnen. Und Tomaten?«

»Wo warst du denn?«

»Ähm, unten, in der Kantine.«

Dann machte Rupert wieder auf Rupert: einfach nur schweigend dasitzen und einen viel zu lange anschauen. Das wäre für jeden unangenehm gewesen.

»Ich arbeite seit zwölf Jahren an diesem Desk. Und ich war nicht ein einziges Mal in der Kantine. Wir essen. Hier. Am Desk.«

Dann schaute er mich wieder eine Ewigkeit einfach nur an, und ich wusste nicht, was ich sagen sollte.

Sehen Sie, erst zwei Monate zuvor standen Rupert und ich an einem warmen dunklen Abend bei einer Afterparty von Jay-Z in L.A. zusammen an einem Swimmingpool. Und Rupert redete auf ein hübsches Mädchen in einem gelben Bikini ein, um ihr chinesisches Tierkreiszeichen zu erfahren. Rupert war übrigens ein Tiger. Genau wie ich.

Ich weiß nicht mehr, wie das Mädchen hieß.

Okay, dachte ich. Dann weiß ich ja, worauf ich mich einstellen muss.

Kein Problem.

Dies war übrigens kein Einzelfall. Während meiner ersten Tage, die ich größtenteils damit verbrachte, unter telefonischer Anleitung eines Typen namens Jimmy John in Bangalore Software auf meinem Computer zu installieren, hatte Rupert sich angewöhnt, mich plötzlich – fest und direkt und von hinten – an den Schultern zu packen und lauthals weiß Gott was zu fragen:

»Wie steht der britische Verbrauchervertrauens-Index?«

Oder:

»Wie steht der US-Market-Services-PMI?«

Ich wusste natürlich, dass die richtige Antwort darauf »Weiß ich nicht« war. Aber wie sich bedauerlicherweise herausstellte, tat es das nicht mehr.

»Das tut's nicht mehr, Gary. Du bist jetzt Trader. Du musst so was wissen.«

Das war aus zweierlei Gründen beunruhigend. Erstens hatte die »Weiß ich nicht«-Strategie das ganze Praktikum über so phänomenal eingeschlagen, dass die Trennung von ihr dem Verlust eines Beines gleichkam; und zweitens wusste ich nicht wirklich, wofür PMI steht. Drei-Buchstaben-Akronyme waren schon immer meine Achillesferse. Als ich mich bei einem anderen Ferngespräch gepackt und vom Stuhl gehoben fühlte, riskierte ich in meiner Panik eine neue Strategie und rief hastig so etwas wie: »Siebenundvierzig Komma eins!«, was nur geraten war.

Man hätte die Reaktion darauf mit Fug und Recht als nichts Geringeres als biblischen Zorn bezeichnen können, und angesichts der Tatsache, dass die Zahl, die ich rief, so falsch wie frei erfunden war (was selbst im günstigsten Fall keine gute Kombi ist), nehme ich an, dass er, selbst rückblickend, vermutlich nicht ungerechtfertigt war.

Meinem Nervenkostüm zuliebe tat ich daraufhin zweierlei. Als Erstes schlich ich mich hinter Snoopy und fragte ihn, was zum Geier ein PMI sei und wie ich seine genaue Höhe an einem bestimmten Tag erfahren könnte.

Snoopy zeigte mir einen »Economic Release Calendar«, eine vollständige Liste aller Wirtschaftsdaten, die weltweit Tag für Tag herausgegeben werden, nebst Angabe der genauen Uhrzeit ihrer Veröffentlichung. Die Anzahl der an einem bestimmten Tag veröffentlichten Datenpunkte ist riesig. Oft sind es mehr als fünfzig oder sechzig, obwohl alle auf ein bestimmtes Land bezogenen Daten in der Regel alle zur gleichen Zeit herausgegeben werden, sodass es normalerweise pro Tag nur drei, vier wichtige Veröffentlichungszeiten gibt. Von da an checkte ich jeden Morgen als Erstes die einschlägigen Uhrzeiten und stellte auf meinem kleinen Nokia-Handy einen ganzen Schlag Alarme für jeweils fünf Minuten davor. Danach hatte ich meine Zahlen drauf, und nach ein paar Wochen hörte Rupert auf, mich damit zu nerven. Was eine Last von den Schultern war. Ich stellte die Alarme jedoch weiter, jeden einzelnen Werktag, drei ganze Jahre lang. Zu dem Zeitpunkt war mir die Veröffentlichung der Daten längst scheißegal, und es hätte sich sowieso niemand mehr getraut, mich zu begrapschen.

Wissen Sie was? So lange das jetzt auch schon her ist, aber ich ertappe mich heute noch zuweilen dabei, unbewusst den Calendar aufgeschlagen zu haben, wenn ich am Laptop mal unkonzentriert bin. Heute, an dem Tag, an dem ich dies schreibe, gab man um sieben Uhr morgens den Stand der britischen Erzeugerpreisinflation bekannt. Sie lag bei 22,6 Prozent. Das ist ziemlich hoch.

Zweitens beschloss ich, falls sich eine andere – *irgendeine* andere – Möglichkeit fände, nicht weiter bei Rupert Hobhouse in die Lehre zu gehen.

# 2

So landete ich denn bei Theodore Barnaby Venkman III. Theodore Venkman war, in Ermangelung eines besseren Wortes, ein Idiot. Das ist, um ehrlich zu sein, wahrscheinlich nicht ganz fair. Er war eher ein Inselbegabter.

Venkman war nicht meine erste Wahl als Mentor. Er war nicht meine zweite Wahl und auch nicht meine dritte. Nachdem ich mich entschlossen hatte, aus Ruperts Fängen zu fliehen, hatte ich bei Bill auf den Busch geklopft, ob er mir nicht vielleicht eine Chance gab. Ich konnte ihn dazu überreden, mich einige seiner Trades manuell ins System eingeben zu lassen, aber schon in der ersten Woche vergeigte ich ihm einen, was dazu führte, dass er mich lauthals anschrie: »Du hast mich grade verdammt noch mal vierzig Mille gekostet, du dämlicher Zipfel, du!« Man hörte es über den ganzen Floor.

»Verdammt noch mal vierzig Mille« waren das doppelte Jahresgehalt meines Vaters. Ich zog mich also, mit eingezogenem Schwanz, in meinen letzten sicheren Hafen zurück und schob, wie schon an meinem ersten Arbeitstag, meinen Drehstuhl neben JB. Nur fand sich neben JB eine neue Erscheinung und zwar in Gestalt eines überdimensionalen Mannes mit Frankensteinkopf: Theodore Venkman.

Theodore war Herman von den *Munsters* wie aus dem Gesicht geschnitten, und ich hatte seinen Kopf bereits wippend neben dem von JB grimassieren sehen, als ich zum ersten Mal als fest angestellter Trader auf den Floor kam. Im Winter zuvor hatte Caleb drei Trader gefeuert, und ich nahm an, dass er Venkman als Ersatz für sie eingestellt hatte – er vermutete in ihm wohl so eine Art Shootingstar. Mir wurde schnell klar, dass dem nicht so war.

In Wirklichkeit hatte der New Yorker STIRT-Desk Venkman etwa ein Jahr zuvor im Rahmen des dortigen Graduiertenprogramms eingestellt, darin jedoch rasch eine gravierende Fehlentscheidung erkannt und irgendwie Caleb dazu gebracht, ihm den Mann abzunehmen. Was Caleb als Gegenleistung für dieses fluchbeladene Geschenk bekam, werde ich nie erfahren, aber ich hoffe, es hat sich gelohnt.

Was so schlimm war an dem Kerl?

Venkman war eine gewaltige, schwerfällige Erscheinung mit dem Körperbau eines Muffins und dem Gang eines Bauern, der mit jedem Schritt vornüberzukippen droht. Jeden Morgen schleppte er sich Punkt 7.29 Uhr an den Desk, also genau eine Minute, bevor er offiziell zu spät dran war. Nachdem er sich gesetzt hatte, legte er immer einen der kleinen Schalter an seiner Speakerbox um und sprach mit einem seiner Broker. Seine Broker hatten alle ganz normale Namen mit einem *y* hinten dran, also rief er etwa: »Hey, Granty!« oder »Hey, Millsy!« oder »Hey, Johnathany!«

Das Ganze tat er mit einem total unverständlichen Akzent, da er aus Johannesburg oder Cape Town oder was weiß ich woher war.

Und die Broker, die aus irgendeinem Grund in der Hälfte der Fälle aus Essex oder East London kamen, antworteten unweigerlich mit so was wie »Hey, Venkman! Wie geht's dir denn, du alter Gauner/du Charmebolzen/du Wahnsinniger? War eine wilde Nacht, was? Bist du gut nach Hause gekommen?«

An einem der ersten Vormittage, die ich mit Venkman beisammensaß, stellte sich heraus, dass er nicht gut nach Hause gekommen war – er hatte sich vielmehr in einem Taxi bepisst. Ich weiß das, weil er es seinem Broker ganz offen, ja geradezu freudig erzählte. Der Broker schien es ebenfalls recht lustig zu finden, was mich überraschte, weil ich es eher eklig fand. JB warf Venkman einen Blick über die Schulter zu, der mir sagte, dass ich da nicht der Einzige war.

Ich weiß nicht mehr, welchem seiner Broker Venkman das erzählt hat. Ich glaube, es war Granty. Aber das ist eigentlich auch egal, schließlich hat Venkman darauf jeden einzelnen seiner Schalter umgelegt und, einem nach dem anderen, dieselbe Geschichte mit denselben Worten sieben weiteren Brokern erzählt. Jeder einzelne der Broker lachte sich scheckig, sogar die drei dänischen, die alle Carsten hießen. Die ganze Aktion dauerte etwa eine halbe Stunde. So habe ich gelernt, dass man Broker fürs Lachen bezahlt.

Öffentlich dargebotene Anekdoten über seinen Mangel an Hygiene waren nicht Venkmans einzige Verfehlung. So beglückte er mich geradezu zwanghaft in einer Tour mit furchtbaren Witzen, ungehörigen Witzen, inakzeptablen Witzen, und JB tadelte ihn ein ums andere Mal. Aber nichts konnte den Jungen bremsen; er schien sich vielmehr im Spott zu suhlen. Jedes Mal, wenn JB ihn rügte, ging die gequälte Grimasse des Jungen in die Breite, und er hatte mit einem Mal ein Funkeln, ein Glitzern, ein Lächeln in seinem sonst glanzlosen Blick.

Einige seiner Witze waren antisemitisch. Ein höchst unkluger Zug für einen Hünen aus Alabama, der kaum mehr als drei Meter von einem jüdischen Chef mit Macht über sein Gehalt entfernt saß. Bei einem dieser Witze kam Caleb gerade hinter ihm vorbei, und Caleb packte die Lehne seines Stuhls und riss ihn herum. Caleb sagte nichts, sondern starrte auf den Jungen hinab, während der Junge aufblickte, in das Gesicht des Mannes, der nur drei Jahre älter war als er. Er sah ihm tief in die Augen, sein Mund schien Worte bilden zu wollen, aber es kamen keine, und schließlich erstarb der Versuch. Er sah aus, als würde er gleich am Daumen lutschen. So standen sie etwa fünfzehn Sekunden lang, bevor Caleb Venkmans Stuhl mit einem tiefen Seufzer wieder umdrehte und ging.

»Überleg dir, was zum Teufel du da sagst, du verdammter Spast.«

Venkman kratzte sich in einer Tour am Hintern und verschlang seine Burger praktisch mit einem Biss. Am besten in Erinnerung geblieben sind mir jedoch Venkmans Telefonate mit seiner Mutter. Einmal am Tag, Punkt 15 Uhr, rief sie an. Sie unterhielten sich dann, eine Stunde lang, auf die Minute, unerklärlicherweise auf Schwedisch. Und ich bin heute noch dankbar, dass ich nicht ein Wort Schwedisch kann.

Das Verrückteste von allem war jedoch, dass ich den Kerl mochte. Warum? Wahrscheinlich, weil er ein verdammt guter Trader war.

\*

Venkman und JB hatten etwa anderthalb Wochen die Köpfe zusammengesteckt, als Rupert sich umdrehte und mir seine fleischige Hand auf die Schulter legte und sagte: »Du gehst heute Mittag mit mir und den Brokern zum Essen.«

Ich hatte schon früher Broker kennengelernt. In Vegas waren Broker dabei gewesen. Auf dem Skiausflug waren Broker mit von der Partie gewesen. Aber ich hatte noch nie an einem Broker-Lunch teilgenommen. Außerdem war ich in den genannten Fällen nie mit Rupert und den Brokern allein unterwegs.

Wir nahmen ein Taxi ins Zentrum, obwohl selbst die U-Bahn schneller gewesen wäre. Rupert, der seinen Sitz voll ausfüllte, schaute nach vorn, während sich das Taxi durch den Verkehr schlängelte, und ich hockte auf einem dieser kleinen Klappsitze, die nach hinten rausschauen.

Man muss mir meine Nervosität wohl angesehen haben, denn Rupert fragte mich, buchstäblich aus dem Nichts: »Bist du nervös?«

Ich sagte ihm, nein, nein, alles klar, worauf er mich fragte, ob ich schon mal japanisch gegessen hätte. Ich sagte ihm ganz ehrlich: nein. Worauf er mich fragte: »Machst du dir Sorgen, weil du noch nie mit Stäbchen gegessen hast?«

Und zum ersten Mal, ich hatte ihn nie so gesehen, huschte ein Ausdruck über sein Gesicht, der mir nach aufrichtiger brüderlicher, wenn nicht gar väterlicher Sorge aussah. Er setzte seine braune, ganz offensichtlich teure Tasche auf dem Boden des Taxis ab und holte zwei Kulis heraus.

»Pass auf«, sagte er, »du legst deinen kleinen Finger so und deinen Ringfinger so.«

Seine beiden Wurstfinger aneinandergedrückt, machte er es mir vor.

»Dadurch entsteht eine kleine Mulde zwischen den beiden Fingern, siehst du, hier? Und in die kannst du das erste Stäbchen legen, so, und das hältst du dann mit dem Ansatz des Daumens fest.«

Und er machte es mir mit einem der Kulis vor.

»Das lässt die Daumenspitze und die beiden andern Finger frei für das zweite Stäbchen«, sagte er und bewegte dabei seine Finger, »und dann lässt sich mit den beiden Stäbchen was hochnehmen.« Dabei kniff er mit den Spitzen der beiden Kulis ins Fleisch meiner linken Hand.

»Hier.« Er gab mir die Kulis. »Versuch es mal.«
Und ich versuchte es und ließ prompt beide Kulis fallen, worauf Rupert lächelte.

Rupert konnte das nicht wissen, aber der eigentliche Grund für meine Nervosität war, dass ich keine Ahnung hatte, wie hoch die Rechnung in dem Restaurant ausfallen würde. Es hatte einen obskuren japanischen Namen, den ich nicht buchstabieren konnte, sodass ich nicht in der Lage gewesen war, die Preise zu googeln, obwohl mir das auch nicht geholfen hätte, vermute ich mal. Bevor wir losfuhren, hatte ich am Geldautomaten mein Tageslimit, zweihundert Pfund, abgehoben und sie neben die vierzig Pfund gesteckt, die ich bereits im Geldbeutel hatte. Ich machte mir Sorgen, dass das nicht reichen würde.

Ich hob die beiden Kulis vom Boden auf und gab sie Rupert zurück. Rupert warf sie wieder in seine Tasche und lehnte sich in den Sitz des Taxis zurück, atmete tief aus und streckte die Arme über die Rückenlehnen der Sitze.

»Mach dir mal um die Broker keine Sorgen«, sagte er, »sie sind nur Broker. Wenn sie keine Broker wären, wären sie Busfahrer.«

Bis heute halte ich Essstäbchen so, wie er es mir gezeigt hatte.

\*

Was also ist ein Broker?

Man verwendet die Begriffe »Broker« und »Trader« manchmal synonym. In Wirklichkeit sind das zwei völlig verschiedene Welten. Das war mir schon damals klar, da fast alle Broker aus Essex oder East London zu kommen schienen, obwohl auf dem Trading Floor, der sich ja ganz offensichtlich *in* East London befand, keiner der dort üblichen Akzente zu hören war.

Tatsächlich waren die Unterschiede, wie Rupert es so prägnant ausgedrückt hatte, mehr als nur linguistischer Art. 2008 war es fast unmöglich, ohne einen Abschluss einer »Elite«-Universität einen Job auf dem Trading Floor zu bekommen. Selbst am STIRT-Desk hatte jeder Trader einen solchen Abschluss, mich eingeschlossen. Bill war die einzige Ausnahme. Die meisten Broker dagegen hatten überhaupt nicht studiert.

Es sind die Cockney-Stimmen der Broker, die aus den Speakerboxen am Desk tönen. Unaufhörlich rezitieren sie Zahlen in einem melodiösen Singsang, dessen Rhythmus in gewisser Weise direkt auf die Obst- und Gemüsemärkte zurückgeht. »Erdbeeren, ein Pfund das Pfund, Drei-Monats-Euro vier-Komma-drei, vier-Komma-sechs.« Es ist nun schon fast zehn Jahre her, dass ich auf einem Londoner Trading Floor gearbeitet habe, und ich frage mich, ob diese musikalischen Stimmen immer noch die von Cockneys sind. Ich hoffe es, aber ich fürchte, sie sind es nicht mehr.

Broker arbeiten nicht für die Banken. Sie arbeiten einzig und allein für unter dem Begriff »Broker-Branche« zusammengefasste Kartelle, und ihre Aufgabe besteht im Grunde darin, Verbindungen zwischen Tradern herzustellen. Die Trader machen die Deals, die Broker bringen sie nur zusammen. Das ist wichtig: Die Broker tragen kein Risiko. Wenn die Trades in die Hose gehen, tragen allein die Trader das Risiko. Die Broker sind so etwas wie Immobilienmakler. Sie bekommen ihr Geld auf Provisionsbasis. Das bedeutet, dass sie einen ständig zu mehr und mehr Trades zu bewegen versuchen, unabhängig davon, ob sie etwas taugen oder nicht.

Theoretisch ermöglichen Ihnen Broker, etwas zu kaufen, ohne dass die Gegenseite von Ihren Kaufabsichten Wind bekommt. Das kann sehr nützlich sein, wenn man als einer der großen Player, wie etwa die Citibank, etwas kaufen will, ohne den Markt zu bewegen. Wenn Sie also etwas zu einem Preis von, sagen wir, 36 kaufen wollen, sagen Sie das Ihrem Broker, dessen Stimme dann aus allen Speakerboxen der City »36 bid 36 bid 36 bid« verkündet in der Hoffnung, jemanden zu finden, der dafür verkaufen will. So kann der Trade zustande kommen, ohne dass irgendjemand weiß, dass Sie – speziell *Sie* – kaufen wollen, was gut so ist, denn wenn alle wissen, dass Sie kaufen wollen, treibt man womöglich den Preis in die Höhe, bevor Sie kaufen können.

Das ist freilich nur die Theorie. Wie steht es mit der Realität?

Nun, die Realität ist, dass Broker Broker-Lunches ausrichten.

*

Aber zurück zum Taxi, in dem ich schließlich vor einem schicken Restaurant in Central London zum Stehen kam. Ich würde Ihnen gerne den Namen sagen, aber ich weiß beim besten Willen nicht mehr, wo das war.

Alles, was ich Ihnen sagen kann, ist, dass es sich um einen Japaner handelte und dass uns eine makellose Hostess in makellosem Outfit in einer kleinen, aber makellosen Lobby empfing, die für diese Tageszeit viel zu dunkel war. Durchaus geblendet von so viel Perfektion sah ich mich eine Treppe hinaufgeführt – das heißt, es könnte auch eine Treppe hinunter gewesen sein –, jedenfalls sah ich mich in einem weitläufigen Restaurant, das gleichzeitig, der riesigen Fenster wegen, von Licht durchflutet und dennoch merkwürdig dunkel war, weil alle Möbel schwarz waren.

Es war noch nicht Mittag, und die Tische – riesige, pechschwarze, vollkommen runde, fremdartig wirkende Dinger – waren fast alle leer. Unsere Hostess führte uns eine hübsche Strecke durch den großartigen, geräumigen Saal und schließlich um die Ecke einer Flaschenwand. Dahinter befanden wir uns in einem abgelegenen, vom Sonnenlicht durchfluteten Separee, in dem der größte und schwärzeste aller Tische stand, direkt vor einem raumhohen Fenster, das im steilen Winkel ein grelles Licht auf die Gesichter der drei Broker warf, die auf der gegenüberliegenden Seite die Köpfe zusammensteckten.

Im Nu hatte unser Auftritt die Konferenz aufgelöst, und die drei Makler standen, wie ein Mann, auf und boten uns beiden eilfertig die Hand.

Ich versuchte die drei einzuschätzen. Einer war ziemlich jung und machte einen so brutalen wie verwirrten Eindruck. Der nächste war mittleren Alters, ein Verführer, aalglatt. Und dann war da noch ein älterer, ein Mann mit dichtem schlohweißem Haar, der mindestens sechzig sein musste und aussah, als hätte sein Kopf nie zu wachsen aufgehört, nicht einen einzigen Tag.

Letzterer, der mit dem großen Kopf, stellte sich mir mit unwahrscheinlich tiefer Stimme vor: »Hi, ich bin Bighead.« Das *h* blieb dabei natürlich stumm, wie bei Cockneys üblich.

Es folgte ein Eiertanz, bei dem wir – alle fünf – uns so um den riesigen runden Tisch zu platzieren versuchten, dass es für niemanden peinlich war. Das erwies sich als gar nicht so einfach, und ich fand mich schließlich, weit weg von Rupert, auf der anderen Seite des Tisches, neben Bighead, was mir durchaus zusagte, da seine tiefe Stimme, sein starker Cockney-Akzent und sein dichter, unglaublich weißer Schopf, ja die schiere Größe seines Kopfes mich auf beruhigende Weise an meinen verblichenen Großvater erinnerten. Außerdem bedeutete es, dass ich nicht neben Rupert saß. Das Gespräch floss, wie ein Fluss, in eine Richtung, von den Brokern zu Rupert, und auch das sagte mir zu, denn es bedeutete, dass ich nichts sagen musste und mir entsprechend viel Zeit für Beobachtungen blieb.

Obwohl Bighead der Älteste war, leitete er das Gespräch keineswegs. Die Rolle des Gesprächsleiters übernahm vielmehr der Typ mittleren Alters, der Timothy Twineham hieß und dessen Haar ebenfalls dicht, aber pechschwarz war. Das Gespräch an sich verlief völlig reibungslos. Es ging runter wie Honig. Und es kam nie zu einer peinlichen Pause oder sonst einer Unterbrechung. Manchmal ließ einer absichtlich eine Lücke, um der dramatischen Wirkung willen, aber die war von Bighead mit seinem Kontrabass rasch gefüllt. Der junge Broker, der zwischen Timothy und Rupert saß, sagte nichts. Er bewegte nur den Kopf hin und her, als wohne er einem Tennismatch bei, nickte dabei immer wieder enthusiastisch und warf gelegentlich den Kopf zurück, um ein gackerndes Lachen auszustoßen.

Wann immer der junge Makler lachte, lachte ich mit, nur etwas weniger laut. Rupert lachte nicht ein einziges Mal.

Wir bekamen Weißwein serviert und eine riesige Platte Sashimi. Ich wusste damals nicht, was Sashimi ist. Im Grunde handelt es sich dabei um Sushi ohne Reis. Rupert erklärte mir (mit einiger Mühe, denn wir saßen wirklich ziemlich weit voneinander entfernt), dass Sashimi gesünder sei als Sushi und dass sich durch den Verzehr von Sashimi das Gewicht reduzieren ließ.

Ich sah mir die Ausmaße der Platte an, und ich sah mir Ruperts Ausmaße an. Ich nickte nachdrücklich. Dann streckte ich den Arm weit in die Mitte des Tisches, stocherte mit einem makellosen Stäbchen auf ein kleines, weißlich-rosiges Stück Fisch ein und versuchte, es auf meinen Teller zu balancieren.

Der Weißwein floss reichlich, und da ich keinen Fauxpas begehen wollte, trank ich mit, obwohl ich eigentlich keinen Wein mag. Im Hintergrund lief eine anonyme, basslastige Musik, die, wie ich seither feststellen konnte, in teuren Londoner Restaurants fast allgegenwärtig ist. Und nach einiger Zeit begannen Musik, Wein und Gespräche ineinanderzufließen, und ich stellte fest, dass ich kaum noch ein Wort verstand. Was aber nichts machte, schließlich brauchte ich ja nichts zu sagen. Meine Aufgabe erschöpfte sich darin, mich mit ernster Miene über den Tisch zu beugen und denjenigen, der gerade das Wort führte, intensiv anzusehen und zwischendurch mal nickend in die Ferne zu schauen. Ich versuchte mich an der Stäbchentechnik, die Rupert mir beigebracht hatte, aber es landeten dabei drei der Fischstückchen auf dem Tisch und eines auf dem Boden.

Es dauerte schier eine Ewigkeit, bis der zweite Gang serviert wurde, den ich schon sehnsüchtig erwartet hatte, da ich inzwischen den Wein zu spüren begann und beim ersten Gang einige technische Probleme gehabt hatte, die sich in erster Linie daraus ergaben, dass alles glitschig und ziemlich weit weg von mir war.

Leider wurde das mit dem zweiten Gang nicht einfacher, denn was auf den Tisch kam, war eine überdimensionale Platte mit nichts als rohem Fleisch – Huhn und Rind. Nun, Sie wissen vermutlich, dass rohes Hühnerfleisch ungenießbar oder zumindest nicht ganz ungefährlich ist, und ich hatte zumindest so einen Verdacht. Andererseits hatte ich das bis vor etwa einer Stunde mit nicht geringerer Überzeugung auch von rohem Fisch gedacht, und das hatte sich eindeutig als falsch erwiesen. Ich wartete einige Augenblicke, um zu sehen, was die anderen machten, aber die waren in ein Gespräch über Morgan Stanleys Senior Euro Dealer vertieft, sodass ich mir schließlich einen Ruck gab. Ich streckte also meine Stäbchen nach einem Stück rohem Hähnchenfleisch aus und bekam es beim ersten Versuch unbefleckt auf meinen Teller. Ich aß es. Es war schlicht fies.

Und es war fies genug, um diese japanische Konvention infrage zu stellen, also beugte ich mich zu Bighead hinüber, zu dem ich rasch eine unausgesprochene großväterliche Bindung entwickelt hatte, und stupste ihn unter dem Tisch sachte an.

Er drehte sich um und beugte sich mir konspirativ zu.

»Das Hühnerfleisch«, sagte ich zu ihm, »finden Sie das nicht ein bisschen, äh, fies?«

Bighead, der auch schon einiges intus hatte, starrte mich fragend an. Dann warf er einen Blick auf die große Platte mit Rind- und Hühnerfleisch, bevor er sich wieder mir zuwandte und mich groß ansah.

»Du hast doch nicht etwa von dem Huhn gegessen?« Er schien ganz entgeistert.

»Ja, natürlich habe ich davon gegessen, ist schließlich Huhn, verdammt noch mal, was zum Geier sollte ich sonst damit machen?«

Daraufhin stand mein neuer Opa mit einem sonoren Lachen auf, um einen Teil der Tischplatte wegzunehmen, sodass – man möchte es nicht glauben! – ein ganzer verdammter Grill zum Vorschein kam. Und kein Aas hatte mir das gesagt! Er konnte sich kaum noch beruhigen, und keiner wusste so recht, warum er lachte, da er für sich behielt, dass ich gerade ein Stück rohes Hühnerfleisch verdrückt hatte. Und, um ehrlich zu sein, war ich ihm dankbar dafür.

Zwei Stunden später hatten wir gegessen, aber niemand bezahlte. Na ja, irgendjemand muss wohl bezahlt haben, aber ich habe niemanden zahlen sehen. Das Einzige, was ich mit Sicherheit wusste, war, dass ich es nicht war. Und niemand verlangte etwas von mir.

Dann ging jeder, einer wie der andere ziemlich angetrunken, zurück an seinen Arbeitsplatz.

Und ich hatte keine Ahnung, was da passiert war.

\*

Nachdem Rupert mich zum Lunch mitgenommen hatte, kam es bei Venkman zu einer Art Dammbruch.

Die Sache mit Venkman war die, dass er einsam war. Man telefoniert nicht jeden Tag eine Stunde mit seiner Mutter auf Schwedisch, wenn man nicht einsam ist. Wenn Sie am Arbeitsplatz jemanden haben, der das tut, sollten Sie sich vergewissern, dass es ihm gut geht. Venkman war weit weg von seiner Mutter und weit weg von zu Hause, und er war nun mal keiner, der so leicht Freunde fand.

Aber als Trader bei einer großen Londoner Investmentbank brauchen Sie in gewisser Hinsicht auch keine Freunde zu finden. Es gibt nämlich Leute, die für diese Rolle bezahlt werden, und das sind die Broker. Und was Venkman anging, so hatte er jetzt auch noch mich. Und er war glücklich darüber.

Nur zwei Tage nach meinem ersten Lunch mit Rupert lud Venkman mich zum Lunch ein. Snoopy musste sich in der Zeit um die skandinavischen Währungen kümmern (die Venkmans Job waren), und Venkman und ich fuhren los, wieder im Taxi, aber diesmal auf ein Steak.

Venkman brachte mir im Taxi mitnichten bei, wie man Steaks isst (obwohl mir das, um ehrlich zu sein, vermutlich nicht geschadet hätte). Stattdessen informierte er mich detailliert über die Leute, die ich kennenlernen sollte, drei Broker und ein Trader, und deren Bedeutung für die schwedische Krone auf dem Devisenswap-Markt. Das war überhaupt alles, worüber Venkman je mit mir sprach, wenn wir beide unter uns waren: der schwedische Devisenswap-Markt und seine Protagonisten. Um etwas anderes hätte ich auch nicht gebeten. Wir trafen uns mit folgenden Leuten:

1. Granty: mittleren Alters, Oliventeint, charmant, Chef der schwedischen FX-Swaps-Broker.
2. Jonesy: deutlich älter, kahlköpfig, voller Selbstironie, sollte eigentlich nicht mehr arbeiten, aber er ist zum dritten Mal geschieden.
3. Bushead: jung, aus Liverpool, FX-Broker für schwedische Kronen. Auch er verdankt seinen Spitznamen der Größe und Farbe seines Kopfes.
4. Simon Chang: junger, aufstrebender FX-Trader für schwedische Kronen bei der HSBC mit großer Zukunft und enormen Waden. Ausgesprochen clever. Kommt aus Hongkong. Alle nennen ihn Jet Li, aber da es ihm nichts ausmacht, ist das okay.

Es interessierte niemanden, dass bei diesem Lunch nicht ein einziger Schwede mit am Tisch saß. Kaum achtzehn Monate später sah ich mich selbst zum leitenden Devisenswap-Trader für schwedische Kronen befördert, obwohl ich in meinem Leben noch keinen einzigen Tag in Schweden gewesen war.

Das Steak-Restaurant befand sich in den Tiefen der Londoner City, am Ende einer Reihe verschlungener Gassen, und sein höhlenartiger Speisesaal lag praktisch unter der Stadt. Nicht ein Sonnenstrahl drang in den großen Raum, und obwohl ich mir sicher war, dass er elektrisch beleuchtet wurde, war das Licht so schummrig und stimmungsvoll, dass es in meiner Erinnerung von Kerzen kam, was einem Essen zur Mittagszeit einen Hauch von Surrealismus und konspirativem Treffen gab.

Als wir auf den Tisch zugingen, hatten die vier Männer bereits Platz genommen, und ich versuchte, ihre Köpfe den Beschreibungen zuzuordnen, die ich erhalten hatte. Vor allem erkannte ich die große rote Zwiebel von Bushead, der, ohne dass Venkman das wusste, mit mir und Rupert in Las Vegas gewesen war.

Kaum hatte ich die Broker bemerkt, bemerkten uns auch die Broker, und in dem Augenblick, in dem sie Venkman auf ihren Tisch zukommen sahen, drehten sie schier durch, sprangen auf und begannen klatschend zu jubeln und zu johlen. Damit hatte ich nicht gerechnet. Venkman wurde im Büro normalerweise nicht so empfangen, und als ich mich verwirrt zu ihm umdrehte, hatte er die Grimasse eines Lächelns aufgesetzt, das kaum Platz zu haben schien auf dem Frankenstein-Gesicht dieses jungen Kerls. Und ich sah, dass er darunter zu erröten begann.

\*

Bei diesem Lunch mit Venkman fiel mir einiges auf. So etwa, dass Bushead, der drei Tage mit mir in Las Vegas gewesen war, nicht ein einziges Mal auch nur andeutete, dass er mich kannte.

Ich kannte Bushead, und ich mochte ihn. Man könnte sogar sagen, ich kannte ihn ziemlich gut. Ich hatte miterlebt, wie er völlig betrunken um drei Uhr morgens vor einem Nachtclub in Los Angeles der Freundin von Lindsay Lohan mit einer Kurbelbewegung seiner rechten Hand zu verstehen gab, das Fenster ihres Wagens herunterzulassen, um sich dann, nachdem sie der Aufforderung – durchaus großzügig, wie ich finde – nachgekommen war, bei ihr mit einem lauten »Dein Auto ist scheiße, Mann!« zu bedanken.

Einfach so, direkt ins Gesicht, um dann an den nächsten Busch zu pinkeln. Er hatte noch nicht mal eine Ahnung gehabt, wer sie war, er mochte nur ihr Auto nicht.

Ich hatte gedacht, dieses Erlebnis hätte uns zu Freunden gemacht, vor allem, da wir aus ähnlichen Verhältnissen kamen, aber in dem Augenblick, in dem ich mich setzte, warf mir Bushead einen Blick zu, den ich sofort zu deuten wusste: Das war damals, und das hier ist jetzt. Und ich wusste instinktiv, dass er recht hatte.

Nach Venkmans ausgelassenem Empfang zog man ihn zehn Minuten lang aggressiv und fasst beleidigend auf. Venkman zappelte lächelnd und kicherte die ganze Zeit über, wobei er das Gesicht verzog wie eine schüchterne junge Braut. Er genoss jeden Augenblick. Das konnte man sehen.

Als sie fertig waren, begann die eigentliche Unterhaltung, bei der es um SEK-Devisenswaps und Rotwein ging. Venkman war süchtig nach beidem. Ich habe nie jemanden gesehen, der mehr von beidem konsumiert hätte als er.

Venkman und Simon Chang waren Maschinen. Und schwere Kaliber obendrein. Nachdem sie erst mal angefangen hatten, über FX-Swaps zu sprechen, konnte sie nichts mehr bremsen. Da ich zu dem Zeitpunkt immer noch nicht wusste, was ein FX-Swap ist, war ich an dem Gespräch nicht beteiligt. Aber ich saß den beiden gegenüber und starrte sie an, und ich konnte die Leidenschaft, die Liebe, in ihren Augen sehen. Sie fragten sich, ob die drei Tage Ende September aufgrund einer Fehlbewertung so billig waren oder ob Ingmar von der Handelsbank Stockholm vielleicht mehr wusste als sie. Sie fragten sich, ob die Riksbank im Oktober wieder ein Abendessen ausrichten würde und wenn ja, welche Trader wohl mit von der Partie wären. Was war mit Anders von der DNB Kopenhagen? Wie stand es um seine Alkoholsucht? Wie stand es um die Beziehung zu seiner Frau?

Sie waren die reinsten Suchtbolzen: nichts, was sie nicht wissen wollten. Und obwohl ich so gut wie nichts von dem verstand, was sie sagten, wollte ich ebenfalls alles wissen, genau wie sie. Also beobachtete ich sie und lauschte, beobachtete und lauschte, während die Zeit verging. Und nachdem die Gedecke aufgetragen und wieder abgeräumt waren und man eine Flasche Rotwein nach der anderen köpfte, kam mir der Gedanke, dass der Platz, auf dem ich gelandet war, hinter JBs linker und Venkmans rechter Schulter, vielleicht doch kein so schlechter Platz war.

Ich hatte fast die ganze Zeit über kein Wort gesagt. Das war aber auch nicht nötig. Venkmans und Simons Wahnsinn hatte den Raum erfüllt. Zuerst hatte ich vorgehabt, mit Venkman mitzuhalten, was den Wein anging, aber nachdem ich sah, wie schnell er die ersten drei Gläser inhalierte, war mir sofort klar, dass ich das nicht konnte, und in Ermangelung eines Herzschrittmachers und in Small Talk vertieft, trank ich schließlich gar nichts mehr.

Ich hatte sie schon über eine Stunde lang beobachtet, und das Essen war längst vorbei, als Venkman mir zum ersten Mal sein riesiges Gesicht zuwandte und sich an einem Lächeln versuchte, das aber zur Grimasse geriet. Seine Zähne waren in einem furchtbaren Zustand und ganz violett, als er den Mund aufmachte und mich in seinem gedehnten Afrikaans mit schwerer Zunge ansprach.

»Gary ... Das ist ein sehr teurer Rotwein, den du da nicht trinkst.«

Und ich tat das Einzige, was mir in dieser Situation übrig blieb. Ich wandte mich meinem Weinglas zu, sah es an, nahm es in die Hand, neigte es in seine Richtung und trank einen Schluck. Dann setzte ich es wieder ab und wandte mein Gesicht dem seinen zu, das glühte und ganz violett war, lächelte dann und sagte: »Der ist wunderbar, Venkman. Der ist wirklich gut.«

\*

Von da an multiplizierten sich die feuchtfröhlichen Betriebsausflüge mit den Kollegen und das sozusagen im Rahmen einer inversen Proportionalität, das heißt, die Häufigkeit, mit der ich mit den einzelnen Tradern etwas trinken ging, stand im genau entgegengesetzten Verhältnis zu der, mit der ich mit ihnen ausgegangen wäre, hätte ich eine Wahl gehabt.

Venkman und Rupert luden mich mindestens einmal die Woche ein (jeder für sich, versteht sich), und ihr Verhalten wurde dabei immer grässlicher und zwar bei jedem auf seine ganz spezifische Art.

Aus den Broker-Lunches wurden Broker-Dinner, wobei Venkman abends noch viel schlimmer als tagsüber war und seine Zähne noch viel röter wurden. Und dann gab es da einen jungen Broker aus Essex, der keinen Tag älter als neunzehn gewesen sein konnte, und wenn Venkman betrunken war, trat er ihm in den Hintern und schrie: »Führ mich zum Trinken aus, Broker Bitch Boy!«

Und wann immer er das tat, drehte der Junge sich nicht etwa nach Venkman um, sondern wandte sich mir zu und schaute mich an. Und er war nicht viel jünger als ich, und aus seiner Miene sprach eine Art feierlicher Komplizenschaft. Er lächelte nicht, und ich lächelte nicht zurück. Ich versuchte nur, seinem strengen Blick standzuhalten, der sich in meine Augen bohrte, und tat mein Bestes, es ihm an Feierlichkeit gleichzutun. Und dann nickten wir beide.

Rupert wollte mich abends immer nach Clapham einladen, wo er wohnte, mit anderen Worten in eine Ilford nicht nur im geografischen Sinn diametral gegenübergelegene Welt.

Ich brauchte Stunden, um von dort nach Hause zu kommen, und manchmal blieben wir so lange aus, dass ich die letzte U-Bahn verpasste, sodass Rupert mir für den langen Weg nach Ilford das Taxi bezahlen musste. Also folgte ich diesen Einladungen nur ungern, hatte aber kaum eine andere Wahl, da Rupert mir alle seine Freunde vorstellen wollte.

Und seine Freunde hatten alle einen teuren Haarschnitt und schöne, frisch gebügelte Hemden mit Monogramm, während meine Hemden von Topman und unter der Prämisse »bügelfrei« gekauft waren. Und dann begannen sie mich »Gary the Geezer« zu nennen, worauf ich ein bisschen mehr Essex in meinen Akzent legte, als mir eigentlich lag.

Einer seiner Freunde war mit uns in Vegas gewesen, ein Trader bei Goldman Sachs – Pippy-Holloway hieß der oder so ähnlich. Er war der Typ, der damals in der Limousine Nasenbluten bekommen hatte, und er war immer dabei, wenn wir ausgingen. Eines Tages, bei einer Kostümparty in Ruperts schicker Bleibe, zu der ich als Robin kam und zu der mir Rupert erlaubte, Harry aus meiner Straße als Batman mitzubringen und auf der wir zum ersten Mal in unserem Leben leibhaftig jemanden Kokain nehmen sahen, stellte mich der Typ, dieser Pippy-Holloway, seiner Freundin vor.

Sie war natürlich schön, wenn man Porzellan mag, und sie war ganz in Weiß, als wäre sie als Fee oder so gekommen. Ich war so überrascht zu erfahren, dass Pippy eine Freundin hatte, nach allem, was ich ihn in Vegas hatte anstellen sehen, dass ich irgendwie Mitleid mit ihr hatte, als ich sie so ansah. Aber sie schien glücklich, verstehen Sie, sie lächelte. Also was sollte ich tun? Ich lächelte sie an und hielt ihr meine Hand hin, wir schüttelten uns die Hand, und ich sagte: »Hi, ich bin Gary, ja also, echt nett, dich auch mal kennenzulernen.«

Ich unterhielt mich nicht sehr lange mit ihr, fragte sie aber, wie lange sie schon mit Pippy-Holloway zusammen sei, weil ich mich das gefragt hatte, und es stellte sich heraus, dass sie schon seit Jahren liiert waren.

Aber es waren nicht nur Rupert und Venkman, die mich einluden, jeder war irgendwann mal an der Reihe. JB war ständig in der Kneipe, und trank mit den Brokern, und ich konnte da mitgehen, wann immer ich wollte, und Hong kam mit und auch Snoopy und manchmal sogar Caleb. Und auch Snoopy nahm mich mit zu seinen Brokern, wann immer sich eine Gelegenheit ergab, und ich ging da immer gern mit, weil ich mich bei ihm sicher fühlte. Und er selbst schien immer zufrieden, solange er sich mit teurem Essen gefüttert sah. Und jeden Mittwoch gingen wir Fußball spielen, und Harry aus meiner Straße kam zu jedem Spiel mit und eventuell auch ein paar andere Kids aus der Straße und ein paar Broker, und danach gingen wir noch auf ein Bier.

Was mich besonders daran faszinierte, mit den Brokern abzuhängen, war, dass man oft dieselben Broker in verschiedenen Restaurants oder Pubs mit verschiedenen Tradern sah. Bushead zum Beispiel war Venkmans Broker, weil er Skandis brokerte, aber er war mit mir und Rupert und all den anderen Euro-Tradern in Vegas gewesen. Jonesy war, obwohl er bei meinem Lunch mit Venkman dabei war, eigentlich Broker für kanadische Dollar, was ihn zu Snoopys Broker machte, und er ging entsprechend oft mit Snoopy zum Lunch. Bighead, mein Adoptivgroßvater aus der City, war zwar damals mit mir und Rupert beim Lunch gewesen, war aber nicht eigentlich Ruperts Broker, da er Sterling-Broker war und zwar der von Bill.

Interessant war daran nicht nur, dass die Broker zu den Mittag- und Abendessen verschiedener Trader gingen, sondern auch, dass die Broker *selbst* jedes Mal völlig anders waren. Der Bushead, der mit mir in Vegas war und mutwillig den Kfz-Geschmack von Prominenten beleidigte, war nicht zu verwechseln mit dem Bushead im Steakrestaurant mit Venkman. Der Bighead, der Rupert mit Sushi umwarb, war ganz anders als der Bighead, der mit Bill in einem alten Pub an der Themse beisammensaß. Wenn die Broker mit Rupert zusammen waren, hatten sie sich im Griff; sie waren stoisch, äußerten sich bissig, hart und zynisch über den Euro-Trader der Deutschen Bank. In Venkmans Gesellschaft waren sie aufgedreht, aggressiv und beleidigend, und sie sprachen nur über Venkman selbst und den Markt. Wenn sie mit JB zusammen waren, ging es um Rugby. Wenn sie mit Snoopy unterwegs waren, ging es immer nur um Essen und Golf. Die Broker waren Chamäleons, sogar ihre Stimmen änderten sich. Und sie schienen genau zu wissen, wonach jedem Trader war. Venkman war nach Rotwein und weißen Tischtüchern, gefolgt von Nachtclubs. Rupert war nach teurem Sushi und Bars. Caleb wollte, wenn er ausging, prestigeträchtige Sportereignisse sehen. Billy wollte ein Pub-Lunch mit Blick auf die Themse. Die Broker schienen dabei nie zu fragen, wonach den Tradern war oder wohin sie gehen wollten. Sie schienen es zu osmotisieren. Sie wussten es einfach.

Mir wurde einmal von einem Broker Kokain angeboten. Ein einziges Mal. Ich lehnte dankend ab. Man bot mir nie wieder welches an. Ich fragte mich, ob das wohl in meiner persönlichen Akte stand. Ich fragte mich, was in der wohl noch alles landen würde.

# 3

Die Abende mit Rupert häuften sich und wurden von Mal zu Mal länger, und es konnte nicht ausbleiben, dass mir das irgendwann um die Ohren flog. Ich war jung, aber ich war auch nur ein Mensch, und ich war nach wie vor jeden Tag morgens um halb sieben auf dem Floor.

Was ich an meinen Touren mit Venkman mochte, war, dass er gegen neun abends immer schon sturzbetrunken war. Ich konnte mich einfach abseilen, ohne was zu sagen, und mich ausschlafen, und er merkte nicht mal, dass ich weg war. Bei Rupert konnte man sich so was nicht erlauben. Er soff zwar wie ein Loch, war aber nie betrunken. Er wusste immer genau, wo man war. Er bekam alles mit. Ich ging nach Hause, wenn ihm danach war.

Eines Abends waren wir in einer Nobelbar irgendwo in Clapham, den Bauch voll Sashimi und Mojitos, als es Zeit für die letzte U-Bahn wurde. Timothy Twineham war dabei, Pippy-Holloway war auch irgendwo. Wann immer die Zeit für die letzte U-Bahn näher rückte, versuchte ich mich immer abzuseilen, da ich wusste, wenn ich um diese Zeit ging, sparte ich Rupert das Taxigeld, was die Wahrscheinlichkeit erhöhte, dass er mich gehen ließ.

Aber er ließ mich nicht gehen. »Bleib noch. Ich ruf dir ein Taxi.«

Nur dass er kein Taxi rief.

Im Lauf der Zeit wurde aus »ich ruf dir ein Taxi« schließlich »übernachte bei mir«, was bedeutete, dass wir bis vier Uhr früh tranken. Vergessen Sie nicht, dass ich um halb sieben auf dem Floor war.

Mein Alarm meldete sich um zehn nach fünf, und ich erwachte auf einem riesigen Sofa in Ruperts riesigem Kinosaal. Ich merkte auf der Stelle, dass mir speiübel war. Ruperts Kinosaal vollzukotzen, war nicht drin, ich war schließlich nicht lebensmüde, also hielt ich durch und schaffte es irgendwie, ohne mich in der U-Bahn zu übergeben, ins Büro.

Viel länger hielt ich es freilich nicht aus.

Um Viertel vor acht warf ich die Toilettentür hinter mir zu und spie das Sashimi vom Vorabend in die Schüssel wie einer dieser degenerierten Banker im Film. Etwa eine halbe Stunde später wankte ich zurück an den Desk, und es muss wohl offensichtlich gewesen sein, was da passiert war, denn Caleb schickte mich sofort nach Hause. Er schien nicht etwa wütend zu sein oder so, er kam einfach rüber, kaum dass ich von der Toilette kam, legte mir die Hand auf die Schulter und sagte mir: »Geh nach Hause.«

Ich hielt das für die richtige Entscheidung, um ehrlich zu sein, und so ging ich heim.

Das war aber nicht das eigentliche Problem bei der Geschichte. Das eigentliche Problem war, was dann passierte.

Natürlich wollte ich das tags darauf wiedergutmachen, daher kam ich schon gegen sechs Uhr morgens, um der Erste am Desk zu sein.

Billy war wie immer der Nächste, aber er sagte nichts, sondern lachte nur und kniff mich in den Nacken, als er mit seinem Cappuccino vorbeikam. Vergessen Sie nicht, dass mein Platz der letzte am Desk war, sodass jeder Kollege an mir vorbeimusste, wenn er reinkam, und jeder beglückte mich mit einem lockeren Spruch. Als Caleb vorbeikam, schien er gut aufgelegt und sagte, mehr so vor sich hin als zu mir: »Was war denn gestern mit dir, Gazza? Geht's wieder? War das Hobby, der dir das angetan hat?«

Und ich lachte nur und dachte mir nichts dabei. Fünf Minuten später kam Rupert herein.

»Morgen, Rupert«, sagte Caleb, ohne sein Gesicht von seinen Monitoren zu nehmen. »Gary ist wieder da. Er meinte, dass er das gestern dir zu verdanken hat.«

Wie Caleb brauchte ich mich nicht nach Rupert umzudrehen, um zu wissen, wie er reagieren würde. Ich konzentrierte mich darauf, eisern nach vorn zu schauen.

Etwa fünf Minuten lang passierte gar nichts. Niemand am Desk sagte irgendetwas zu irgendjemandem, und ich sah nichts, weil ich jeden mir zur Verfügung stehenden Muskel darauf verwandte, stur geradeaus zu schauen. Zu dem Zeitpunkt befand sich links von mir noch ein leerer Arbeitsplatz und links von diesem dann Ruperts. Wenn ich meinen Kopf auch nur einen Zentimeter zur Seite drehte, da war ich mir sicher, würde ich mich von Rupert angestarrt sehen.

Nach etwa sechs oder sieben Minuten begann ich es dann zu hören, eine Art tiefes, kehliges Stöhnen. Es war schwierig, nicht darauf zu reagieren, aber mit einiger Anstrengung gelang es mir. Nur wurde das Gestöhn immer lauter, bis es sich zu einem ausgeprägten Knurren auswuchs. Viele Jahre später kam mir auf einem Tempelberg in Kyoto ein Wildschwein unter, ein Keiler, der ein ganz ähnliches Geräusch von sich gab. Auch das Knurren war gar nicht so einfach zu ignorieren, aber ich hatte nun mal, so schien mir das jedenfalls, einen Weg eingeschlagen, und wenn ich mich jetzt umdrehte und mich Rupert stellte, konnte das die Situation nur verschlimmern. Außerdem konnte ich unmöglich der Einzige sein, der das Knurren hörte, und keiner der anderen hatte bislang etwas gesagt. Ich saß also da, leicht transpirierend, starrte konzentriert und entschlossen geradeaus und gab mir alle Mühe, nicht zu reagieren.

Dann begann das Knallen. Ein dumpfer Bums und ein scharfer Knall, dann folgte eine Pause, bevor es wieder bumste und dann wieder scharf knallte und dann gleich noch mal. Es war menschenunmöglich, darauf nicht zu reagieren. Außerdem wurde mir instinktiv klar, dass ich jetzt in Gefahr sein könnte, ich meine physisch. Also wandte ich mich nach links, um nach Rupert zu sehen, und als ich ihn im Blick hatte, sah ich Folgendes.

Ruperts große Hände lagen flach auf dem Schreibtisch, seine Ellbogen wiesen in rechten Winkeln nach außen, und seine Arme stützten seinen aufgebäumten, leicht verdrehten Oberkörper dergestalt ab, dass dieser weit nach vorn ragte und sein Kopf noch ein gutes Stück darüber hinaus, aber nicht etwa in Richtung seiner Monitore, sondern über den leeren Arbeitsplatz zwischen uns hinweg, sein Gesicht kaum einen Meter von meinem entfernt. Er fletschte dabei knirschend die Zähne und knurrte laut wie ein Hund. Unter dem Schreibtisch einer jeden Station befanden sich zwei kleine Türen, die zur Wartung unserer Computer nach innen zu öffnen waren, und Rupert musste wohl in unregelmäßigen Abständen wie ein Berserker gegen diese Türen getreten haben, denn wann immer sein Körper zuckte, war unter ihm ein scharfer Knall zu hören, der wohl daher rührte, dass eine dieser Türen, von ihren Scharnieren aufgefangen, wieder zurückkam und zuschlug. Natürlich nahm ich das alles im Bruchteil eines Augenblicks wahr und wusste nicht sofort, was ich tun sollte. Der Anblick war, schlicht und ergreifend, fantastisch. Völlig irre. Und ich konnte meine Augen nicht abwenden.

Als Kind war ich ein paar Mal in Schwierigkeiten geraten und hatte es mit wirklich gefährlichen Leuten zu tun gehabt, und ich kannte Leute, die bei so was ernsthaft zu Schaden gekommen waren. Ich wusste also, wie es war, wenn einen jemand bedroht. Aber noch nie hatte mich jemand zähnefletschend angeknurrt wie ein Hund.

Ich wusste, ich sollte mich wieder ab- und meinen Monitoren zuwenden, aber ich konnte einfach nicht mehr wegschauen. Und so warf er den Kopf herum, den Blick auf mich gerichtet und knurrte mich mindestens zwanzig Sekunden lang an. Und meine ganze Erinnerung an die Szene ist dieses Bild: Ruperts straff aufgerichteter, zuckender, animalischer Körper, der mich aus dem rosa Käfig seines Hemds heraus bedrohte. Aber es passierte nichts. Und niemand griff ein.

Dann plötzlich, nach diesen abgedrehten zwanzig Sekunden maßloser Verwunderung, kam ich wieder zu mir und erinnerte mich daran, dass es seinen Grund hatte, dass ich war, wo ich war, und dass es glatter Wahnsinn war, diesen aufgebäumt zuckenden Werwolf weiter anzusehen. Ich wandte meinen Kopf wieder meinen Bildschirmen zu. Ich konnte das Knurren noch hören, aber das Knirschen ließ nach und dann allmählich auch das Knurren. Ich drehte mich danach eine Stunde lang nicht um, aber der Lärm ebbte ab und hörte schließlich ganz auf.

Weder ich noch Rupert haben jemals auch nur ein Wort über diese zwanzig Sekunden verloren. Und das Verrückteste war, dass er danach, weder für den Rest des Tages noch überhaupt, sauer auf mich zu sein schien.

Aber eines kann ich Ihnen sagen, ich bin danach seltener nach Clapham gefahren.

*

Bald darauf änderte sich so einiges.

Ich wollte die Broker sowie die Mittag- und Abendessen mit den Brokern hier nicht unerwähnt lassen, weil viele der wichtigen Dinge, die am Trading-Desk zu passieren scheinen, nicht eigentlich am Desk selbst passieren. Sie passieren in den Bars, Restaurants und Pubs in der City, in Wimbledon und im Wembley-Stadion, im Venetian in Las Vegas und auf Yachten im schwedischen Båstad. Bei alledem sind Broker ein wichtiger Teil des sozialen Gefüges, das den Trading Floor zusammenhält. Außerdem sollte kurz darauf ein bestimmter Broker eine ganz besondere Rolle in meinem Leben spielen.

Aber im Rückblick auf diese Zeit finde ich es durchaus witzig, woran ich mich so erinnere und woran nicht.

So erinnere ich mich kaum an die Namen all der Bars, Restaurants und Pubs, in denen ich war. Jahre später, einige Zeit nach meinem Ausscheiden aus dem Geschäftsleben, ging ich aus besonderem Anlass, der Geburtstagsfeier eines Freundes, ins Hakkasan, ein schickes chinesisches Restaurant in Central London. Erst als ich tatsächlich eintrat, überkam mich ein starkes Déjà-vu, und plötzlich wurde mir klar, dass ich nicht nur einmal, sondern wahrscheinlich bereits mehrmals dort gewesen war, und erst in diesem Augenblick wurde mir bewusst, dass ich wahrscheinlich schon in den meisten von Londons teuersten Restaurants gewesen war. Damals hatte ich sie nicht wirklich als Restaurants wahrgenommen, als Orte, in die man um des Genusses willen geht. Für mich waren sie immer nur »Arbeit« gewesen, und während Venkman und Rupert an ihren teuren Weinen nippten, die ich beschissen fand, ging es mir immer nur darum, zu lernen, zu beeindrucken, dazuzugehören.

Es gibt nur wenige Restaurants, deren Namen mir in Erinnerung geblieben sind. Das L'Anima war das Restaurant, in dem ich zum ersten Mal in meinem Leben Kalbfleisch gegessen habe. Es war köstlich. Locanda Locatelli war das Restaurant, in dem ein Broker mir einen Schuh wegnahm und versprach, ihn mir zurückzugeben, wenn ich ihm mehr Geschäfte mit ihm versprach – sodass ich mit nur einem Schuh nach Hause ging.

Ich erinnere mich noch an ein paar andere Abende. So als Billy mich zum ersten Mal einlud und ich merkte, dass er nicht immer wortkarg und nüchtern, sondern in Wirklichkeit ein großer Trinker vor dem Herrn war. An dem Abend waren wir in Begleitung einer äußerst raren Spezies, einer jungen Brokerin. Sie hatte dieses East-London-Flair einer Kämpfernatur, und als Bill in einem unseligen Anfall von Trunkenheit versehentlich sein achtes Pint in ihre teure Handtasche kippte, sah ich, und ich schwöre das bei meinem Leben, wie ihr Auge eine Träne, die zu entkommen drohte, wieder aufsog. Das nötigte mir großen Respekt für sie ab. Ich habe sie nie wieder gesehen.

Ich erinnere mich auch an das erste Mal, als Caleb mich zu meinem allerersten England-Spiel mitnahm, womit für mich ein Kindheitstraum in Erfüllung ging. Mit den anderen Brokern haben wir in der Halbzeitpause in der gemütlichen Business-Lounge hinter der Tribüne im Wembley-Stadion etwas getrunken, und ich weiß noch, wie ich mit einem Blick auf mein Handy feststellte, dass die zweite Halbzeit begonnen hatte. Ich ergriff Calebs Handgelenk und sagte: »Die zweite Halbzeit hat angefangen! Wir müssen los!«

Und ich weiß noch genau, wie Caleb und die anderen Hünen mit einem Bier in der Hand in sonores Gelächter ausbrachen, wie sie ihre Gläser in meine Richtung hoben und meinten, sie würden gehen, wenn sie alle ausgetrunken hätten. Und ich weiß auch noch, dass wir vor dem Abpfiff gegangen sind.

Was ich nicht mehr weiß, ist, gegen wen England an dem Tag spielte, oder wer spielte oder wer gewann oder wer die Tore geschossen hat. Aber ich erinnere mich noch, dass an dem Tag auch Orient spielte und dass ich, seit meinem ersten Tag am Desk keine Zeit mehr gehabt hatte, mit meinem Dad zu Orient zu gehen. Und ich weiß auch noch, dass ich mit meinem Dad nie auch nur eine Minute verpasst hatte: nicht den Beginn der ersten Halbzeit, nicht den Beginn der zweiten, nicht das Ende des Spiels. Sogar wenn wir mit mehreren Toren Rückstand verloren und es kalt war, sind wir geblieben. Und ich erinnerte mich daran, dass mein Dad nie ein einziges Endergebnis oder einen Torschützen vergaß, sei es gegen Northampton zu Hause oder auswärts gegen Grimsby.

Und ich erinnere mich noch, dass ich am Ende dieser langen Abende mit der U-Bahn, manchmal auch mit dem Taxi nach Hause fuhr und oft erst ein Uhr nachts oder noch viel später nach Hause kam und dass alle schon schliefen, meine Eltern, meine Schwester. So lange wie ich schon in diesem Haus wohnte, wusste ich genau, welche Teile welcher Stufe in dem dunklen, steilen, engen Treppenhaus nicht knarrten, wenn man drauftrat: die Randbereiche der fünften und sechsten Stufe und der neunten und elften. Und ich erinnere mich, dass ich sogar im Stockdunkeln die Treppe hinaufschleichen konnte, indem ich nur auf diese Bereiche der Stufen trat, um meine Eltern oder meine Schwester nicht zu wecken. Und dann weiß ich noch, dass ich zu Bett ging und meinen Wecker stellte und dass der auf zehn nach fünf gestellt war.

# 4

Während all dieser Entwicklungen um mich herum änderte sich auch so einiges am Desk selbst.

Ich saß nach wie vor jeden Tag vor sieben Uhr morgens auf dem Floor, guckte Venkman über die Schulter und versuchte zu lernen, was ein FX-Swap ist. Bei all seinen Fehlern war Venkman ein guter Trader und ein guter Lehrer, und er brachte mir vieles bei.

Ein Devisenswap ist, einfach ausgedrückt, ein Kredit. Genauer gesagt ist es ein besicherter Kredit. Stellen Sie sich das folgendermaßen vor: Sie gehen ins Pfandhaus, geben Ihre goldene Uhr ab, und man leiht Ihnen dafür 200 Pfund. Auch das ist ein besicherter Kredit. Sie haben ein Darlehen von 200 Pfund bekommen und dem Pfandhaus Ihre goldene Uhr als »Sicherheit« gegeben. »Sicherheit« bedeutet in diesem Fall einfach, dass Sie dem Kreditgeber etwas geben, was er behalten kann, wenn Sie das Geld nicht zurückzahlen. Das macht den Kredit für diesen weit weniger riskant. Dieser Kredit ist in gewissem Sinne auch ein »Swap«, das heißt ein Tauschgeschäft. Der Kreditgeber gibt Ihnen für einen bestimmten Zeitraum Geld, und Sie geben ihm für den gleichen Zeitraum Ihre goldene Uhr. Dann geben beide beides zurück. Das Ganze ist also letztlich nur ein Tauschgeschäft – eben ein Swap. In diesem Fall ist es ein »Bargeld-für-Golduhr-Swap«. Ein Devisenswap funktioniert genauso, nur dass Sie als Sicherheit keine goldene Uhr, sondern eine ausländische Währung geben. Sie leihen sich 200 Pfund und geben als Sicherheit einen entsprechenden Betrag in Euro, der sich beim augenblicklichen Wechselkurs auf 232 Euro beläuft. Das ist ein besicherter Kredit, in diesem Fall eben ein »Währung-gegen-Währung«- oder »FX-Swap«.

Das wirft freilich eine Frage auf. Wenn Sie in ein Pfandhaus gehen, zahlen Sie die Zinsen, nicht der Pfandleiher, schließlich sind *Sie* derjenige, der sich Geld leiht. Bei einem Devisenswap jedoch leihen Sie sich *beide* Geld – einer von Ihnen leiht sich Pfund, der andere Euro, wer also zahlt die Zinsen? Die Antwort ist einfach: Sie beide! Der eine zahlt den Zinssatz für das Pfund, der sich damals um etwa 4,5 Prozent bewegte, und der andere den Zinssatz für den Euro, also 3,5 Prozent, mehr oder weniger. Das hebt sich auf, nicht wahr? Und am Ende bezahlt der, der sich die Pfund, also die Währung mit dem höheren Zinssatz, geliehen hat, dem Euro-Kreditnehmer die Differenz von etwa 1 Prozent.

Aber wer benutzt nun diese Dinger? Tja, im Grunde jeder. Für Investmentfonds, Hedgefonds oder Unternehmen mit Einnahmen in einer Währung und Investitionen in einer anderen sind Devisenswaps das ideale Produkt. Das kann eine Firma wie The Gap sein, wenn sie einen Ausbeuterbetrieb in Bangladesch eröffnet, oder die Pensionskasse Ihres Großvaters, wenn sie japanische Aktien kauft. Bei alledem handelt es sich um Devisenswaps. Gemessen am täglich gehandelten Volumen sind sie eines der größten Finanzprodukte der Welt.

Alles klar? Prima. Das ist nämlich so ziemlich die beste Erklärung für FX- oder Devisenswaps, die Sie je bekommen werden, das garantiere ich Ihnen, und es ist so ziemlich dieselbe, die ich von Venkman bekommen habe, wenn auch die seine weit langweiliger und länger war.

Es stellte sich heraus, dass es für mich der ideale Zeitpunkt war, um zu lernen, was ein Devisenswap ist, denn der Handel mit Devisenswaps, der so lange ein kleiner Nebenschauplatz des Handels am Floor war, wurde irgendwie profitabel.

Ich wusste das aus dem einfachen Grund, dass es zu meiner Aufgabe als Desk Junior gehörte, die PnL des Desks einzusammeln. PnL, falls Sie das nicht wissen sollten, steht für »Profit and Loss« (Gewinn und Verlust), und sie sind das Einzige, was auf der Welt zählt.

Am Ende des Tages machte ich die Runde und fragte jeden Trader nach seiner PnL-Schätzung für diesen Tag.

Als ich mein Praktikum absolvierte, also 2007, ging man allgemein davon aus, dass ein besonders guter STIRT-Trader zehn Millionen Dollar im Jahr verdiente. Das entspricht 40 000 Dollar pro Tag, und sehr oft schaffte ein Trader das tatsächlich. Aber natürlich schaffte das kein Trader *jeden* Tag, und jeder Trader machte auch mal einen Verlust, aber ein guter Trader strebte diesen Satz an und hatte besagte zehn

Millionen als Ziel vor Augen, oder »ten bucks«, wie das bei STIRT-Tradern heißt.

Ich sollte an dieser Stelle besser anmerken, dass dabei von dem Geld die Rede ist, das die Trader für ihre Bank verdienen. Die Rede ist hier nicht von ihrem persönlichen Verdienst. Die Trader selbst arbeiten mehr oder weniger für ein festes Gehalt (das meine betrug damals 36 000 Pfund, was ich als enorm empfand), und am Ende des Jahres erhalten sie darüber hinaus einen »Bonus« auf der Grundlage ihrer PnL. Wie sich der Bonus aus der PnL berechnet, ist ein höchst mysteriöses Verfahren, von dem ich zu diesem Zeitpunkt nicht die geringste Ahnung hatte.

Etwa um diese Zeit, im Spätsommer 2008, begannen diese täglichen PnLs zu steigen. Trader, die zuvor mit Schätzungen von 50 000 Dollar mehr als zufrieden gewesen wären, gaben plötzlich 100 000, wenn nicht gar 200 000 Dollar an, und das womöglich ein, zwei Mal die Woche. An einem Tag Ende August verdiente Bill über eine Million Dollar an einem einzigen Tag. Das war beispiellos.

Bei den PnL-Werten, die ich täglich einzusammeln hatte, handelte es sich nur um Schätzungen, die per E-Mail nach New York gingen. Die Computer berechneten jedoch für jeden einzelnen Trader eine genaue tägliche, monatliche und jährliche PnL, die am Ende eines jeden Tages per E-Mail allen zuging. Ende August hatten fünf Händler – Rupert, Billy, JB, Venkman und Hongo – *allein* in dieser Jahreshälfte *bereits* zehn Millionen Dollar verdient. Drei von ihnen – Billy, Venkman und Hongo – waren bereits bei über zwanzig.

Nicht nur die STIRT-Trader hatten Einsicht in die PnL aller anderen. Die Zahlen waren auf einer internen Website für alle auf dem Floor einzusehen. Das bedeutete, dass jeder Händler auf dem ganzen Floor wusste, dass zu diesem Zeitpunkt, also zu Beginn des letzten Jahresdrittels 2008, die drei Toptrader der Bank – ein grauer alter Hobbit aus Liverpool, ein Schwachkopf aus Südafrika und der Junior-Euro-Trader – vom STIRT-Desk waren.

Die STIRT-PnLs waren bereits ungewöhnlich hoch, als ich im Juni auf dem Floor aufgeschlagen war, aber der größte Teil des Geldes war seither, im Juli und August, verdient worden, und ich verstand nicht wirklich, warum. Die Einzigen, die irgendeine Art von strukturellem Verständnis dafür zu haben schienen, waren Billy und Caleb, deren fester Ansicht nach das daran lag, dass »der LIBOR noch oben geschossen« sei. Nach allem, was ich damals wusste, hätte das auch heißen können, »weil die Venus rückläufig« ist«. Die anderen Trader schienen weder zu wissen, woran es lag, noch schien es sie groß zu interessieren; sie konzentrierten sich auf das Einzige, was für sie zählte, nämlich dass sie es endlich, nach womöglich viel zu vielen Jahren der Unterbewertung, auf die PnL brachten, die sie ihrer Meinung nach wert waren. Man konnte es an ihrer Haltung sehen und an der Art und Weise, wie man sie auf dem Floor ansah. JB war munterer denn je und deshalb kaum am Desk. Caleb, ohnehin schon ein Star auf dem Floor, war auf dem besten Weg, zur Legende zu werden. Sogar Billy begann etwas aus sich herauszugehen. Der Einzige, der keinen Spaß zu haben schien, war Rupert, der es, wie Sie vielleicht bemerkt haben, nicht ganz unter die ersten drei geschafft hatte.

Ich war überrascht von dieser Entwicklung – selbstredend angenehm –, während die anderen nicht im Geringsten überrascht schienen. Sie taten vielmehr, als dürften sie nach zehn Jahren endlich einen Geburtstag feiern. Außerdem, was nützt es einem schon, überrascht zu sein? Man muss das Eisen schmieden, solange es heiß ist, denke ich mal. Was man dann auch nach Kräften tat.

Um ehrlich zu sein, hätte ich selbst gerne etwas von dem warmen Segen abgehabt, aber obwohl ich mittlerweile wusste, was ein Devisenswap ist, verstand ich noch immer nicht wirklich, wie all das Geld verdient wurde, und obwohl ich Venkman gern gebeten hätte, es mir zu erklären, war der, wie alle anderen auch, viel zu sehr damit beschäftigt, es zu verdienen. Außerdem musste ich mich erst noch als Cover-Trader bewähren.

So verging ein Tag nach dem anderen. Ich kam für gewöhnlich gegen zwanzig nach sechs an den Desk, was bedeutete, dass ich etwas Zeit mit Billy verbringen konnte, und der sagte von Anfang August an immer öfter, dass die Weltwirtschaft in die Luft fliegen würde. Das hätte mich eigentlich beunruhigen sollen, aber er sagte es lachend und schob dann lächelnd nach, dass er daran klotzig verdienen würde, also nahm ich es einfach als Redensart.

Wenn dann die anderen kamen, erledigte ich ein, zwei Stunden lang am Computer Verwaltungsaufgaben, um dann für den Rest des Tages bei Venkman das Cover-Trading zu lernen, bis einer von uns zu einem Broker-Lunch ging.

Cover-Trading, also für einen anderen Trader einzuspringen, war nicht weiter schwer, um ehrlich zu sein. Jemand fragte einen nach einem Preis, man erkundigt sich bei einigen Brokern, die ich inzwischen alle kannte, wo dieser Preis in etwa liegen sollte, gibt dann die Termine des Devisenswaps in speziell für den Desk entwickelte Software ein, die einige Preise vorschlägt. Man korrigierte den Preis etwas nach oben oder unten, je nachdem, ob man leihen oder verleihen wollte, und die Sache war geritzt. Danach entschied man, ob man den Trade halten wollte, weil er einem gewinnbringend schien, ob man sich lieber sofort absicherte, um einen kleinen, aber schnellen Gewinn zu erzielen, oder ob man lieber noch ein wenig zu feilschen versuchte, um noch etwas mehr zu verdienen. Es dauerte nicht lange, bis ich für Caleb, Venkman und Snoopy coverte, wenn sie nicht am Desk waren.

Anfang September passierte dann zweierlei. Erstens begann das reguläre Graduiertenprogramm, was bedeutete, dass ein Haufen Grünschnäbel in meinem Alter zum Unterricht in die oberste Etage strömte, um sich dort auf die Finanzprüfungen vorzubereiten. Und da ich ebenfalls meine Finanzprüfungen zu absolvieren hatte, musste ich da ebenfalls rauf. Zweitens konkretisierte sich allmählich Billys Prophezeiung vom Ende der Welt.

Die Speakerboxen hatten neben den Knöpfen für die Broker noch einen weiteren kleinen Knopf, der völlig identisch aussah. Drückte man den, konnte man »auf Zuruf« sprechen, das heißt, die eigene Stimme kam dann aus jeder einzelnen Speakerbox auf dem Floor. Das war immer wieder mal für einen Lacher gut, wenn einer der Trader nach einem Broker-Lunch, das vier Bierchen länger gedauert hatte, als ratsam gewesen wäre, ein boshafter Nachklapp für den Broker einfiel, mit dem er gerade etwas trinken war, und dabei versehentlich den falschen Knopf drückte und auf Zuruf zum ganzen Floor sprach.

Caleb begann jeden Morgen ein kleines Meeting auf Zuruf abzuhalten, bei dem es um den LIBOR-Satz ging, den ich immer noch nicht ganz verstand, und was er für das globale Bankensystem bedeutete und die Weltwirtschaft überhaupt.

Es war bald nicht mehr zu überhören, dass der Zusammenbruch des globalen Bankensystems sich dabei im Eiltempo von »unmöglich« über »wird mit ziemlicher Sicherheit nicht passieren« hin zu »sehr, sehr unwahrscheinlich« entwickelte, was für mich nicht wirklich so beruhigend war, wie es sich anhören mag.

So richtig aufzuregen schien man sich am STIRT-Desk darüber nicht. Man schien im Gegenteil sogar recht zufrieden, da mit steigendem LIBOR-Satz und zunehmender Kapitulation des globalen Bankensystems jeder dort noch mehr zu verdienen schien.

Wie auch immer, passiert war Folgendes: Die Leute an den Credit-Desks – die Abteilung Kredithandel also, in der ich im Sommer zuvor ein Praktikum absolviert, sowie die Abteilung für Kreditstrukturierung, wo Matic genächtigt hatte – hatten der Welt offenbar für Milliarden von Dollar wertlosen Bullshit verkauft, worin an sich niemand ein Problem gesehen hätte, wäre nicht eine ganze Menge davon bei unserer Bank gelandet. Das war der eigentliche große Fehler gewesen. Aber nicht nur unsere Jungs hatten sich das geleistet, sondern auch die bei der Credit Suisse, der Deutschen Bank und bei JP Morgan. Sie hatten alle mitgemacht, und jetzt ging allen allmählich auf, dass jede einzelne dieser Banken kurz vor der Pleite stand.

Am STIRT-Desk sah man das Problem differenzierter. Erstens sahen wir in der Rolle, die unser Arbeitgeber beim Niedergang des globalen Bankensystems und der Weltwirtschaft spielte, ein moralisches Versagen von uns allen. Okay, das war jetzt, offensichtlich, ein Scherz. Natürlich hat das niemand gedacht! Warum zum Geier sollten wir? Die Kredithändler waren allesamt Arschgeigen, und sie saßen sowieso auf der anderen Seite des Floors, und man brauchte sie sich doch nur anzusehen, diese Fettsäcke in ihren rosa Hemden: verdienten seit Jahren mehr als wir, also fick die Typen, jetzt sind wir mal mit Abgreifen dran.

Die Trader verdienten plötzlich zwei-, dreimal die Woche eine Million Dollar am Tag. Der drohende Konkurs unseres Arbeitgebers kümmerte keinen. Wir wussten alle, dass man uns aus der Patsche helfen würde.

»Was wollen Sie machen?« Alle rissen sie ihre Witze. »Den Laden von der Putzkolonne leiten lassen?«

Darüber lachten wir alle. Und alle haben klotzig verdient.

Na ja, alle außer mir. Ich verdiente nichts, und so sehr ich auch dahinterzukommen versuchte, was genau die da machten, um so viel Geld zu verdienen, es war gar nicht so einfach zu sehen. Ich habe trotzdem mitgelacht, wenn alle gelacht haben.

Und dann ist es passiert.

\*

Niemand dachte ernsthaft, Lehman würde den Bach runtergehen.

Ich hatte zwei Freunde bei Lehman. Sie erinnern sich noch an Sagar Malde von der LSE? Den Kenianer. Echt netter Kerl. Der war bei Lehman untergekommen. Er hatte dort gerade im Rahmen des Graduiertenprogramms als Trader angefangen. Und ein Kumpel von mir, von meinem alten Gymnasium in Ilford. Jalpesh Patel hieß er. Er hatte auch gerade bei Lehman angefangen. Er war über ein Programm dazugekommen, das für die Besserstellung ethnischer Minderheiten sorgen sollte.

Auch sie glaubten nicht, Lehman würde den Bach runtergehen.

Bear Stearns, eine andere, etwas kleinere amerikanische Investmentbank, war nur wenige Monate zuvor eingegangen wie ein Kanarienvogel in der Kohlengrube, und man hatte ihr ein Rettungspaket geschnürt, sodass ein Bailout für Lehman außer Frage stand. Zumindest kam das jeden Morgen aus Calebs Mund über die Lautsprecher auf dem Floor.

Aber das Bailout für Lehman blieb aus. Und Sagar Malde verlor seinen Job, ebenso wie Jalpesh Patel. Beide hatten ihren Job erst wenige Wochen zuvor angetreten, und nun gab man ihnen kleine Matchbeutel mit »Lehman Brothers«-Aufdruck, um ihre Sachen zu packen.

Irgendwie tat es mir leid für sie, dass sie ihre Jobs verloren hatten, aber irgendwie sagte ich mir auch, na ja, so ist das eben, oder etwa nicht? Ihr hättet euch bessere Banken aussuchen sollen.

Aber dann sagte ich mir, was zum Geier quatschst du da? Du hast deinen Job in einem Kartenspiel gewonnen, verdammt noch mal, völlig ohne Recherchen, und nicht nur das, Alter, deine Bank ist genauso pleite, und wenn jetzt die Karten anders gefallen wären, dann wärst du jetzt im Fernsehen zu sehen, wie du deinen Scheißkrempel in einen Citigroup-Beutel packst.

Aber ich könnte nicht wirklich sagen, ob ich mir das tatsächlich gesagt habe oder ob ich mir das jetzt nur ausgedacht habe, um mich besser zu fühlen. Denn vor allem dachte ich damals eines: Mann, ich tanze noch. Es gibt hier Geld zu verdienen, und die Musik ist noch nicht vorbei.

Natürlich hatte der Plan einen Haken, der nicht wirklich zu übersehen war und der darin bestand, dass mein Arbeitgeber zu diesem Zeitpunkt offensichtlich ebenfalls bankrott war. Und jeder mit einem Funken Verstand wusste das. Sogar ich wusste es.

Als Caleb über den Floor-Funk das baldige Ende unserer Bank nicht mehr als »sehr, sehr unwahrscheinlich« bezeichnete, sondern meinte, »wir schätzen die Wahrscheinlichkeit auf weniger als 25 Prozent«, hörte sich das für mich merkwürdigerweise beruhigender an als »sehr, sehr unwahrscheinlich«.

Aber als ich am Montag, den 15. September, um neun Uhr morgens in die oberste Etage ging, um mit all den anderen Einundzwanzigjährigen aus dem Graduiertenprogramm etwas über Anleihenmathematik zu lernen, und denen von dieser »weniger als 25-prozentigen Chance« berichtete, war klar, dass sie definitiv nichts davon gewusst hatten. Sie hätten ihre Gesichter sehen sollen.

Caleb hatte jedoch recht oder vielleicht auch nicht. Es ist, philosophisch gesehen, ausgesprochen schwierig, die Richtigkeit einer solchen Wahrscheinlichkeitsprognose zu beurteilen. Wir bekamen jedoch unser Bailout. Und ich durfte meinen Job behalten. Ich musste meinen Krempel nicht in einem Matchbeutel der Citibank verstauen. Und was gibt es dazu noch groß zu sagen, außer seinem Gott zu danken? Nicht dass das damals auch nur einer von uns getan hätte.

*

Am Montag nach dem Bailout, Anfang Oktober 2008, kam ich morgens um zehn nach sechs auf den Floor. Ich war immer noch einundzwanzig. Billy war bereits da. Als ich an den Desk kam, waren wir beide allein, und draußen war es noch dunkel; wir waren wirklich früh dran.

Bill saß in der Ecke, klein wie immer, und durch das Fenster hinter ihm war der dunkle Himmel zu sehen. Er guckte bereits in meine Richtung und grinste dabei übers ganze Gesicht, wie ein kleines Liverpooler Äffchen, und nickte mir zu wie ein Verrückter. All das war völlig untypisch für Bill, aber er hatte in der letzten Woche dreißig Millionen Dollar verdient, und jetzt, wo die Bank nicht den Bach runterging, bekäme er dafür auch vermutlich sein Geld. Deshalb strahlte er übers ganze Gesicht.

Bis heute bin ich mir relativ sicher, dass Bill in der Woche womöglich weit über hundert Millionen Dollar verdient hat und die ganze Woche mit dem Verbunkern des Geldes beschäftigt war. Ich werde gleich erklären, wie Bill so viel Geld verdienen konnte, aber erst mal sollen Sie wissen, dass Billy selig war. Und ich mochte Billy, sehr sogar. Das bedeutete, dass auch ich selig war.

Caleb traf als Nächster ein und zwar vor halb sieben, also untypisch früh. Alle anderen Trader kamen kurz danach, was für alle viel früher als üblich war. Außer uns war der Floor so gut wie leer, und wir saßen alle im Dunkeln vor unseren leuchtenden Bildschirmwänden. Ich kam mir vor wie in einer Mitternachtsmesse.

Niemand sagte etwas, und dann drehte Billy plötzlich seinen Stuhl in die Schneise, sodass er neben Caleb zu sitzen kam, und meinte lauthals, in seinem breitesten Liverpooler Dialekt: »Also, Caleb, was hältste denn nun von den Bailouts?«

Wir drehten uns alle um und sahen die beiden an, nur dass Caleb sich nicht zu Billy umdrehte, sondern weiter nach vorn schaute. Dann hob er seine Linke, um sein Kinn abzustützen, und überlegte eine Weile, wobei er irgendwie traurig aussah. Er sagte: »Ich weiß nicht, Billy. Ist irgendwie, als würde einem der eigene Dad aus der Patsche helfen.«

Es war das erste, letzte und einzige Mal, dass ich jemanden auf dem Trading Floor mit so etwas wie dem Hauch eines Schimmers von Ethik über die Bailouts sprechen hörte.

Und dann wandten sich alle wieder ihren Bildschirmen zu und begannen wieder zu traden. Und sie verdienten damit mehr Geld als jemals zuvor in ihrem Leben.

\*

Also, warum waren die Lehman-Krise und die Bailouts für den STIRT-Desk so profitabel?

Zu der Zeit ging so ziemlich jede größere Bank auf der ganzen Welt, vor allem aber die amerikanischen, in Konkurs. Aus diesem Grund stellten die Banken die Kreditvergabe untereinander ein und zwar aus zwei einfachen Gründen:

1. Man sollte wohl jemandem, der kurz vor dem Bankrott steht, kein Geld leihen.
2. Man sollte wohl niemandem Geld leihen, wenn man *selbst* kurz vor dem Bankrott steht.

\*

Das sind gute Lebensmaximen. Schreiben Sie sich die ruhig auf.

Wenn nun niemand mehr Kredite vergibt, werden Kredite teuer, und wie ich Ihnen bereits erklärt habe, ist ein Devisenswap im Grunde nichts weiter als ein Kredit. Und nicht nur ist so ein Swap ein Kredit, er ist obendrein auch noch besichert, was bedeutet, dass Sie keinen großen Verlust machen, wenn Ihr Kreditnehmer pleitegeht. Und wenn die ganze Welt am Rand des Bankrotts steht, sind dies die einzigen Kredite, die zu haben sind.

Wir waren mit anderen Worten die einzige Anlaufstelle im Kreditgeschäft.

Bei uns gestaltete sich das so, dass die Spreads – die Spannen zwischen Kauf- und Verkaufskurs – explodierten. Sie erinnern sich an die Spreads im Trading Game? 67–69? »Ich kaufe zu 67 und verkaufe zu 69«? Jetzt stellen Sie sich mal vor, diese Spanne liegt plötzlich bei 47–89, und Sie haben auf beiden Seiten Leute, die regelmäßig mit Ihnen handeln. Sobald Sie einen Käufer und einen Verkäufer haben, ist das ein garantierter Gewinn von 42! Und wir hatten mit einem Spread von zwei Punkten gespielt. Willkommen am Buffet: Bedienen Sie sich!

Sie haben sich bedient. Alle. Und keiner schlug sich den Ranzen so voll wie Venkman.

Venkman war schon immer ein Suchtbolzen gewesen. Er verdiente für sein Leben gern Geld, und er zockte seine Kunden für sein Leben gern ab. Er war durch und durch ein Trader. Einmal, im Juli, hatte er einen Kunden so krass abgezockt, dass der Verkäufer auf den Floor kam und sich bei Caleb beschwerte, worauf Caleb Venkman fragte, was passiert sei. Und Venkman, der an seiner Station saß, hatte den Kopf gehoben und ihn, fast gekränkt, angesehen. Dann hatte er ihm mit ausgebreiteten Armen gesagt: »Ist doch nicht meine Schuld, Caleb, ist schließlich mein Job!«

Caleb blickte auf Venkman herab wie ein Vater auf seinen Sohn. Er legte ihm einen Arm um die Schulter, beugte sich über ihn und sagte: »Es ist nicht dein Job, die Kunden abzuzocken, Venkman. Dein Job ist es, sie so abzuzocken, dass sie lächelnd abziehen.«

Das habe ich mir gemerkt. Aber ich glaube, Venkman hat es manchmal vergessen. Und nach Lehman vergaß er es ziemlich oft.

Noch in derselben Woche, der Woche nach dem Bailout, nahm Venkman einen seiner Kunden so hart ran, dass er zwei Millionen Dollar verdiente. Zwei Millionen Dollar – mit einem einzigen Trade.

Danach war er so überdreht, dass er in die Schneise sprang und einen so tiefen Ausfallschritt machte, dass seine cremefarbenen Chinos vermutlich ihr ganzes Leben an sich vorbeiziehen sahen. Den Mund weit geöffnet, begann sein massiver Kopf zu zucken, wobei er beide Fäuste in die Luft stieß. Er bot ein so obszönes und auf geradezu absurde Weise entsetzliches Bild, dass sich alle umdrehten, um nach ihm zu sehen.

Caleb sprang sofort auf und packte den Jungen wie ein Platzordner einen Flitzer im Stadion. Dann hielt er ihn bei den Achseln fest und beugte sich so weit vor, dass sich schier ihre Nasen berührten, und fragte ihn leise: »Was zum Teufel machst du denn? Was zum Teufel machst du denn?«

Er stellte die Frage immer und immer wieder, während Venkman den Kopf zurücklegte und mit bebendem Mund Worte zu formen versuchte, nur dass nichts kam. Alles, was er herausbekam, war »A ... a ... aber ... i ... a ... a ... aber ich ...«

»Halt's Maul«, erwiderte Caleb flüsternd und wies auf den Trading Floor. Dann sagte er: »Schau mal da rüber. Schau mal da rüber.

Siehst du die Leute da? Die verlieren diese Woche ihren verdammten Job. Verstehst du? Sie verlieren diese Woche ihren verdammten Job, und du führst dich hier auf, als hättest du einen Elfmeter verwandelt! Was zum Teufel soll das, Venkman? Willst du hier weiter dein Geld bekommen? Willst du dein Geld bekommen? Ja? Willst du dein Geld?«

Merken Sie sich diese Frage. »Willst du dein Geld?«

\*

Bei alledem gab es ein Problem, ein Riesenproblem. Sie haben es vielleicht schon bemerkt.

Die Händler am STIRT-Desk verdienten Geld, weil die Spreads so massiv gestiegen waren. Und wer streicht das Geld für große Spreads ein? Die Eigentümer der jeweiligen Books, wenn ich Sie kurz erinnern darf. Venkman verdiente all das Geld für die Skandi-Spreads, weil er der Trader für Skandis war, so wie JB all das Geld für die Yen-Spreads verdiente, weil er der Trader für Yen war. Rupert verdiente all das Geld für den Euro, und Bill verdiente all das Geld für das Pfund.

Und wofür war ich der Trader? Für nichts. Also, was habe ich verdient? Nichts. Einen Dreck.

Genau das war das Problem. Da musste ein neuer Plan her.

Okay, wie kann ich hier Geld verdienen, wenn alle anderen Geld verdienen, ich meine, ohne Zugriff auf das Geld aus den Books?

Nun, es gab einen, der mehr verdiente als alle anderen, und das war Bill. Wie machte Billy das?

Wie sich herausstellte, machte Bill Folgendes.

Er war schon seit einiger Zeit skeptisch, was die Weltwirtschaft anbelangte. Seiner Ansicht nach konnte eine Wirtschaft nicht funktionieren, in der man einfach jedem dahergelaufenen Schwachkopf Geld lieh, und er sah weltweit die Schuldenberge wachsen. Er hatte die mathematisch ach so genialen Kredithändler schon lange im Verdacht, die verwöhnten reichen Idioten zu sein, als die sie sich im Nachhinein vermutlich auch erwiesen, und er hatte erwartet, dass ihnen ihr Scheiß irgendwann um die Ohren flog.

Das Problem war nur, dass er damit etwas zu früh dran war und seit Jahren auf diese Explosion gewettet hatte. Das hatte ihn vermutlich die letzten drei Jahre über ein paar Millionen Dollar an PnL pro Jahr gekostet, was sowohl erklärte, warum er bisher für die Citibank nicht sonderlich profitabel gewesen war, als auch, warum Rupert ihn für einen Dummkopf hielt.

Billy war kein Dummkopf.

Konkret hatte Billy Folgendes gemacht: Er hatte darauf gewettet, dass verschiedene Arten von Zinssätzen sich auseinanderentwickeln würden. Okay, stellen Sie sich Folgendes vor: Sie müssen sich Geld für drei Monate leihen. Was machen Sie? Sie gehen zu Ihrer Bank, zu Ihrer Mom, zur Mafia oder zu wem auch immer Sie bei Kreditbedarf gehen, und bitten den Betreffenden um einen Kredit für drei Monate, richtig? Ganz einfach. Aber als große Bank, als Investmentfonds oder als Unternehmen haben Sie noch eine andere Möglichkeit. Als große Institution dieser Art können Sie einen großen institutionellen Kreditgeber wie die Citibank anrufen und um einen Kredit für *nur einen Tag bitten*. Ist ja gut und schön, denken Sie, aber damit ist mir doch nicht geholfen, schließlich brauche ich Geld für drei Monate, nicht für einen Tag. Das ist im Grunde überhaupt kein Problem. Wenn der Kredit am nächsten Tag fällig wird, gehen Sie zu einem anderen großen Kreditgeber, diesmal vielleicht zur Deutschen Bank, und leihen sich das Geld erneut für einen Tag. Jetzt sind Sie für zwei Tage versorgt. Machen Sie das drei Monate lang jeden Tag, und Sie haben gut lachen. Wenn Sie sich also Geld für drei Monate leihen wollen, haben Sie zwei Möglichkeiten: Sie können einen Kredit für drei Monate aufnehmen oder neunzig Einzelkredite für jeweils einen einzigen Tag.

Wofür entscheiden Sie sich also? Was würden Sie vorziehen? Vermutlich denken Sie: Ich nehme lieber die drei Monate, weil dann alles unter Dach und Fach ist und ich den gesamten Zinssatz im Voraus kenne. Nun können Sie aber auf den internationalen Geldmärkten problemlos neunzig Tageskredite im Voraus vereinbaren, womit Sie in beiden Fällen Ihre Zinssätze im Voraus festlegen können.

Die richtige Antwort lautet: Als *Kreditnehmer* bevorzugen Sie den 90-Tage-Kredit, als *Kreditgeber* bevorzugen Sie den Tageskredit. Der

Grund dafür ist Folgender: Wenn Sie jemandem Geld für neunzig Tage leihen, und der Betreffende geht am fünfundzwanzigsten Tag pleite, sind Sie in den Arsch gekniffen, wenn Sie ihm jedoch nur für einen Tag Geld geliehen haben, sind Sie es nicht. Wenn man sich als Kreditnehmer Geld für einen Tag leiht und die Leute am fünfundzwanzigsten Tag merken, dass man pleitegeht, ist man in den Arsch gekniffen, während man mit einem Kredit über neunzig Tage vielleicht noch eine Chance hat.

Vor 2008 spielte das alles natürlich keine Rolle, schließlich gingen Banken damals nicht in Konkurs. 2008 jedoch hat sich das alles geändert. Der Markt für 90-Tage-Kredite löste sich praktisch in Luft auf, während der Markt für Tageskredite unverändert blieb. Der kleine graue Billy war anscheinend der Einzige in der Londoner City, der geahnt hat, dass das passieren würde. Er wettete schon seit Jahren darauf, dass es passieren würde. Als es dann so weit war, verdiente er in einer einzigen Woche zehn Millionen Dollar und danach noch viel mehr. Es stellte sich heraus, dass seine Behauptung, die Weltwirtschaft würde in die Luft fliegen, keine bloße Redensart gewesen war. Er hatte recht behalten, nachdem er jahrelang ausgelacht worden war. Und ich kann Ihnen sagen, dass er das auch so richtig genoss. Würden Sie das nicht auch?

Das Problem ist freilich, dass damit *mein* Problem nicht gelöst war. Denn diese Wette hatte ich ja nun verpasst. Ich hätte sie zwei Wochen vorher abschließen sollen. Hat erst mal einer vierzig Millionen Dollar mit einem Trade abgeräumt, dann ist es vermutlich zu spät. Darauf können Sie wetten.

Was also habe ich gemacht? Ich ging zurück zu Venkman. Neben Bill war Venkman der einzige Trader am Desk, der weit mehr verdiente, als er hätte verdienen sollen.

Genaugenommen war nicht Venkman der zweitprofitabelste Trader am Desk, sondern Hongo, der in dem Jahr genau wie Bill über hundert Millionen Dollar verdienen sollte. Aber Hongo war für den Euro zuständig, und Venkman handelte mit den Skandis. Es herrschte eine klare Hierarchie am Desk, wenn es darum ging, welche Books die profitabelsten waren, und die Skandis rangierten da nun mal ganz unten.

Wie also konnte Venkman derart viel Geld verdienen? Wenn ich ihn dazu bringen könnte, es mir zu zeigen, dann könnte ich vielleicht auch etwas verdienen.

Im unmittelbaren Gefolge der Lehman-Pleite blieb nicht wirklich viel Zeit zum Überlegen. Niemand wollte das Cover-Trading übernehmen bei all dem Geld, das sie mit ihren eigenen Books verdienten, und Caleb war ständig in Meetings mit den hohen Tieren, um dafür zu sorgen, dass jeder am Desk sein Geld bekommen würde. Deshalb war ich die meiste Zeit mit Cover-Trading beschäftigt.

Ab November jedoch beruhigten sich die Märkte ein wenig, und Caleb kam zurück an den Desk. Das bedeutete, dass ich wieder Venkman über die Schulter gucken konnte, der zu diesem Zeitpunkt bereits ein richtiges Vermögen verdient hatte. Es war klar, dass er sich in diesem Jahr unter den Top-Tradern der Bank platzieren würde, obwohl er einer der jüngsten war, und das stieg ihm langsam, aber sicher zu Kopf. Für mich war das freilich kein Problem. Wann immer Venkman der Kamm schwoll, gab es nur zwei Dinge, die ihm der Rede wert waren: Trading und er selbst. Unsere Interessen deckten sich damit perfekt.

Ich fragte Venkman, wie er so viel Geld hatte verdienen können, worauf er mir eine riesige Kalkulationstabelle zeigte, mit der er gearbeitet hatte. Es war ein Meisterwerk. Sie schlüsselte den gesamten Devisenswap-Markt für die schwedische Krone, auch bekannt als »Stokkie«, nach einzelnen Tagen auf. Wie viel kostet es, am 14. Dezember Stokkie zu leihen? Was ist mit dem 23. Mai? Jeder einzelne Tag war einzeln analysiert. Dazu gab es einen Vergleich zwischen dem aktuellen Preis auf dem Markt und dem Preis, so wie er Venkmans Ansicht nach hätte sein müssen. Er mailte mir diese Tabelle, und ich habe sie jahrelang benutzt.

Während wir die Tabelle zusammen durchgingen, erklärte Venkman alle Merkmale seiner »Position«, wie Händler die Aufstellung all der Trades nennen, die sie zu einem bestimmten Zeitpunkt getätigt haben. Im Fall des schwedischen FX-Swap-Marktes bedeutete das, wie viel schwedische Kronen er an einem bestimmten Tag geliehen oder verliehen hatte. Und er hatte immer irgendeinen mehr oder weniger beliebigen esoterischen Grund für jeden einzelnen Trade.

Aber eines fiel mir auf, als wir uns Venkmans Position ansahen. Er hatte sich an *jedem* einzelnen Tag schwedische Kronen geliehen. Zur Erinnerung: Ein Devisenswap ist ein Kredit, ja? Aber es ist auch ein Swap, was bedeutet, dass es sich um einen zweiseitigen Kredit handelt: Man leiht sich nicht nur etwas, man verleiht auch etwas. Im konkreten Fall von Venkmans SEK-Book waren es US-Dollar, die er im Gegenzug für seine Kronen verlieh. Mir schien das etwas ungewöhnlich. Man hätte doch angenommen, er würde sich schwedische Kronen an Tagen leihen, an denen sie billig sind, und sie an anderen Tagen, an denen sie teuer sind, verleihen. Aber das tat er nicht, er borgte sich vielmehr in den kommenden zwei Jahren an jedem einzelnen Tag schwedische Kronen und verlieh dafür US-Dollar. Der einzige Unterschied bestand in der Menge, die er sich lieh.

Warum machte er das?

Noch am selben Nachmittag, als ich etwas Luft hatte, schaute ich mir die FX-Swap-Books der anderen Trader an. Billy verlieh ebenfalls US-Dollar und zwar jeden Tag. Desgleichen Snoopy, wenn auch in geringerem Umfang. Caleb und JB hielten es genauso. Sie alle verliehen in den nächsten beiden Jahren Dollar und zwar jeden einzelnen Tag.

Kurz vor Arbeitsschluss ging ich wieder zu Venkman und fragte ihn: »Warum verleiht hier jeder Dollar? Warum leiht sich niemand Dollar?«

Venkman sah mich an, als wäre ich nicht ganz dicht.

»Warum zum Teufel sollten wir US-Dollar leihen? Nur ein verdammter Spast würde sich US-Dollar leihen.«

Ich versuchte eine Miene aufzusetzen, mit der ich, wie ich hoffte, nicht wie ein »Spast« aussah. Aber sie tat's wohl nicht, denn Venkman stieß einen tiefen Seufzer aus und schlug sein Tabellenblatt auf.

»Wie hoch ist der Zinssatz für den Dollar im Augenblick? Er liegt bei 1 Prozent, richtig? Und er geht gegen null. Aber schau dir mal an, welchen Zinssatz wir bei einem FX-Swap kriegen können.« Er rechnete in der Ecke der Tabelle irgendwas aus. »Wir kriegen über 3 Prozent. Das ist geschenktes Geld.«

Das brauchte man mir nicht zweimal zu sagen. Er redete weiter, aber ich hörte nicht zu, weil ich überlegte, wie ich ihn fragen könnte, ob ich von dem Trade wohl was abkriegen könnte? Ich brauchte aber nicht

lange zu überlegen, denn ich hatte meine Frage noch nicht mal formuliert, als ich plötzlich merkte, dass er mich offen ansah.
»Also? Willste was ab?«
Tja, was meinen Sie?

*

So, und jetzt mal ehrlich – nur um sicherzugehen, dass Sie mir so weit gefolgt sind. Ein Devisenswap ist ein Kredit, genauer gesagt ein gegenseitiger Kredit, bei dem sich beide Parteien beim anderen eine Währung leihen. Beide zahlen Zinsen, und am Ende bezahlt einer die Zinsdifferenz. Sagen wir mal, beim Sterling fallen 3 Prozent an und beim Dollar 2 Prozent, dann zahlt der, der sich die Sterling geliehen hat, die Differenz, also 1 Prozent.

Aber wer legt die Zinssätze für die einzelnen Währungen fest?

Es gibt in der Hauptstadt Ihres Landes oder in Frankfurt, wenn Sie Europäer sind, ein richtig schickes Gebäude, das sich »Zentralbank« nennt. Wahrscheinlich spricht man im Einzelfall von der »Bank of England« oder der »Bank of Japan« oder wie auch immer, nehmen Sie einfach das Land, aus dem Sie kommen. In den USA spricht man von der »Federal Reserve« oder kurz »Fed«. In Europa spricht man von der »Europäischen Zentralbank« (EZB). In diesem schicken Gebäude versucht eine Blase piekfeiner Muttersöhnchen, die die Universität nie verlassen haben, Jahr für Jahr Ihre Wirtschaft vor dem schleichenden Kollaps zu bewahren, um Jahr für Jahr kläglich zu scheitern. Dann gehen sie zu einem schicken Abendessen in einem holzgetäfelten Saal. Diese Jungs sind wichtig für Ihr Leben, auch wenn Sie das nicht wissen, und sie sind nicht weniger wichtig für die Geschichte hier.

An dieser Stelle brauchen Sie über diese Leute jedoch nur so viel zu wissen, dass sie die Zinssätze für jedes Land der Welt festlegen, auch für das Ihre. (Noch etwas, was Sie nicht wissen *müssen*, vielleicht aber ganz interessant finden, ist, dass Bill seinen speziellen Taxifahrer hatte, der ihn nach einem Broker-Dinner zu seinem noblen Herrenhaus in Hertfordshire fuhr, wenn er mal den letzten Zug verpasste. Einmal war ich mit Sid, so hieß der Mann, etwas trinken, und er erzählte, dass Bill immer, wenn er so richtig einen sitzen hatte, ihn aus Prinzip vor der Bank von England anhalten ließ, wo er sich durch eine Seitengasse um das Gebäude herumschlich, um gegen die Rückseite der Bank zu pinkeln. Laut Sid bestand Bill darauf, obwohl die Bank beileibe nicht auf dem Heimweg lag. Das nötigte mir großen Respekt für ihn ab.)

Zu diesem historischen Zeitpunkt, Ende 2008, senkten die Zentralbanken der ganzen Welt in der verzweifelten und letztlich vergeblichen Hoffnung, dass dies irgendwie ihre Wirtschaft ankurbeln würde, die Zinssätze rapide auf null. Das passierte fast allen am Desk gehandelten Währungen: dem Pfund, dem Euro, dem Schweizer Franken, der schwedischen und dänischen Krone sowie dem amerikanischen und kanadischen Dollar. Nimmt man noch den japanischen Yen hinzu, für den bereits seit fast zwanzig Jahren Nullzinsen galten, sollten fast alle wichtigen Währungen bald auf null stehen.

Was bedeutet das für Devisenswaps? Nun, wenn die bei einem Devisenswap fällige Gebühr gleich der Zinsdifferenz ist und fast alle Zinssätze auf null stehen, dann müssen ja wohl auch alle Zinsdifferenzen gleich null sein, oder? Womit alle Devisenswaps kostenlos sein müssten!

Aber wie Venkman mir gezeigt hatte, waren nicht alle Devisenswaps kostenlos. Die ganz, ganz kurzfristigen, die Tages-Swaps, *waren es in der Tat* – hier war der Preis effektiv null. Aber bei allem, was länger als ein paar Wochen oder einen Monat dauerte, war für geborgte US-Dollar eine wirklich enorme Prämie zu zahlen. Dies eröffnete den FX-Swap-Tradern eine nicht weniger enorme Möglichkeit, für jeweils drei Monate Dollar zu verleihen und sie dann einfach jeden Tag zurückzuborgen. Das war, wie Venkman mir erklärte, geschenktes Geld.

Allerdings gibt es Geld nie wirklich geschenkt. Oder doch? Konnte Geldverdienen wirklich so einfach sein? Wenn es so einfach war, warum machte es dann nicht jeder? Die Wahrheit ist, dass *es jeder gemacht hat*. Aber war es wirklich geschenkt? Wie sahen die Risiken aus?

All diese Fragen hätte ich mir an dem Tag stellen können, als ich hinter Venkman saß und er mit seiner postergroßen Tabelle zugange war. Aber ich stellte sie nicht. Ich nickte nur und sagte: »Ja, Mann, klar will ich was von ab.«

Venkman drückte auf einen Knopf, einfach so, sprach mit Granty, und schloss den Trade für mich ab, und schon hatte ich zweihundertvierzig Millionen Dollar für drei Monate in einem Dollar-Stokkie-FX-Swap mit der Danske Bank Kopenhagen verliehen. Ich ging an diesem Tag überglücklich nach Hause. Es war der erste Trade mittlerer Größe meines Lebens.

Erst als ich nach Hause kam und während des Abendessens mit meinen Eltern in den winzigen unscharfen Schwarz-Weiß-Fernseher guckte, bei dem die Sender noch mit einem Drehknopf einzustellen waren, dachte ich mir: Augenblick mal, was zum Geier mache ich da? Ich habe doch keinen blassen Schimmer von Dollar-Stokkie-FX-Swaps. Ich war ja noch nicht mal in Schweden. Und was zum Teufel weiß ich, was die Danske Bank in Kopenhagen nicht weiß? Und zweihundertvierzig Millionen Dollar – ist das nicht 'n bisschen viel?

Die Wahrheit ist, dass zweihundertvierzig Millionen Dollar, also der Umfang des von Venkman vorgeschlagenen Trades, für den STIRT-Desk, an dem es häufig um Milliarden – oder »Yards«, wie man das dort nennt – ging, nicht wirklich ein großer Trade war. Aber für mich war das verdammt viel Geld, und über einen Trade zu reden, ist etwas ganz anderes, als dann tatsächlich einen getätigt zu haben. Ich habe fast kein Auge zugetan in dieser Nacht.

Am nächsten Tag war ich megafrüh auf dem Floor. Ich musste mit Bill reden.

Als Billy an dem Morgen zur Arbeit kam, wartete ich zu seiner Überraschung bereits auf ihn. Kristallklar hatte ich all die Fragen im Kopf, die ich tags zuvor hätte stellen sollen. Wenn man Geld, schon gar sein eigenes, seinen Ruf und seine Karriere für eine Meinung aufs Spiel setzt, was es im Grunde ja war, sollte man lange und gründlich darüber nachdenken, ob diese Meinung auch wirklich stimmt. Denken Sie daran, wenn Sie Nachrichten schauen.

Billy sah mich schief an, als er reinkam und mich bereits neben seinem Stuhl sitzen sah, Und dann sagte ich ihm, was ich getan hatte, bevor er überhaupt saß.

»Ich habe 240 000 000 Dollar auf drei Monate gegen Stokkie verliehen.«

Bill lachte sofort lauthals los. Er fand das zum Schießen. »Ach ja? Hast du dir verdammt noch mal endlich einen Satz Eier zugelegt und ein paar Dollar verliehen, ja? Warum zum Teufel hast du das getan, Gal?« Er hätte sich fast bepisst.

Ich redete nicht lange darum herum.»Venkman meinte, es sei geschenktes Geld.«

Da sage ich ihm die Wahrheit, und er sieht mich an, als hätte er es mit einem Idioten zu tun. Um mich zu verteidigen, schob ich nach: »Alle machen das. Ich habe mir ihre Positionen angesehen. Alle machen das. Auch du!«

Dann lächelte Billy und nickte, und sein Verhalten änderte sich. Wahrscheinlich hätte er mir die Haare gezaust, hätte ich sie mir nicht abrasiert, aber das hatte ich nun mal, also kniff er mich in die Nase. Er wandte sich ab und guckte auf seine Monitore.

»Doch nicht ganz so dumm, wie er ausschaut, der Cockney-Zipfel. Wir machen das doch alle, was? Sieht ganz so aus, als wärst du jetzt auch dabei.« Und er lachte, fuhr seine neun Monitore hoch und holte seine *Financial Times* aus der Tasche.

»Aber warum machen das alle? Was für Risiken gibt's denn da?«

Bill ließ seine *Financial Times* auf den Boden fallen, drehte sich zu mir um und sah mich mit ernster Miene an.»Sieh an, sieh an, sieh an, sieh an«, meinte Billy, der die Situation genoss.»Hat sich doch glatt einer über Nacht einen Satz Eier zugelegt. Was denkst du denn, welche Risiken es da gibt?«

»Weiß ich doch nicht. Venkman meinte nur, es sei geschenktes Geld. Vielleicht bedeutet das, dass es keine Risiken gibt.«

»Verdammt gute Antwort, aber warum zum Teufel hast du's gemacht, wenn du die verdammten Risiken nicht kennst?«

»Ich hab's gemacht, weil du's machst, Bill.«

Daraufhin lächelte Bill.»Wieder eine verdammt gute Antwort. Ich sag dir, warum *ich* es mache. Ich mach's, weil die Welt verdammt noch mal US-Dollar braucht und weil wir die verdammte Citibank sind, die größte verdammte amerikanische Bank der ganzen verdammten Welt! Und wir haben die Dollar, und die haben sie verdammt noch mal nicht, also berechnen wir ihnen, was immer wir verdammt noch mal wollen, und wir machen alle unseren Schnitt. Okay? Hast du das verstanden?«

Ich nickte.

»Und jetzt sag ich dir was noch viel Wichtigeres, klar? Komm mir verdammt noch mal nie im Leben wieder damit, dass es einen Trade gibt, der kein Scheißrisiko birgt. Okay? Genau davon sind nämlich die Arschgeigen von der Kreditabteilung ausgegangen, und schau dir an, was zum Teufel denen passiert ist. Und ich werd' dir noch was sagen, das Wichtigste überhaupt, und dann verpiss dich wieder in deine Ecke. Dieser Scheißtrade wird uns um die Ohren fliegen, und wir verlieren alle unseren verdammten Arsch – wenn Folgendes passiert: Wenn das weltweite Bankensystem kollabiert. Dann fliegt uns dein Trade um die Ohren. Und wenn das passiert, geht der ganze Laden hier baden. Du verlierst deinen Job, ich verliere meinen Job, und die ganze Weltwirtschaft geht den Bach runter. Wir wetten hier darauf, dass das nicht passiert. Und wir werden recht behalten, ja? Und jeder macht seinen Schnitt. Und dann gehen wir alle zusammen einen heben, und von jetzt an machst du's eben auch so. Und jetzt schleich dich wieder auf deinen Scheißplatz zurück und lass dir das durch den Kopf gehen, um sicherzugehen, dass es der letzte Scheißtrade ist, den du machst, ohne die Risiken zu kennen. Aber es ist ein verdammt guter Trade, Gal. Verdammt gut gemacht.«

Und schon guckte er wieder in seine Monitore, und ich saß wieder auf meinem Platz. Es war verdammt noch mal nicht das letzte Mal, dass ich einen Trade tätigte, dessen Risiken ich nicht kannte. Wäre er es gewesen, hätte ich mir im Laufe der Jahre viel Ärger erspart. Aber trotz alledem war es, genau wie Bill und Venkman gesagt hatten, tatsächlich ein verdammt guter Trade, und bis Weihnachten hatte ich siebenhundert Mille verdient.

\*

Wenn ich an diese ersten Monate am Desk zurückdenke, an all die Zeit in den Pubs, an das rohe Stück Hühnerfleisch, an meine Lektionen im Devisenhandel, an all die Male, die ich am Desk von Station zu Station lief, um für andere zu covern, wenn die sich besaufen waren, an meine erste Siebenhundert-Mille-PnL, kann ich nicht glauben, wie viel Spaß das damals alles zu machen schien. Die Tage wurden zu Nächten und wieder zu Tagen und Nächten, bis alles irgendwie ineinander zu verschwimmen schien. JB war immer mit einem Witz und einem Lächeln zur Stelle, und Caleb schien die gute Arbeit, die ich leistete, nicht ein einziges Mal zu entgehen. Auch wenn Rupert gefährlich und Venkman abstoßend war, schien das alles keine Rolle zu spielen, denn jeder machte seinen Schnitt.

Natürlich war mein Schnitt damals noch nicht der Rede wert, aber das sollte sich bald ändern, ich konnte es spüren. Meine PnL war für alle zu sehen, und mein Gehalt von 36 000 Mücken im Jahr war mehr Geld, als ich jemals in meinem Leben gesehen hatte. Und ich aß in Restaurants, was ich noch nie getan hatte, und ich machte meine Trades mit einem kleinen Bluetooth-Headset und spitzen Schuhen. Was wollte ich mehr?

Aber mehr als das, mehr als alles andere, schien ich zum ersten Mal seit Langem einer Familie anzugehören. Billy und Caleb waren bei alledem wie zwei separate und gegensätzliche Väter, der eine klein, rauflustig und vulgär, der andere ein geradezu unmenschlich sanfter Hüne. Und Rupert und JB waren, der eine fies, der andere freundlich, wie Onkels zu Weihnachten, während Snoopy und Venkman wie große Brüder waren.

An den wenigen Abenden, an denen ich nach Hause kam, um mit meinen richtigen Eltern zu Abend zu essen, setzten sie mir wegen der Miete zu und wollten Geld für die Reparatur des Autos. Und ich musste ihnen das Geld für die Werkstatt geben, aber die Miete, so sagte ich meiner Mom, zahlte ich meinem Dad, während ich Dad sagte, dass ich sie Mom gab. Sie merkten das eine Ewigkeit nicht, und alles fühlte sich an, als käme die Welt wieder ins Lot.

# 5

Dann war plötzlich Venkman weg.

Mir war das zunächst gar nicht klar. Venkman kam morgens immer als Letzter, und als Caleb etwa eine Viertelstunde vor Venkmans üblichem Erscheinen vorbeikam und so ganz nebenbei sagte: »Du coverst heute für Venkman«, dachte ich mir nichts weiter dabei. Es war zwar nicht ungewöhnlich, dass Venkman zu spät kam. Im Gegenteil, das kam oft genug vor, wenn er die Nacht zuvor einen über den Durst getrunken hatte. Aber es war ungewöhnlich, dass er überhaupt nicht kam, vor allem ohne eine SMS an mich zu schicken oder sonst wie Bescheid zu sagen. Ich dachte mir nur, dass jeder mal krank werden könne.

Merkwürdig war allerdings, dass niemand ein Wort darüber verlor. Alle hatten sich ständig über Venkman lustig gemacht, und dass er, so ganz ohne Laut zu geben, einfach nicht auftauchte, wäre den anderen normalerweise wenigstens einen Scherz wert gewesen. Aber das war nicht der Fall. Niemand sagte auch nur ein Wort.

Zu dem Zeitpunkt war ich es längst gewöhnt, für alle Trader zu covern, und ich hatte längst einige Broker für die jeweilige Währung auf meiner Speakerbox. Das war einfach, da jeder Broker eine Standleitung zur Bank hatte, die sich zur Speakerbox hinzufügen ließ, und wann immer dieser Broker eine Nachricht für uns hatte, kam diese aus der Box des Traders, der diese spezielle Leitung auf sein Board geschaltet hatte. Man konnte die Lautstärke für jede beliebige Leitung lauter oder leiser oder – der Albtraum eines jeden Brokers – sogar ganz abstellen. Wenn ich also zum Beispiel Skandis traden sollte, wie in diesem Fall, brauchte ich nur die Lautstärke für die beiden Skandi-Broker, die ich auf meinem Board hatte, lauter zu stellen.

Venkman, der eigentlich für die Skandis zuständig war, hatte weit mehr Skandi-Broker auf seinem Board, ich würde sagen fünf oder sechs. Ich hatte den beiden auf meinem Board gesagt, dass ich für Venkman covern würde, aber die anderen drei oder vier hatten keine Ahnung davon, und so kamen ihre Meldungen weiterhin krächzend und unbeantwortet aus der Speakerbox an seinem unbesetzten Platz.

Nach etwa einer Stunde begann sich einer der dänischen Carstens zu fragen, warum er keine Antwort bekam, und begann zu schreien: »Venkman! Venkman! Bist du da? Bist du da?«

Das ging etwa fünfzehn Minuten lang, bevor JB, der neben Venkmans Speakerbox saß, wütend mit beiden Händen auf seinen Schreibtisch drosch, sich wortlos erhob und hinüberbeugte, um die Lautstärke sämtlicher Broker-Leitungen an der Box auf »aus« zu stellen. Dann sank er wieder auf seinen Stuhl. In diesem Augenblick wurde mir klar, dass da etwas nicht stimmte.

Kaum dass an diesem Tag jemand etwas sagte. Abgesehen von den unvermeidlichen Zahlen, die man sich zurief, war nichts zu hören. Selbst JB – oder gerade JB, der normalerweise der lauteste und geselligste war – gab keinen Mucks von sich.

Erst am Nachmittag, als der morgendliche Rush von Trades abgeflaut war, kam Billy die Schneise herauf, packte mich am rechten Ohr und zog mich buchstäblich von meinem Stuhl.

Auf dem Trading Floor gab es einen Mini-Starbucks, wo ein riesiger brasilianischer Barista einem den Kaffee zu Sambaklängen kredenzte, während er im Falsett dazu sang. Wann immer uns nach einem Kaffee war, gingen Billy und ich zu ihm. Diesmal nicht. Wir gingen stattdessen in ein kleines italienisches Café auf der großen Plaza von Canary Wharf, ein gutes Stück weg von der Bank. Auf dem Weg dorthin machte Billy kaum den Mund auf. Dann holte er zwei Cappuccinos und wies mich auf einen Platz. Es war Anfang Dezember, und die Nachmittagssonne stand schon tief am Himmel und fiel durch große Fenster mit weiß gestrichenen, auf alt gemachten Holzrahmen auf unseren Tisch, der ebenfalls aus Holz und weiß gestrichen war.

»Weißt du, was passiert ist?«, fragte mich Billy.

»Nein. Ich weiß nicht, was passiert ist. Was verdammt noch mal ist passiert?«

»Rupert hat Venkman verpfiffen.«

Das war eigentlich nicht das, was ich erwartet hatte. Es schien mir immer, als wäre Venkman sein eigener ärgster Feind. Ich versuchte, meine Gefühle nicht zu zeigen, und sagte nur: »Okay. Was ist passiert?«
»Weißt du noch, wie Venkman für Rupert gecovert hat?«
Daran konnte ich mich erinnern. Ungefähr drei Wochen zuvor hatte Rupert zwei Wochen Urlaub gemacht und das, obwohl er normalerweise zu einem so entscheidenden Zeitpunkt nie einen Urlaub genommen hätte. Aber es war nun mal gesetzlich vorgeschrieben, dass jeder Trader einmal im Jahr zwei Wochen Urlaub am Stück nehmen musste, und Rupert hatte noch keinen gehabt. Da das Euro-Book für Hongo allein zu groß war und zu wichtig, als dass ich hätte covern können, bekam Venkman, der seine Skandi-Books so hervorragend gemeistert hatte, den Job, für Rupert einzuspringen, während der weg war.
Ich nickte, und Bill fuhr fort.
»Und wie du weißt, hat Venkman einen Scheißhaufen Geld für Rupert verdient.«
So viel wusste ich auch. Venkman hatte in der Zeit, in der er das Euro-Book übernommen hatte, deutlich mehr verdient als Rupert und das, obwohl er zur gleichen Zeit mit seinen Skandi-Books beschäftigt war. (Immer dran denken: Das Euro-Geld ging trotzdem an Rupert.) Das war keinem von uns entgangen, und wir hätten Rupert dafür mächtig aufgezogen, wenn er nicht so leicht in die Luft gehen würde. Außerdem konnten wir alle sehen, dass ihn das auch so schon mächtig wurmte. Es war also lustiger, nichts zu sagen.
»Rupert kam zurück und hat sämtliche Trades überprüft.«
Das hörte sich zwar ein bisschen verrückt an, war aber mehr als glaubhaft. Das Euro-Book war ein gewaltiger Brocken und umfasste Hunderte von Trades pro Tag, aber Rupert checkte jeden einzelnen durch. So war er nun mal gebaut. Manchmal versuchten Verkäufer, Geschäfte unter einem geringfügig falschen Preis zu verbuchen, um ein bisschen was abzuzweigen, und behaupteten dann, es sei ein Versehen gewesen, wenn sie jemand darauf ansprach. Sie können darauf wetten, dass Rupert so etwas nicht entgangen wäre, nicht ein einziges Mal. Die Überprüfung sämtlicher Trades, die *in seinen beiden Urlaubswochen* über sein Book gelaufen waren, war jedoch selbst für ihn ein ganz

neues Level von Pedanterie, zumal wenn man bedenkt, wie beschäftigt der Trading-Desk zu dieser Zeit war. Er muss dazu abends lange im Büro geblieben sein. Und wozu das alles? Nur um dahinterzukommen, warum genau Venkman besser gewesen war als er?

»Okay«, sagte ich, »und was hat er gefunden?«

»Wie sich herausstellte, hatte Venkman mit den Trades in Ruperts Namen noch mehr verdient, als wir dachten. So viel, dass er auf die Idee kam, etwas für sich selbst abzuzweigen. Er überwies drei Millionen Dollar von Ruperts PnL-Konto auf sein eigenes.«

Meine unmittelbare Reaktion darauf war nicht etwa, dass das falsch oder unmoralisch gewesen sei. *Shit*, wenn ich drei Millionen Dollar aus Ruperts Tasche hätte abstauben und damit davonkommen können, wer weiß, wahrscheinlich hätte ich es getan. Was mir sofort auffiel, war, wie unglaublich dumm das Ganze gewesen war: Rupert zu beklauen, ausgerechnet Rupert, und dabei zu erwarten, dass er einen dabei nicht erwischt. Wie sich herausstellte, hatte sich Venkman da gewaltig ins eigene Fleisch geschnitten.

Aber gleichzeitig traute ich ihm so etwas durchaus zu. Ich sah ihn geradezu, wie er dasaß, für Rupert tradete, von dem jeder wusste, dass der ihn nicht leiden konnte, und dabei so viel mehr Geld für ihn zu verdienen, als Rupert selbst verdient hätte. Und wie ihm dann der Gedanke kam: Warum sollte ich dieses Geld Rupert verdienen lassen? Ich bin derjenige, der hier sitzt. Ich bin derjenige, der es verdient. Ich bin ein besserer Trader als er. Warum sollte dabei nicht auch für mich was rausspringen? Nur ein bisschen. Ein Anteil.

Ja, ich sah es vor mir. Aber trotzdem. Es war strunzdumm.

Jetzt wurde Bills Miene ernster, und er sah mir offen in die Augen. »Hör zu. Venkman geht mir am Arsch vorbei. Er hat gestohlen. Er ist ein Idiot. Er hat sein Fett wegbekommen. Aber lass mich dir eines sagen. Er ist nicht der Einzige, der hier am Floor klaut. Er ist nicht der Erste und er wird nicht der Letzte sein. Ich habe das schon zu oft gesehen. Aber jetzt pass mal auf, Kleiner, du kannst daraus was lernen. Ich bin ein alter Mann, und du bist noch jung. Du wirst noch viele Jahre länger dabei sein als ich, und vielleicht klaust auch du irgendwann. Aber was auch immer zum Teufel du tust, was auch immer du

verdammt noch mal tust, merk dir diese drei Buchstaben: C ... Y ... A. Weißt du, wofür CYA steht?«
Ich wusste es nicht und gab ihm das zu verstehen.
»CYA steht für Cover Your Arse. Das bedeutet, was auch immer du machst, Gal, halt dir den Rücken frei, sichere dich ab. Ist mir schnuppe, wen du beklaust, ich meine, solange es nicht auf meine oder die Kosten einer meiner Spezis geht. Aber solltest du jemals jemanden beklauen oder sonst was nicht ganz Astreines machen, und sei's nur ein Prozent nicht astrein, dann hinterlass keine Spuren, nicht die geringste, hast du mich verstanden? Hinterlass noch nicht mal den Hauch eines Düftchens von dir. Ich meine es ernst. Du bist jetzt beliebt, es geht dir gut, und alle mögen dich. Aber irgendwann, eines schönen Tages, wird dich jemand nicht mehr mögen, und glaub mir jetzt schon, der geht deinen Scheiß von vorn bis hinten mit dem Lausrechen durch. Also stell sicher, dass jeder Zentimeter davon nach Rosen duftet, okay? Verstehst du, was ich sage? Du machst nämlich sonst nachts kein Auge mehr zu. Lass nicht zu, dass irgendwo irgendeine Arschgeige was gegen dich in der Hand haben könnte. Was immer du machst, Gal. *Cover Your Arse*.«

Ich habe das nie vergessen, und dem Teufel sei Dank dafür.

Tags darauf war Venkman immer noch nicht wieder da. Und ich tradete weiter von meinem Platz am Ende des Desks aus Skandis für den unsichtbaren überdimensionalen Kerl. Rupert saß wie immer zwei Stationen links von mir, jenseits des leeren Stuhls, und in ruhigen Augenblicken, wenn er nicht aufpasste, spähte ich verstohlen zu ihm hinüber. Ich wollte sehen, ob er sich irgendwie verändert hatte, ob sich nicht irgendwie ein Hinweis darauf fand, was er getan hatte.

Ich konnte nichts feststellen. Er schien die Ruhe selbst. Er wirkte völlig gefasst. Wenn überhaupt, wirkte er ruhiger denn je. Richtig happy. Er wirkte, ich wage es kaum zu sagen, mit sich im Reinen, mit einem Hauch von Zen. Irgendwann holte er ein Buch heraus, einfach so, am Desk, legte die Füße auf den Papierkorb und begann darin zu lesen. Ich guckte nach dem Titel: *Wie man einen Jungen zeugt*. Ich fragte ihn, ob es denn möglich sei, speziell einen Jungen zu zeugen, und er meinte, es sei eine Frage der Technik – im Bett.

Während er so dasaß, das Buch vor sich, die feisten Beine in meine Richtung auf dem Papierkorb abgestützt, konnte ich ihn mir ansehen und fragte mich dabei, wie sich das wohl angefühlt haben muss. Was muss das wohl für ein Gefühl gewesen sein, die Existenz eines so völlig hilflosen und dummen Menschen wie Venkman zu zerstören? Die Existenz eines Mannes, der kaum mehr als ein zu groß geratener Junge war.

Als ich mir Rupert so ansah, bequem in seinem großen Drehstuhl zurückgelehnt, fragte ich mich, ob er wohl tatsächlich Jungs zeugen würde. Das alles ist Jahre her, und wahrscheinlich hat er mittlerweile Kinder. Ich frage mich, ob es Jungs sind. Ich hoffe, sie sind okay.

\*

Am Tag nach Venkmans Verschwinden lud Rupert mich zum Lunch ein. Mir kam der Gedanke, dass er mir womöglich erklären wollte, was passiert war, warum er sich entschieden hatte, Venkman in die Pfanne zu hauen. Er wusste natürlich, dass ich in gewisser Weise mit Venkman befreundet war, und ich dachte sogar flüchtig, dass er sich vielleicht entschuldigen wollte. Aber Rupert hat sich weder entschuldigt, noch hat er mir etwas erklärt. Stattdessen passierte Folgendes.

Rupert wollte in ein teures spanisches Restaurant am Westufer der Isle of Dogs, der riesigen runden, von der Themse umflossenen Halbinsel in East London, auf der Canary Wharf sich entwickelt hat. Entsprechend nahmen wir weder den Zug noch ein Taxi, sondern machten uns, im Schatten der Wolkenkratzer, zu Fuß auf den Weg. Es war zwar ein sonniger Tag, aber auch Dezember, und so drang eher wenig Licht bis zu den Gehsteigen durch.

Rupert sagte nichts, als wir losgingen. Das war jedoch nicht ungewöhnlich. Wann immer Rupert und ich irgendwo zusammen waren, nur wir beide, redeten wir, wenn Rupert Lust dazu hatte. Das war nicht allzu oft der Fall.

Dann sprach Rupert mich plötzlich an, ohne aus dem Tritt zu kommen oder auch nur den Kopf zu drehen: »Gary, weißt du, als du hier angefangen hast, sind wir mal durch Canary Wharf gelaufen, genau wie jetzt, und ich weiß noch, wie du bei jedem Schritt nach oben geschaut hast, zu den Spitzen all der Wolkenkratzer rundum.«

Danach verstummte er wieder, ohne eine Frage gestellt zu haben, und seine Worte hingen vor mir in der Luft. Ich füllte das Schweigen mit einer anonymen Banalität, und es verging einige Zeit, bis er seinen Gedankengang wieder aufgriff, als hätte ich nichts gesagt. »Du machst das nicht mehr. Du schaust nicht mehr zu den Wolkenkratzern hoch.«

Wieder hatte er keine Frage gestellt, und dieses Mal wartete ich einfach ab, bis er schließlich sagte: »Weißt du, das hier ist wie *Watership Down*. Alles, was man hier sieht, sind die Überlebenden. Was man nicht sieht, das sind die Loser.«

Ich dachte nur: Was zum Geier ist *Watership Down*? Und als ich nach Hause kam, habe ich nachgeschlagen, und es entpuppte sich als Buch über Kaninchen.

Danach entstand wieder eine Pause, in der wir nicht redeten, sondern einfach vor uns hingingen, Seite an Seite, durch die Kälte, und schließlich hatten wir die höchsten Wolkenkratzer hinter uns gelassen, und ein bisschen Sonne erreichte uns.

»Weißt du, Gary, ich habe da ein Problem.«

Dies war eine untypische Aussage für Rupert, und ich war entsprechend überrascht. Er sah mich nicht an dabei, sondern blickte nach vorn und nach oben, in die Richtung, in die er ging, zum Himmel hoch.

»Wann immer ich jemanden kennenlerne«, fuhr er fort, »muss ich sofort, noch im Augenblick der Begegnung, wissen, ob er besser oder schlechter ist als ich.«

Ich sagte nichts. Ich beobachtete ihn nur, während wir vor uns hinliefen. Es interessierte mich nun wirklich, worauf er hinauswollte.

»Wenn sie besser sind als ich, *hasse* ich sie, ich *hasse* sie, weil sie besser sind als ich.«

Dann folgte wieder eine Pause.

»Aber wenn sie schlechter sind als ich, dann *verachte* ich sie, was noch schlimmer ist, da sie nun mal schlechter sind als ich. Dafür verachte ich sie.«

Ich erwiderte nichts darauf. Was um alles in der Welt hätte ich denn sagen sollen? Und so gingen wir zusammen zum westlichen Ende der

Isle of Dogs, zu diesem teuren spanischen Restaurant am Fluss, und dort verdrückten wir zusammen ein ganzes Spanferkel.

*

Nach Venkmans Verschwinden herrschte eine irgendwie fiese Stimmung am Desk. Obwohl niemand, außer mir und vielleicht JB, ihn jemals wirklich hatte leiden können, wusste jeder, dass das, was Rupert da getan hatte, falsch war. Man sollte jemanden nicht einfach so in die Pfanne hauen. Man hätte darüber reden sollen.

Wie sich herausstellte, hatte Rupert noch nicht mal mit Caleb gesprochen, sondern hatte sich einfach, über dessen Kopf hinweg, an Calebs Chef in New York gewandt – eine menschliche Riesenschnecke, die nicht atmen konnte, ohne dabei laute Geräusche von sich zu geben, und die überall eine silbrig glänzende Spur hinterließ. Die Schnecke war eine Woche zuvor zu Besuch in London gewesen, und Rupert war direkt zu ihr gegangen.

Das bedeutete, dass da niemand ein Wörtchen mitzureden hatte, nicht einmal Caleb. Nicht JB, nicht Billy und natürlich auch nicht Venkman selbst.

Das Unbehagen war spürbar und lag in der Luft, und sein Geruch vermischte sich mit dem der anderen großen Frage, deren Gestank um diese Jahreszeit jeden Trading Floor auf der Welt beherrscht. Es war die Frage, die eines Tages auch mein Leben beherrschen würde, die große Frage: Willst du dein Geld?

Eine der verrücktesten der vielen Verrücktheiten auf den Trading Floors war die Art und Weise, wie man die Trader bezahlte.

In dem Jahr hatten Billy und Hongo der Bank jeweils über hundert Millionen Dollar eingebracht. Und ein paar von den anderen waren nicht weit davon entfernt. Aber was zählt das schon, wenn man dafür nichts bekommt? Ich war mir sicher, dass deren Gehälter weit über dem meinen lagen. Ich schätzte mal, dass sie vielleicht siebzig-, achtzigtausend verdienten, obwohl ich es wirklich nicht wusste. Aber selbst, wenn es doppelt so viel war, es waren bei Weitem keine hundert Millionen Dollar.

Also, wie viel schauen bei hundert Millionen Dollar für einen raus? Ich hatte nicht die geringste Ahnung. Die Zahlen lagen so weit über allem, was man am STIRT-Desk gewohnt war, dass ich mal davon ausging, dass keiner dort eine Antwort darauf hatte.

Es war noch nicht einmal sicher, dass man überhaupt etwas bekam. Erinnern Sie sich an Simon Chang von Venkmans Dinner? Der Typ wurde drei Jahre darauf der profitabelste Trader der gesamten HSBC. Als die Zeit für den Bonus kam, pfiff ihm die Bank was und stellte ihm den Stuhl vor die Tür.

Das sorgte zwangsläufig für eine angespannte Atmosphäre. Alle saßen auf diesen riesigen PnL-Zahlen, zehnmal mehr Geld, als sie je in ihrem Leben für die Bank erwirtschaftet hatten. Aber keiner wusste, wie hoch sein Bonus ausfallen würde. Jeder stellte sich die Frage. Machen wir nun unseren Schnitt oder nicht?

Ob man etwas bekam oder nicht und wenn, wie viel, schien abhängig von einer ganzen Reihe mysteriöser Faktoren. Ich wusste das, weil die Trader plötzlich kein anderes Thema mehr hatten. Sicher, der Desk hatte gute Arbeit geleistet, so viel war klar, aber die Bank als solche, das war noch offensichtlicher, hatte kein gutes Jahr hinter sich. Das war ganz offensichtlich ein Faktor, und was ihn anbelangte, sah es gar nicht gut aus.

Und dann spielten da noch eine Reihe menschlicher Faktoren hinein. Wie war das Verhältnis zwischen Geschäftsleitung und Desk? Die Schnecke entschied, wie viel Geld an Caleb ging, und Caleb teilte es auf. Was also dachte die Schnecke? Mochte uns der Typ? Wusste er, dass er bei uns »die Schnecke« war? Hoffentlich nicht. Aus eben diesem Grund war Caleb die meiste Zeit über nicht am Desk gewesen. Er musste der Schnecke und den anderen großen Tieren Honig ums Maul schmieren. Nur so würden wir alle unser Geld bekommen. Und niemand schmierte einem besser Honig ums Maul als Caleb. Es gab keinen besseren Mann für den Job.

Nur standen wir nach der Geschichte mit Rupert und Venkman nicht allzu gut da.

Alle sprachen darüber, aber niemand nannte konkrete Zahlen. Auf dem Trading Floor gibt es einen merkwürdigen Brauch. Niemand sagt einem, wie hoch sein Bonus ausfällt. *Niemals.* Ich dachte damals wirklich, dass man dafür gefeuert werden konnte. Das ist kein Scherz. Alle Hochschulabsolventen dachten, jemandem seinen Bonus zu verraten, sei ein Kündigungsgrund. Erst Jahre später kam ich dahinter, dass das nicht stimmte. Kurz und gut, ich hatte keine Ahnung von den Zahlen, und es kam mir nicht einmal in den Sinn, dass ich mit meinen popligen 700 000 Euro, die kaum der hundertfünfzigste Teil von Bills PnL waren, überhaupt etwas bekommen würde.

Das hieß nicht, dass die anderen nicht ihren Schnitt machen sollten. Wenn sie etwas bekamen, würde ich im nächsten Jahr auch etwas bekommen.

*

Während wir anderen nervös auf den Zahltag warteten, war Venkman plötzlich wieder da. Einfach so.

Caleb hatte keine speziellen Sympathien für Venkman. Die hatte keiner. Aber dass Rupert ihn verdammt noch mal einfach übergangen hatte, das war ihm dann doch zu viel. Er musste der Schnecke ein ganz besonderes Zaubersalz verabreicht haben, um Venkman rauszuhauen. Doch eines Tages, ohne jede Vorwarnung, kam Venkman wieder hereingewatschelt und stand mit breitem, verlegenem Grinsen am Desk.

Caleb hatte keinem von uns gesagt, dass Venkman zurückkommen würde, zumindest mir nicht. Ich bin mir ziemlich sicher, dass er nur Ruperts Reaktion hatte sehen wollen. JB war begeistert, als der Junge wieder auftauchte. Er sprang auf, packte ihn bei den Schultern und verpasste ihm eine Ohrfeige. Billy lachte, während Snoopy sich das zu verkneifen versuchte. Wie alle anderen warf auch ich zuweilen einen verstohlenen Blick auf Rupert. Er bewegte sich nicht. Er saß mucksmäuschenstill, den Blick geradeaus gerichtet, eine Hand auf der Tastatur, die andere auf der Maus. Sein Gesicht zeigte nicht die geringste Regung, nur sein Hemdkragen drohte zu platzen. Wenige Monate später sollte Rupert selbst nicht mehr da sein. Ob er das wohl schon wusste?

Und dann sorgte Caleb dafür, dass jeder sein Geld bekam.

# 6

Boni gibt es im Januar, in der Regel Ende des Monats, und damals waren sie das Einzige, was zählte. Später deckelte der Gesetzgeber die Höhe der Boni als x-faches des Gehalts, was zu einem enormen Anstieg der Gehälter führte und, wie man mir sagte, Bedeutung und Dramatik des Bonustags bei Weitem verringerte. Aber damals, Anfang 2009, war er immer noch ein geradezu religiöses Ereignis.

Am Bonustag bekam jeder Deskchef einen eigenen kleinen Konferenzraum zugewiesen, in dem er sich mit jedem Trader einzeln zusammensetzte. Die STIRT-Trader verschwanden einer nach dem anderen zu ihrem Meeting mit Caleb und kamen dann wieder zurück an den Desk. Selbstverständlich sondierte man die Körpersprache eines jeden bei seiner Rückkehr gründlich auf etwas, was ihn verriet.

Um den ersten Händler zu sich zu rufen, rief Caleb übers Telefon am Desk an. Es war damals meine generelle Aufgabe, alle Anrufe entgegenzunehmen, was sich hin und wieder als problematisch erwies, weil kein Aas meine Aussprache von »Citi« verstand. Wie auch immer, an diesem Bonustag bedeutete das, dass ich das Privileg hatte, den ersten Trader zu Caleb zu schicken. Und das war Bill.

Ich konnte Bill nicht ansehen, als er an den Desk zurückkam. Ich weiß nicht, warum, aber ich konnte ihn einfach nicht ansehen. Als er zurückkam, sagte er Hongo, er sei als Nächster dran. Als Hongo zurückkam, schickte er Rupert rein. Als Rupert zurückkam, schickte der Venkman rein, und so sprach Caleb mit jedem Trader in absteigender Reihenfolge seiner PnL. Ich konnte keinen von ihnen ansehen. Ich weiß nicht, warum ich das so persönlich nahm. Es war nicht mein Tag, das wusste ich, aber mir war trotzdem schlecht.

Und dann, als der Letzte, das war Snoopy, fertig war, kam der zurück und meinte, Caleb wolle mich sehen. Ich hatte überhaupt nicht damit gerechnet, selbst an der Reihe zu sein.

Calebs kleiner Konferenzraum befand sich irgendwo in den Tiefen des Trading Floors. Es war nicht sein normales Büro, und ich brauchte einige Zeit, um es zu finden. Als ich es fand, fiel mir zuerst auf, wie deprimierend finster der künstlich beleuchtete, fensterlose Raum war und dass er so gar nicht zu Calebs Miene passte, seinem breiten Lächeln und den funkelnden Augen.

Funkelnd traf es genau. Caleb strahlte geradezu. Es war sofort klar, dass er gehalten hatte, was wir uns von ihm versprochen hatten.

Er setzte sich zu mir und schob mir einen Zettel über den Tisch zu. Darauf stand 13 000 Pfund. Ich hatte mit nichts gerechnet und war überrascht.

13 000 Pfund sind eine Menge Geld. Das weiß ich. Aber ich erinnere mich nicht, dass ich mich groß darüber gefreut hätte. Ich erinnere mich überhaupt nicht, was ich dabei fühlte, wenn ich ehrlich bin. Ich erinnere mich nur an den schummrigen Raum und an Calebs Lächeln.

Merkwürdigerweise musste ich in dieser kleinen Besenkammer an den Tag denken, an dem man mich von der Schule verwiesen hatte, weil ich Cannabis gedealt – und natürlich auch geraucht – hatte. Ich war gerade sechzehn geworden, und man hatte meinen Dad, der sehr religiös war, in die Schule zitiert, um mich abzuholen. Auf der Heimfahrt hatte er kein Wort gesagt. Ich war ziemlich stoned und sah die Häuser an mir vorbeifliegen, als er sich mir plötzlich zuwandte und fragte: »Und, wie fühlt man sich?«

Und meine Antwort war einfach: »Ausgezeichnet.«

Ich wachte dann mitten in der Nacht auf und sah meine Mutter, die auch sehr religiös war, weinend am Fußende meines Bettes, das das untere eines Etagenbetts war.

Als ich sie dort sah, dachte ich bei mir: Warum weinst du? Ich bin es, der das wieder in Ordnung bringt. Nicht du.

Dasselbe Gefühl hatte ich, als Caleb mir die 13 000 Pfund gab.

\*

Nach dem Bonus passierte zweierlei. Erstens bekam ich mein eigenes Book. Unmittelbar nachdem ich meinen Bonus bekommen hatte, noch am selben Tag, lud mich JB auf einen Kaffee in den kleinen Starbucks ein. Er sagte mir, er hätte mich bei der Arbeit beobachtet und meine Fortschritte gesehen – und dass er mir das Kiwi-Dollar-Book abtreten wolle.

Das Kiwi-Dollar-Book, korrekter ausgedrückt das Neuseeland-Dollar-FX-Swaps-Book, war ein beschissenes Book. Er wusste das; ich wusste das. Es war das beschissenste Book am Desk. Aber es war irgendwie doch eine große Sache für mich, und ich erkannte es als Zeichen seines Respekts.

Das Nächste, was passierte, war keine so große Sache, ist mir aber immer im Gedächtnis geblieben. JB und Caleb bestanden darauf, dass ich meinen Eltern etwas kaufe, um ihnen eine Freude zu machen. Wo ich jetzt meinen ersten Bonus bekommen hätte, so meinten sie, gehöre sich das.

Bis dahin hatte ich mein ganzes Leben noch nie etwas gekauft, um jemandem »eine Freude zu machen«. Ich hatte mir noch nicht mal selbst etwas gegönnt. Ich war völlig ratlos, was ich kaufen sollte.

Und so fragte mich Caleb: »Was mag denn dein Vater so?«

Ich sagte ihm: »Er mag Fußball, denk ich mal.«

So kam es, dass ich meinem Vater ein Sky-Sports-Abo schenkte. An den Samstagen, an denen wir früher zusammen Orient geschaut hatten, ich, er und Harry von der Straße, ging ich stattdessen zu Fitness First in Ilford zum Workout, und wenn ich nach Hause kam, saß mein Vater auf dem Sofa und guckte Premier League, was wir nie gemacht hatten, weder er noch ich, und ich fragte ihn nach dem Spielstand, und dann ging ich aus.

Ich habe das Abo ein Jahr später gekündigt, noch am selben Tag, an dem ich auszog.

Die 13 000 Pfund waren mir schnuppe. Und Sky Sports hat mich nie interessiert. Das Kiwi-Book bedeutete mir eher etwas, aber auch nicht die Welt. Das Einzige, was mich wirklich interessierte, oder was mir *wirklich* etwas bedeutete, waren die 700 000 Dollar, die ich verdient hatte, und der Umstand, wie leicht sie verdient waren. Ich meine, wenn ich 700 000 Dollar verdienen konnte, dann konnte ich auch sieben Millionen verdienen. Und genau das hatte ich vor.

\*

Etwa um diese Zeit starb Harrys Mutter. Ich weiß nicht mehr genau, wer es mir gesagt hat. Ich weiß nur noch, dass mich jemand anrief. War es in der Arbeit oder zu Hause? Es muss wohl meine Mom gewesen sein.

Harry ist in meiner Straße aufgewachsen. Er ist vier Jahre jünger als ich. In meiner Vorstellung wird er immer zehn Jahre alt sein, aber er war damals schon fast achtzehn, ein großer, strammer Kerl mit kräftigen Schultern und rosigen Backen. Wann immer es irgendwie ging, hatte er einen Ball an den Füßen oder ein Bier in der Hand.

Als wir Kinder waren, lebte er bei seiner Mom, einer Rechtsanwältin mit schönen braunen Locken, genau acht Häuser weiter. Von seiner Einschulung als Vier- oder Fünfjähriger an kümmerte sich meine Mutter um ihn, was bedeutete, dass er nach der Schule bei uns zu Hause war, bis seine Mutter spät abends nach Hause kam.

Ich hatte nie einen kleinen Bruder, und genau das wurde Harry für mich. Als Kind spielte ich für mein Leben gern Computerspiele, aber meine Eltern konnten sich nie eine Konsole oder dergleichen leisten, und als Harrys Mutter ihm eine Playstation kaufte, brachten die beiden sie nicht zum Laufen, also ging ich zu ihm und richtete sie ihm ein. Von da an waren wir unzertrennlich. Jeden Abend spielten wir bei ihm zu Hause Playstation oder auf der Straße Fußball.

Harrys Haus war von Größe und Grundriss her identisch mit unserem, hatte aber sonst mit meinem Elternhaus nichts gemein. Es war immer so schön still dort, nur mit den beiden, während es bei uns immer gerammelt voll war, und seine Mutter war immer so intellektuell und beruhigend, während die meine stürmisch und irgendwie irre war. Manchmal fragte sie mich, ob ich zum Abendessen bei ihnen bleiben wolle, weil sie Bolognese mache, und sie trank Rotwein aus einem großen Glas, während wir aßen, und sprach dabei über Bücher.

Ich wusste schon seit Langem, dass sie Krebs hatte, aber aus irgendeinem Grund war ich nie auf den Gedanken gekommen, dass sie sterben würde. Vielleicht war es Harry genauso gegangen, ich weiß es nicht. Aber meine Mutter, die auch wunderschöne braune Locken hatte, erzählte mir, dass er geweint habe, als es so weit war. Ich nahm es ihr übel, dass sie mir das erzählte, weil ich das Gefühl hatte, dass ihr das nicht zustand.

Ich stand auf und sagte Caleb, ich müsse nach Hause. Ich nannte ihm keinen Grund dafür, aber er sah mich nur an und nickte, was bedeutete: »Okay, dann geh.«

Harry stand seinem Dad nicht sonderlich nahe, sodass bei der Beerdigung ich neben ihm saß. Er trug eine überbreite orangefarbene Krawatte, die ersten beiden Knöpfe am Kragen darunter offen. Und er weinte nicht. Ich hatte keine Ahnung, wo er danach hinziehen würde, aber er zog dann nach Essex zu seinem Vater.

Ich habe über ihn mit JB, Rupert und Billy gesprochen, mit jedem einzeln, und sagte ihnen, ich hätte keine Ahnung, was Harry nun vorhätte. Sie kannten ihn alle, schließlich spielte er Woche für Woche Fußball mit uns, und sie mochten ihn, weil man ihn einfach mögen musste: ein guter Fußballer, der immer abgab, auch wenn er selbst hätte schießen können, immer ein Lächeln auf den Lippen, immer zu einem Scherz aufgelegt.

Als Harry das nächste Mal zum Bolzen kam, ging jeder der Jungs auf ihn zu, um mit ihm zu reden, und ich erinnere mich noch, wie Rupert mit ihm sprach, mit einer schweren Hand auf seiner Schulter und einem tiefen, ehrlichen Blick, der so offen und intim schien, dass ich hoffte, es wäre genau das, was Harry brauchte und was ich ihm nicht hatte geben können. Erst da fiel mir auf, wie groß Harry geworden und dass er nicht mehr zehn war. Ich fragte mich, ob wir das gemeinsam durchstehen würden und ob das wohl ein Neuanfang für uns war.

Ich weiß nicht, wer es war, Rupert, JB oder Billy, aber einer von ihnen verschaffte Harry einen Job als Broker. Und so kam Harry zu mir in die Branche. Als Harry dazukam, ging Rupert. Vielleicht ist es wirklich wie in *Watership Down*.

Ruperts Tage waren gezählt gewesen seit seinem erfolglosen Versuch, Venkman in die Pfanne zu hauen. Caleb hatte ihn auf dem Kieker. So richtig in die Pfanne hauen konnte Caleb Rupert allerdings nicht. Dafür war Rupert zu gut. Rupert wusste, wie man sich absicherte. Und so beförderte Caleb ihn seitwärts. Ein klassischer Schachzug in der

City. Es tut sich irgendwo ein neuer Job auf, weit weg. Du willst nicht gehen? Du verstehst es wohl nicht richtig – du musst.

Der Posten, den Caleb für Rupert fand, war in Australien, mit anderen Worten so weit entfernt wie nur möglich: die Stelle des STIRT-Desk-Leiters in Sydney. Ich weiß nicht, ob Rupert gehen wollte, Tatsache war, dass er ging. Immerhin machte er eine tapfere Miene zum bösen Spiel. Mir sagte er, dass es gut für seine Karriere und Las Vegas nicht mehr gar so weit weg sei.

Ich habe das auf der Karte gecheckt und glaube nicht, dass das stimmt.

Ruperts Abgang bedeutete eine Beförderung für die anderen. JB wurde Senior Euro Trader und Snoopy sein Junior. Hongo bekam den alten Job von JB und tradete fortan Ozzies und Yen. Beförderungen und neue Books für alle. Außer für mich. Allerdings bekam ich mit Snoopys Beförderung zum Euro-Trader etwas, was ich mir sehnlichst gewünscht hatte. Ich durfte umziehen und zwar direkt neben Bill.

\*

Dann kam der Hammer, vermutlich der erste richtig große Schock in meiner Laufbahn als Trader. Und er erwischte mich völlig kalt. Stellen Sie sich vor, Caleb war erst neunundzwanzig. Und als er eines Morgens um halb acht aufstand, kurz vor der geschäftigsten Zeit des Tages, und den gesamten Desk in eines der kleinen Eckbüros kommandierte, dachte ich wirklich, da musste wohl jemand gestorben sein.

Ich hatte in die hintere Ecke zu Bill ziehen dürfen, und als ich Caleb die lange Schlange von Tradern vom Floor führen sah, schluckte ich rasch meinen Kaffee weg und nahm das Headset ab, um ihnen hinterherzulaufen, aber JB, nicht Caleb, drehte sich um und rief: »Du nicht, Gary, jemand muss am Desk bleiben.«

Und so stand ich da, sah ihnen nach und dachte bei mir: What the fuck?

Ich hatte jedoch keine Zeit, mich lange zu wundern, da Snoopys Speakerbox zu piepen begann. Dann die von Hongo. Dann die von Venkman. Dann die von Bill. Und ich wirbelte zwischen den Stationen hin und her und quotierte Preise in Euro, Yen, Kronen, Pfund und schnickte die kleinen Schalter zu den diversen Brokern nach oben, die ich inzwischen alle kannte, und machte für jeden die Preise. Und in diesem Augenblick kam es mir vor, als machte ich vom Mittelfeld aus das Spiel – wie Roy Keane oder Steven Gerrard – und dachte bei mir: Ich hab das im Griff, ich bring das, ich bin gut genug, ich weiß jetzt, wie's geht.

Und dann dachte ich: Verdammt, ich schmeiß den Laden auch ganz allein, womöglich brauch ich die anderen gar nicht mehr. Na ja, vielleicht Snoopy und Bill ...

Ich war so versunken in meinen ungestümen Fantasien, dass ich gar nicht merkte, dass die Kollegen allesamt wieder am Desk waren. Billy schlug mir so derb mit der Faust an die Schulter, dass mir das Bluetooth-Set vom Kopf fiel. Dann schrie er: »Caleb ist raus! Er steigt einfach aus, verdammt noch mal!«

*

Caleb ging tatsächlich. Er ging mit neunundzwanzig in den Ruhestand. Er hatte geheiratet und war gerade Vater geworden und wollte sich in Kalifornien ein protziges Haus bauen und sich dort den Rest seines Lebens um seine Familie kümmern. Schön für ihn, nehme ich an.

Was bedeutete das für mich?

Nun, zunächst mal machte ich mir Sorgen. Caleb hatte mich schließlich eingestellt. Caleb war mein großer Sponsor. Er hatte mir versichert, ich könnte vom ersten Tag an traden. Ich war gerade mal zweiundzwanzig. Es war höchst ungewöhnlich für jemanden in meinem Alter und mit meiner Erfahrung, selbstständig traden zu dürfen, seine eigene PnL zu haben. Was, wenn der neue Chef sich nicht an diese Abmachung hielt?

Dann war da noch die Frage, wer der nächste Chef sein würde. Würde es jemand vom Desk sein? Würde man jemanden von außen holen? Billy, im Vorjahr der profitabelste Händler der ganzen Bank, würde den Job sicherlich angeboten bekommen. Aber wir wussten alle, er würde ihn niemals annehmen. Billy hasste die großen Tiere und machte keinen Hehl daraus, dass er nur traden wollte, sonst nichts.

Eine Beförderung würde bedeuten, dass ihm bei all dem damit verbundenen politischen Taktieren weniger Zeit für den Handel blieb. Nein, Billy würde den Posten auf keinen Fall wollen. Snoopy war überzeugt, man würde den Job, falls Billy die Beförderung ausschlug, einer Kreatur der Schnecke aus New York anbieten, so einem abscheulichen Kerl mit einem Gesicht wie ein Frosch.

Aber natürlich war das Ausscheiden von Caleb nicht die einzige neue Information. Caleb ging, um sich in Nordkalifornien *sein eigenes Haus zu bauen* und nie wieder zu arbeiten und das mit neunundzwanzig. Wie viel Geld hatte der Typ denn eigentlich verdient? Ich wusste, dass am Desk im letzten Jahr eine Menge Geld verdient worden war, wahrscheinlich insgesamt eine halbe Milliarde Dollar, aber ich wusste nicht, dass so etwas überhaupt möglich war. Und das Konzept an sich schon: mit neunundzwanzig in den *Ruhestand* zu gehen. Was bedeutete das?

\*

Ich hatte zwei Abschiedsessen mit Caleb. Das eine war ein riesiges Dinner mit dem ganzen Desk, unter sonnigem Himmel Anfang Mai, in demselben spanischen Restaurant am Wasser, in dem ich und Rupert das Ferkel vertilgt hatten.

Das Wetter war dabei umzuschlagen, und es war wunderschön. Die Sonne wärmte wieder, die Abende wurden länger, und es herrschte eine fröhliche Feierstimmung. Alle freuten sich für Caleb. Caleb lebte seinen Traum.

Alle Trader auf dem Floor sprechen vom Aufhören. Alles sagen sie: »Ich steige nächstes Jahr aus, nach meinem nächsten Bonus. Diese Arschgeigen haben mich nicht verdient, ich steige nächstes Jahr aus.« Aber keiner geht wirklich, solange man ihn nicht dazu drängt.

Trader sprechen verträumt von einem Haus in den Bergen, vielleicht auch am Meer, von der Familie, die sie auf dem Land haben werden. Die Jüngeren, womöglich noch ledig, sprechen vom Reisen – davon, nach Chile zu segeln oder mit dem Rad nach Indien zu fahren. Doch keiner geht wirklich.

Aber da war er, Caleb, und ging. Neunundzwanzig Jahre alt, immer noch jung und immer noch nett anzusehen. Er hatte noch nicht ein Haar verloren und zeigte nicht mal den ersten Anflug von Grau. Was für ein Held! Er machte, wovon alle träumten und das ohne jemanden zu verärgern. Jedenfalls niemanden, den ich mochte.

Wir saßen alle um einen langen Tisch, auf dem sich endlos Teller mit kleinen Käse- und Chorizo-Brocken, Oliven und anderen Häppchen reihten, die ich nicht kannte. Und wenn ich ganz ehrlich bin, mochte ich diese Art von Essen nicht wirklich. Mir wäre ein richtiges Abendessen lieber gewesen, aber ich war froh, mit allen zusammen lachen, essen und scherzen zu können, während die hochstehende Sonne im Fluss versank. Und dann war ich einfach froh, dass es kein Spanferkel gab.

Irgendwann fragte Billy Caleb: »Was wird denn nun aus deinen Nachzugsaktien?«

Die Bedeutung dieser Frage entzog sich mir, aber Caleb lächelte dieses Lächeln, das ich noch vom Trading Game kannte, das Lächeln eines Mannes, der nicht verlieren kann, was meine Aufmerksamkeit erregte, und ich beobachtete ihn, als er antwortete: »Keine Sorge, darum habe ich mich gekümmert.«

»Wohltätigkeit?«

»Wohltätigkeit.«

»Und die Schnecke?«

»Ein Jahr ohne Bonus.«

»Und das hat er angenommen?«

»Hat er.«

Die anderen Händler hörten nicht wirklich zu, aber ich guckte von einem zum anderen und wieder zurück – Caleb, der lächelnd und nachdrücklich nickte, und Billy, der ebenfalls nickte, wenn auch mit weit ernsterer Miene. Obwohl ich nicht verstand, wovon sie sprachen, merkte ich mir das Gesagte. Und es sollte sich als wichtig erweisen, dass ich das tat.

Später, als die Sonne schon fast untergegangen war und alle ziemlich angetrunken waren, fragte JB Caleb: »Und, bedauerst du etwas?«

Caleb blickte in den Sonnenuntergang, überlegte eine Weile und sagte dann: »Nur eins. Dass wir Rupert nicht in die Pfanne hauen konnten. Aber keine Bange. Wartet nur ab. Das holen wir nach.«

Worauf wir alle lachten und die Gläser hoben, und dann gab es bis in die Nacht hinein Bier.

\*

Ich hatte noch ein Abschiedsdinner mit Caleb, diesmal nur er und ich. Oder eigentlich war es eher ein Abschiedslunch. Caleb sprach mich an, nachdem er seinen Ausstieg dem Rest des Desks gegenüber angekündigt hatte. Er entschuldigte sich dafür, dass ich nicht dabei sein konnte, als er die anderen informierte, aber dafür hatte ich Verständnis. Dann entschuldigte er sich dafür, so früh nach meiner Einstellung auszusteigen, wo er doch Versprechungen gemacht habe, die er nun nicht halten könne. Er meinte, er würde dafür sorgen, dass man sich meiner annahm, und als Wiedergutmachung wollte er mich zum Lunch einladen, wohin auch immer ich wollte, und ich könnte ihm eine beliebige Frage stellen und bekäme eine ehrliche Antwort darauf.

Ich bat ihn, mit mir ins Chili's zu gehen. Die machen dort gute Buffalo Wings mit Gorgonzola-Dip. Also gingen wir da hin.

So früh wie wir am STIRT-Desk anfingen, aßen wir auch relativ früh zu Mittag, und als wir ins Chili's kamen, ein riesiges und helles Fast-Food-Restaurant irgendwo hoch oben im Einkaufszentrum von Canary Wharf, war es noch nicht Mittag und entsprechend leer. Ich bekam meine Buffalo Wings.

Es hatte irgendwie etwas Trauriges, wie wir so dasaßen, nur wir beide, in diesem großen, offenen Restaurant. Wir saßen uns an einem kleinen quadratischen Plastiktisch gegenüber, zwei Dutzend Buffalo Wings und zwei kleine Töpfchen mit Gorgonzola-Dip zwischen uns. Uns trennten gerade mal sieben Jahre, aber da saß er mir gegenüber, doppelt so groß wie ich, und für einen Fremden hätte er auch mein Vater sein können.

Ich sah ihn an: ein Mann mit großem Kopf, das Haar ein voller, dunkler Helm. Er wirkte müde. Aber er sah auch zufrieden aus. Er sah aus wie ein Mann, dessen Arbeit getan war. Zu dem Zeitpunkt kannte ich ihn seit zweieinhalb Jahren. Ich wusste, dass er mir fehlen würde.

Die Szene hatte etwas vom letzten Schultag in der Grundschule. Man weiß, dass man alle vermissen wird, seine Freunde, seinen Lehrer, aber man weiß nicht, was man sagen soll.

Das habe ich ihm natürlich nicht gesagt.

»Also«, ich sah ihm direkt in die Augen, »ich habe eine Frage frei, ja?«

»Korrekt.«

Er lächelte breit und blinzelte leicht wegen der blendenden Sonne, die durch ein Oberlicht fiel und stechende Strahlen auf unseren Tisch warf.

»Und ich kriege eine ehrliche Antwort darauf?«

»Natürlich, Gazza, das sagte ich doch.« Das breite Lächeln wird noch breiter.

»Jede Frage, die ich stellen möchte?«

»Jede Frage, die du stellen willst.«

Ich legte den Buffalo Wings weg, den ich in der Hand hielt.

»Was muss ich tun, um 100 000 Pfund zu verdienen?«

Caleb lachte laut auf und kippte nach hinten weg, er legte seinerseits einen Flügel weg oder was davon noch übrig war. »100 000 Pfund? Bonus?«

»100 000 Pfund. Bonus.«

Es entstand eine Pause, in der er mich fassungslos ansah.

»Das ist nicht möglich. Das schafft man nicht – nicht im ersten Jahr.«

Caleb lachte wieder, aber ich lachte nicht. Ich hielt seinem Blick stand. Ich war damals gerade mal zweiundzwanzig, gab mir aber alle Mühe, wie ein Mann auszusehen.

Caleb hörte auf zu lachen.

»Sag mir, was ich machen muss, und ich mach's.«

Er sah langsam, dass es mir ernst war, aber seine Antwort blieb dieselbe. »Man kann in seinem ersten Jahr als Trader nicht auf 100 000 Pfund Bonus kommen. Das ist unmöglich. Das geht einfach nicht.«

»Sag mir, was ich machen muss, und ich mach's.«

Caleb sagte eine Zeit lang nichts. Er legte eine Hand ans Kinn und musterte mich. »Du müsstest zehn Millionen verdienen. Dollar. Für die Bank.«

An diesem Nachmittag ging ich zum Gemeinschaftsdrucker am Desk, öffnete ihn und holte zwei leere, weiße A4-Blätter heraus. Auf das erste Blatt Papier schrieb ich oben in Großbuchstaben »12 MILLIONEN DOLLAR«. Die zusätzlichen zwei Millionen waren als Spielraum für Fehler gedacht. Darunter notierte ich fünf Trades, von denen jeder so berechnet war, dass sie zusammen übers Jahr genau zwölf Millionen Dollar Gewinn brachten. Die Trades gingen folgendermaßen:

1. Verleihe 1 Milliarde Dollar in Swissy-FX-Swap auf ein Jahr.
2. Verleihe 1 Milliarde Dollar in Yen-FX-Swap auf ein Jahr.
3. Verleihe 1,3 Milliarden Dollar in Sterling-FX-Swap auf ein Jahr.
4. Verleihe 1,5 Milliarden Dollar in Kanada-FX-Swap auf ein Jahr.
5. Verleih 1,4 Milliarden Dollar in Stokkie-FX-Swap auf ein Jahr.

Ich faltete das Blatt zusammen und deponierte es in meiner Schreibtischschublade.

Genau dasselbe schrieb ich auf das zweite Blatt, faltete es zusammen, steckte es in die hintere Hosentasche, um es mit nach Hause zu nehmen, wo es in den Unterwäscheschubkasten unter meinem Bett kam.

Es waren große Trades, und ich war noch nicht lange genug dabei, um sie zu tätigen. Außerdem waren es nicht meine Währungen. Es waren die Books von anderen. Wie könnte ich einen von denen dafür interessieren?

# 7

Calebs endgültig letzter Tag war Ende Mai. Er hatte die Woche zuvor bereits seine Sachen vom Desk geschafft, sodass am Tag selbst kaum noch etwas zu tun war, außer uns allen die Hand zu drücken. Er ging am Nachmittag, ein paar Stunden vor Feierabend, so gegen fünfzehn Uhr.

Als er das Pult verließ und die Schneise hinunterging, rief JB in den Saal: »Caleb Zucman is leaving the building.«

Und wir standen alle auf und begannen zu klatschen, und dann standen auch alle anderen am Floor auf und fielen in den Applaus mit ein.

Ich sah dem enormen Rücken des stämmigen Hünen hinterher, der ganz allein die Schneise hinunterging. Der erste Trader, den ich je kennengelernt hatte. Er drehte sich weder um, noch hob er eine Hand, noch würdigte er den Applaus sonst irgendwie. Ohne auch nur noch einmal zurückzublicken, trat er ab.

\*

Natürlich wollten wir alle wissen, wer der neue Chef sein würde. Bill lehnte den Posten ab, wie wir es vorhergesehen hatten. Wir waren alle besorgt, dass es der Frosch aus New York sein würde. Aber es war nicht der Frosch, es war Chuck.

Chuck Mathieson war ein Riese. Ich weiß, dass ich Trader das ganze Buch über freizügig als »groß« bezeichne, was wahrscheinlich daran liegt, dass fast alle von ihnen erheblich größer waren als ich. Chuck jedoch war der größte, mit Abstand.

Chuck war Kanadier. Ich war damals noch nie in Kanada gewesen. Er stammte vermutlich aus Toronto, Vancouver oder einer anderen Großstadt, aber als ich ihn zum ersten Mal sah, stellte ich ihn mir als Holzfäller in einer gefrorenen, verschneiten Einöde vor, einen Mordsbaum auf dem Rücken, den er zu seiner Hütte trug. Er musste um die zwei Meter gewesen sein. Trotz seines Kugelbauchs, den er durchaus anmutig trug, wirkte er nicht dick, sondern schlicht riesig. Wie ein wahrhaftiger Goliath. Ganz im Widerspruch zu seiner Größe stand sein freundliches Gesicht, ohne das er womöglich bedrohlich gewirkt hätte. Aber natürlich bekam ich es immer nur von unten zu sehen. Er war Anfang fünfzig, hatte ein kantiges Kinn und einen präzise gezogenen, grau melierten Seitenscheitel. Er kam mir vor wie eine überdimensionale Version meines Vaters. Die Kombination aus Körpergröße und Liebenswürdigkeit zog mich vom Fleck weg in ihren Bann, und ich brannte darauf, mehr über den Mann zu erfahren.

Chuck war eine Legende auf dem Trading Floor. Sein Gebiet war der russische Rubel. Wie Sie wissen, handelte unser STIRT-Desk nur mit Währungen der »reichen Welt«, sprich »westlichen« Währungen. Währungen von Ländern, in denen die Züge pünktlich fahren. Schwellenländer wie Russland, Indien und Brasilien wurden an den »Emerging Market«-Desks gehandelt, die zwar von unserem nicht weit weg waren, aber genauso gut in einer anderen Welt hätten stehen können. Chuck hatte schon Rubel getradet, da war ich noch nicht einmal auf der Welt. Er kenne Wladimir Putin persönlich, hieß es.

Auch wenn keiner von uns am STIRT-Desk Chuck persönlich kannte, eilten ihm sein Ruf und seine Größe voraus. Wann immer er aufstand oder über den Trading Floor ging, hüpfte in schwindelerregender Höhe sein Kopf über die Bildschirmkanten, sodass jeder auf dem Floor sah, wo er sich gerade aufhielt. In den Wochen nach Calebs Abtritt handelten erste Gerüchte Chuck als neuen Chef. Dass die Gerüchte stimmten, erfuhr ich folgendermaßen.

Nach Calebs Ausscheiden gab es bis zur Ernennung eines Nachfolgers keinen Desk-Leiter; ebenso wenig wie es einen Trader für Schweizer Franken gab. Das führte dazu, dass Bill vorübergehend als Manager einspringen musste und ich vorübergehend den Schweizer Franken bekam. Nur dass ich diesmal nicht für ihn coverte, das heißt die Trades gingen nicht in Calebs Book, das ja nicht mehr existierte, sondern in meines. Das Schweizer-Franken-Book war zu der Zeit durchaus profitabel, und ich verdiente eine hübsche Stange Geld.

Bill hasste seinen Managerposten, und er hasste Verwaltungskram, und da ich nun mal Bills Junior war, fiel eine Menge des Papierkrams auf mich. Das bedeutete für mich, abends bleiben zu müssen, nachdem alle gegangen waren, was mir freilich nichts ausmachte. Ich verdiente ja, wie ich schon sagte, gutes Geld.

An einem dieser Spätnachmittage, so zwei, drei Wochen nach Beginn dieser Interimsperiode, war ich der Letzte am Desk und erledigte langweiligen Verwaltungskram, verschickte E-Mails, buchte den einen oder anderen Trade. Chuck, damals noch nicht offiziell der neue Leiter des STIRT-Desks, kam an den Desk und zu mir herüber.

Ich sah zu Chuck auf. Da ich saß und er stand, war der Abstand zwischen unseren Gesichtern enorm. Um mich überhaupt ansehen zu können, musste Chuck den Kopf vorbeugen, wobei er einen langen Hals machte, als wollte er nach seinen Schuhen sehen. Er strahlte förmlich. Ich lächelte.

Chuck reichte mir die Hand, und ich drückte sie. Er kannte bereits meinen Namen. »Hi, Gary, ich bin Chuck.«

Dann wandte er sich ab, um sich irgendwo einen Stuhl zu holen. Da alle anderen STIRT-Trader längst gegangen waren, standen genügend leere Stühle herum, was so viel Aufwand eigentlich unnötig machte, aber aus irgendeinem Grund verschwand er und kam vielleicht zwei Minuten später zurück. Vielleicht brauchte er einen verstärkten Stuhl.

Chuck kam schließlich wieder, schob seinen Stuhl neben den meinen und ließ sich, praktisch in Raten, darauf nieder. Die unglaubliche Größe und das Gewicht des Mannes verliehen jeder seiner Bewegungen ein enormes Gewicht. Ich kam mir wie ein kleiner Junge vor.

Nachdem Chuck sich in den Stuhl gesetzt hatte, sagte er nichts mehr, sondern lächelte mich eine Zeit lang nur spitzbübisch an. Ich wusste nicht so recht, was ich davon halten sollte, also erwiderte ich sein Lächeln, etwas peinlich berührt, und buchte dann weiter Trades. Das ging ungefähr zwei Minuten lang so, was absolut lächerlich war, dann beugte sich Chuck vor und sagte nur: »Hey.«

Er lächelte immer noch, als wäre er nicht ganz richtig im Kopf oder vielleicht eher wie ein Schuljunge, also drehte ich mich zu ihm um und sagte: »Hey?«

Daraufhin kam mit einem Mal Chucks Rechte um seinen Körper herum, von der mir gar nicht aufgefallen war, dass er sie hinter seinem Rücken versteckt gehalten hatte. In der Hand befand sich eine Ausgabe der *Sports Illustrated*, die so eine Art Magazin für Bademoden ist.

Ich blickte auf die Titelseite des Magazins und dann wieder in Chucks Gesicht. Mit tanzenden Augenbrauen sah er mich an.

Chuck schlug das Magazin auf. Nicht so, als wolle er es lesen, sondern so, als sollten wir uns gemeinsam die Bilder ansehen. Das Bild war eine Doppelseite mit einer Frau im Bikini.

Ich sah mir das Bild an und dann wieder Chuck. Er zuckte immer noch mit den Brauen.

Er ließ sie noch ein bisschen länger hüpfen, dann sagte er: »Ja. Gefällt dir, was?«

Natürlich antwortete ich: »Ja. Ja, ganz nett.«

Und so blätterte Chuck eine Seite weiter. Es erschien eine weitere Doppelseite mit einer Frau im Bikini. Ich warf einen Blick rüber zu Chuck und seinen tanzenden Brauen. Er meinte: »Mmmm, ja. Die ist wirklich nett.«

Und so sagte ich: »Ja, die ist nett.«

Und ich nickte leicht.

Das ging dann ewig so weiter, weit über jede vernunftmäßige Erklärung hinaus. Ich wusste nicht so recht, was das sollte. Aber so beim dritten oder vierten Bikini wurde mir klar, dass es tatsächlich wahr sein musste, dass Chuck der neue STIRT-Desk-Chef war. Es gab keine andere mögliche Erklärung. Es war so ein Gefühl, das jedoch langsam, aber sicher, von Seite zu Seite, Gewissheit annahm.

Schließlich waren wir durch mit all den Bikinis, und Chuck rollte das Magazin zusammen, um es in seine riesige Hosentasche zu stecken. Schließlich verschwand das Lächeln, und er schaute bedeutungsvoll in die Ferne, als könnte er jetzt, wo die Vorstellungsrunde vorüber war, endlich zur Sache kommen.

»Und was machst du so, am Desk?«

Ich sah Chuck direkt an, und Chuck sah mich an, und mit einem Mal wirkte er ganz jung.

Es war schlicht unvorstellbar, dass Chuck eine Woche vor Übernahme des STIRT-Desks nicht wissen sollte, was ich dort machte. Oder nicht? Oder etwa doch?

Ich schaute ihm tief in die Augen, versuchte den Mann irgendwie einzuschätzen. Was machte er hier? War das Ganze ein Bluff? Da Caleb für die Schweizer Franken zuständig gewesen war, hatte ich angenommen, der neue Chef würde sein Book übernehmen und ich würde der bescheidene Kiwi-Trader bleiben und natürlich die Vertretung von Bill. Chuck wusste doch wohl, dass das meine Aufgabe war. Oder etwa nicht?

Ich sah ihn weiter an. War das ein Spiel? War er tatsächlich ahnungslos? Ich suchte die Antwort in seinem Gesicht. Wahrscheinlich schaute ich ihn länger an, als ich das hätte tun sollen, denn nach einer Weile begann er wieder zu lächeln. Das breite, spitzbübisch kindliche Grinsen kehrte auf seine Miene zurück, und als er mich so anlächelte, begann ich selbst zu lächeln und sagte zu ihm: »Ich mache die Schweizer Franken, Chuck. Ich bin der Trader für Schweizer Franken.«

Daraufhin begann Chuck, immer noch lächelnd, bedächtig zu nicken. Dann hievte er sich langsam, ohne den Blick von mir zu nehmen, aus seinem verstärkten Stuhl. Immer noch nickend, manövrierte er sich um den Stuhl herum und schob ihn auf seinen Rollen davon. Schließlich wandte er sich im Gehen noch ein letztes Mal um und sagte: »Es war wirklich nett, dich kennenzulernen, Gary, ich freu mich auf die Arbeit mit dir.«

Dann ging Chuck, und ich saß wieder allein am Desk und dachte über das Geschehene nach.

Ich schnickte den Schalter hoch, der mich mit einem Typen namens Morley verband, der mein Lieblingsbroker für Schweizer Franken war, und rief seinen Namen: »Morley! Morley! Bist du noch da?«

Ich legte den Schalter wieder nach unten, und kurz darauf hörte ich Morleys Cockney-Akzent: »Alles klar, Gal? Was machst du denn noch am Floor?«

»Mach dir da mal kein' Kopf, Alter. Hör mal, meinst du, du kannst mir was Einjähriges besorgen? Ich würd' gern 'n paar US-Dollar verleihen.«

»Tja, Alter, hier haben schon alle in den Sack gehauen, aber ich kann dir vielleicht was aus New York besorgen. Wie viel soll's denn sein?«
»So um 'nen Yard rum, Alter.« Ein »Yard« ist 1 Milliarde Dollar. Es klappte. Ich wurde der Trader für Schweizer Franken. Und ich tätigte Trade #1 auf dem von mir beschriebenen Blatt.

Zum Jahresende hatte ich etwas über 12 Millionen Dollar verdient – genau den Betrag, der auf meinem Zettel stand.

# 8

Niemand vor mir hatte in seinem ersten Jahr zehn Millionen Dollar verdient. Das sagte man mir, als es geschafft war.

Das wirft die Frage auf, warum ausgerechnet ich der Erste war. Zu gerne würde ich Ihnen jetzt sagen, dass ich einfach intelligenter war oder dass ich eben den nötigen Mumm dazu hatte. Dass vor mir nie einer den Nerv gehabt hatte, in einem solchen Alter Trades in dieser Größenordnung zu tätigen. Tatsache ist jedoch, dass das nicht die Hauptgründe waren, auch wenn sie wohl eine Rolle gespielt haben dürften. Die Hauptgründe dafür, dass ich in diesem Jahr so viel Geld verdiente, sind schlicht folgende: Es war ganz einfach, und es war erlaubt.

Es war ganz einfach, weil es jeder machte. Jeder tätigte immer noch ein und denselben Trade. Man verlieh langfristig Dollar zu 2 Prozent und borgte sie sich, kostenlos, Tag für Tag zurück.

Und aus eben diesem Grund war es, wie ich mal annehme, auch erlaubt. Weil alle um mich herum es machten, nur in weit größerem Umfang. Bill verdiente 2009 zum zweiten Mal in Folge hundert Millionen Dollar und wurde, einmal mehr, der profitabelste Trader der ganzen Bank. Niemand sonst verdiente hundert Millionen Dollar, einige vielleicht fünfundsiebzig. Wer sollte sich da um mich scheren? Einen popligen jungen Trader, der poplige zwölf Millionen zu verdienen versuchte. Kein Aas interessierte das. Herrgott noch mal, sogar Snoopy hat in dem Jahr dreißig Millionen verdient. Hin und wieder kam Chuck zu mir rüber, schwerfällig wie eine Douglasfichte, und warf seinen riesigen Schatten auf meine Monitore. In solchen Augenblicken sagte er nicht ein Wort. Er lächelte nur das Lächeln eines Verrückten – oder Entrückten – und wiegte mich – den Blick weiß Gott wohin gerichtet – sanft in meinem Stuhl. Ich halte es für gut möglich, dass er immer noch keine Ahnung hatte, was meine Aufgabe war.

Abgesehen von der Frage, wie mir das möglich gewesen sein sollte, stellt sich natürlich noch eine weit größere Frage: Wie war uns das möglich? Ich meine, uns allen? Warum *durften* wir alle die gleichen Riesentrades tätigen und derart viel Geld verdienen? Bestand da nicht irgendwo das Risiko, dass das alles mal furchtbar ins Auge gehen könnte, wenn wir alle dasselbe machen, alle ein und denselben Trade?

Erst Mitte 2009 kam ich auf die Idee, Billy eben diese Frage zu stellen, und er sagte mir, dass Caleb gleich zu Beginn der Krise zu den Bossen – nicht nur zur Schnecke, sondern zum Boss der Schnecke und zum Boss des Bosses der Schnecke – gegangen war und einen speziellen Dispens für uns – für uns alle – bekommen hatte, für eben diese Art Trade. Billy meinte mir gegenüber, wenn der Trade etwas einbringen würde, dann würde er uns allen etwas einbringen: Billy, mir, Chuck, der Schnecke, dem Boss der Schnecke, allen bis ganz oben rauf. Scheiße, sogar der CEO verdiente an unserer PnL. Und wenn es schiefgehen sollte, würde uns das Bankensystem sowieso um die Ohren fliegen und wir würden alle auf der Straße stehen. Also wen juckte es schon? Deshalb war es erlaubt. Ein Fisch verfault vom Kopf an abwärts, denk ich mal.

Ich sah zu Chuck hinüber und fragte mich, ob das, was er machte, was wir alle machten, irgendwie falsch sein könnte. Chuck nickte lächelnd, ohne dabei jemanden anzusehen, wie er das so an sich hatte. Er hatte gerade einen Mordshaufen Kleingeld aus seiner Schublade auf seinen Schreibtisch gekippt. Er zählte die einzelnen Münzen durch und sortierte sie zu Stapeln.

\*

Man möchte meinen, dass es eine große Sache für mich gewesen wäre, meine ersten zwölf Millionen Dollar verdient zu haben, etwas, was mir unvergesslich bleiben würde. Man möchte meinen, ich hätte da ein klares Bild von einem großen, bahnbrechenden Augenblick im Kopf gehabt, an dem mir etwas liegen würde, bis zum heutigen Tag.

In Wirklichkeit freilich passiert so etwas langsam, in kleinen Happen, nach und nach.

Ich habe für diese zwölf Millionen Dollar über sechs Monate gebraucht. Das waren gerade mal zwei Millionen Dollar pro Monat. Was macht das? 100 000 pro Tag? Ein bisschen weniger? So muss man das sehen. Das Geld kam tröpfchenweise rein, Tag für Tag, 100 000 Dollar hier, 100 000 da. Am einen oder anderen Tag waren es vielleicht auch nur 50 000.

Und was machte ich, während das passierte? Woran erinnere ich mich aus dieser Zeit? Wissen Sie, Zahlen haben eine ganz eigene Kraft. Zahlen können einen hypnotisieren. Wissen Sie, woran ich mich erinnere? Dass Tag für Tag eine Tabelle rumging, auf der die Namen aller Trader mit ihren Zahlen standen. Meine Zahl ging wie ein Ticker nach oben. Eine Million Dollar. Zwei Millionen.

Eines Abends, an einem Wochenende, es war schon spät, sah ich das Auto meines besten Freundes, einen popligen silbernen Peugeot 106, an einer Ampel in Shoreditch stehen, und so lief ich hin und klopfte an die Scheibe. Als sich das Fenster öffnete, hatte ich das Gesicht eines Mädchens vor mir, das mir direkt in die Augen sah. Sie hatte große geschwungene Lippen und kurzes schwarzes Haar und war das Schönste, was ich je gesehen hatte, und sie wurde meine erste richtige Freundin.

Drei Millionen Dollar. Vier Millionen.

Eines Tages sagte Gordon Brown im Parlament etwas über eine Besteuerung der Banken, und ich verspürte dabei einen kurzen Stich in der Brust. Aber als ich mich nach Billy umsah, hatte der gerade JB bei den Schultern und schüttelte ihn, wobei sie beide lachten. Und Big Chuck lachte auch. Und obwohl ich nicht wirklich verstand, was da los war, holte ich tief Luft und atmete die Nachricht wieder aus. Es gab keinen Grund zur Sorge.

Fünf Millionen Dollar. Fünfeinhalb Millionen.

Sie wohnte in Northwest London, sodass ich ein Auto brauchte, um zu ihr zu kommen, und mein Freund, der Modedesign am Central Saint Martins College studierte, brauchte gerade 750 Pfund für eine Schneiderpuppe mit abnehmbaren Schultern. Also gab ich ihm 710 Pfund für den Peugeot, und den Rest borgte er sich von seiner Mom.

Sechs Millionen Dollar. Sieben Millionen.

Harry wohnte jetzt in Essex bei seinem Vater, aber wann immer ich Zeit hatte, fuhr ich zu ihm raus, und wir gingen zusammen ins Fitnessstudio. Ich fragte dann immer, wie es mit seinem Job lief, und er sagte darauf stets, es laufe echt gut, und wenn ich fragte, wie es mit seinem Vater lief, sagte er, es sei alles im Lot.

Acht Millionen Dollar, neun Millionen.

An den Wochenenden fuhr ich immer rauf nach North West London, und wir verbrachten das ganze Wochenende in ihrer winzigen Einzimmerwohnung, die praktisch mit Zeichnungen von Rotwildskeletten tapeziert war. Der Boden war übersät mit Stoffen und Teilen von Kleidern, und als der Winter kam, wollte sie die Heizung nicht aufdrehen, weil ihr das zu teuer und sie nun mal sparsam war.

Zehn Millionen Dollar. Elf Millionen.

Mein Vater schaute abends und an den Wochenenden noch immer Sky Sports, aber das sollte mir recht sein, da ich sowieso meist weg war. Meine Freunde fanden wegen der Finanzkrise keine Arbeit, also hing ich, wann immer ich Zeit hatte, mit ihnen ab, und wir spielten Playstation und alberten rum.

Zwölf Millionen Dollar.

Job getan.

\*

Ich hatte bereits zehn Millionen Dollar beisammen, als ich mir der Situation so richtig bewusst zu werden begann. Das war Ende November.

Der Winter ist eine merkwürdige Zeit für Trader. Es ist kalt und stockdunkel, wenn man zur Arbeit führt, und es ist kalt und stockdunkel, wenn man abends wieder geht.

Damals hatte ich noch keinen ordentlichen Mantel. Nur so eine Art kurzen, dünnen schwarzen Kolani von Topman für dreißig Pfund, glaube ich. Ich habe ihn immer noch. Um morgens nicht zu frieren, bin ich den ganzen Weg zum Bahnhof gerannt und achtete darauf, genau in dem Augenblick anzukommen, in dem der Zug einfuhr. Der zweite Zug, der von Stratford aus, ließ sich nicht mehr timen, denn der wartete schon, kalt wie ein Eiszapfen, auf dem Bahnsteig. Ich erinnere mich noch, wie ich dann bibbernd ganz hinten im Waggon auf dem kleinen Polster am Fenster darauf wartete, dass der Zug endlich losfuhr und in den Untergrund eintauchte. Die ersten beiden Stunden arbeiteten wir im Dunkeln, dann kroch langsam die Sonne über den Horizont, den wir wegen der dicken Wolken nicht sahen, und dann wurde aus der Schwärze um uns endlich ein, wenn auch dunkles Grau. Wir arbeiteten fünf Stunden, erst in diesem Grau, dann wieder in der Dunkelheit, und dann standen wir alle auf und gingen nach Hause.

Zu dem Zeitpunkt hatte ich mich bereits als Bills Junior etabliert. Caleb und Rupert waren nun beide nicht mehr da. Billy war jetzt der Einzige, für den ich Lunch holen ging, und das tat ich jeden Tag. Die Take-aways befinden sich alle in dem unterirdischen Einkaufszentrum, das vom Citigroup Building aus direkt zu erreichen ist, aber ich nahm lieber den langen Weg durch den Park auf der Rückseite des Towers, um mal frische Luft zu schnappen und zu sehen, ob sich die Sonne nicht finden ließ. Bill selbst verließ das Büro nur selten. Ich fragte mich, wann er wohl die Sonne sah. Ich stellte ihn mir in einem großen, luxuriösen Landsitz vor und ging davon aus, dass auf derart noblen Anwesen an den Wochenenden die Sonne zu sehen war.

Im Dezember wird es auf dem Trading Floor etwas ruhiger, und die Welt verwandelt sich in einen einzigen endlosen Broker-Lunch. Zu dem Zeitpunkt hatte ich zehn Millionen Dollar erreicht und damit noch nicht ganz die zwölf, die ich sofort zu meinem neuen Ziel erklärte. Ich ließ also den Ball nicht aus den Augen, was sich als gar nicht so einfach erwies, da jeder Broker und jeder Trader in der City meinte, dass ich ihm mindestens einen Weihnachtsdrink schuldig sei.

Billy und JB luden mich häufig ein, was definitiv eine Verbesserung gegenüber Rupert und Venkman darstellte, und mir wurde damals erst so richtig bewusst, wie viel die beiden tranken. Einmal bekam ich eine SMS von Hongo, in der es hieß, er sei mit JB in einer Bar unten am Canada Square, aber er müsse nach Hause. Ob ich wohl runterkommen könnte, um ihm JB abzunehmen? Als ich unten ankam, wankte JB fluchend umher, und Hongo parkte ihn auf meiner Schulter, um zur Toilette zu gehen.

Ich ließ JB auf einen Hocker sinken und nahm ihn bei den Schultern, um ihn im Gleichgewicht zu halten, ganz so als würde ich eine Vase auf einem Sockel ausbalancieren. Er schwankte leicht, sackte dann vornüber vom Hocker und kippte gegen mich, und ich konnte sehen, dass er jeden Augenblick zu heulen anfangen würde.

Er begann etwas von seiner kranken Schwester in Australien zu lallen und dass er sie besuchen wolle. Ich blickte links und rechts über meine Schulter, um zu sehen, ob uns jemand beobachtete, als ich Hong zurückkommen sah. Also gab ich JB einen Klaps auf die Wange und sagte: »Komm schon, Alter. Da kommt Hong. Reiß dich zusammen, Champ, ja? Reiß dich zusammen.«

JB wandte sich nach links und sah Hongo, worauf er zu lachen begann und mich so fest in die Nase kniff, dass sie vier Tage lang grün und blau war.

Weihnachten gingen wir alle zusammen zum Dinner ins Nobu, einem piekfeinen Restaurant in Central London, das sich japanisch gibt, aber ehrlich gesagt nur Mayfair ist. Bill trank derart viel, dass ich mit ihm auf die Toilette musste, und als ich ihn humpelnd dorthin bugsierte wie ein Physiotherapeut einen verletzten Fußballer, fuhr er plötzlich auf, packte mich an den Schultern und schrie mir ins Ohr: »MAIKYKANE!«

»MAIKKKAIM! MYKOKAIN!«, schrie er und verschluckte dabei ein K nach dem anderen.

Ich hatte keine Ahnung, was er sagte. Ich dachte, er meinte Kokain, war mir aber ziemlich sicher, dass Billy kein Kokain nahm. So beugte ich mich denn vor und fragte ihn, was zum Geier denn los sei. Aber alles, was er herausbrachte, war »MEIIKKIIKAIMMM!« Aber das dafür gleich sechs oder sieben Mal.

Plötzlich tauchte Michael Caine aus der Dunkelheit auf und ging direkt an Bills Schulter vorbei. Überrascht wie ich war, ließ ich Billy los, worauf er nach hinten taumelte und mir einen Finger ins Gesicht hielt und rief: »Das ist MICHAEL CAINE, du dämlicher Cockney-Zipfel!«

Dann schlug er rücklings hin.

\*

Bei uns daheim hatten meine Eltern den Weihnachtsbaum aufgestellt und drei Strümpfe an die Wand gehängt. Einen für meinen Bruder, einen für meine Schwester, einen für mich.

Der Weihnachtsbaum war nicht allzu groß, füllte aber das kleine Wohnzimmer ganz aus, sodass sich von keinem der beiden Sofas aus fernsehen ließ und man sich dazu zwischen Fernseher und Baum zwängen musste. Das war für mich völlig in Ordnung, da ich sowieso nie auf Fernsehen stand.

Wann immer ich an Weihnachten spät heimkam, war es zappenduster im Haus, aber die Lichterketten des Christbaums leuchteten das Wohnzimmer aus: violett, orange, rosa. Das erinnerte mich immer an meine Kindheit. Vielleicht war ich ja noch ein Kind.

Geschenkt habe ich in diesem Jahr keinem etwas. Dennoch bekam ich Geschenke von allen.

# 9

Wegen des Bonustags war mir nicht bange. Ich meine, ich wusste ja, was käme. Oder nicht? Ich wusste, was mich erwartete. Caleb hatte es mir gesagt. Zehn Millionen Dollar bedeuteten hunderttausend Pfund. Zwölf Millionen mussten also ungefähr hundertzwanzig bringen. Es gab nicht wirklich einen Grund dafür, dass ich Caleb an jenem Tag hunderttausend Pfund genannt hatte. Ich denke mal, es war einfach der größte Betrag, den ich mir damals vorstellen konnte. Für mich war das irrsinnig viel. Sie dürfen nicht vergessen, dass ich nur vier Jahre zuvor Zeitungen ausgetragen hatte, Tag für Tag und das für zwölf Pfund die Woche. Danach hatte ich für vierzig Pfund am Tag Kissen aufgeschüttelt, und selbst *das* schien mir eine Menge Geld. Denken Sie mal, ich wohnte noch bei meiner Mom! Hunderttausend Pfund, das überstieg jede Vorstellungskraft. Ich konnte mir nicht mal vorstellen, was sich damit machen ließ.

Ich hatte also an dem Tag keine Angst. Nicht die Bohne. Woran ich mich jedoch erinnere, ist, dass ich eigentlich erwartet hatte, dass man mich als Letzten ins Büro rief. Schließlich war das im Vorjahr in umgekehrter Reihenfolge der PnL passiert, und meine PnL war nun mal die niedrigste am Desk. Aber es kam anders. Man rief zwar als Ersten Bill, wie ich es erwartet hatte, aber als Bill an den Desk zurückkam, meinte er, ich solle reingehen.

Ach, übrigens, die Bonus-Meetings fanden in diesem Jahr nicht in der Besenkammer statt. Big Chuck hatte irgendwie ein wunderschönes Eckbüro ergattert, mit Fenstern in zwei Richtungen auf den Kai hinaus. Das war so was von typisch für Chuck. Es war sonnig an dem Tag, das weiß ich noch ganz genau. Big Chuck saß da, die Hände flach auf den Knien, megaruhig, gelassen lächelnd, eine riesige goldene Buddha-Statue im Sonnenlicht. Ehrlich gesagt, ich sehe die Szene noch lebhaft vor mir. Ich erinnere mich daran, als wäre es gestern gewesen.

Big Chuck sagte nichts. Er lächelte nur. Ich setzte mich ihm gegenüber und stützte meine Hände auf die Knie, ein regelrechtes Spiegelbild von dem Mann. Zwischen uns, genau in der Mitte des Tisches, lag ein einzelnes weißes DIN-A4-Blatt und zwar im Winkel, sodass es keinem von uns beiden, sondern der Tür zugewandt war.

Ich sah Chuck an, und er blickte ruhig auf mich herab, und mir war schnell klar, dass er nichts sagen würde. Also wandte ich den Blick auf das Blatt.

Obenauf standen ein paar Worte. Mein Name, einschließlich meines zweiten Vornamens: Gary Walter Stevenson. Darunter sah ich eine kleine Tabelle mit einer Reihe von Zahlen. Nicht eine davon war die Zahl, die ich, wie Sie wissen, erwartet hatte, nämlich 120 000 Pfund.

Ich stellte fest, dass sich unter dem obersten Blatt noch einige weitere Blätter befanden, war mir aber fast sicher, dass die Zahl selbst gleich auf der ersten Seite stehen würde. Ich wies auf die erste Zahl oben in der Tabelle, die die größte war: 395 000 Pfund.

»Ist das der Bonus?«

Es steckte keine Strategie hinter meiner Frage. Tatsache ist, ich erinnere mich nicht wirklich an den genauen Wortlaut meiner Frage. Ich erinnere mich nur, dass es passiert ist. Ich erinnere mich, dass ich meinen Arm ausstreckte und auf das Blatt wies, und ich hörte, dass ich etwas sagte.

Ich blickte zu Chuck auf. Chuck begann breit zu lächeln, sein ganzes Gesicht lächelte, selbst seine Augen, und dann begann er ganz leise zu lachen.

»Ja, das ist der Bonus.«

»Wow«, sagte ich. »Das ist eine Menge Geld.«

Daran erinnere ich mich noch. Ich erinnere mich ganz deutlich daran. Und danach an gar nichts mehr.

Meine nächste Erinnerung ist, dass ich wieder auf meinem Stuhl sitze. Ich sitze an meinem Schreibtisch, die rechte Hand auf der Maus, die linke Hand auf der Tastatur, und ich habe das Gefühl, jeden Augenblick loszuheulen, und so lächerlich, absurd und erbärmlich wie ich mir dabei vorkomme, kämpfe ich dagegen an.

An meiner rechten Backe spüre ich, dass Billy mich ansieht. Instinktiv drehe ich mich um, um zu sehen, ob er mich tatsächlich ansieht, und er sieht mich tatsächlich an. Also wende ich mich sofort, viel zu schnell, wieder ab. Und ich reiße mich zusammen, was mir offenbar nicht so recht gelingen will.

Bill steht auf und geht hinter mir vorbei, um an meine linke Seite zu gelangen, sodass er zwischen mir und den anderen Tradern am Desk zu stehen kommt, damit die mich nicht sehen können. Dann legt er beide Hände flach auf den Tisch, beugt sich ganz nah zu mir herunter und sagt: »Geh nach draußen. Setz dich ein bisschen in den Park. Gönn dir einen Augenblick. Dann geht's dir gleich besser. Ist schon okay.«

Meine nächste Erinnerung ist, dass ich wie ein Kind auf dem Rasen im Park sitze, der nicht eigentlich ein Park ist, sondern einfach eine rechteckige, auf drei Seiten von riesigen Wolkenkratzern umgebene Rasenanlage. Und da die Sonne zu dieser Tageszeit auf der vierten Seite steht, sitze ich zwischen deren langen Schatten in der Sonne.

In meiner Benommenheit habe ich vergessen, irgendwas mitzunehmen, meinen Schal, meine Jacke oder die fingerlosen schwarzen Handschuhe, die ich oft am Schreibtisch trug, da mir bei der Arbeit kalt wurde, und ich merke mit einem Mal, dass mir kalt ist, aber wenigstens scheint die Sonne.

Das Erste, woran ich dachte, als ich wieder zu mir kam, war mein Vater. Er war fünfunddreißig Jahre bei der Post. Als ich noch ganz klein war, machte er sich schon früh morgens, noch bevor ich aufwachte, auf den Weg zur Arbeit. Wie ich schon erzählt habe, fuhr der Zug von Seven Kings in die City direkt an meinem Schlafzimmerfenster vorbei, und meine Mom kam immer in mein Zimmer, ganz früh, und weckte mich vorsichtig, um mit mir aus dem Fenster zu schauen, ob wir nicht vielleicht in der pechschwarzen Nacht in dem vorbeihuschenden Zug meinen Vater sahen.

Manchmal waren die Züge derart schnell, dass kaum etwas zu erkennen war, und ich konnte ihn nicht sehen. Aber manchmal fuhr einer langsamer, und ich konnte ihn im warmen Licht der Innenbeleuchtung sehen, wie er aus seinem Fenster zu mir rüberschaute und dabei lächelnd winkte.

Und so früh und dunkel und kalt wie es war, besonders im Winter, schlief ich danach wieder ein, während sich mein Vater an die Arbeit machte. Ich sah ihn erst spät am Abend wieder, oder zumindest kam mir das als kleinem Jungen so vor, und er war dann immer müde, aber immer freundlich, egal wie müde er war.

Ich dachte an all die Jahre, in denen er das so gehalten hatte: früh aufstehen, den Frühzug nehmen, im Dunkeln, in der Kälte, spät wieder nach Hause fahren, wieder im Dunkeln, wieder in der Kälte. Für uns. Für mich, denk ich mal. Für wie viel? Zwanzigtausend Pfund im Jahr?

Und da saß ich nun, klein inmitten der Wolkenkratzer, die ich in meiner Kindheit hatte wachsen sehen, im Schneidersitz, ohne Jacke, ohne Schal, in einem kleinen lichten Dreieck, auf einem rechteckigen Stück Rasen. Ich war gerade dreiundzwanzig geworden und hatte gerade dreihundertfünfundneunzigtausend Pfund verdient.

Was könnte das bedeuten?

So saß ich eine Weile da, in der Kälte, und beruhigte mich wieder. Aber ich musste an all die anderen Väter denken. Ich dachte an Ibran Khan, einen Kameraden aus der Grundschule, dessen Vater behindert war. Er hatte kein eigenes Schlafzimmer und schlief auf dem Sofa im Wohnzimmer, um nicht die Treppe hochsteigen zu müssen. Trotzdem waren sie alle dort so nett zu mir. Allerdings war das Essen, das ich dort bekam, zu scharf zum Essen und ihr Tee zu scharf zum Trinken. Warum hatte ich keinen Kontakt zu ihm gehalten? Wo sie wohl jetzt waren? Und ich dachte an Muzzamil, einen Jungen, der aus Pakistan gekommen war, als wir gerade mal sieben, acht Jahre alt gewesen sein mussten. Er sprach kein Wort Englisch und lief die ganze große Pause wie auch die Mittagspause über nur herum und schlug Räder. Dabei schrie er in einer Tour das einzige Wort, das wir aus seinem Mund verstanden, und das war sein eigener Name: »Muzzamil! Muzzamil! Muzzamil!«

Was könnte das alles bedeuten?

Mein nächster Gedanke war: Was mache ich jetzt?

Und mein übernächster Gedanke war: Was hatten wohl die anderen verdient? Ich meine, wenn ich mit meinen zwölf Millionen Dollar 395 000 Pfund verdient hatte, was hatte dann Hong mit seinen siebzig

Millionen verdient? Was hatte Rupert im Jahr zuvor mit seinen achtzig Millionen verdient? Was hatte Bill mit seinen hundert Millionen Dollar verdient? Und das gleich zwei Jahre hintereinander.

Was war mit den Credit-Tradern mit ihren monogrammierten rosa Hemden, die die Welt in die Luft gejagt hatten? Was hatten sie verdient, bevor sie die Welt in die Luft jagten?

Und dann dachte ich: Zwölf Millionen Dollar zu verdienen, war so was von einfach. Ich kann zwanzig verdienen. Ich kann fünfzig verdienen. Vielleicht kann ich hundert verdienen. Ich war cleverer als Rupert. Ich war cleverer als JB. Das wusste ich. Ich war vielleicht nicht ganz so clever wie Billy, aber wenn ich mich wirklich ins Zeug legte, war es zu schaffen. Ich war definitiv cleverer als die Kredittypen in ihren rosa Hemden. Ich konnte noch mehr verdienen.

Aber was würde es bedeuten, wenn ich fünfzig verdienen könnte, ich meine, für mich? Womöglich bekäme ich dafür zwei Millionen Pfund. Was könnte ich mit zwei Millionen Pfund machen? Ich meine, was könnte man damit *nicht* machen? Man könnte damit machen, was man wollte. Sich zur Ruhe setzen. Frei sein. Sein eigener Herr sein. Womöglich könnte ich mir ein Haus in Nordkalifornien bauen. Nach Chile segeln. Ja, warum nicht? Wo liegt Chile noch mal? Vielleicht schaffte ich es ja. Nein, nicht *vielleicht*, ich wusste, dass ich es schaffe! Warum sollten nur die Typen im rosa Hemd und die Ruperts Millionäre werden dürfen, warum nicht die Ibrans und die Muzzamils und ich? Warum nicht ich? Ich bin nicht schlechter als die. Ich bin besser als die. Wir sind alle besser als die. Und ich bin besser als sie alle. Ich bin der Beste. Ich kann der Beste sein.

Ich glaube, im Schein dieser kalten Januarsonne ging eine Veränderung mit mir vor. Und mit mir änderte sich meine Karriere, nicht dass ich das noch so hätte nennen wollen. Es war von da an glatter Bankraub.

# DRITTER TEIL

Geh nach Hause und
frag deine Mom

# 1

Ich konnte an dem Tag nicht nach Hause gehen, ich weiß auch nicht genau, warum. Also textete ich meiner Freundin und fragte sie, ob ich über Nacht bei ihr bleiben könnte, und nahm die Jubilee Line nach North-West London.

Es war eine kalte Nacht, eine dieser waschechten Londoner Eisnächte, in denen auch nicht eine Wolke, aber dafür ausnahmsweise eine Handvoll Sterne zu sehen ist und man die Kälte des Universums spürt. Als ich ankam, tat ich absolut nichts; es war, als könnte ich mich nicht bewegen. Ich lag einfach auf dem Bett in ihrer winzigen Wohnung. Sie verdiente sich nebenbei etwas als T-Shirt-Designerin, um ihre Rechnungen bezahlen zu können, während sie Mode studierte, und hatte alle ihre alten Zeichnungen an die Wände gepinnt. Es waren lauter Tierskelette, Pferde, Hirsche, Rehe und andere, anonyme Skelette. Die zählte ich, während ich so dalag und ein winziger tragbarer Heizstrahler sich hin und her bewegte und dabei warme orangene Schatten über sie tanzen ließ. Meine Freundin tappte mit bloßen kalten Füßen über den Holzboden und machte uns Abendessen.

Wir hatten über den Bonustag gesprochen, und sie wusste, wie ich mich darauf gefreut hatte. Sie hatte mir gesagt, dass ich ihr nicht zu sagen bräuchte, wie viel ich bekommen würde, und als wir dann an ihrem winzigen Tisch saßen, Nähmaschinen, Stoffreste, Klamotten zur Seite geschoben, hätte sie unmöglich ahnen können, wie dankbar ich ihr dafür war. Ich glaube nicht, dass sie verstand, warum ich so still war. Ich denke mal, dass ich es selbst nicht verstand.

Mitten in der Nacht wachte ich auf und sah, dass sie weinte. Und weil sie gar so laut weinte, drehte ich sie herum, sodass sie unter mir zu liegen kam. Ich schaute auf sie hinunter und fragte, was denn los sei.

»Warum hast du's mir nicht gesagt? Warum hast du's mir nicht gesagt?«

Sie sagte das von Schluchzern geschüttelt und sah dabei zu mir hoch, und ich strich ihr übers Haar und versuchte sie zu beruhigen. Ich hatte mich noch nicht mal entschieden, wem ich es sagen würde. Ich wusste nicht mal, ob ich es überhaupt jemandem sagen würde. Aber ich dachte, wenn ich es jemandem schuldig war, dann wohl ihr, oder vielleicht wollte ich nur, dass sie zu weinen aufhörte. Womöglich wollte ich den Betrag auch einfach nur mal in der wirklichen Welt aussprechen, um zu sehen, ob er existierte, um zu sehen, wie er wirkte.

Also sagte ich es ihr.

Daraufhin hörte sie schlagartig auf zu weinen. Ihr Gesicht war völlig ruhig und unbewegt, als hätte sie eine Vision, und sie schaute einfach nur schweigend zu mir auf, durch mich hindurch, über mich hinaus, und in diesem Moment sah sie aus wie ein kleines Kind. Ihre Augen schienen dabei zu wachsen, bis sie riesengroß waren; ich konnte sämtliche Kreise ihrer starren Iris sehen und die weißen Ozeane, die um sie herum weiter zu wachsen schienen. Noch nie hatte ich Augen sich so bewegen sehen.

Ich wünschte sofort, ich hätte es ihr nie gesagt.

Ein paar Monate später machten wir Schluss.

\*

Danach dachte ich, dass es besser sei, meinen Bonus für mich zu behalten. Aber ausgerechnet an dem Wochenende rief mein Kumpel Jalpesh an, ich sollte doch vorbeikommen, mit einigen alten Schulkameraden bei seiner Mutter Pro Evolution spielen. Jalpesh war der Typ, der in der Krise 2008 seinen Job bei Lehman verloren, es aber in der Zwischenzeit geschafft hatte, einen Job als Trader bei der Deutschen Bank an Land zu ziehen. Auch einige unserer Freunde waren mittlerweile bei der einen oder anderen Investmentbank untergekommen, wenn auch nicht gleich in so glamourösen Rollen wie wir. Wie auch immer, während wir die Playstation-Controller herumreichten, kamen wir schließlich auf Boni zu sprechen.

Jalpesh hatte sechstausend Pfund bekommen, womit er durchaus zufrieden war. Er gab die Frage an Hemal weiter. Hemal hatte nur drei bekommen. Mashfique sagte, er habe gar nichts bekommen. Man sah ihm an, dass er ziemlich sauer war, aber andererseits war er das immer. Ich sagte die ganze Zeit über nichts. Ich saß nur da und spielte. Aber schließlich ging die Frage an mich.

»Und, Gaz, was hast du gekriegt? Hast du einen Bonus gekriegt?«

Ich hatte mich, wie gesagt, entschlossen, es niemandem mehr zu sagen. Aber jetzt wusste ich nicht so recht, was ich machen sollte. Die Jungs da waren einige meiner besten Freunde. Ich kannte sie, seit wir Kinder waren, seit über zehn Jahren. Was sollte ich machen? Sie anlügen?

Da beschloss ich, es einfach zu sagen, es einfach auszuprobieren.

»Ich hab dreihundertfünfundneunzigtausend Pfund gekriegt.«

Man konnte richtig spüren, wie der Sauerstoff aus dem Raum entwich. Es war wie ein Windstoß, man konnte es hören. Danach herrschten zehn Sekunden Stille, dann folgte das Plastikgeklapper eines Playstation-Controllers, der zweimal aufhüpft, als er zu Boden fällt.

Danach war nichts mehr so wie früher.

# 2

Es gab da jedoch noch jemanden, dem ich es sagen musste. Harry Sambhi. Harry musste es erfahren. Nicht die genaue Zahl, das wollte ich nicht, ich hatte ja gesehen, welche Folgen das haben konnte. Aber dass ich etwas bekommen hatte, musste ich ihm schon sagen, und dass ich zufrieden war. Harry kannte mich, seit ich acht Jahre alt war und er vier. Ich hatte ihm von meinem ersten Kuss erzählt; ich hatte ihm von meinem ersten Rausch erzählt; ich hatte ihm erzählt, wie ich zum ersten Mal Gras geraucht hatte. Ich meine, der Junge sah zu mir auf. Außerdem waren wir jetzt in derselben Branche. Ich musste ihm etwas geben, womit er arbeiten konnte.

So setzte ich mich eines Samstagmorgens in meinen Wagen und fuhr raus zum Haus von Harrys Vater in Essex. Ich hatte ihm nicht gesagt, dass ich kommen würde, kam aber früh genug, um zu wissen, dass er da sein musste.

Ich klingelte, und Harrys Vater machte mir auf. So richtig hatte ich ihn eigentlich nie gekannt. Er wirkte angetrunken. Er stützte sich am Türrahmen ab, und als ich ihn fragte, ob Harry da sei, fuhr er sich durch das zerzauste Haar und kratzte sich am Stoppelkinn, als wüsste er nicht so recht, was er mit dem Namen anfangen sollte.

Schließlich schienen ihm die richtigen Worte zu kommen, und er meinte, Harry schlafe noch. Im Wohnzimmer. Ich war verwirrt. Warum sollte Harry im Wohnzimmer schlafen und nicht in seinem eigenen Zimmer, aber während ich noch überlegte, war sein Vater schon die Treppe hinaufgeschlurft. Ich war noch nie in dem Haus gewesen. Ich trat in den leeren dunklen Flur, um Harry suchen zu gehen.

Das Wohnzimmer war spartanisch möbliert. Laminatboden, weiße Wände, Fernseher, das braune Sofa steinalt. Obwohl es ein strahlender Wintermorgen war, waren die dunkelroten Vorhänge bis zum Anschlag zugezogen; nur ein einzelner Lichtstrahl fiel durch einen Spalt zwischen ihnen in den düsteren Raum.

Harry lag mit dem Gesicht nach unten auf dem Sofa. Ich meine buchstäblich mit dem Gesicht nach unten. Sein ganzes Gesicht steckte tief in einem dunkelbraunen alten Kissen. Einen Augenblick lang fragte ich mich, wie er wohl Luft bekam. Da er zu lang für das Sofa war, standen die Füße an der hinteren Armlehne nach oben, fast so, als hätte er sich zum Gebet hingelegt. Er war vollständig angezogen: Hose, weißes Arbeitshemd, ein Paar geradezu komisch großer schwarzer Schuhe. Einer seiner Füße guckte an der Ferse heraus, als hätte ihn jemand unwillig auszuziehen versucht und dann die Lust verloren. Sein linker Arm hing verdreht zu Boden, seine Hand lag im 90-Grad-Winkel zum Unterarm auf dem Laminat.

Trotz Harrys schludrigen Aufzugs war seine Erscheinung nur der zweitgrößte Blickfang im Raum. Was gleich beim Betreten des Wohnzimmers die Aufmerksamkeit auf sich zog, war nicht etwa die innige Art, wie Harry, in voller Montur, zum Sofa zu beten schien, sondern das, was dahinter beziehungsweise darüber so unerwartet wie laut von der weißen Wand schrie.

Da stand nämlich, in wüst oszillierendem Schwung und großen, klotzigen leuchtend roten fetten Lettern, die sich von einer Ecke der Wand bis zur offenen Tür erstreckten:

HARRY KING IST CHAMPION SAMBHI

Wie gebannt von diesem Anblick stand ich einen Augenblick schweigend da. Ein einzelner morgendlicher Lichtstrahl fiel über Harrys Taille hinweg auf die Wand und wies aufwärts auf das Wort »KING«. Es war ein Kunstwerk.

Harry regte sich. Ein gedämpfter Schmerzenslaut entrang sich dem Kissen.

Ich stieß Harry mit der Faust in die Hüfte, packte ihn an den Haaren und versuchte seinen Kopf hochzuziehen.

»Harry! Was zum Geier soll das denn, Harry? Warum zum Geier schläfst du in den Schuhen?«

Harry stemmte seinen schweren Körper seitwärts hoch, wandte mir sein Gesicht zu und lächelte. Die Falten des Sofakissens hatten sich in seine Backen geprägt.

Mit vereinten Kräften gelang es uns, ihn in eine sitzende Position zu bugsieren. Lächelnd gab er Laute von sich, die nicht wirklich Worte waren. Es war nicht zu verkennen, dass er noch immer betrunken war.

Schließlich brachte ich ihn dazu, Englisch zu sprechen, und ich stellte ihm die Fragen, auf die ich eine Antwort wollte: »Harry, Mann, was zum Geier machst du denn da? Wieso pennst du auf dem Sofa?«

»Ohhh, dassis ... Oh, mach dir keinen Kopf, Alter. Ich war nur ... mit den Jungs unterwegs. Jungs von der Arbeit!«

Er wies dabei nach links und nach rechts. Seine Worte waren eher ein wirres Lallen.

»Wieso hast du deine Schuhe noch an?«

Er grinste mich an und schlenkerte den rechten Schuh vom Fuß. Um ein Haar hätte er den Fernseher getroffen. Was den linken Schuh anging, so stieß er mehrere Male mit dem Fuß in die Luft, aber der Schuh ging nicht ab. Er kicherte verhalten und gab dann auf.

»Harry, weißt du, dass du HARRY KING IST CHAMPION SAMBHI an die Scheißwand geschmiert hast – in riesigen roten Buchstaben? Wo zum Teufel hattest du die rote Farbe her? Das macht doch grammatisch verdammt noch mal keinen Sinn!«

Harry sah mich einen Augenblick überrascht an, dann drehte er sich um und besah sein Werk. Seine Überraschung schien im Nu verflogen, und er hielt eine Weile inne, um es zu bewundern, dann las er mir den Satz langsam vor.

»HARRY. KING. IST. CHAMPION. SAMBHI.«

Er wandte sich mir wieder zu, nickte nachdenklich und rieb sich dabei mit der Hand die Schläfe.

»Hast recht, Alter. Grammatisch macht das keinen Sinn. Ich würd sagen, KING und CHAMPION gehörten ausgetauscht. Aber mach dir da mal keinen Kopf, Alter. Ist schon Monate her. Das steht da schon seit 'ner Ewigkeit. Gefällt's dir nicht? Ich find's gut!«

Daraufhin zog ich aus meinem Elternhaus aus und mietete eine Wohnung in einer umgebauten Streichholzfabrik in Bow, mitten in

East London, wo all die Grime-MCs herkamen, und Harry Sambhi, der kurz darauf neunzehn wurde, nahm ich mit. Von da an wohnte er bei mir, und wir waren beide ein Team.

Dann musste ich kochen lernen.

*

Aber das spielt keine Rolle. Nichts von alledem spielt auch nur die geringste Rolle. Das wusste ich in dem Augenblick, in dem ich wieder an den Desk zurückkam. Es war mir peinlich, meine Gefühle gezeigt zu haben, und es war mir peinlich, dass Billy mich so gesehen hatte. Als ich mich an dem Tag mit meinem Bonus in der Tasche von dem kleinen Rasenquadrat in Canary Wharf erhob und in den Trading Floor zurückging, wusste ich, dass Billy zu meiner Rechten nach mir sah, und zu meiner Linken starrten mich vermutlich auch JB und Snoopy an.

Wie schon zuvor, stand Billy auf und ging hinter mir herum auf meine linke Seite, um mich vom Rest des Desks abzuschirmen. Wieder beugte er sich vor und fragte: »Alles klar bei dir, Gal?«

Ich habe ihn nicht angeschaut. Ich sagte nur: »Ja. Alles klar. Welchen Trade schlägst du vor?«

*

Denn genau das ist es, was wir jetzt machen. Traden. Das ist alles, was von jetzt an angesagt ist. Wir werden hundert Millionen Dollar verdienen, und wir werden Millionäre.

Wie stellen wir das an?

Wie Sie mittlerweile wissen, war diese Trading-Geschichte bislang ganz einfach: Wir verliehen langfristig Dollars über Devisenswaps und borgten uns diese Dollars dann Tag für Tag zurück, was eine ausgesprochen zuverlässige Einnahmequelle war. Aber mit guten Trades ist das wie mit Orangen, selbst den besten geht irgendwann der Saft aus.

Im Gefolge von 2008 brauchte alle Welt Dollar. Niemand außer uns hatte die, und so haben wir eine Menge Geld verdient. Aber dieser Segen währte nicht ewig. Es dauerte nicht lange, und die Zentralbanken der ganzen Welt kamen auf den Trichter, dass ein Mangel an zu borgenden Dollar das globale Bankwesen in Gefahr brachte, und daher begann die US-Notenbank relativ schnell damit, den Zentralbanken anderer Länder Dollar zu leihen. Das machten sie über Devisenswaps, eben dem Produkt, mit dem wir am Desk handelten. Die auswärtigen Zentralbanken, die sich diese Dollar borgten, verliehen sie ihrerseits an die Geschäftsbanken ihres jeweiligen Landes, und schon bald wurde aus dem eben noch *lebensbedrohlichen* Dollar-Mangel ein gerade mal *drohender* Engpass. Das dörrte unsere fetten Gewinnspannen aus. Und nicht nur das: 2009 verliehen Staaten und Zentralbanken weltweit derart viel billiges Geld und kauften derart viele der faulen Assets ihrer Banken auf, dass von Tag zu Tag klarer wurde, dass das Bankensystem nicht abschrammen würde.

Das war einerseits natürlich großartig. Ich meine, gerade darauf hatten wir ja gewettet, und es bedeutete, dass unsere Wetten sich alle auszahlen würden. Es war einer der Gründe, warum ich und meine Kollegen am STIRT-Desk 2009 so dicke verdienten. Andererseits war es aber auch schlecht, bedeutete es doch das Ende des »leichten Geldes«. Als weltweit der Bedarf an Dollar zurückging und von Tag zu Tag offensichtlicher wurde, dass das globale Bankwesen nicht weiter gefährdet war, sprangen immer mehr Trader und Banken auf den Dollar-Zug auf, und unser einst so lukratives Geschäft wurde von Tag zu Tag unrentabler. Unsere Dollar ließen sich nicht mehr zu 2 Prozent verleihen und zu 0 Prozent zurückborgen. Wenn wir Glück hatten, bekamen wir 1 Prozent.

Mich, der ich gerade beschlossen hatte, der größte Trader der Welt zu werden, traf das Anfang 2010 doppelt so hart, schließlich war ich nicht mehr mit zwölf Millionen im Plus. Warum? Nun, ist das Jahr erst mal vorbei und man hat seinen Bonus für seine zwölf »Bucks« kassiert, werden die gestrichen, der Zähler wird zurückgesetzt, und man beginnt wieder bei null. Das ist durchaus ein Problem für einen Trader, und ich will Ihnen auch gleich erklären, warum.

Beim Trading wird einem nichts geschenkt. Es gibt auch nicht einen Trade, der einem das große Geld einbringt, ohne dass man dabei nicht auch ein erhebliches Risiko eingeht. Das ist eine weitere gute Regel fürs Leben – sollte Ihnen jemand erzählen wollen, er hätte einen solchen Trade, löschen Sie seine Nummer.

So war das auch mit den Dollar-Swaps. Sie waren riskant. Auch wenn man damit langfristig immer gutes Geld verdiente, von Tag zu Tag ging das auf und ab. Während man auf sechs Monate gesehen so gut wie sicher seinen Schnitt machte, war das von Woche zu Woche nicht garantiert, ja noch nicht einmal von Monat zu Monat.

Das ist keine große Sache, wenn man auf zwölf Millionen Dollar sitzt, aber es ist durchaus ein Problem, wenn man bei null anfängt, denn wenn man bei null Geld verliert, landet man schnell in den gefürchteten *roten Zahlen*.

In den roten Zahlen zu sein, bedeutet, dass Ihnen in dem Jahr Miese drohen. Konkret bedeutet es, dass Ihre PnL auf dem Spreadsheet, das Tag für Tag mit Namen und PnL an alle Trader geht, als kleine rote Zahl (in Klammern) erscheint.

Eine kleine rote Zahl in Klammern zu sein, ist das Letzte, was Sie wollen. Glauben Sie mir.

Sind Sie erst einmal eine kleine rote Zahl in Klammern, guckt ihnen Ihr Chef über die Schulter. Er befragt Sie zu jedem Trade, den Sie abschließen wollen. Er spricht mit seinem Boss über Ihre Trades. Alle fragen sich, ob Ihre Trades wirklich etwas taugen oder ob sie nur erfunden sind (was sie übrigens alle sind). Sie müssen Ihrem Boss und dem Boss Ihres Bosses Ihren Trade in einer kurzen E-Mail begründen. Sie müssen ihnen vor dem Trade sagen, wie viel Verlust Sie riskieren wollen, bevor sie ihn »ausstoppen«. Das Schlimmste ist jedoch, dass Ihr Boss oder der Boss Ihres Bosses *hier und da einen Ihrer Trades ausstoppen wird. Höchstpersönlich.* Niemand möchte, dass sein Boss einen seiner Trades stoppt. Da können Sie sich gleich von Ihrer Mom den Arsch abwischen lassen.

In die Miesen zu kommen, kam also nicht infrage. Damit war bei null die Bewegungsfreiheit gewaltig eingeschränkt. Billy zum Beispiel schmeckte es gar nicht, bei null zu sein, weshalb er nie bei null war. Ich werde hier niemanden anschwärzen, niemandem Vorwürfe machen, niemandem etwas unterstellen, ich sage nur so viel: Billy hat in jeder ersten Woche eines jeden Jahres zehn Millionen Dollar verdient. Ich weiß nicht, wie er das gemacht hat, und ich will es auch gar nicht wissen. Ich weiß nur, dass ich nicht wusste, wie man das macht. Also habe ich jedes Jahr bei null angefangen – wie jeder normale Mensch. Jedes Jahr bei null anzufangen, bedeutet, klein anzufangen. Das war für mich schon deshalb ein Problem, weil ich mir für 2010 ein Ziel von hundert Millionen Dollar gesetzt hatte. Dazu kam, dass mein einziger großer Trade, der Dollar-Verleih, nun deutlich weniger einbrachte und obendrein riskanter war als zu irgendeinem Zeitpunkt im Vorjahr, also 2009. Das Problem lag dabei nicht einfach darin, dass es schwieriger war, etwas zu verdienen – ich meine, wenn der Trade weniger profitabel war, brauchte ich nur seinen Umfang zu verdoppeln –, sondern darin, dass sich die ganz großen Trades schwieriger gestalteten, nicht nur für mich, sondern für uns alle.

Der Trade, den ich 2009 getätigt hatte, war für einen Trader im ersten Jahr ein Riesending. Er hätte definitiv nicht erlaubt sein sollen. Dass ich damit durchkam, verdankte ich einer Kombination aus Nachlässigkeit, Wohlwollen und der Tatsache, dass mein Chef die meiste Zeit damit verbrachte, sein Kleingeld in saubere Stapel zu sortieren. Vor allem aber verdankte ich es dem Umstand, dass die Trader um mich herum derart große Risiken eingingen und dabei so viel Geld scheffelten, dass ich unter dem Radar geblieben war.

Aber jetzt wäre ich damit aufgefallen. Erstens hätte ich, um auch nur annähernd so viel Geld zu verdienen wie im Vorjahr, den Umfang eines für einen dreiundzwanzigjährigen Trader ohnehin schon gewaltigen Volumens verdoppeln müssen. Zweitens mussten *wir* nun *alle* unsere Risiken reduzieren. Das bedeutete kleinere Trades und kleinere PnLs für alle. Ich konnte nicht mehr in ihrem Windschatten fahren.

Deshalb saß ich Anfang 2010, kaum dass ich meine Tränen auf dem grünen Rasen des Canada Square in Canary Wharf heruntergeschluckt hatte und von dem Ehrgeiz erfüllt, Citis Top-Trader zu werden, wieder an meinem Schreibtisch und fragte Bill, ohne die Augen von meinen Monitoren abzuwenden: »Welchen Trade schlägst du vor?«

*

Billy verdiente immer, und er hatte immer einen Trade. Der Rest von uns, wenn ich mal ehrlich bin – wir waren Affen, wir waren Banausen. Wir verliehen Dollar, strichen die Gewinne ein und kauften Apartments ohne Türen. Billy war anders. Billy war ein Künstler. Er war ein Künstler, und er war süchtig.

Anfang 2010 hatte ich fast ein Jahr lang neben Billy gesessen, und ich begann zu verstehen, was er tat.

Billy verlieh Dollar. Natürlich verlieh Billy Dollar. Dollar zu verleihen, war ein gutes Geschäft, und wenn irgendwo ein gutes Geschäft zu machen war, schlug Billy zu. Nur verlieh Billy eben nicht nur Dollar, er verlieh auch Pfund. Und was das Pfund anbelangte, kannte Billy sich aus. Billy kannte Persönlichkeit und Gewohnheiten jeder einzelnen Nase im Geldpolitischen Ausschuss der Bank von England, diesem »Haufen Volldeppen« (Billys eigene Worte), der den britischen Leitzins festlegte. Billy wusste alles über sie. Vermutlich wusste er sogar, wann sie ins Bett gingen.

Billy verlieh auch andere Sachen, aber nicht alles. Alles zu verleihen, so meinte Billy, sei »pig on pork«. Lassen Sie mich kurz erklären, was »pig on pork« unter Bankern bedeutet.

Wenn Sie eine Währung verleihen, wetten Sie darauf, dass der Zinssatz sinken wird. Das funktioniert folgendermaßen: Wenn Sie ein Darlehen wollen, gehen Sie zur Bank und bitten um einen Kredit für, sagen wir mal, die nächsten fünf Jahre. Zu diesem Zeitpunkt weiß die Bank noch nicht, wie hoch der Marktzins im Verlauf der nächsten fünf Jahre ausfallen wird. Das liegt daran, dass der Zinssatz Monat für Monat von der Zentralbank festgelegt wird, und Ihre Bank weiß zu diesem Zeitpunkt nicht, was die Zentralbank machen wird. *Ihre* Bank wendet sich dann an Leute wie *uns*, die Trader, die Risikonehmer, und bittet uns, das Risiko, die Wette darauf, wie der Zinssatz ausfallen wird, zu übernehmen.

Damals, Anfang 2010, lag der Leitzins überall auf der Welt, auch im Vereinigten Königreich, so ziemlich bei 0 Prozent. Aber jeder dachte (irrigerweise), dass er steigen würde. Nehmen wir an, die Trader gehen davon aus, dass die Zinssätze in den nächsten fünf Jahren schrittweise von 0 Prozent auf 5 Prozent steigen, was bedeutet, dass der durchschnittliche Zinssatz in diesem Zeitraum bei 2,5 Prozent liegen wird. Die Trader könnten nun Ihrer Bank anbieten, ihr Geld zu 2,55 Prozent zu leihen, und diese wird Ihnen ihrerseits Geld zu 2,8 Prozent leihen. Jeder macht seinen kleinen Schnitt.

Aber wenn nun der Trader Ihrer Bank Geld zu 2,55 Prozent versprochen hat, in welcher Situation verdient er dann Geld?

Der Trader verdient dann Geld, wenn der Zinssatz weniger steigt als erwartet. Wenn die Zinssätze tatsächlich nicht steigen, sondern bei 0 Prozent bleiben, kann der Trader – der sich bereit erklärt hat, Geld zu 2,55 Prozent zu verleihen – letztlich Ihre fünfjährige 2,8-Prozent-Hypothek dadurch finanzieren, dass er sich jeden Tag Geld zu 0 Prozent borgt. Er selbst bekommt die 2,55 Prozent, und Ihre Bank erhält ihren Anteil von 0,25 Prozent. Zauberei – geschenktes Geld!

Natürlich ist es nie wirklich geschenktes Geld. Steigen die Zinssätze weit schneller als erwartet – zum Beispiel sofort auf 5 Prozent und bleiben dann die gesamten fünf Jahre über auf dem Niveau –, ist es durchaus möglich, dass der Trader sein 2,55-Prozent-Darlehen zu 5 Prozent finanzieren muss und so bei dem Deal verliert.

Die Lehre daraus? Beim Verleihen von Geld wettet man darauf, dass der Zinssatz niedrig bleibt.

Und wann bleiben die Zinsen niedrig? Im Allgemeinen bleiben sie niedrig, wenn die Wirtschaft schwächelt. Das liegt an der Art und Weise, wie die Zentralbanken den Leitzins festlegen. Sie senken die Zinsen, wenn sie glauben, dass die Wirtschaft schwächelt, und sie erhöhen sie, wenn sie glauben, dass die Wirtschaft wächst oder die Inflation sich überhitzt. Sie senken die Zinssätze, um Sie als Konsument zum Geldausgeben zu bewegen, und sie erhöhen sie, damit Sie damit wieder aufhören.

Aus diesem Grund verlieh Bill nicht alles. Die Volkswirtschaften der Welt sind eng miteinander verknüpft – sie tendieren dazu, zur gleichen Zeit stark zu sein oder zu schwächeln. Wenn also die US-Zinsen niedrig blieben, bedeutete das, dass die amerikanische Wirtschaft schwächelte, was wiederum bedeutete, dass das vermutlich auch für die Wirtschaft des Vereinigten Königreichs und die der Europäischen Union galt, was wiederum bedeutete, dass auch die britischen und die europäischen Zinsen niedrig blieben. Der Verleih von Dollar, Pfund und Euro war bis zu einem gewissen Grad ein und derselbe Trade. Oder besser gesagt, es handelte sich um Trades mit einer starken Wechselbeziehung. Tätigt man diese Trades zusammen, könnte man meinen, es handelt sich um drei verschiedene Trades. In Wirklichkeit tätigte man praktisch dreimal denselben Trade. Das nannte Bill »pig on pork«.

Bei Billy gab es nie »pig on pork«. Bill baute Paläste kulinarischer Ausgewogenheit. Als Erstes kam dabei sein Lieblingstrade, der beste Trade, den es gerade auf dem Markt gab. Der bildete das Fundament seines Palasts. Dann fragte er sich: Wie hoch ist bei diesem Trade das Risiko? Um ein Beispiel zu geben: Was den Verleih von Dollar anbelangte, so war Bill das Risiko klar: der weitere Einbruch des globalen Bankwesens. Also sah er sich alle Trades an, die einträglich wären, wenn das Bankensystem tatsächlich kollabierte, und suchte sich dann einen aus, der vermutlich selbst dann etwas bringen würde, wenn das Bankensystem nicht den Bach runterging. Diesen Trade nahm er in sein Portfolio auf und verdiente dann so oder so.

Auf diese Weise baute er sein Portfolio weiter auf. Welche Situation in der realen Welt ist ein Risiko für mein Bündel von Trades? Welche guten Trades gibt es, die in diesem Szenario wirklich so richtig etwas bringen würden? Auf diese Weise errichtete er einen Palast von Trades, in dem jedes Risiko abgedeckt war. Deshalb hat Billy immer verdient. Welche Tragödie auch immer eintrat, was immer das System erschüttern mochte, Billy hatte ein Ass im Ärmel als Deckung dafür. Was auch immer passierte, er schien daran zu verdienen.

All das war nicht leicht. Ich habe es versucht, aber man muss dazu alles über alles und jedes wissen. Ich schaffte das nicht. Ich war nicht Bill.

\*

Snoopy wusste, dass Billy der Beste war. Snoopy war ein cleverer Kerl. Snoopy versuchte, Bill nachzueifern, schaffte es aber genauso wenig wie ich. Bill kam um sechs Uhr morgens zur Arbeit, wurde zu einem kleinen grauen Ball und telefonierte dann elf Stunden lang mit vorgehaltener Hand, während er auf seinem neunten Monitor fünfundzwanzig Jahre lang auf Pferde wettete. Wir versuchten immer noch dahinterzukommen, wie wir den Laden übernehmen könnten, Snoopy und ich, und wir unterhielten uns stundenlang darüber, wie wir werden könnten wie Bill. Aber wir hielten da einfach nicht mit. Wir waren wir: Snoopy und ich.

Wir begnügten uns mit der zweitbesten Strategie: so viele Dollar zu verleihen, wie man uns nur durchgehen ließ, und auf Bills Trades aufzuspringen, wann immer es ging.

Bills große Wetten drehten sich immer um den Geldpolitischen Ausschuss, den »Haufen Volldeppen« bei der Bank von England. Billy hasste und liebte diese Leute zugleich. Für ihn waren sie all das, was er nicht war: privilegiert, aufgeblasen, gebildet, angesehen, mächtig und letztlich dumm. Wenn einer von ihnen niesen musste, wusste Billy das noch vor dem »Hatschi!« Und er verdiente einen Haufen Geld damit. Nichts im Leben brachte ihm verdammt noch mal mehr.

Durch Wetten auf einzelne Sitzungen des Ausschusses war gutes Geld zu verdienen. Bill schaffte das. Ein ums andere Mal. Einmal angenommen, der britische Leitzins liegt bei 1 Prozent, und es steht eine Sitzung an. Alle denken, dass man ihn auf 0,75 Prozent senken wird, aber Bill weiß irgendwie, dass man ihn auf 0,5 Prozent senken wird. Dann geht man her und verleiht eine ganze Menge Geld zu 0,75 Prozent für genau die Termine, die für die Sitzung relevant sind, und dann borgt man es sich zu 0,5 Prozent zurück. Leicht verdientes Geld. Und das Beste an diesem Geld ist, dass man nicht mal drauf warten muss. Man verdient am selben Tag einen Haufen Geld, mit links. Billy rieb sich dann lautstark die Hände und sagte dazu leise: »Bing, bang, bosh«. Oder er drehte sich zu mir um und meinte: »So macht man das!« Das mochte ich immer besonders, denn ich war ja in der Regel mit von der Partie bei dem Trade. Ich drehte mich dann zu Snoopy um, und der grinste wie ein Kind.

Soweit also der Plan, und er funktionierte recht gut. Ich konnte so etwas Geld verdienen und an meiner Reputation arbeiten und mit *diesem* Geld dann meinen Dollar-Handel ausbauen. Den wollte ich zunächst langsam angehen, dann immer schneller, und am Ende des Jahres sollte dann das *große* Geld kommen. Ganz einfach.

Nachmittags, wenn es auf dem Floor ruhiger wurde, ging ich runter zu Waitrose und kaufte ein paar Zutaten, und wenn ich dann nach Hause kam, versuchte ich, für mich und Harry Abendessen zu kochen. Auch das klappte recht gut. Ich machte eine passable Schweinepfanne mit Pflaumensoße. Einmal in der Woche gingen wir Fußball spielen, ich ging ins Fitnessstudio. Es war nett, es war, als hätte ich eine kleine Familie.

# 3

Doch dann passierte etwas ganz Verrücktes.

Ich hatte meine PnL während der ersten Monate des Jahres ganz behutsam hochgepäppelt und Mitte April fast vier Millionen Dollar beisammen. Das machte eine Million pro Monat. Im Vergleich zu den zwölf Millionen im zweiten Halbjahr 2009 war das nicht besonders, aber es entsprach so ziemlich der Rate, auf die ich aus war. Alle verdienten in diesem Jahr deutlich weniger, sodass ich mit vier »Bucks« im April zum ersten Mal im Mittelfeld lag und nicht hinten dran.

Mit den vier Bucks auf dem Konto schraubte ich das Risiko gerade mal so ein klein wenig hoch. Ich verlieh etwas mehr Dollar, aber nicht wirklich viel, ich ging ganz vorsichtig vor. Das große Risiko hob ich mir für später auf.

Eines Abends machte ich für Harry und mich Bolognese, wir köpften ein paar Flaschen Cider, und bei Sonnenuntergang setzten wir uns vors Halbfinale der Champions League. Unsere Wohnung in Bow war nicht schlecht. Die alte Fabrik war so groß wie geräumig, ein riesiger roter Backsteinkasten, der wirkte, als wäre er mitsamt seinen roten Türmen vom Himmel gefallen; die hoch aufragenden Schornsteine waren seit etwa hundert Jahren nicht mehr in Betrieb. Zur Zeit Viktorias hatte man hier mehr Streichhölzer fabriziert als der Rest der Welt zusammen. Wir wohnten im ersten Stock eher tief, was bedeutete, dass die Backstein- und Fensterfronten rundum über uns hinausragten, während wir auf die Gärten hinaussahen, auf gleicher Höhe mit den Ästen der Bäume, und im Augenblick begann alles zu blühen.

Harry und ich waren wie gesagt in derselben Branche, sodass wir beide vor Sonnenaufgang auf waren. Von Bow aus war ich nah genug am Citibank-Floor, um mit dem Rad zur Arbeit zu fahren. Also strampelte ich jeden Morgen in blauer Skijacke und Onitsuka Tigers die

Adern East Londons lang, vorbei an dem haushohen Chihuahua-Baby über dem Eingang vom Chrisp Street Market, vorbei am altmodischen gelben flachen Billingsgate Fish Market und schließlich die steile Auffahrt hinauf zur Canary Wharf.

An den Tagen, an denen Harry nach der Arbeit nicht noch etwas trinken gehen musste, was nicht so oft der Fall war wie bei mir, kamen wir beide gegen halb sechs nach Hause. Wenn im Fernsehen Fußball lief, schauten wir Fußball. Ansonsten guckten wir *The Only Way Is Essex*. Um halb zehn ging ich ins Bett. Und wenn Harry morgens wieder mal einen Kater hatte, musste ich ihn mit der kleinen schwarzen Vespa, die ich mir von meinem Bonus geleistet hatte, zum Bahnhof fahren.

An besagtem Abend, das Spiel hatte gerade begonnen, erhielt ich einen Anruf. Von einer amerikanischen Nummer. Ich ging ran. Es war der Frosch.

Der Frosch, falls Sie's vergessen haben sollten, war der ranghöchste Trader am New Yorker STIRT-Desk. Wie ich handelte er mit Schweizer Franken. Schweizer Franken und japanischen Yen. Ich schnappte mir die Fernbedienung, schaltete den Fernseher stumm und machte Harry Zeichen, damit er die Klappe hielt.

Der Frosch war in heller Aufregung, und seine Worte überschlugen sich schier. Ich hatte den Typ noch immer nicht persönlich getroffen, aber er war ziemlich umgänglich und nannte mich, wie Caleb, Gazza.

Offenbar kam er gerade von der SNB, der Schweizerischen Nationalbank, der Zentralbank der Schweiz. Das überraschte mich, da ich nicht mal gewusst hatte, dass der Frosch in Europa war. Aber da er ohne Punkt und Komma redete, war keine Zeit für Fragen.

Nach allem, was ich verstand, hatte die SNB etwas ganz Großes vor, nämlich den Leitzins weiterhin hochzuhalten. Das kam überraschend für mich, und es hätte auch jeden anderen überrascht. Das wirtschaftliche Blutbad dieser Zeit hatte zu einem enormen Kursanstieg der Schweizer Währung geführt, die spätestens seit dem Krieg als sicherer Hafen und Fluchtwährung gilt. Entsprechend hatten alle angenommen, die SNB würde die Zinsen aggressiv senken, womöglich sogar ins Minus gehen, um den Leuten den Ankauf von allzu viel Schweizer Franken zu verleiden und deren Wert damit in die Höhe zu treiben.

Aber dazu würde es, dem Frosch zufolge, nicht kommen. Der Frosch sagte, dass die Zinsen hoch bleiben würden. Der Frosch hatte vor, sich daran gesundzustoßen, und er wollte, dass ich auch etwas verdiente. Zumindest sagte der Frosch mir das.

Der Frosch hatte sich eine Unmenge Franken geborgt und zwar mittels eines Swissy-Devisenswaps. Sie erinnern sich, dass Sie bei einem FX-Swap eine Währung borgen und gleichzeitig die andere eines Währungspaars verleihen. Dollar zu verleihen, war genau das Geschäft, das ich nun schon seit fast einem Jahr betrieb – das Geschäft, dem ich meine bisherige Karriere verdankte, und das Geschäft, das ich hochfahren wollte. Der Frosch meinte, er hätte sich an dem Jahres-Trade dumm und dusslig verdient. Und er meinte, ich solle etwas davon abhaben.

Wäre ich damals älter gewesen oder gescheiter oder vielleicht auch nur weniger gierig, wäre mir vermutlich folgender Gedanke gekommen: Bin ich, Gary Stevenson, 23, der ich hier, in meinen Bolognesebefleckten Leyton-Orient-Shorts, eine Flasche Cider in der Hand, mit einem neunzehnjährigen angehenden Alkoholiker das Champions-League-Halbfinale gucke, die Art von Person, der jemand, den ich noch nicht mal persönlich kenne, übers Handy astreinen Goldstaub in Form einer monetarisierbaren Information zuspielt?

Ach ja! Leider war ich weder älter noch gescheiter.

»Alles klar, ich nehm für zweihundert Bucks.«

Darüber freute sich der Frosch sehr. Ich knipste den Ton wieder an, und wir sahen den Rest des Spiels.

\*

Zweihundert Millionen Dollar sind kein Riesen-Trade. Selbst ich hatte schon größere gemacht. Was Zinssätze anbelangt, kommt es beim Borgen und Verleihen nicht nur auf die Höhe der Beträge an, sondern auch auf die Laufzeit, und der Frosch hatte mich für zweihundert Millionen Dollar auf ein Jahr beteiligt. Ein Jahr ist durchaus lang, aber zweihundert Millionen sind trotzdem kein Riesendeal. Die Sache ist nur die, dass ich diesen Trade bereits in passablem Umfang am Laufen hatte, um ihn im Lauf des Jahres auszubauen. Ich war dabei sehr methodisch vorgegangen, Stückchen für Stückchen, und hatte ihn auf genau der Größe, in der ich ihn haben wollte. Mit den zweihundert Millionen vom Frosch wurde der Trade um einen gewaltigen Brocken größer. Größer, als er eigentlich hätte sein sollen.

Aber wissen Sie, der Deal war ein garantiertes Geschäft. Dollar zu verleihen, zahlte sich immer aus. Snoopy hatte mir das mal so erklärt: »Was den Handel mit Zinssätzen anbelangt, zählt nur zweierlei: der derzeitige Satz auf dem Markt und der konkrete Satz, wenn es dann so weit ist. Ist der Zins am Markt höher als der tatsächliche spätere Zins, verleiht man ihn – ganz einfach, leichtes Geld.«

Wir wussten alle, dass die Dollarkurse bei den FX-Swaps zu hoch waren. Bei dem Trade mit dem Frosch hatte ich mir auch ein paar Schweizer Franken geliehen, aber zu einem supersuperniedrigen Kurs, und der Frosch war sich sicher gewesen, dieser Kurs würde nach oben gehen.

Mein Gefühl sagte mir, dass bei der Geschichte etwas nicht stimmte. Aber ich ließ sie etwa eine Woche laufen.

Das hätte ich nicht tun sollen.

\*

Seit dem Trade mit dem Frosch war etwa eine Woche vergangen. Wir hatten jetzt Mai. Ich saß am Desk. Es war bereits Nachmittag.

Wie üblich herrschte um diese Zeit am Londoner STIRT-Desk Ruhe. So ab Mittag ist das US-Team am New Yorker Desk, und dann gehen die Anfragen um Quotes eher an sie, nicht an uns. Wir sitzen dann mehr oder weniger rum. Billy wettet auf seine Zossen. JB hockt mit eingefallenen Schultern da und erzählt weiß Gott was, während er Zahnstocher kaut. Chuck starrt Löcher in die Luft. Kann sein, dass er meditiert. Ich und Snoopy löchern Billy nach Tipps für Trades. Venkman telefoniert mit seiner Mom. Es passiert nicht viel. Im Mai scheint die Sonne steil durch die Fenster, praktisch bis zu dem Zeitpunkt, an dem wir nach Hause gehen. Ich sitze jetzt direkt am Fenster, und so ist es warm. Wenn man vier Millionen auf der PnL hat und der fünften entgegensieht, kann sich das recht idyllisch anfühlen.

An solchen Nachmittagen klickte ich mich einfach durch meine Positionen und Trades. Ich benutzte immer noch Venkmans Tabellen und versuchte auszutüfteln, welche Tage günstig und welche teuer waren, um sicherzugehen, dass meine Positionen sich mit diesen deckten. Außerdem verbuchte uns ab und an einer aus der Sales-Abteilung einen Trade zum falschen Preis, um sich ein paar Pfund unter den Nagel zu reißen, und so scrollte ich meine sämtlichen Trades einzeln durch, um faule Kandidaten darunter aufzuspüren. Das hatte ich von Rupert gelernt.

An diesem Tag war ich bereits 70000 Dollar im Plus; es war also ein guter Tag. Nicht dass ich dafür groß etwas gemacht hätte. Aber ich hatte die große Dollar-Position, und wie üblich kroch das Geld langsam, aber sicher in meine Richtung.

Ganz auf Autopilot überprüfte ich den Trading-Blotter, aktualisierte ihn, checkte meine Position, aktualisierte sie, überprüfte meine tägliche PnL, aktualisierte sie.

Die PnL zeigte 300000 Dollar Verlust.

Das war kein Problem, das kam schon mal vor. Da war eben irgendwo der Wurm im System. Ich aktualisierte die Zeile noch mal. Sie änderte sich nicht. Es fehlten 300000 Dollar.

Der PnL-Rechner musste mit externen Daten gefüttert werden, um Ihre Position zu bewerten. Er musste jederzeit über die Marktpreise informiert sein, um berechnen zu können, was Ihre Position gerade wert war. Als Quelle dafür dienten die »Brokerscreens«, auf denen, von den Brokern ständig aktualisiert, die aktuellen Preise sämtlicher FX-Swaps mit all ihren unterschiedlichen Laufzeiten gelistet waren. Es war sinnvoll, diese Daten von den Brokern zu beziehen, da diese laufend von sämtlichen Tradern über die Kurse informiert wurden. Sie wussten also am besten, wie die Kurse zu einem bestimmten Zeitpunkt aussahen.

Die Broker mussten diese Bildschirme bei jeder Marktbewegung aktualisieren, und da kam es schon mal vor, dass einer sich mit seinen Wurstfingern vertippte und ein Zahlendreher einem die ganze PnL durcheinanderbrachte. Genau das, so dachte ich, musste hier passiert sein. Der spezielle Broker-Feed, der zur Bewertung meiner Schweizer FX-Swap-Position verwendet wurde, war der von Morley, dem Broker, mit dem ich 2009 den großen Schweizer Trade gemacht hatte. Ich rief seinen Bildschirm auf.

Sein Jahreskurs hatte einen gewaltigen Satz nach links getan – höhere Dollarkurse, niedrigere Frankenkurse. Als ich das sah, hielt ich es für einen Tippfehler. Dann scrollte ich die anderen Laufzeiten durch – die drei-, die sechs-, die neunmonatigen. Er hatte sie alle massiv nach links verschoben. Für einen schlichten Tippfehler war das zu viel. Ich legte Morleys Schalter nach oben.

»Was ist los, Morley? Warum hast du deinen Einjährigen auf minus 40 runtergesetzt? Was ist denn da los?«

Es dauerte etwas, bis Morleys Antwort durchkam, was ungewöhnlich war, und dann versuchte er, lässig zu klingen, aber ich merkte, dass er nervös war. Seine Sätze waren zu kurz.

»Alles klar bei dir, Gal? Ja, ich scheine keine Preise zu kriegen. Bin mir nicht sicher, was da los ist. Ich scheine keine linken Seiten zu bekommen.«

Ich kippte Morleys Schalter nach unten und den nächsten hoch, der mich mit einem anderen Schweizer Franken-Broker bei einer anderen Firma verband.

»Wo steht denn ein Jahr?«

Wieder eine ungewöhnlich lange Pause. Dann ein langer Laut, in dem ich sofort das typische Ausweichmanöver des Cockneys erkannte.

»*Ayyeeeyaaaeeyeeeeaah*, wir kriegen keine linke Seite, Kumpel. Aber wir kriegen wahrscheinlich minus fünfzig.«

Das war gar nicht gut.

FX-Swaps werden eher in Form eines »linken« und »rechten« Preises angegeben denn als »Ankaufs«- und »Verkaufs«-Preis. Das liegt daran, dass man in beiden Fällen eine Währung verleiht und gleichzeitig eine andere borgt, es kommt also nicht wirklich zu »Kauf« und »Verkauf«. Bei US-Dollar/CHF-Swaps stand die linke Seite für den Verleih von Dollar, die rechte gab den Preis für den Franken an. Nur gab es keine linke Seite. Das bedeutete, dass niemand Dollars verleihen wollte. Ich hatte aber verdammt viele Dollar verliehen und würde sie im Lauf

der Zeit wieder zurückborgen müssen. Auf Morleys Bildschirm hieß es jetzt −45. Ich aktualisierte erneut meine PnL. Sie lag jetzt bei −600 000 Dollar. Das war mehr, als ich je an einem Tag verloren hatte. Viel mehr.
»Morley, was zum Geier ist denn da los?«
Wieder folgte eine lange Pause. Oder zumindest kam sie mir lang vor.
»Schon gut, alles klar, Kumpel, ich glaub, ich hab's gefunden. Die SNB hat was auf ihre Website gestellt. Irgendwas über Trades im Drei-Monats-Bereich. Hier, ich schick dir einen Link aus dem IB-Chat.«
Der IB-Chat ist ein Internet-Messaging-Service für Schwachmaten. Die Nachricht poppte auf meinem Bildschirm auf, und ich klickte auf den Link.
Der Link brachte mich, wie angekündigt, auf die Website der SNB. Sie war schlicht, sauber, minimalistisch gehalten, mit einem kurzen Text, der zunächst auf, wie ich mal annahm, Schweizerdeutsch und dann auf Englisch zu lesen war. In der unteren Ecke sah ich das schlichte, saubere, minimalistische Logo der SNB.
Auf Englisch stand da etwas mit folgendem Tenor: »Die Schweizerische Nationalbank bietet Schweizer Franken über den dreimonatigen USD/CHF-FX-Swap zu einem Kurs von −35. Für Transaktionen rufen Sie bitte diese Nummer an.«
Eine ganze Weile saß ich da und starrte die Website an. Es kam mir vor, als machte sich da einer einen Jux. So machte eine Zentralbank doch keine Geldpolitik. Normalerweise geben Zentralbanken ihre Politik auf einer Sitzung oder auf einer Pressekonferenz bekannt. Die stellten so etwas doch nicht einfach so auf ihre Website. Das war doch nicht MySpace, verdammt noch mal.
Ich zog Venkmans Spreadsheet zurate. Der Preis eines Devisenswaps ermittelt sich aus dem Zinsgefälle zwischen einem Währungspaar. Gibt man also den Preis und einen der Zinssätze ein, kommt man auf den impliziten Zinssatz für die andere Währung des Paars. Der implizite Zinssatz, zu dem die Schweizerische Nationalbank Schweizer Franken verlieh, betrug −4,5 Prozent. DAS SIND NEGATIVE 4,5 PROZENT.
Ich wandte mich nach rechts zu Bill. Er hatte die Füße auf den Papierkorb gestellt und las die *Racing Post*. Ich sah über die Schulter hinweg zu

Chuck. Der starrte mit platonischer Gelassenheit ein Loch in seine Monitorwand. Ich nahm mein großes braunes Handtelefon zur Hand, das über Kabel mit dem Festnetz verbunden war, und rief die Nummer an. Eine ausgesprochen höfliche Dame sagte etwas in einer Sprache, die ich für Deutsch hielt.

»Hallo, ich bin Gary Stevenson, ich bin FX-Swaps-Trader für Schweizer Franken bei der Citibank, London. Ist das die Leitung für die dreimonatigen FX-Swaps?«

Ich hielt mir die Hand vor den Mund, damit mich niemand sprechen sah.

»Ja, hier ist die Leitung für die dreimonatigen Devisenswaps, möchten Sie Devisenswaps abschließen?«

»Ähm ... der Preis ist minus 35, ja?«

»Ja, der Preis ist minus 35. Wie viel möchten Sie machen?«

»Ich weiß nicht, wie viel kann ich denn machen?«

»Es gibt kein Limit für die Größe.«

Ich blickte mich wieder nach Chuck um.

»Ähm ... ich rufe Sie zurück.« Damit legte ich auf.

\*

Negative 4,5 Prozent sind ein sehr, sehr niedriger Zinssatz. Nie zuvor hat ein Land negative 4,5 Prozent Zinsen gehabt. Und seither gab es so etwas auch nie wieder.

Ich holte ein Blatt Papier aus dem Schub. Wichtige Berechnungen wie diese macht man von Hand. Als ich die Dollar verliehen respektive die Franken geliehen hatte, lag der erwartete Zinssatz für beide Währungen so ziemlich genau bei null. Aber die Dollar brachten immer noch einen Aufschlag von etwa 1,1 Prozent. Denken Sie immer daran, dass es auf die *Zinsdifferenz* ankommt – ich hatte die Dollar für 1,1 Prozent MEHR verliehen, als ich mir die Franken geliehen hatte. Um den Trade abzuschließen, musste ich zu einem *niedrigeren Zinssatz* die Dollar zurückleihen (und die Franken wieder verleihen). Ich verdiente Geld, wenn der Zinssatz für den Dollar *sank* (was er natürlich immer tat) oder wenn der Zinssatz für Franken *stieg*.

Okay, wir wollen mal optimistisch sein. Mal angenommen, ich kann die Dollar wie erwartet zu einem Kurs von null wieder zurückborgen. Was bedeutet es nun, wenn ich die Franken zu −4,5 verleihen muss? Damit hätte ich eine Differenz von 4,5 Prozent. Ich bin mit 1,1 eingestiegen, also verliere ich 3,4. Zu dem Zeitpunkt steckten etwa 1,2 Milliarden Dollar in dem Jahres-Swap. Ein Verlust von 3,4 Prozent bei 1,2 Milliarden Dollar in einem Jahr, das machte ... 40 800 000 Dollar. Das war das Maximum, was ich, realistisch betrachtet, bei dem Trade verlieren konnte. Tja, tja, tja, das wäre schlimm. Ich meine, *wirklich* schlimm.

Sie denken jetzt vielleicht: Na ja, dann ruf doch bei der SNB zurück und steig verdammt noch mal aus dem Trade aus. Aber wenn Sie das denken, dann verstehen Sie nicht, was hier passiert. Ich habe Dollar verliehen und Franken geborgt, und die SNB bietet mir nun an, bei mir Dollar zu borgen und mir Franken zu leihen, nur eben zu einem *viel* niedrigeren Kurs, als ich jemals dafür bezahlt habe. In unbegrenzter Höhe. Ich kann aus dem Trade mit denen nicht aussteigen. Die versuchen, eben den Trade zu machen, den ich machen muss. Im Augenblick gibt es keine linken Seiten am Markt.

Ich komme aus diesem Trade nicht raus.

Ich will nicht lügen, es gab da einen Augenblick, in dem sich eine Faust um mein Herz schloss und mir jedes Haar auf den Armen zu Berge stand.

Ich weiß, es gibt Leute – ich brauche da bloß an meine besten Freunde zu denken –, die in Panik geraten wären und sich schleunigst abgeseilt hätten angesichts der Erkenntnis, sie könnten vierzig Millionen Dollar verlieren.

Aber nicht ich. Mich machte das ehrlicherweise an.

\*

Man kann einen Leitzins nicht bei minus 4,5 Prozent halten. Das ist zu niedrig. Das geht einfach nicht.

Mit dem Geld ist das ja so, dass man es einfach abheben kann. Man kann es unter dem Bett verstecken. Man kann es im Garten vergraben. Und dann bekommt man 0 Prozent. Warum zum Teufel sollte man negative 4,5 Prozent akzeptieren, wenn man unter dem Kopfkissen 0 Prozent bekommt?

Aber natürlich ist unsereins keine Bank. Banken selbst haben keine normalen Bankkonten. Sie können ihr Bargeld nicht abheben und unter dem Bett verstecken. Die Geschäftsbanken haben Konten bei den Zentralbanken, und wenn die SNB gewollt hätte, hätte sie den Zinssatz für diese Konten auf negative 4,5 Prozent senken können.

Aber das hatte sie nicht. Die SNB zahlte immer noch 0 Prozent auf alle von den Geschäftsbanken gehaltenen Barmittel, während sie gleichzeitig anbot, über den dreimonatigen Devisenswap Schweizer Franken zu negativen 4,5 Prozent zu verleihen.

Für mich bedeutete das, dass ich den Verlust nicht hinnehmen musste. Möchte ich mal meinen. Der Schweizer Franken war mit diesem Drei-Monats-Swap unglaublich negativ geworden, und bei den längerfristigen Swaps wurde er noch negativer, aber von Tag zu Tag konnte ich die Franken immer noch täglich zu 0 Prozent verleihen.

Mir fiel etwas ein, was Snoopy mir beigebracht hatte: Alles, was zählt, ist der Kurs *im Augenblick* und der Kurs *am Ende*. In der Lücke zwischen diesen beiden Terminen verdient man sein Geld. Ich hatte darauf gewettet, dass eine Differenz von 1,1 auf null sinken würde, und jetzt expandierte sie auf 4,5. Aber ich brauchte nur zu warten, und sie würde wieder auf null zurückgehen. Das musste sie schließlich. Oder etwa nicht?

Ich wollte noch drauflegen.

Ich sah wieder rüber zu Bill. Der telefonierte gerade mit seinem Buchmacher. Ich stand auf und wandte mich an Chuck.

»Chuck, ich bin sechshundert Mille in den Miesen.«

Chuck tauchte langsam aus seiner meditativen Versenkung und begrüßte mich mit einem warmen Lächeln.

»Was ist denn passiert?«

»Die SNB hat da was auf ihre Website gestellt: Sie verleiht Schweizer Franken im dreimonatigen FX-Swap zu negativen 4,5 Prozent.«

»Zu negativen 4,5 Prozent!?!?!«

Letzteres kam nicht von Chuck, sondern von Snoopy. Er war eben dabei gewesen, einen Urlaub auf den Malediven zu buchen, aber wie es schien, hatte ich seine Aufmerksamkeit erregt.

Chuck strich sich übers Kinn. Er war nicht aufgestanden, sondern hatte nur den Stuhl umgedreht, um mich anzusehen.

»Was willst du machen?«

»Noch drauflegen.«

Das fand Chuck ausgesprochen lustig. Billy hatte seine Wetten platziert und schaute durch mich hindurch. Und auch JB sah jetzt zu. Venkman hatte sein Telefon am Ohr, starrte aber wortlos in meine Richtung, und in der Stille von Chucks Überlegungen konnte ich leise die Stimme von Venkmans Mutter hören, die Schwedisch mit ihm sprach.

»Warum?«

»Weil sie am Tagesgeldmarkt nichts geändert haben. Wir können immer noch Tag für Tag Schweizer Franken zu null Prozent platzieren. Selbst wenn der Drei-Monats-Markt bei minus 4,5 Prozent bleibt, können wir sie einfach nach unten rollen und Tag für Tag verleihen.«

»Da möchte ich was von ab!«

Das war Snoopy. Snoopy war im Boot.

»Und was, wenn die den Tagesgeldsatz senken?«

»Unmöglich. Die können den Tagesgeldsatz nicht auf minus 4,5 senken. Das ganze Bankensystem würde kollabieren.«

»Ich bin dabei.«

Das war JB. Er war noch immer mit seinem Zahnstocher beschäftigt. Damit wandte er sich wieder seinen Monitoren zu.

Chuck war noch am Überlegen. Er sah mich nicht an und überlegte eine Ewigkeit.

»Okay. Du machst das schon. Viel Glück.«

Damit waren Snoopy und JB dabei. Und ich.

Ich war in etwa mit dem Zwanzigfachen aller anderen dabei.

Billy wollte davon nichts hören.

\*

Also, was zum Teufel war hier eigentlich los?

Die Schweizerische Nationalbank ergriff Maßnahmen zum Schutz ihrer Währung. Nicht um zu verhindern, dass ihr Kurs runterging, sondern um zu verhindern, dass ihr Kurs stieg. Wenn Ihre Währung im

Kurs steigt, werden Ihre Produkte im Ausland zu teuer. Ihre Exporte sind nicht mehr wettbewerbsfähig, und Ihr Exportsektor wird sich schwerer tun. Da die SNB ihren Leitzins bereits auf null gesenkt hatte, wollte sie es nun mit etwas ganz Spektakulärem probieren. Aus irgendeinem Grund, den ich wohl nie erfahren werde, entschied sie sich für diesen verrückten Schachzug auf dem Devisen-Swap-Markt.

Das Verleihen von Franken zu −4,5 Prozent im Rahmen des dreimonatigen FX-Swaps bedeutet letztlich eine Senkung des Zinssatzes für Drei-Monats-Kredite auf −4,5 Prozent. Und trotzdem akzeptierten sie weiterhin Tageseinlagen von Geschäftsbanken zu 0 Prozent. Hier schien sich eine Gelegenheit für »Arb« – also Arbitrage – aufzutun. Von Arbitrage spricht man, wenn Sie eine Reihe von verschiedenen Trades tätigen können, die sich gegenseitig aufheben, und sich am Ende ein kostenloser Profit machen lässt. In unserem Fall borgen Sie sich eine ordentliche Menge Dollar zu 1 Prozent oder was auch immer, tauschen sie bei der SNB zu einer Differenz von 4,5 Prozent in Schweizer Franken um und lassen diese dann jeden Tag zu 0 Prozent bei der SNB. Damit bleiben Ihnen 3,5 Prozent.

Das Problem mit Arbitragegeschäften ist, dass sie so gut wie nie frei von Risiken sind. Wären sie ganz ohne Risiken, würde es sie nicht geben. Man würde ein Arbitragegeschäft machen und damit so lange weitermachen, bis die Kurse wieder ausgeglichen und alle Gewinne verschwunden sind. Das zweite Problem ist, dass man bei Arbitragegeschäften viele verschiedene Geschäfte tätigen muss und wir am STIRT-Desk nur FX-Swaps machen durften. So durften wir nicht einfach hergehen und uns Dollar borgen, und wir durften der SNB keine Franken leihen. Solche Geschäfte wurden an einem anderen Desk abgewickelt.

Also musste ich eben mit längerfristigen FX-Swaps arbeiten, etwa solchen für drei Monate oder ein Jahr, und dann darauf hoffen, dass ich die Schweizer Franken jeden Tag für jeweils einen Tag zu 0 Prozent verleihen konnte. Und hoffentlich würden mir andere Trader, die die Franken tatsächlich für 0 Prozent bei der SNB lassen konnten, so etwa um die null dafür zahlen.

Das Risiko bei diesem Trade war so offensichtlich, dass selbst Chuck es bemerkt hatte. Was, wenn die SNB den Zinssatz für Tagesgelder in

Schweizer Franken senken würde? Sie hatte sich ja bereits diesen völlig abgefahrenen Schwachsinn mit dem dreimonatigen Devisenswap-Markt geleistet – was, wenn ihr mit dem Tageszins ein ähnliches Stückchen einfiel?

Ich sagte Chuck, dass das zum Kollaps des ganzen Bankensystems führen würde. Meine Logik dahinter war folgende: Minus 4,5 Prozent sind ein extrem negativer Satz. Würde die SNB die Schweizer Geschäftsbanken zwingen, 4,5 Prozent auf alle CHF-Einlagen zu zahlen, müssten die Banken das an die Kunden weitergeben. Nur würden die Kunden sich nie und nimmer jährlich 4,5 Prozent von ihren gesamten Ersparnissen abziehen lassen. Sie würden ihr Geld abheben. Alle. Bis auf den letzten Franken. Und wenn alle gleichzeitig ihr Geld abheben, kommt es zu einem Run auf die Banken. Das Bankensystem würde kollabieren.

Zumindest hoffte ich das. Andernfalls war ich angeschmiert.

Wenn ich so zurückblicke, könnte ich ehrlicherweise nicht sagen, ob ich damit richtiglag. Seit damals gehören negative Zinssätze in den meisten westeuropäischen Ländern zur Tagesordnung, auch wenn sie nie auch nur annähernd noch mal auf –4,5 Prozent gesunken sind. Kann sein, dass ich recht damit hatte, dass negative 4,5 Prozent ein unmöglicher Zinssatz *sind*. Kann aber auch gut sein, dass ich das einfach nur glauben wollte, weil ich mein Geld zurückwollte.

Wie auch immer, passiert ist Folgendes.

Als ich an meinen Platz zurückkam, hatte ich bereits 800 000 Dollar verloren. Aber ich hatte mir nun mal in den Kopf gesetzt, dass das im Grunde gut für mich war. Ich sah darin eine bessere Ausgangsbasis dafür, noch mehr Dollar zu verleihen, und es bedeutete, dass ich auch Snoopy und JB auf einem guten Level mit an Bord nehmen konnte.

Als ich an dem Tag nach Hause ging, sprach ich mit keiner Menschenseele. Nicht ein Wort. Ich ging lange schwimmen.

Am nächsten Tag wandten sich die Märkte gegen mich, wenn auch nicht allzu schlimm. Ich verlor etwas über 200 000 Dollar. Damit beliefen sich meine Gesamtverluste auf etwas über eine Million, was meine PnL für das Jahr auf knapp über drei Millionen Dollar sinken ließ. Ich hatte das Gefühl, dass die vergleichsweise ruhigeren Märkte ein gutes

Zeichen waren, was mich etwas beruhigte. Das sagte ich auch Chuck, Snoopy und JB. Ich ging nach Hause und durchforstete meine alten Lehrbücher von der LSE nach dem einen oder anderen Absatz über negative Zinssätze. Es gab keinen.

Der nächste Tag verlief alles andere als ruhig. Der Markt ging in den Keller. Ich verlor zweieinhalb Millionen Dollar. 2 500 000 Dollar. An einem einzigen Tag. Snoopy und JB verloren zusammen vielleicht ein paar Hunderttausend. Meine gesamte PnL lag jetzt unter einer Million. Chuck sagte nicht viel, tauchte aber immer öfter hinter mir auf.

»Was meinst du, wird passieren?«
»Das wird schon wieder. Wirst schon sehen.«
Ich legte nach.

*

An dem Abend hatte Harry einige meiner Kumpels zu Pizza, Bier und Pro Evo eingeladen. Ich hatte in den letzten drei Tagen dreieinhalb Millionen Dollar verloren. Es waren so um die sechs oder sieben meiner guten Freunde aus der Highschool da. Wir alberten rum, ließen Pizzaecken und Playstation-Controller rumgehen. Und ich war nicht anwesend.

Ich meine, ich war da, aber irgendwie auch wieder nicht. Ich hatte 3,5 Millionen Dollar verloren, und es waren noch 0,6 Millionen Dollar übrig. Wie viel Prozent Bewegung konnten die noch verkraften, bevor meine PnL auf null runter war? Was würde sich ändern, wenn ich in die roten Zahlen geriet? Welches Team willst du haben? Classic England. Ich habe immer als Classic England gespielt. Bobby Charlton. Der verwandelte aus jeder Lage.

Stimmt es wirklich, dass ein Zinssatz von −4,5 Prozent unmöglich ist? Ist das wirklich so? Sag so was bloß nicht zu deinen Freunden. Frag Andreas, ob er noch ein Bier möchte. Klar, dass der nicht Nein sagt. Wäre das erste Mal. Ich werde morgen früher ins Büro gehen. Noch vor Billy. Ich wünschte, alle würden nach Hause gehen.

Ob die mir wohl den Trade stoppen, wenn ich in die roten Zahlen komme? Und was, wenn sie's nicht tun? Wie weit könnte meine PnL runtergehen? Ich möchte meinen Job nicht verlieren. Daran habe ich noch gar nicht gedacht.

Ich wünschte, die würden verdammt noch mal endlich gehen.

Tags darauf verlor ich noch mal zwei Millionen. Damit war ich in den roten Zahlen. Minus 1,5. Chuck sagte nichts. Er blieb einfach hinter mir stehen. Snoopy kam vorbei, einmal. Er hatte inzwischen vielleicht 300 000 verloren.

»Was meinst du, wird passieren?«

»Das wird schon wieder. Muss es ja. Minus vier Komma fünf Prozent sind unmöglich. Das ist nicht haltbar. Das Bankensystem würde kollabieren.«

»Ja, du hast recht. Das wird schon wieder.«

Wir haben beide noch etwas nachgelegt.

Das war am Freitag. Am Wochenende machte ich so gut wie gar nichts. Ich ging nicht aus. Ich schrieb meiner Ex-Freundin eine SMS. Was ich ihr geschrieben habe, weiß ich nicht mehr.

Erbärmlicher ging's wohl nicht.

\*

Am Montag verlor ich weitere 2,3 Millionen. Damit belief sich mein Gesamtverlust auf fast acht Millionen Dollar. Und das in weniger als einer Woche. Meine Jahres-PnL war damit 3,8 Millionen Dollar in den Miesen.

Am Nachmittag war Chuck eine halbe Stunde lang nicht am Desk. Als er zurückkam, legte er mir nur die Hand auf die Schulter und sagte: »Das war das Senior-Management. Du weißt, was das heißt.«

»Ja. Ich weiß, was das heißt.«

Chuck behielt seine Hand auf meiner Schulter, als er sagte: »Ich weiß, du wirst daraus lernen.«

Ich brauchte zwei Tage, um den Trade zu schließen. Am Ende hatte ich einen Verlust von 4,2 Prozent eingefahren.

Dann erholte sich der Bastard wieder. Und das nicht zu knapp.

\*

Was lernen wir daraus? Gibt es eine Lektion? Es gibt immer eine Lektion.

Die Lektion daraus ist, dass Snoopy falschlag. Der augenblickliche Preis und der Preis am Ende sind nicht alles, was zählt. Man muss auch am Ende dabei sein.

Der Trade war gut. Es war der richtige Trade. Snoopy und JB hatten nicht die Rote Karte gekriegt, und beide haben ein Schweinegeld verdient. Weil es verdammt noch mal ein guter Trade war. JB wusste noch nicht mal, worum es dabei ging, und dennoch machte er ein Schweinegeld damit. Während er Zahnstocher fraß.

Es ist nicht nur wichtig, den richtigen Trade zu haben. Es ist auch wichtig, *dass man überlebt*.

Jeder Trader hat seine Schmerzgrenze. Jeder Trader hat einen Betrag, den er verlieren kann. Man kann den besten Trade der Welt an der Hand haben, aber wenn man an seine Schmerzgrenze stößt, ist das egal, man verliert sein ganzes Geld.

Die Lehre daraus ist also, *seine Schmerzgrenze nicht zu erreichen. Niemals*. Seit diesem Trade ist mir das auch nicht mehr passiert. Jedes Mal, wenn man einen Trade eingeht, muss man sich fragen: Was ist das Schlimmste, was diesem Trade zwischen jetzt und bis ich recht habe, passieren kann? Ist er realistisch? Lüge ich mir hier in die eigene Tasche? Könnte ich noch viel höher gehen? Dann nimmt man sein Worst-Case-Szenario und verdoppelt es.

Was mich angeht, ich weiß, wie ich bin. Wenn mir ein Trade in den Sack tritt, lege ich nach. Wenn er mir weiter in den Sack tritt, lege ich weiter nach. Keine Ahnung, warum ich so bin. Vielleicht weil ich nun mal so bin. Alles, was ich weiß, ist: Wenn mir ein Trade den Arsch aufreißt, reiß ich ihm auch den Arsch auf, und zwar so lange, bis ich gewinne. Nur sollte ich mir sicher sein, dass ich mir das auch leisten kann. Und dann behalte ich besser am Ende auch verdammt noch mal recht.

Zwei Regeln fürs Leben:
1. Behalten Sie am Ende recht..
2. Seien Sie am Ende noch am Leben.

Schreiben Sie sich die auf.

Sonst noch was? Gibt es noch andere Lektionen?

Ja, zwei. Erstens: Als Billy sagte, man sollte keine Trades eingehen, ohne ihre Risiken zu kennen, hätte ich auf ihn hören sollen. Was ich aber nicht tat. Das ist in Ordnung. Wir alle machen mal Fehler. Nur machen Sie sie nicht zweimal.

Nummer zwei: Der Teufel soll den Frosch holen! Drei Tage nach meiner Pechsträhne kam es mir plötzlich, dass ich das alles dem Frosch verdankte, von dem ein Mordsbrocken meines Trades gekommen war. Was machte der eigentlich? Er musste doch auch eine verdammte Menge gekauft und entsprechend den Arsch vollgekriegt haben. Ich rief die Position des Frosches auf.

Was hatte er?

Nichts hatte er. Natürlich hatte der gottverdammt noch mal nichts. Der Scheißkerl hatte seit über einer Woche nichts mehr. Wo zum Teufel war seine Position abgeblieben? Er hatte sie mir aufs Auge gedrückt! Er hatte einen Teil auf dem Markt abgeladen und mich als Müllschlucker für alles benutzt, was er nicht losgeworden war.

Drecksack.

Der Teufel soll ihn holen.

# 4

Und jetzt? Wie soll es weitergehen? Du bist dreiundzwanzig und ein halbes Jahr alt. Du bist mit 4,2 Millionen Dollar in den Miesen. Wie geht's jetzt weiter?
Blöde Frage. Was soll ich schon machen?
Arbeiten.
Das Irre am folgenden Abschnitt meines Lebens, und ich meine damit den Rest des Jahres 2010, ist, dass ich mich an so gut wie nichts erinnere, wirklich, so gut wie nichts.
Das eine oder andere freilich weiß ich noch.
Ich fing morgens früher an. Ich meine wirklich früh. Ich war schon vor Bill am Desk. Kaum dass die Frühsommersonne aufzugehen begann, radelte ich los, und sobald ich den Trading Floor erreichte, setzte ich mein kleines Headset auf und stöpselte mich ins System. Da außer mir keiner da war, brauchte ich mich nicht mal umzuziehen und las, telefonierte, tradete die ersten ein, zwei Stunden in dem grauen Primark-Hoodie und den ausgelatschten Onitsuka Tigers, dem Aufzug also, in dem ich immer zur Arbeit fuhr.
In dieser Zeit bewegte ich mich auf dem Markt wie so ein richtiger Abkocher, der sich überall anbiederte und nichts anbrennen ließ, eine Rolle, in der ich, um ehrlich zu sein, außer in dieser kurzen Periode meiner Laufbahn, nie sehr gut war. Ich bin nicht sonderlich gesellig. Ich bin nicht wie Venkman. Ich will nicht wissen, was jeder macht und wann. Aber an diesem Punkt in meinem Leben blieb mir nichts anderes übrig.
Ich begann, mich intensiv mit dem US-Dollar und der amerikanischen Wirtschaft zu beschäftigen. Da jeder am Desk seine spezielle Währung *gegen* den US-Dollar handelte, hatten wir nicht wirklich jemanden, der speziell mit dem US-Dollar befasst war. Wir stellten zwar jemanden eigens dafür ein, aber da der nichts vom Teller zog, beschloss

ich, das selbst in die Hand zu nehmen. Ich nahm mir vor, die US-Notenbank so gut zu kennen wie Billy die Bank von England.

Und meine Schweizer-Franken-Position ging ich mit dem Lausrechen durch. Man hatte mich aus der Position ausgestoppt, aber man kann nicht wirklich ein ganzes Book mit FX-Forwards, das heißt Devisen-Termingeschäften, stoppen. Wir machen jeden Tag etwa hundert Trades, sodass auch künftig jeden Tag riesige Geldbeträge ein- und ausgehen werden. Und die Höhe dieser Beträge ändert sich von Tag zu Tag. Man kann sich aus einer Position nicht wirklich »ausstoppen« lassen, wenn man an tausend Tagen tausend unterschiedliche Cashflows hat.

Für mich bedeutete das, dass ich mich, als ich ausgestoppt wurde, entscheiden musste: Für welche Tage akzeptiere ich das, welche Tage behalte ich? Ich ließ die Tage mit den geringsten Risiken fallen und behielt die riskanten. Das bedeutete unterm Strich, dass ich eine Menge Risiken beibehielt. Da mag nun der eine oder andere sagen, dass das kein wirkliches Ausstoppen sei. Aber ich für meinen Teil bin kein Moralphilosoph, ich bin Trader. Sie haben doch nicht etwa gedacht, ich lasse mich von diesem Trade frikassieren, ohne wenigstens ein bisschen was zurückzuverdienen, wenn der Markt sich wieder erholt?

*Nee*, nicht mit mir.

Aber das ist auch schon alles, woran ich mich aus diesem Abschnitt meines Lebens erinnere. Acht verdammte Monate. Trades und Positionen, Trades und Positionen. Kleine grüne Zeilen auf kleinen orangen Monitoren. Pieptöne und Zahlen. Positionen und Abschlüsse. Manchmal träume ich noch davon.

Ach was, was erzähle ich denn da? Ich träume jede verdammte Nacht davon.

Wie auch immer, zum Jahresende war ich wieder in den schwarzen Zahlen. Mit viereinhalb Millionen Dollar. Damit war der Fall erledigt.

\*

Aber an eines erinnere ich mich doch noch aus dieser Zeit. Ein kurzes Gespräch. Oder eigentlich war es eher ein Monolog. Zu dem kam es kurz, oder besser gesagt gleich, nachdem ich die acht Millionen Dollar in den Sand gesetzt hatte. Ich erinnere mich deshalb daran, weil es wahrscheinlich das wichtigste Gespräch meines Lebens war.

Im unmittelbaren Gefolge meiner Riesenpleite versuchte ich wie besessen dahinterzukommen, warum ich all das Geld verloren hatte und ob und wie es zurückzubekommen war. Im Rahmen dieser Obsession und als braver, disziplinierter Absolvent der LSE, der ich war, habe ich vor allem eines gemacht, und das war, meine Bücher wieder hervorzuholen.

Ich begann, meine alten Lehrbücher durchzugehen, um dahinterzukommen, was da passiert war. Warum zog der Wert des Schweizer Frankens wieder an? Wie erklärte sich die Handlungsweise der SNB? War ein Zinssatz von −4,5 Prozent haltbar? Konnte bei den FX-Swap-Kursen wirklich von Arbitrage die Rede sein? Ich packte meine alten Lehrbücher ein, und wenn der Handel sich nachmittags etwas beruhigte, las ich sie am Desk. Und ich las sie noch immer, wenn abends alle nach Hause gegangen waren.

So ging das zwei Tage lang.

Am dritten Tag konnte Billy das nicht mehr mit ansehen.

Ich war in ein Kapitel über die mathematischen Feinheiten der Zinsparitätentheorie vertieft, als mir jemand mit einem kräftigen Ruck das Buch aus den Händen riss und es mit einem lauten Knall in den Papierkorb zu meinen Füßen schmiss. An seine Stelle schob sich das kreisrunde, tiefrote Gesicht mit den frostigen weißen Brauen meines Kollegen aus Liverpool.

»Was zum Teufel machst du da, du blöder Sack, du? Was meinst du, wie alt du bist, Mann?«

Billy fluchte ja gern und oft, lief aber dabei normalerweise nicht derart rot an. Ich musste einen Augenblick überlegen. Wo immer ich gerade war, auf eine so persönliche Frage war ich nicht gefasst.

»Ähhh ... dreiundzwanzig.«

»Eben, was zum Teufel hockst du dann hier rum und liest Bücher, Mann? Sieht das hier verdammt noch mal aus wie eine Märchenstunde?«

Bill stand vor mir, aber um neunzig Grad in der Taille geknickt wie ein Waldschrat, und wies dabei wie wild mit seiner Linken in Rich-

tung des Floors. Ich wusste nicht so recht, ob ich mich umsehen sollte, kam aber zu dem Schluss, dass es wohl besser war, es bleiben zu lassen.
»Nein, natürlich nicht.«
Mit einem Seufzer steckte Billy beide Hände tief in sein weißes Haar. Dann zog er die Handflächen abwärts über sein rotes Gesicht. Er sah müde aus und setzte sich hin.
»Hör zu, du bist kein Kind mehr, verdammt noch mal. Ich weiß, du hast einen Scheißhaufen Geld verloren. Aber in den Büchern da findest du nicht einen Penny davon. Wenn du wissen willst, was in der Welt passiert, dann sieh dir die Welt verdammt noch mal an. Du willst wissen, was in der Wirtschaft passiert? Sie ist am Arsch. Und das siehst du, wo du verdammt noch mal hinkommst, Mann. Geh mal eine Geschäftsstraße rauf. Guck dir all die geschlossenen Läden an. Guck dir verdammt noch mal die Obdachlosen unter der Brücke an. Guck dir die Scheißwerbung in der U-Bahn an: Entschuldung, Verrentung, Entschuldung. Leute, die ihr verdammtes Haus verlieren, nur um für ihre Kinder aufzukommen. Geh nach Hause und frag deine Mutter nach ihrer finanziellen Situation. Frag deine Freunde. Frag die Mütter deiner Freunde. Die Zeit für Bücher ist vorbei, Mann. Herrgott noch mal, du bist kein Kind mehr! Du bist jetzt verdammt noch mal hier. Du bellst mit den großen Hunden. Schau dir die Welt verdammt noch mal mit eigenen Augen an.«
Und das war's. Das war das Wichtigste, was ich je gehört habe.

\*

In dem Jahr passierte noch so einiges. Venkman ging zurück nach Hause. Billy wurde zum dritten Mal in Folge der profitabelste Trader in der Bank.
Die Rückkehr Venkmans nach New York machte Sinn. Er lebte jetzt schon fast drei Jahre ohne seine Mom. Das setzte ihm langsam zu. Er hinterließ mir zwei seiner Books, das schwedische und das norwegische, sowie sein Spreadsheet, das ich für den Rest meiner Laufbahn benutzen sollte. Das dänische Book ging an Snoopy. Wir waren noch immer nicht in Skandinavien gewesen. Und wir wurden aus den Skandis nie so ganz schlau.

Am Ende des Jahres ernannte die Geschäftsleitung Billy, in Anerkennung der unchristlichen Summen, die er der Bank eingebracht hatte, zum Managing Director. Managing Director, oder MD, das ist eine große Sache in der Welt der Banker, und es dürfte den hohen Tieren schwergefallen sein, Billy den Job zu geben, so offensichtlich wie er sie hasste. Aber sie hatten wohl keine andere Wahl.

Die Namen der neuen MDs werden Anfang Dezember über den Lautsprecher bekannt gegeben. Dabei heißt es nicht etwa: »Diese Jungs haben es zum MD gebracht.« Es heißt einfach: »Kann der und der und der und der ins Büro kommen?« Und jeder weiß, was das bedeutet.

Als Billy aufgerufen wurde, haben wir alle gejohlt und geklatscht. Er selbst hat kein Wort gesagt. Er legte einfach die Zeitung weg und machte sich auf den Weg.

Eine Stunde später kam er wieder an den Desk und hatte irgendein schweres Teil aus Glas in der Hand. Er sah wütend aus. Er setzte sich auf seinen Stuhl und ließ das Ding in den Papierkorb fallen, der krachend umfiel. Ein kleiner Haufen zerknüllter Papiertaschentücher landete auf meinen Schuhen.

Ich wollte gerade etwas sagen, aber Bill fiel mir ins Wort: »Halt bloß das Maul, Gal, du Cockney-Zipfel.«

Ich wartete, bis er auf die Toilette musste, dann holte ich das Ding aus dem Papierkorb. Es war so eine Art Trophäe – eine große Glaskugel aus Tausenden von winzigen Bläschen, die in einen großen Glasblock geblasen waren. Am Boden des Blocks stand, ebenfalls in Bläschen, Bills Name: »WILLIAM DOUGLAS ANTHONY GARY THOMAS – MANAGING DIRECTOR 2010«

Ich richtete den Papierkorb wieder auf und stellte die Trophäe behutsam hinein.

\*

Kurz darauf, gegen Ende des Jahres, rief mich Chuck in sein Büro. Ich machte mich auf die eine oder andere Art Zigarre in Form eines »Jahresrückblicks« gefasst.

Da ich in dem Jahr so viel weniger verdient hatte als im Vorjahr, war ich selbst ziemlich enttäuscht von mir. Aber ich hatte mich von mehr als vier Millionen in den Miesen wieder nach oben gekämpft. Also dachte ich, dass die Beurteilung so schlecht nicht ausfallen konnte. Als wir uns setzten, sah Chuck mir geradewegs in die Augen und entschuldigte sich. »Hör zu, ich wollte dir nur sagen, dass es mir wirklich leidtut. Tut mir wirklich leid. Ich hätte schon früher draufkommen sollen, aber ehrlich gesagt, mir wurde das jetzt erst klar.«

Ich sah Chuck an. Ich hatte nicht die leiseste Ahnung, wovon er sprach. Seiner Miene nach zu urteilen, machte er keinen Scherz. Seine Stirn war in Falten gelegt. Also legte auch ich die meine in Falten.

»Ich kann da nichts machen. Ich kann da wirklich nichts machen. Ich habe mit der Personalabteilung und mit dem Management gesprochen. Aber sie sagen beide, dass da nichts zu machen sei. Die Regelung gilt unternehmensweit.«

Ich begann, mir langsam Sorgen zu machen, und ging eine lange Liste mit allem durch, was da los sein könnte. Ich kam nicht darauf.

»Es tut mir wirklich leid, dass ich da nichts machen kann. Ich möchte nur wissen, ob du damit klarkommst.«

Ich sah Chuck an, aber Chuck kommunizierte mit dem Universum. Ich suchte in seinen Augen nach zusätzlichen Informationen. Dann gab ich auf.

»Tut mir leid, Chuck, aber könntest du mir vielleicht sagen, worum es hier geht?«

Chuck breitete seine riesigen Hände aus, lachte auf und sah mich ungläubig an: »Aber natürlich, Gary, klar, ich spreche von deinem Gehalt. Aber, du weißt, wir können da nichts machen. Der Gehaltsstopp ist unternehmensweit!«

Langsam dämmerte mir, worum es hier ging. Chuck machte sich Sorgen um mich und mein Gehalt. Seine Besorgnis war, wie es schien, eher humanitärer Art. Mein Gehalt betrug 36 000 Pfund. Zuzüglich der 400 000 Pfund Bonus, versteht sich.

»Ich möchte nur sichergehen, dass du okay bist.«

Ich starrte Chuck eine Weile ins Gesicht. Ich überlegte, was das alles bedeutete. Der Typ machte keine Witze. Mit einem Seufzer senkte ich den Blick auf meine Füße. Ich nahm die Hände hoch und rieb mir mit den Knöcheln die Stirn.

»Um ehrlich zu sein, Chuck, leicht ist es nicht.«

Ich ließ meine Hände wieder sinken. Chuck nickte. Es war offensichtlich, dass er sich wirklich Sorgen machte. Er legte mir eine Hand auf meine Schulter, während ich starr aus dem Fenster sah.

»Keine Sorge, Gary, wir werden sehen, was sich da machen lässt.«

Daraufhin sprach Chuck mit der Geschäftsleitung, und man buchte mir eine Weltreise.

# 5

Ich verbrachte also den Januar 2011 in Sydney, wo Sommer war, und in Tokio, wo Winter war, und bekam meinen Bonus im achtzehnten Stock eines riesigen Hotels in Singapur mit Blick auf Marina Bay.

Rupert freute sich, mich zu sehen. Er ließ es sich gut gehen in »Oz«. Er hatte eine schöne Wohnung, ein schönes Boot und eine schöne Freundin, und er war so freundlich, sie mir der Reihe nach vorzuführen, damit ich sie der Reihe nach würdigen konnte. Wir fuhren runter zur Botany Bay, wobei sich Rupert ausführlich über die Kosten der Yachthaltung ausließ. Ich war die ganze Zeit über so sehr damit beschäftigt, mich mit Sunblocker einzucremen, dass ich mit verbrannten Handrücken nach Japan flog.

Tokio war kalt im Januar, wirklich kalt. Eine graue Legostadt voll heller Lichter und heftigem Wind. Ich lernte den nüchternen Hisa Watanabe kennen und den temperamentvollen Joey Kanazawa. Sie werden später noch mehr von den beiden hören.

Ich hatte keinen Grund für einen Abstecher nach Singapur. Nicht den geringsten. Es gab dort nicht einmal einen STIRT-Desk. Aber Chuck hatte mich irgendwann mal gefragt, wo auf der Welt ich gerne hinreisen würde, und ich hatte einfach gesagt: »Singapur«. Ich wusste noch nicht mal so recht, wo das war. Also hatte Chuck Singapur in meine Weltreise eingebaut. Es war ein bisschen wie damals, als ich meiner Oma sagte, wie gern ich Lion-Riegel mag, und sie mir dann jedes Jahr zu Weihnachten welche schenkte, bis sie starb.

Singapur war schön. Ich hatte dort Freunde von der LSE, mit denen ich meine Zeit verbrachte. Und als Chuck mich wegen meines Bonus anrief, saß ich in meinem Hotelzimmer auf dem Bett, praktisch im Himmel.

Bei dem Anruf sagte mir Chuck, wie stolz er auf mich sei, darauf, wie ich mich von vier Millionen Miesen wieder nach oben gekämpft hatte. Er meinte, alle hätten das mitgekriegt. Nicht nur alle am Desk, sondern alle auf dem ganzen Floor. Mir war das gar nicht aufgefallen. Vielleicht blies er mir aber auch nur Zucker in den Arsch. Er sagte mir, dass er wirklich an mich glaube. Dass ich seiner Ansicht nach das Zeug zu etwas ganz Großem hätte. Dass er mir fürs nächste Jahr von ganzem Herzen den Durchbruch wünsche und dass ich es schaffen würde. Das wüsste er. Dann gab er mir 420 000 Pfund.

Ich blickte hinaus auf die Bucht. Die Sonne war so grell, dass ich völlig geblendet war. Alles rundum reflektierte sie: das Wasser, die Wolkenkratzer, die Gärten, der kleine Löwe, dem das Wasser aus dem Maul schoss.

Es war nicht meine Sonne. Ich sah wie durch fremde Augen. Ich fragte mich, was das alles zu bedeuten hatte.

Okay, dachte ich, es ist Zeit, wieder nach Hause zu fliegen. Zeit, der beste Trader der Welt zu werden.

# VIERTER TEIL
## Der Thermostat

# 1

Als ich wieder nach London kam, war der ganze verdammte Desk verschwunden. Nein, im Ernst, der Desk war nicht mehr da. Drüben an unserem Fenster hockte ein Haufen verdammter Verkäufer, und uns hatte man in die Mitte des Floors versetzt. Offenbar verdienten wir zu viel, um uns weiter in der Ecke zu verstecken. Sie wollten uns im Auge haben.

Und als wäre es nicht traurig genug, dass ich meinen Fensterplatz verloren hatte, verlor ich auch noch meinen Platz neben Bill.

Noch bevor ich etwas sagen konnte, zog Chuck mich in ein Büro. Billy hatte Altersteilzeit beantragt. Er würde ab sofort die Quotes für das Sterling-FX-Swap-Book nicht mehr machen. Er wollte nur noch in seiner Ecke sitzen und massive Wetten auf die britische Wirtschaft abschließen, während Snoopy neben ihm die Quotes für sein Book besorgte.

Diese Arschgeigen! Ich hatte zu dem Zeitpunkt ein ganzes Jahr für Bill gecovert und das, während ich meine eigene Karre aus dem Dreck zog, und jetzt hatte der Scheißkerl das Book Snoopy gegeben, ohne mir auch nur ein Wort zu sagen. Es war zum Kotzen.

Allerdings hatte man zu meiner Beschwichtigung einen Plan ausgeheckt. Mit Snoopys Übernahme des Sterling-Books wurde ein Platz beim Euro-Book frei, mit anderen Worten der Platz neben JB. Ich sollte Junior-Euro-Trader werden. Ich wollte aber verdammt noch mal nicht der Euro-Trader werden, sondern wollte der Sterling-Trader sein. Ja, ich weiß, dass das ein Scheißjob ist, aber es ist *mein* Scheißjob. Das habe ich Chuck auch gesagt. Der massierte sein Kinn.

Ich sah die nächsten beiden Tage Billy noch nicht mal mit dem Arsch an und sprach auch mit niemandem. Ich glaube, dass ich damals begann, Kulis zu zerbrechen. Snoopy machte zwei Tage lang sowohl die Quotes für das britische Pfund als auch den Euro, bis Billy mich schließlich in einen Nebenraum zerrte und meinte, ich solle aufhören, mich wie ein Idiot aufzuführen.

So wurde ich schließlich der Junior-Euro-Trader.

Junior-Euro-Trader ist durchaus ein guter Job. Der einzige Trader außer Bill, der jemals hundert »Bucks« im Jahr verdient hatte, war Hongo, und er schaffte das, *weil* er Junior-Euro-Trader war. Wenn Junior-Euro-Trader aber ein so guter Job war, warum zum Teufel gab man ihn dann ausgerechnet mir?

Die Antwort ist einfach die, dass Junior-Euro-Trader ein Knochenjob war. Das sieht folgendermaßen aus: Der Junior-Euro-Trader quotiert ausschließlich sehr kurzfristige Euro-FX-Swaps, einen Monat oder noch kürzer. Alles andere fällt dem Senior Trader zu. Kurzfristige Devisenswaps bergen zwar wenig Risiken, bringen aber auch kaum etwas ein und sind alles andere als aufregend. Aber sie kommen knüppeldick rein.

Wie bereits erklärt, benutzen Unternehmen, Pensionsfonds und Hedgefonds Devisenswaps, um sich Geld zu leihen. Nur sind Devisenswaps in erster Linie kurzfristige Instrumente, hauptsächlich mit einer Laufzeit von einem Jahr oder darunter – und Unternehmen brauchen nun mal Geld für längere Zeit. Das ist eigentlich kein Problem, schließlich braucht man sich ja das Geld nur für jeweils drei Monate zu leihen und das alle drei Monate zu wiederholen. Einige Unternehmen machen das auch so, vierteljährlich; andere entscheiden sich für jährliche oder halbjährliche Fälligkeiten, während wieder andere sich dafür entscheiden, ihre Trades von Woche zu Woche oder gar täglich zu rollen. Wenn Sie sich Geld für sechs Monate borgen, brauchen Sie nur zwei Trades pro Jahr abzuschließen, aber wenn Sie sich Ihr Geld täglich borgen, bedeutet das *zweihundertfünfzig Trades pro Jahr* (an Feiertagen und Wochenenden haben wir geschlossen). Entsprechend viel Arbeit hat der Junior-Euro-Trader. Und das ist verdammt viel. Für ein Risikovolumen, für das JB vielleicht zwei oder vier Trades im Jahr benötigt, brauche ich für denselben Zeitraum *zweihundertfünfzig*. Unterm Strich heißt das, ohne hier übertreiben zu wollen, dass der Junior-Euro-Trader mehr Trades tätigt als *alle anderen Trader am Desk zusammen*. Wenn man das durchhält, kann man eine Menge verdienen. *Wenn* man es durchhält. Es hatte verdammt noch mal seinen Grund, dass sowohl Snoopy als auch Hongo das Book hingeschmissen hatten.

\*

Und so war ich mit einem Mal der Euro-Trader. Einfach so. Aber ich war nicht am Floor, um mir Visitenkarten drucken zu lassen. Ich war dort, um der beste Trader der Welt zu werden. Also brauchte ich einen Plan.

Zunächst einmal *musste ich* den Platz wechseln. Unbedingt. Mein neuer Platz war zwischen JB und Chuck. Ich mochte JB, und ich mochte Chuck. Ich mag sie noch heute. Aber JB kaute mir ständig ein Ohr ab, und Chuck hatte diesen »außerirdischen« Vibe, will sagen, er schien mit weiß Gott welchen Welten zu kommunizieren, und das brachte mich total aus dem Konzept. Also sagte ich Chuck, ich bräuchte meinen eigenen Junior und käme zu ihm ans Ende des Desks.

Der Kleine, auf den ich ein Auge geworfen hatte, war Titzy Lazzari. Eigentlich hieß Titzy Fabrizio. Ich nannte ihn nur Titzy, weil er das hasste.

Titzy war 2009 als zweiundzwanzigjähriger Sommerpraktikant am Desk aufgeschlagen, in einem geradezu gleißenden Silberanzug, und hatte sich geweigert, seinen hippen Designerbart abzurasieren, als Chuck es verlangt hatte. Ich wusste sofort, dass er mein Junior war.

Titzy war so borstig wie drahtig, nicht nur vom Äußeren her, sondern auch vom Temperament. Er war ein stiller, unscheinbarer Typ, sah dabei aber gar nicht schlecht aus, und er stritt sich in einer Tour mit Snoopy und mir.

Titzy trank immer nur kleine Espressos. Snoopy hatte ihn mal, nicht zu Unrecht, darauf hingewiesen, dass ein doppelter Espresso gerade mal zehn Pence mehr kostete. Das sei ihm schon klar, meinte Titzy darauf, aber er wolle nun mal nicht mehr. Worauf Snoopy ihm erklärte, dass er, wenn er schon auf einen kleinen Espresso bestehe, trotzdem einen doppelten kaufen und die Hälfte in eine separate Tasse gießen könnte. So bekäme er zwei zu je fünfundsechzig Pence, anstatt jeweils ein Pfund zwanzig zu zahlen. Das sei rechnerisch schon richtig sei, räumte Titzy ein, blieb aber standhaft: Ein kleiner genüge ihm vollauf. Snoopy schmeckte das gar nicht. Das mache doch keinen Sinn, sagte er, wo Titzy am Vortag vier kleine Espressos getrunken hätte. Er hätte es mit eigenen Augen gesehen. »Ja«, erwiderte Titzy, »aber wenn ich ihn zwei Stunden lang stehen lasse, wird er doch kalt, oder?« Worauf Snoopy meinte, er bräuchte ihn doch nur in die Mikrowelle zu stellen. So stritten sie eine geschlagene Stunde lang.

Mit mir ging es um die Wirtschaft. Wir lagen ständig wegen der Wirtschaft im Clinch. Titzy hatte an der Bocconi studiert, mit anderen Worten der italienischen Version der LSE. Aber nach Titzy zu urteilen, war man in Mailand rückständiger und vermittelte noch nicht die zentrale Message der LSE: nämlich, dass ein Abschluss an einer Wirtschaftsuni nichts weiter ist als ein Los bei der großen Tombola um einen Bankerjob. Titzy maß der bloßen Theorie, den Ideen, zu viel Bedeutung zu!

Man stelle sich das mal vor! Armer Titzy! Die Theorie interessiert seit zwanzig Jahren kein Aas mehr.

Warum also wollte ich diesen modisch angegammelten Italiener im silbernen Anzug, der zu viel für seinen Kaffee ausgab? Um die Wahrheit zu sagen, ich habe mich gerne mit ihm gestritten. Ich habe selbst Italiener in der Familie, und auch die habe ich schon immer gern aufgezogen. Was soll ich sagen? Ist nun mal eine Schwäche von mir. Ich hatte meine Freude daran, wie er sich über die Ursachen der Inflation aufregte oder wenn er mitten in einem Fußballspiel vom Platz stürmte und (vermutlich, um fair zu sein, nicht ganz zu Unrecht) schrie, wir könnten ihm doch noch nicht mal die Fußballschuhe polieren.

Aber das war nicht der eigentliche Grund, warum ich Titzy wollte. Ich wollte ihn, weil er die Stimme der »Street« war. Und ich meine damit nicht die Straßen Neapels. Titzy war eher der Typ Comer See. Ich spreche hier von der Wall Street.

Nach Titzys Ansicht hatte nämlich der Markt immer recht. Ausnahmslos. Genauso wie seiner Ansicht nach Lehrbücher immer recht hatten. Ich glaube, dass der Typ einfach von einer Art angeborenen Sehnsucht nach höherer Weisheit beseelt war. Von dem Vertrauen darauf, dass die Jungs da oben alles im Griff hatten. Sein Vater muss ein netter Kerl gewesen sein.

Das war genau das, was ich wollte: einen Burschen, der morgens die *Financial Times* liest und dann den ganzen Tag mit seinen Freunden von der Wirtschaftsuni telefoniert. Lassen Sie mich Ihnen auch gleich erklären, warum.

Als ich die acht Millionen Dollar verloren hatte, wurde mir etwas klar. Man wird nicht der Beste, egal in was, indem man andere kopiert. Ich wäre nie besser als Bill geworden, hätte ich Bill kopiert. Ebenso wenig hätte ich besser als Venkman werden können, indem ich Venkman kopiere. Als mir mein Trade um die Ohren flog, hat es letztlich nur mich erwischt und niemanden sonst. Weder Billy noch Venkman waren mir zu Hilfe gekommen. Das hat man davon, wenn man andere kopiert. Strategien aus zweiter Hand, Skills aus zweiter Hand. Das reicht einfach nicht.

Ich brauchte etwas Eigenes.

Als Bill mir die Lehrbücher aus der Hand schlug und in den Papierkorb warf, wurde mir klar, was das war. Sehen Sie, Billy hatte recht, was meine Lehrbücher anging. Sie waren Bullshit. Lehrbücher sind für Kinder. Wenn man die wirkliche Welt verstehen will, kommt man nicht darum herum, sie sich irgendwann anzuschauen. Für mich war die Zeit dafür gekommen.

Reicher Daddy. Privatschule. Princeton Finance Society. Citibank. Algebra. Infinitesimalrechnung. Lagrange. Beweise. Die meisten dieser Arschgeigen auf dem Trading Floor lagen doch immer noch ihren Vätern auf der Tasche. Sie haben alles geglaubt, was sie gelesen haben, und jedes Wort aufgesaugt, das man ihnen gesagt hat. Und warum zum Teufel auch nicht? So bekommt jeder sein Geld. Und deshalb hat Billy sie Jahr für Jahr in die Pfanne gehauen.

Aber als Billy meine Bücher in den Papierkorb kloppte, war da noch etwas anderes. Ich konnte es in seinen Augen sehen.

Während wir in hehren Bildungsanstalten Algebra lernten und für Veranstaltungen der Finance Society anstanden, sah das bei dem kleinen Billy ganz anders aus. Der saß als Teenager hinter einer Glasscheibe, irgendwo am Arsch der Welt in Yorkshire, und reichte seiner

Kundschaft gebündelte Scheine. Billy war Kassierer gewesen. Er hatte in einer Bank gelernt.

Billy hatte unsere Bücher nie gehabt.

Und ich konnte damals sehen, dass Billy neidisch war.

*

Passen Sie auf, ich verrate Ihnen jetzt ein Geheimnis des Devisenhandels. Beim Handel mit Geld geht es nicht darum, recht zu haben. Es geht darum, recht zu haben, wenn alle anderen falschliegen.

Billy hatte recht und das Jahr für Jahr für Jahr für Jahr. Aber wann machte er das ganz große Geld? Das ganz große Geld machte er, als etwas passierte, was niemand sonst vorhergesehen hatte – als das globale Bankwesen zusammenbrach.

Wenn Leute falschliegen, fallen auch ihre Prognosen falsch aus. Wenn ihre Prognosen falsch ausfallen, sind auch ihre Preise falsch. Und wenn die Preise falsch sind, verdienen wir Millionen.

Der Grund, aus dem Billy Jahr für Jahr recht behielt, während alle anderen unrecht hatten, ist der, dass Billy wusste, dass die Wirtschaft etwas Reales ist. Die Wirtschaft besteht aus Menschen, Häusern, Unternehmen, Krediten. Dem Rest von uns hatte man eingebläut, sie als Zahlen zu sehen, und abgesehen davon kannte kaum einer der Trader, mal von ihren Putzfrauen abgesehen, auch nur einen einzigen Menschen, der nicht reich war. Was wussten sie schon von der wirklichen Welt?

Das war etwas, was Billy und ich ihnen voraushatten. Wir mussten uns keine Gespräche mit unseren Putzfrauen abquälen.

Aber ich hatte darüber hinaus noch etwas anderes, etwas, das Billy nie gehabt hatte. Billy wusste, dass er von Dummköpfen umgeben war. Aber ich hatte die Universität von innen gesehen. Ich hatte die Seminare besucht. Ich hatte die Bücher auswendig gelernt. Ich hatte das finstere Herz der Dummheit gesehen. Ich kannte es. Seine Aromen. Seinen Geschmack.

Der beste Trade ist der, den man mit der Nase macht. Er riecht nach Dummheit.

Und damals, Anfang 2011, stank der ganze Laden geradezu danach.

\*

2010 passierte etwas, was mir nicht mehr aus dem Kopf gehen wollte. Die Zinssätze blieben das ganze Jahr über bei null.

Das sagt Ihnen vermutlich nichts. Für Sie dümpeln die Zinssätze jetzt fast fünfzehn Jahre lang bei null. Nullzinsen sind für Sie normal. Damals waren sie das nicht.

Noch wichtiger ist, dass sie niemand vorhergesagt hatte.

Anfang 2010 dachten alle, dass die Zinssätze in diesem Jahr wieder steigen würden. Aber 2009 schon hatten alle dasselbe gedacht.

Aber es kam nicht dazu. Alle hatten sich geirrt, zwei Jahre in Folge. Warum?

Ich habe die Lehrbücher gelesen, genau wie Titzy und jeder andere Schwachmat im rosa Hemd an der Wall Street. Lassen Sie mich Ihnen mal deren Version der Geschichte erzählen.

Der Zins reguliert die Wirtschaftstätigkeit. Wenn wir den Zins regulieren, regulieren wir die Wirtschaft. Darin sind wir gut. Das haben wir bestens im Griff.

Manchmal verlieren die Leute die Zuversicht und geben kein Geld mehr aus. Wenn die Leute kein Geld mehr ausgeben, verlieren Unternehmen Kundschaft und gehen ein. Das bedeutet, dass Leute ihren Arbeitsplatz verlieren, und dann geben sie noch weniger aus. Das wiederum bedeutet, dass noch mehr Unternehmen schließen müssen. Das kann zu einer Spirale von rasch zunehmender Arbeitslosigkeit und Armut führen. Und das kann zum Kollaps der Wirtschaft führen. Genau dazu kam es bei der Großen Depression der 1930er-Jahre, die schließlich zum Faschismus in Europa und zum Zweiten Weltkrieg führte.

Das hätte auch 2008 wieder passieren können, aber es ist nicht passiert, weil wir so etwas im Griff haben. Wir wissen, wie man mit diesem Problem umgeht. Wenn so etwas passiert, senken wir die Zinssätze. Niedrige Zinsen sind eine tolle Sache, weil sie das Sparen unattraktiver und die Kreditaufnahme billiger machen, sodass Privatleute wie Unternehmen weniger sparen; sie nehmen eher Kredite auf und geben mehr aus. Dies wirkt der eigentlichen Wurzel des Problems, dass die Menschen kein Geld mehr ausgeben, auf perfekte Weise entgegen.

Durch eine sorgfältige Verwaltung der Zinssätze – ein kleiner Tweak hier, ein kleiner Tweak da – lässt sich stets das *erstbest-optimale Ergebnis für die Wirtschaft* erzielen. Die wäre die beste aller möglichen Welten.

Was die Volkswirtschaftler anbelangt, so waren diese 2008 sehr zuversichtlich, dass ihnen dies gelingen würde. Die zwei Jahrzehnte zuvor hatten sich als goldenes Zeitalter für Ökonomen erwiesen, in dem sie erfolgreich

1. die Inflation besiegten,
2. dem Auf und Ab von Boom-and-Bust ein Ende machten und
3. ein nachhaltiges Wirtschaftswachstum erzielten.

Und das alles dank des Wundermittels Zinsmanagement.

In Anbetracht der allgemein anerkannten Erhabenheit dieser Strategie muss es nicht verwundern, dass die Volkswirte angesichts der ebenso massiven wie unvorhergesehenen Bankenkrise von 2008 einhellig in einer Zinssenkung die einzig richtige Reaktion darauf sahen. Also senkte man die Zinssätze und zwar gewaltig. Hatten die Zentralbanker zuvor Zinssätze vielleicht mal leicht zurückgestutzt, sagen wir mal von 5,75 Prozent auf 5,5 Prozent, strichen sie sie plötzlich von 5,5 Prozent auf 0 Prozent. Und dazu kam es in allen Ländern der reichen Welt.

Alle waren ausgesprochen zuversichtlich, dass das funktionieren würde.

Ich will Sie nicht mit technischen Details langweilen, aber eine drastische Senkung des Leitzinses bedeutet, Geld zu drucken. Eine Zentralbank senkt den Zinssatz dadurch, dass sie einen Mordshaufen Geld druckt und es dann zu Spottpreisen an die Geschäftsbanken verleiht.

Alle waren ausgesprochen zuversichtlich, dass das funktionieren würde.

Der Grad des Vertrauens in diesen Plan lässt sich wohl am besten mit einem Zitat von Ben Bernanke aus dieser Zeit zusammenfassen. Ben Bernanke (ex-Princeton, ex-Harvard, ex-MIT) war damals Chef der US-Notenbank und damit auf dem Papier der mächtigste und cleverste Volkswirtschaftler der ganzen Welt. Er sagte Folgendes: »Die

US-Regierung verfügt über eine Technologie, die sogenannte Druckerpresse, die es ihr ermöglicht, so viele Dollars zu produzieren, wie sie möchte, und das praktisch kostenlos. In einem Papiergeldsystem kann eine entschlossene Regierung *immer* höhere Ausgaben generieren.« Alle waren ausgesprochen zuversichtlich, dass das funktionieren würde.

Es funktionierte nicht.

\*

Deshalb wollte ich neben Titzy Lazzari sitzen. Ich wollte neben ihm sitzen, *weil er nicht recht hatte.*

Okay. Es geht mir hier nicht um Titzy Lazzari persönlich, sondern um den Markt an sich. Anfang 2011 wurde mir langsam klar, dass *der Markt unrecht hatte.* Und nicht nur der Markt, sondern auch die Volkswirtschaftler, die Universitäten, das verdammte geldpolitische Komitee der Bank von England, die Schwachköpfe in den Nachrichten, der ganze bescheuerte Haufen.

Diese Idioten hatten mit nichts, aber auch rein gar nichts recht gehabt. Sie hatten sich in allem geirrt und das seit meinem ersten Tag auf dem Floor. Als ich dort anfing, hielt man die Schwachköpfe in den rosa Hemden für Halbgötter. Und eh ich mich versah, hatten diese Typen die Welt in die Luft gejagt – mit nichts als Mathematik, Dummheit und Hybris. Danach prophezeite jeder Volkswirtschaftler der ganzen Welt zweieinhalb Jahre lang einen Aufschwung, zu dem es nie kam. Eines Tages setzte ich mich hin und sah mir einige historische Zinsprognosen an. Jede einzelne davon war um Meilen zu hoch. Sie lagen mit allem falsch. Wir lagen mit allem falsch.

Ich musste wissen, warum.

Und dazu brauchte ich Titzy. Ich musste den Abstand zwischen der realen Wirtschaft und den Universitäten, zwischen der realen Welt und den Märkten messen. Und dazu brauchte ich jemanden an meiner Seite, der frisch von der Uni kam und mit Haut und Haaren in die Matrix eingebunden war. Jemanden, der jede Wirtschaftstheorie kannte, der jede Wirtschaftszeitung las. Jemanden, dessen Freunde alle frisch von der Business-School kamen und dessen Vater ihn per SMS von einer Yacht aus um Börsentipps bat. Jemanden, dessen silberner Anzug zum Bersten voll ökonomischem Dogma war. *Yep*, ich brauchte Titzy. Ich brauchte Titzy, weil er falschlag.

# 2

Also, warum *haben* die Leute zwischen 2009 bis 2011 kein Geld ausgegeben?

Titzy sah darin einen Mangel an Zuversicht. 2008 war ein großer Schock für das System. Der Verbraucher wurde bis ins Mark erschüttert. Jetzt, Anfang 2011, stellt die Zuversicht sich langsam wieder ein. Es sind über zwei Jahre vergangen, die Menschen sind wieder bereit, sich etwas zu leisten.

Jedem seine Meinung, denk ich mal.

Was dachte Bill?

Das Bankensystem wurde verarscht. Die Leute wurden verarscht. Viele haben ihre Häuser und ihre Arbeit verloren. Aber diese Häuser haben jetzt neue Besitzer, die Arbeitslosigkeit geht zurück, und die Inflation steigt. Jetzt, wo das Bankensystem repariert ist, ist es nur noch eine Frage der Zeit, bis sich die Wirtschaft und die Zinssätze wieder erholen.

Jedem seine Meinung, denk ich mal.

Was dachte Antonio Mancini, der wohlhabende Oxforder Professor für Makroökonomie mit dem Schlangenledergürtel, als ich ihn 2018, also sieben Jahre später, fragte?

Wir wussten immer, dass die Zinsen bei null bleiben würden. Die Konsum- und Sparpräferenzen der Menschen hatten einen zu schweren Schlag eingesteckt.

Tja, jedem seine Meinung, denk ich mal.

JB hatte ein Sprichwort, was Meinungen anbelangt: »Meinungen sind wie Arschlöcher. Jeder hat eine.«

Ich fragte Harry Sambhi. Harry war noch ein Junge. Harry hatte Löcher in den Schuhen und sprang in der U-Bahn über die Drehkreuze, um Geld zu sparen. Deshalb gab er auch nicht mehr aus. Ich fragte Asad. Asad sagte, seine Mutter hätte das Haus verkauft, um ihn und seine Schwestern zu unterstützen, und jetzt schlafe er auf dem Sofa, um Geld für eine Anzahlung zusammenzusparen. Deshalb haben sie nicht mehr ausgegeben. Ich fragte Aidan. Aidans Mutter hatte ihren Job verloren und bekam keinen neuen Zinssatz für die Hypothek. Jetzt waren die monatlichen Raten irre hoch, und Aidan musste sie aus der eigenen Tasche bezahlen. Deshalb gaben sie nicht mehr aus.

Sie waren dabei, ihr Zuhause zu verlieren. Ich hatte es nicht mal bemerkt.

Meinungen sind wie Arschlöcher, denk ich mal. Jeder hat eine.

\*

Eines Nachmittags im Februar saß ich am Desk und probierte meine Erkenntnis an Titz aus.

»Titzy. Was meinst du, warum niemand Geld ausgibt? Liegt das vielleicht daran, dass niemand Geld hat?«

»Was redest du da für einen Scheiß, *Alda*? Wie sollte niemand Geld haben können?«

Sein italienischer Akzent war zum Schneiden dick. »Alda« war ein neues Wort, das er vor Kurzem gelernt hatte und das er gerade ausprobierte.

»Na ja, ich habe Leute gefragt, und sie haben alle dasselbe gesagt: ›Ich habe verdammt noch mal kein Geld.‹«

»›*Ich-e hab verdammt-e noch mal-e keine Geld.*‹« Titzy versuchte, meinen Akzent nachzumachen, und hörte sich irgendwie nur noch italienischer an. »Komm schon, Alda. Wir haben ein Geldsystem. Es ist unmöglich, dass niemand Geld hat. Muss doch alles aufgehen.« Er versuchte, sich vorzubeugen, um eine Zeitung vom Boden aufzuheben, ohne die Füße vom Schreibtisch zu nehmen, und kippte dabei fast vom Stuhl.

\*

Unmittelbar danach mietete die Citibank ein riesiges Anwesen irgendwo außerhalb von London und lud alle Trader aus der ganzen Welt zu einer

Tagung und einem Besäufnis ein. Die Schnecke war auch dabei, und mir wurde klar, warum man den Typen die Schnecke nannte. Der Frosch war da, und mir wurde klar, warum er für alle nur der Frosch war.

Der Big Boss, der Chef der Schnecke, hielt eine Mordsrede, in der er uns alle aufforderte, noch viel, viel größere Risiken einzugehen. »Wenn Sie bereit sind, eine Million Dollar zu riskieren, warum sollten Sie dann nicht auch zehn Millionen riskieren?«

Wir bekamen alle Camouflage-Basecaps mit dem Aufdruck »Go Big or Go Home« vorn drauf.

Ich blieb nicht auf der Party. Ich setzte einfach mein Basecap auf, stieg in meinen kleinen Peugeot 106 und fuhr wieder heim.

Als wir wieder am Desk waren, platzierten alle massive Wetten, ganz so wie der Big Boss es ihnen aufgetragen hatte. Massive Wetten auf den Aufschwung. Billy war dabei, Snoopy war dabei, JB war dabei, Chuck war dabei. *Shit*, sogar Hongo machte mit, und der hat nie auf etwas gewettet. Und es war nicht nur der STIRT-Desk, alle machten sie mit: Spot-Desk, Options-Desk, die Emerging-Markets-Desks. Nur ich wartete ab. Ich mochte den Geruch nicht. Ich war nicht dabei, und so war Titzy auch nicht dabei.

In der Woche darauf wurde ich zu einem Meeting gerufen. Früher hatte es alle vierzehn Tage ein Meeting aller Desk-Leiter auf dem Floor gegeben. Damals, als Caleb noch Chef war, musste ich zu jedem dieser Meetings, um die Sandwiches mitzubringen. Als Chuck dazukam, habe ich ihm davon nie etwas gesagt und bin einfach so hingegangen. Ich weiß noch nicht mal, warum; ich dachte einfach, es könnte eines Tages von Vorteil sein.

Das Meeting wurde diese Woche von einem der wenigen Volkswirtschaftler der Bank geleitet, die ich tatsächlich respektierte. Er arbeitete in der Kreditabteilung, und ich kannte ihn noch aus dem Praktikum. Er hieß Timothy Prince.

Timothy hatte einen ganzen Stapel Diagramme und Grafiken mit. Er ging sie der Reihe nach durch. Jedes seiner Blätter zeigte die finanzielle Lage eines bestimmten Landes. Italien. Spanien. Griechenland. Portugal. Irland. Und dann natürlich das Vereinigte Königreich, die USA und Japan.

Sie alle erzählten Variationen ein und derselben Geschichte. Alle diese Länder gaben Jahr für Jahr mehr aus, als sie einnahmen, und verschuldeten sich mehr und mehr. Wenn das so weiterging, würden die Zinssätze für ihre Schulden steigen. Man würde ihnen keine Darlehen mehr geben, und sie müssten ihre Assets verkaufen. Das wäre gar nicht gut.

Ich sammelte alle noch übrigen Sandwiches in einer braunen Papiertüte und nahm sie mit zurück zum Desk.

Mir wollte das einfach nicht mehr aus dem Kopf. Nicht etwa der Zusammenbruch der westlichen Wohlfahrtsstaaten, nicht doch, darüber war ich nicht allzu besorgt. Was mir nicht aus dem Kopf ging, waren die Parallelen. Sie waren nicht zu übersehen. Die Regierungen von Spanien, Amerika, Japan. Deren Situation war genau dieselbe wie die von Asads Mom, sie war genau dieselbe wie die von Aidans Mom. Ihre Ausgaben überstiegen ihre Einnahmen. Sie konnten sich kein Geld mehr leihen. Immer mehr von ihrem Einkommen ging in den Schuldendienst. Sie verloren ihre Vermögenswerte. Es war dieselbe Situation. Es ging nicht nur Harry mit seinen löchrigen Schuhen so, sondern der ganzen Welt.

Nur biss es sich mit der Volkswirtschaftslehre, will sagen mit Titzys Weisheit: Wir haben ein Geldsystem. Es muss doch immer alles im Gleichgewicht sein. Auf jeden, der Schulden hat, kommt einer, der einen Kredit vergeben hat. Auf jeden, der Geld verliert, kommt einer, der es gewinnt. Das ganze System ist auf Gleichgewicht ausgelegt. Aber das war noch nicht alles. Was war mit dem Hauseigentum? Was war mit dem Aktienmarkt, der unaufhörlich nach oben ging? Diese Vermögenswerte verschwanden nicht. Aber wenn wir sie nicht besaßen, wenn die Leute sie nicht besaßen und der Staat sie nicht besaß ... Wem gehörten sie dann?

Das war, glaube ich, der Augenblick, in dem mir ein Licht aufging, inmitten von Sandwiches und Millionären.

Ich guckte nach links. Rosa Hemd, rosa Hemd, weiß, himmelblau. Ich guckte nach rechts. Weißes Hemd, weißes Hemd, rosa, *oh*, Nadelstreifen, sieht man heute nicht mehr allzu oft. Und da drüben, in Schreibschrift in den Kragen gestickt, vier Buchstaben: »A.I.E.Q.« *What the fuck*, welcher Nachname beginnt schon mit Q?

Millionäre. Jeder Einzelne von ihnen.
Und ich. Natürlich ich. Ich würde auch bald einer sein.
Wir waren das. Wir waren das, nicht wahr? Das Gegengewicht. Wir sorgten für die Balance. Wir. Wir waren die Jungs, die reicher sein würden als unsere Väter, in einer Welt voller Kinder, die arm sein würden. Wir waren diejenigen mit den wachsenden Bankguthaben, die die Schulden der Italiener ausglichen. Wir waren es, die die Zinsen für die Hypothek von Aidans Mom kassierten, die Aidan nun selbst an uns zahlen musste. Und an unsere Kinder. Womöglich meine eigenen. Vielleicht würde ihnen mal das Haus gehören, das Asads Mom verkauft hatte. Und die Miete aus diesem Haus und Italiens Zinsen. Vielleicht könnten unsere Kinder die Miete aus dem Haus wieder an Asads Kinder verleihen, dann würden uns die Häuser mitsamt den Schulden gehören. Und das alles würde wachsen, wegen dem Zinseszins. Wir würden das Geld aus den Vermögenswerten verwenden, um den Rest ihrer Vermögenswerte zu kaufen. Alle Welt würde ihre Vermögenswerte an uns verkaufen, um ihre Hypothek, ihre Miete zu zahlen. An uns. So würde das weitergehen. Und es würde immer schlimmer werden. Es würde eskalieren und schließlich außer Kontrolle geraten. Es lag nicht an einem Mangel an Zuversicht. Kein Mensch hatte das Bankensystem verarscht. Von wegen »exogener Schlag gegen Konsum- und Sparpräferenzen«. Es lag an der Ungleichheit. An einer Ungleichheit, die immer größer und immer schlimmer werden würde, bis sie die Wirtschaft, in der sie herrscht, beherrschen und schließlich abtöten würde. Das Ganze war auch keine vorübergehende Erscheinung, es war unheilbar und tödlich. Es bedeutete das Ende der Wirtschaft. Es war Krebs.

Und ich wusste, was das bedeutete.

Es bedeutete, dass ich grüne Eurodollar kaufen musste.

\*

Ein grüner Eurodollar ist eine Wette. Eine schöne simple Wette auf den Stand der amerikanischen Zinssätze in zweieinhalb Jahren. Sie hat nichts von dem komplizierten Bullshit der Devisenswaps, bei denen man eine Währung verleiht und gleichzeitig eine andere borgt. Und man braucht sich das Geld auch nicht jeden Tag neu zurückzuborgen. Wir sprechen hier von astreinen Wetten. Wie im Kasino. Wir waren ganz vernarrt in sie. Billy mochte sie; Snoopy mochte sie; ich mochte sie.

Die Sache war nur die, dass wir eigentlich nicht wetten *sollten*. Wir sollten unseren Kunden Devisenswaps liefern. Aber wir hatten nun mal Zugang zu Produkten wie dem Eurodollar (und dessen Entsprechungen in all den anderen Währungen), um »unsere Risiken zu hedgen«, sprich abzusichern. Und wir hedgten auf Teufel komm raus, oft auch Risiken, die wir gar nicht hatten. Und ich war im Begriff, den Hedge meines Lebens zu tätigen.

Mir war in besagtem Augenblick glasklar geworden, warum wir alle falschgelegen hatten. Wir hatten einen Krebs im Endstadium als Abfolge saisonaler Erkältungen diagnostiziert. Wir dachten, das Bankensystem sei angeknackst, aber durchaus zu reparieren. Wir dachten, den Leuten sei die Zuversicht abhandengekommen, aber sie käme schon wieder zurück. Aber was da wirklich passierte, war, dass der Wohlstand der Mittelschicht – der Wohlstand ganz gewöhnlicher fleißiger Familien wie Aidans und Asads, aber auch fast aller großen Staaten der Welt – aufgesogen wurde und in den Taschen der Reichen landete. Ganz normale Familien verloren ihre Vermögenswerte und verschuldeten sich. Dasselbe galt für ganze Staaten. Und in dem Maße, in dem normale Familien und Staaten ärmer und die Reichen reicher würden, nähmen die Zins-, Miet- und Gewinnströme weg von der Mittelschicht hin zu den Reichen zu und damit auch das Problem.

Von selbst würde sich dieses Problem nicht lösen. Es würde sich nur beschleunigen und verschärfen. Der Grund dafür, dass die Volkswirtschaftler dies nicht sahen, ist schlicht der, dass *so gut wie keines* ihrer Modelle näher auf die Art der Verteilung des Wohlstands eingeht. Sie verbringen zehn Jahre damit, alles über »agentenbasierte Modelle« zu lernen – Modelle, in denen sich die gesamte Volkswirtschaft als eine einzige »durchschnittliche« oder »repräsentative« Person darstellt. Entsprechend geht es darin in der Wirtschaft immer nur um Durchschnittswerte, um Aggregate. Die Verteilung des Wohlstands wird ignoriert. Sie spielt für sie gerade mal eine untergeordnete Rolle. Moralistische Heuchelei. War mein Diplom letztlich doch noch zu etwas gut. Mir jedenfalls ging damals auf, inwiefern genau wir alle falschlagen. Wenn ich recht hatte, war das ein Riesending. Es bedeutete, dass die Märkte grauenhaft falsch bewertet waren. Es würde ebenso wenig zum Aufschwung kommen wie zur Normalisierung der Zinssätze. Niemals. Zu dem Zeitpunkt, Anfang 2011, preisten die Märkte fast sechs volle Erhöhungen des US-Leitzinses um jeweils 0,25 Prozent allein in den nächsten zwölf Monaten ein. Sie sollten sich irren. Alle sollten sich irren. Es würde nicht zu diesen Zinserhöhungen kommen. Weder in den nächsten zwölf Monaten noch überhaupt. Das versetzte mich in die Lage, Jahr für Jahr damit Geld zu verdienen, da man die Zinsprognosen immer weiter verschob. Diese Trottel kamen noch nicht mal auf den Gedanken, sich die eben geschilderte Ungleichheit auch nur anzusehen. Es sollte ein Jahrzehnt dauern, bis sie darauf kamen, mindestens.

Es gibt da auch eine Alternative zu grünen Eurodollars. Sie nennt sich »OIS« – für Overnight Index Swaps –, und auf die konnte ich ebenfalls wetten. Eurodollars wurden maschinell gehandelt, und man hatte ein Mordsgefummel damit, während man im Falle eines OIS bei einer anderen Bank einen Preis für einen einzigen großen Trade einholen konnte, sodass sich die ganze Geschichte mit einem Schlag erledigen ließ. Außerdem, raten Sie mal, wer US-Dollar-OIS brokerte? Richtig, Harry Sambhi. Ich wollte, dass Harry das sieht.

Ich drückte Harrys Knopf am braunen Telefon. Ich hatte noch nie mit Harry geschäftlich zu tun gehabt. Ich bat ihn um einen Quote für 700 Millionen Dollar einjährige OIS ab Mitte des nächsten Jahres, also 2012. Das war ein Riesentrade, speziell für mich, der ich ja offiziell kein Dollar-Trader war. Harry fiel aus allen Wolken. Ich dachte, er würde wohl davon ausgehen, dass ich ihm einen Gefallen tun wollte. Er hörte sich um und besorgte mir einen Quote der Deutschen Bank. Und ich schlug zu. Ein Supergefühl. All die anderen Scheißer am Desk wetteten auf eine Erholung, und ich wettete voll gegen sie. Wollen doch mal sehen, wer recht hat, ich oder alle anderen. Wirklich, ein Supergefühl. Es war Zeit, mit den großen Hunden zu bellen. *Game on.*

Dann kam das Erdbeben.

*

Wie würde es Ihnen gehen, wenn bei einem Erdbeben 20 000 Menschen sterben und Sie elf Millionen Dollar daran verdienen? Ich hatte keine Ahnung, dass es ein Erdbeben geben würde. Ich bin ja kein Zauberer.

Als ich an meinen Platz kam, erwarteten mich Hunderte von E-Mails. Eine davon kam von Citis Macroeconomics Department. Darin hieß es: »Wir gehen davon aus, dass sich das Erdbeben 2011 in hohem Maße positiv auf das Wachstum des japanischen BIP auswirken wird.«

Ich öffnete meine Schublade, nahm einen blauen Kugelschreiber heraus, zerbrach ihn leise und warf beide Hälften in den Papierkorb. Ich holte meinen zweiten Kuli heraus und machte dasselbe noch mal. Dann ging ich zu unserem Schrank für Bürobedarf, um weitere Kulis zu holen.

Der Junior am Tokioter Desk hatte Titzy ein Video von unserem Tokioter STIRT-Trader Hisa Watanabe während des Erdbebens auf dem dortigen Floor geschickt. Hisa kauerte unter seinem Schreibtisch und hielt sich an weiß Gott was fest, aber sein kleiner Kopf mit dem gelben Schutzhelm tauchte immer wieder auf, als er nach seiner Maus zu greifen und zu traden versuchte, während man im Hintergrund durch die Fenster ganz Tokio wanken sah.

Titzy schickte das Video an den Desk weiter, aber niemand fand es lustig. Aber wissen Sie auch, warum es keiner lustig fand? Weil Erdbeben zu einem Absacken der Zinssätze führen.

Es ist schon komisch, oder? Da verbringt man drei Jahre seines Lebens damit, Wirtschaftswissenschaften zu studieren, und dann weitere drei Jahre damit, auf der Grundlage dieses Studiums zu traden, und dann wacht man um fünf Uhr morgens auf und liest hundert E-Mails. Und das jeden Tag. Man stellt einen jungen Kerl ein, frisch von der Uni, damit er einem nonstop mit seiner Wirtschaftstheorie in den Ohren liegt. Schließlich hat man diese grandiose Idee und verwettet darauf Haus und Hof. Und dann verdient man 2,5 Millionen Dollar an einem einzigen Tag wegen eines verdammten Erdbebens, bei dem 20 000 Menschen ums Leben kommen. All die Menschen, die einem am nächsten stehen, die Menschen, mit denen man jeden einzelnen Tag seines Lebens verbringt, die Menschen, die einem das Traden, ja überhaupt alles beigebracht haben, kommen dabei unter die Räder.

Was bedeutet das?

Titzy sah mich an, als wäre ich ein verdammtes Genie, als hätte ich gewusst, dass das Erdbeben kommen würde. Als hätte ich es ausgelöst oder so.

Billy hat natürlich am meisten verloren, weil er die größten Trades laufen hatte. Ich glaube, er hat fünf oder sechs Millionen Dollar verloren. Wie hätte er sie auch nicht verlieren sollen? Snoopy verlor anderthalb oder zwei. Das war eine Menge Holz für ihn – so ziemlich seine ganze PnL für das Jahr. JB nahm den Kampf auf, verlor aber am Ende fast vier Millionen. Damit landete er in den roten Zahlen. Hongo war sofort ausgestiegen und verlor nur 500 000 Dollar. Chuck war eine Art Teflon-Buddha und verlor so gut wie nichts. Ich weiß nicht, wie er das geschafft hat; manchmal bin ich mir nicht mal sicher, ob es ihn überhaupt gab. Ich sagte nichts. Ich habe nur gewartet und zugesehen und dabei Kulis zerknickt.

Dann kam eine nukleare Katastrophe. Sie haben vermutlich davon gehört. Aus der Präfektur Fukushima mussten 154 000 Menschen evakuiert werden, weil die Leute dachten, das Atomkraftwerk könnte in die Luft gehen. Für meine Position war das super: im Wert von dreieinhalb Millionen Dollar. Damit war ich viereinhalb Millionen im Plus.

Nach einer Woche hatte ich bereits sechs Millionen zugelegt, während JB so gut wie am Ende war. Es tat richtig weh, das mitanzusehen. Dann machte ich etwas, was womöglich leicht irre war und was ich als Trader heutzutage vermutlich nicht mehr machen würde.

Es gab da auf dem Floor einen Verkäufer gleich am Desk neben dem unseren. Ich mochte ihn. Er war ein netter Kerl, wenn auch nicht der hellste. Ein properer, forscher Engländer, Mitte vierzig, aus bestem Haus. Er hieß Stanley Palmer. Eines Tages, mitten in der Panik um den Atomunfall, drehte Stanley Palmer durch. Er sprang um elf Uhr vormittags auf, mitten auf dem Floor, und begann zu schreien: »DIE BRENNSTÄBE LIEGEN FREI!«

Die Worte hallten um mich herum wider, da die Juniors auf dem Floor sie lautstark von einem Desk zum anderen wiederholten.

Titzy stand neben mir auf und rief: »DIE BRENNSTÄBE LIEGEN FREI!«

Er hatte beide Hände vor dem Mund.

Es herrschte totales Chaos, Lärm und hektische Aktivität, als die Leute zu ihren Plätzen zurückliefen, um ihren Brokern oder einander etwas zuzurufen. Stanley stand immer noch da und wiederholte die Worte. »DIE BRENNSTÄBE LIEGEN FREI! DIE BRENNSTÄBE LIEGEN FREI!«

Titzy quasselte es nach wie ein Clown. Ich sagte ihm, er solle verdammt noch mal die Klappe halten.

Titzy breitete die Hände aus, richtig weit, und zuckte heftig mit den Achseln, als wäre ich der Verrückte.

»Titzy, was zum Geier ist ein Brennstab?«

Titzy machte, was Italiener mit ihren Händen eben so machen.

Ich wandte mich wieder Stanley zu, der immer noch vor sich hin schrie.

Was wusste ich eigentlich über Stanley? Ich war mir ziemlich sicher, dass er in Oxford studiert hatte. Aber was? Geschichte? Oder war es Klassische Philologie? Könnte es Arbeitsschutz gewesen sein?

»Titzy, das gibt's ja wohl nicht. Stanley weiß doch nie und nimmer, was ein Brennstab ist.«

Titzy hörte gar nicht zu. Er war total in seine Monitore vertieft. JB schrie auf seine Broker ein, um endlich seine Position auszustoppen.

Ich nahm das schwere braune Telefon vom Tisch und drückte den Knopf zu meinem Eurodollar-Broker. Ich hielt mir eine Hand vor den Mund und verkaufte eine Unmenge an Eurodollar-Futures, womit ich meine gesamte Position auf den Kopf stellte. Ich wettete nicht mehr auf eine Katastrophe, sondern auf steigende Kurse.

Das sollten Sie nicht tun. Sie sollten nie aus einer Laune heraus Ihre ganze Position auf den Kopf stellen. Sie sollten nie Gott spielen. Sie sind nicht unbesiegbar. Aber was soll ich Ihnen sagen? Ich war vierundzwanzig und hab's getan.

Das Kernkraftwerk ist nicht explodiert. Gott sei Dank.

Und ich habe auf dem Weg nach oben weitere fünf Millionen verdient.
Der beste Trade ist der, den man mit der Nase macht. Weil er nach Dummheit riecht.

# 3

Danach waren alle am Arsch. Alle ließen sich ausstoppen. JB stoppte zum denkbar ungünstigsten Zeitpunkt aus, auf dem Höhepunkt des Gemetzels, genau in dem Augenblick, in dem ich in die andere Richtung ging.

Sobald sich alle beruhigt hatten, strich ich meinen Reibach an Eurodollar ein, baute wieder die Wende und machte mich daran, auf die nächste Katastrophe zu wetten. Es mochte 2011 zwar zu keiner Nuklearexplosion kommen, aber eine Explosion sollte es dennoch geben. Ich konnte sie riechen. Mitte April lag ich mit über elf Millionen Dollar im Plus. Der Desk insgesamt hatte ein Plus von knapp zehn Millionen. JB lag mit 1,7 in den roten Zahlen.

Es ist alles andere als lustig, in den roten Zahlen zu stecken, und ich meine damit, für niemanden, aber für JB war es definitiv kein Spaß.

JB stammte aus einer anderen Generation. Er war ein guter Mann: Sportler, Redner, Charmeur. Er wäre Anwalt geworden, hätte er sein Studium in Oxford nicht abgebrochen. Aber er war weder ein Zahlenmensch noch ein Mann fürs Detail. Und jetzt bewegte sich der Boden unter seinen Füßen.

Wir sprechen von 2011, dem Jahr, in dem Europa kollabierte. Griechenland fiel als Erstes. Dann kamen Spanien, Italien, Portugal und Irland. Sie fielen wie Dominosteine, genau wie die Götter es prophezeit hatten. Niemand wollte die Anleihen auch nur eines dieser Länder kaufen, niemand wollte ihnen Geld leihen. Das war gut für mich. Ich habe eine Menge verdient.

Wer leiht Staaten Geld? Größtenteils sind das die Banken der Länder selbst. Mit anderen Worten letztlich Sie, sofern Sie etwas auf der hohen Kante haben. Die Bank nimmt Ihre Einlagen und leiht sie dem Staat. Das ist völlig in Ordnung, denn vor 2011 hielten die Volkswirtschaftler das Verleihen von Geld an den Staat für »risikofrei«.

Da lagen sie falsch.

Warum ist die Kreditvergabe an den Staat risikofrei? In der Theorie deshalb, weil Staaten notfalls ihr eigenes Geld drucken können. Wenn sie wirklich in die Bredouille geraten und Ihnen, dem Sparer, eine Menge Geld schulden, können sie Geld drucken und es dazu verwenden, Ihnen Ihr Geld zurückzuzahlen.

Das Problem dabei ist nur, dass Italien das nicht kann. Ebenso wenig Spanien. Oder Griechenland. Oder Portugal. Eine Folge des Euros war nämlich, dass die europäischen Staaten mit seiner Einführung das Recht verloren, ihr eigenes Geld zu drucken. Darüber machte sich seinerzeit niemand wirklich Sorgen, da diese Länder kredittechnisch immer als megasicher galten. Bis sie es eben dann nicht mehr waren.

Als man 2011 feststellte, dass diese Länder bankrott waren, kam rasch die Frage auf, ob die Banken, die ihnen Geld geliehen hatten und denen ihre Regierungen riesige Summen schuldeten, damit ebenfalls bankrott waren. Das war kaum drei Jahre nach der Lehman-Krise. Niemand wollte noch mehr Banken in Konkurs gehen sehen. Jetzt musste die Europäische Zentralbank ran.

Was die EZB dann machte, war höchst unkonventionell. Sie bot allen europäischen Banken unbegrenzte Kredite zu 1 Prozent.

So funktioniert das Zentralbankwesen eigentlich nicht. Das Festsetzen der Zinssätze ist für die Zentralbanken ein Riesending; Sie gehen da gerne mikroskopisch genau ins Detail. Normalerweise behalten sie die Zinssätze, zu denen sich die Banken untereinander Geld leihen, genau im Auge. Wenn sie zu hoch sind, pumpen sie etwas billiges Geld ins System und drücken den Zinssatz damit. Sind die Zinssätze zu niedrig, machen sie es andersrum, indem sie weniger Geld verleihen oder welches zurücknehmen, wodurch der Marktzins wieder steigt. Die Zentralbanken kontrollieren die Zinssätze, indem sie auf diese Weise die Menge der Kredite im System manipulieren. Wenn man die Menge kontrolliert, kann man auch den Preis kontrollieren. Das ist wie bei iPhones und Nike-Sneakers.

Aber in dem Augenblick, in dem Sie *unbegrenzte* Kredite anbieten, können Sie die Menge eben nicht mehr kontrollieren. Und wenn die Menge nicht mehr zu kontrollieren ist, lässt sich auch der Preis nicht mehr kontrollieren. Bei der EZB sah man sich wohl dazu gezwungen, um sicherzustellen, dass keine Bank baden ging. Das Resultat jedoch war der schiere Wahnsinn auf den Märkten.

Es kam zu einem bescheuerten Spielchen zwischen der EZB und den Geschäftsbanken. In sogenannten »Auktionen« bot die EZB unbegrenzte Kredite zu 1 Prozent, obwohl es sich nicht wirklich um Auktionen handelte, da jeder genau das bekam, was er wollte, und das ohne Limit. Als klar wurde, dass Griechenland den Bach runtergehen würde, stürzten sich die Banken wie die Heuschrecken auf diese Auktionen, um für diese Kredite zu bieten. Sie nahmen so viel Geld auf, dass eine regelrechte Sturzflut an Geld über das System hinwegschwappte und die europäischen Zinssätze auf null, an manchen Tagen sogar auf weniger, implodierten, einen ganzen Prozentpunkt unter den »offiziellen« Satz der EZB von 1 Prozent, den die Kredite kosten sollten. Entsprechend fanden sich, nachdem die Zinssätze auf null gesunken waren, bei der nächsten Auktion kaum noch Bieter für Kredite der EZB. Das führte zu einem enormen Geldmangel auf dem Markt, und die Zinssätze stiegen auf über 2 Prozent.

Woche für Woche ging das so weiter: Jede Bank versuchte herauszufinden, wie viel Geld wohl die anderen Banken borgen würden. Wenn man wusste, dass alle sich Geld borgen würden, versuchte man, in Erwartung billigen Geldes auf dem Markt, selbst keine Kredite aufzunehmen. Ging man jedoch davon aus, dass die anderen Banken *keine* Kredite aufnehmen würden, borgte man so viel Geld wie nur möglich. Jeder versuchte, zu tun, was alle anderen nicht taten. Das Endergebnis war ein einziges Gemetzel.

Manchmal kam es zu mehreren Auktionen in einer Woche. Es war unmöglich vorauszusehen, wie der Zinssatz an einem bestimmten Tag ausfallen würde. Die Spanne reichte von unter 0 Prozent bis über 2 Prozent. An aufeinanderfolgenden Tagen sprang der Satz zwischen diesen beiden Extremen wie wild auf und ab. Um ehrlich zu sein, ich hatte keine Ahnung, was da passierte. Aber das war okay, ich hatte ja Titzy. Der verfolgte diesen Scheiß wie ein Bluthund, den ganzen Tag, Tag für Tag.

JB hatte keinen Titzy. Er hatte gar nichts und wurde damals zusehends ein alter Mann. Zinssätze hatten sich früher nie so verhalten. Zu seiner Zeit hatte die Zentralbank sie einmal im Monat festgelegt und dann blieben sie, wo sie verdammt noch mal waren. Alle unsere Bewertungs- und Preissysteme waren für diese alte Welt eingerichtet. JB konnte sich nicht anpassen. Mein Job bestand lediglich darin, die Preise für den »Front-Monat« festzulegen – also etwa 26, 27 Geschäftstage. Das war mir nur möglich, weil Titzy jeden einzelnen Tag manuell auf den neuesten Stand brachte. Eine andere Möglichkeit gab es nicht. JB stand das die folgenden dreiundzwanzig Monate bevor. Also etwa 600 Tage. Er war völlig überfordert.

JB sah sich schlimm gebeutelt und das Tag für Tag. Seine Preise waren falsch, und ich wusste, dass sie falsch waren. Simon Chang, der Schweizer-Franken-Trader der Bank of America, war ebenfalls zum Euro befördert worden, und er sprach mich jeden Tag im IB-Chat auf meine falschen Kurse an.

»Das bin ich nicht«, tippte ich zurück. »Das ist JB.«

»Warum zum Geier zeigt JB falsche Preise an? Der wird doch voll überrollt. Warum sagst du ihm das nicht?«

Tja, warum habe ich es ihm nicht gesagt?

*

Wissen Sie was? Die Wahrheit ist, dass mir das nie in den Sinn gekommen ist. Ich könnte nicht sagen, warum, vielleicht weil ich einfach so bin, wie ich bin.

JB zappelte wie ein Fisch an Land. Er rang nach Luft. Tag für Tag verlor er Geld. Während ich Geld einsackte. Während ich abräumte. Ich verdiente Geld mit jedem einzelnen von Titzys Preisen, und meine Einstellung zu Desastern spülte mir Geld in die Kasse, wann immer ich den Floor betrat. JB hat sich nicht ein einziges Mal zu mir umgedreht und gefragt, warum.

Tatsache ist, dass er so gut wie nie da war.

Die letzten Jahre waren gut zu JB gewesen. Wie zu jedem anderen an unserem Desk. Jeder dort hatte eine Menge verdient. Ich auch. JB hatte seinen Teil zu diesem Traum beigetragen. Womöglich auch Ihrem.

JB hatte eine Reihe von Luxuswohnungen mit Blick auf die Themse gekauft. Er hatte eine der Sekretärinnen geschwängert. Sie war im Begriff, ihm sein erstes Kind zu gebären.

Am Desk glänzte er vor allem durch Abwesenheit. Er ging zu langen Lunches mit seinen Brokern. Wenn er zurückkam, war er bis über die Ohren knallrot, und dann schlug er auf den Märkten auf wie ein Insekt auf einer Windschutzscheibe. Es tat weh, das mit anzusehen.

Ich sagte Snoopy, dass ich mir Sorgen mache.

»Mach dir keine Sorgen um JB«, meinte Snoopy lächelnd. »Er ist der reichste Mann, den ich persönlich kenne.«

So ist das eben, denk ich mal. So ist das.

*

Wenn JB nicht am Desk war, musste ich für ihn covern. Und er war öfter weg, als er dort war. Mein Book, Sie erinnern sich, das Book für kurzfristige Euro-Swaps, war mit Abstand das geschäftigste Book am ganzen Desk und das noch *bevor* der Euro-Markt völlig abdrehte. Im Augenblick war er eine ununterbrochene manische Achterbahnfahrt, und ich erledigte mehr als die Hälfte von JBs Arbeit. Es war heftig, glauben Sie mir.

Aber ich meine, was soll man machen? Wie viel mehr *kann* man machen? Man macht seine Arbeit. Als Europa kollabierte, explodierte meine PnL, und ich machte im Juni zweiundzwanzig Millionen Dollar. Zu dem Zeitpunkt war ich der beste Trader am ganzen Floor und das mit Abstand. Das war mein großer Augenblick, ich räumte ab, und ich sah nicht ein, warum mir dabei ein Alkoholiker aus Queensland in die Quere kommen sollte.

Ich habe meine Arbeit gemacht und JBs obendrein. Ich kam jeden Tag früh auf den Floor, und ich sorgte dafür, dass auch Titzy früh kam. Ich sprang vom Rad direkt auf den Floor. Von diesem Augenblick an war ich eins mit den Monitoren, Speakerboxen, Headsets, eins mit dem Gepiepse und dem Geklingel, und schon bald beherrschte ich den Markt. Ich handelte mit über einer halben Billion Euro pro Tag. Ich weiß nicht genau, wie derlei global eingestuft wird, aber ich denke doch, dass mich das zu einem der größten Trader der Welt machte. Es gab keine andere Möglichkeit, auf diesem Markt zu handeln, weil er schlicht wahnsinnig geworden war.

Ich vergaß zunehmend, mich umzuziehen, und bald war es mir einfach egal. Ich nahm meine Arbeitskleidung noch nicht mal mehr mit ins Büro. Ich tradete in einem grauen Kapuzenpulli, schwarzen fingerlosen Handschuhen und zerrissenen Onitsuka Tigers, den ganzen Tag, Tag für Tag. Ich programmierte meinen Computer darauf, bei bestimmten Ereignissen Laut zu geben. Meine Station war die reinste Schießbude bei all den »Ka-Chings«, wann immer meine PnL um eine weitere halbe Million Dollar stieg. Und das tat sie immer öfter. An Tagen mit besonders fetten Gewinnen hörte ich, wenn das Geschäft sich nachmittags beruhigte, Reggae-Musik über meine Lautsprecher, und Titzy und ich legten die Füße auf den Schreibtisch, tranken einfache Espressos (zwei auf einmal) und groovten drauflos: »Liquidator«, »Return of Django«, »54–46«. Ich war die Nummer Eins in dem Laden, der große Zampano auf dem Floor, und Titzy war meine rechte Hand. Titzy verdiente natürlich selbst nichts, aber er war noch ein Kind, er war froh, mit dabei zu sein. *Shit,* was sage ich, er war noch ein Kind? Titzy war älter als ich. Wir waren beide vierundzwanzig. Ich ging nach Hause und träumte Nacht für Nacht von Märkten.

*

»Hat dich schon mal jemand ... *arrogant* genannt?«

JB war gerade von der Toilette gekommen. JB tobte gern, wenn er von der Toilette kam.

Ich hatte von JBs Scheiße die Schnauze gestrichen voll. Der Mann ist nie hier, quotiert völlig falsche Preise und verliert Tag für Tag Geld. Das bisschen Geld, das bei ihm reinkommt, schenkt er seinen Brokern, und jetzt nennt er mich auch noch arrogant.

Ich sah ihn nicht an. Ich spürte, wie sein Blick sich in meine linke Backe bohrte, aber ich starrte nach vorn, eine Hand auf meiner Maus. Ich trug mein kleines Bluetooth-Headset und schob den linken Kopfhörer vom Ohr. Nur als Zeichen meines Respekts.

»Nein. Nie. Nicht ein einziges Mal.«

»Also, ich muss schon sagen, ich finde das ziemlich überraschend. Findest du nicht, dass schon die Aussage an sich ziemlich arrogant ist?«

Ich nahm einen blauen Kuli aus meinem Schub und klopfte mit der Spitze ein paar Mal auf den kunststoffbeschichteten Schreibtisch. Ich dachte schon daran, ihn zu knicken, entschied mich aber dagegen. Ich legte ihn weg und wandte mich JB zu.

»JB, wann willst du endlich aus den roten Zahlen kommen?«

Unsere Gesichter waren kaum einen halben Meter voneinander entfernt. Die geplatzten Äderchen begannen sich von seiner Nase ausgehend wie ein Geschwür übers ganze Gesicht zu ziehen, und plötzlich fiel mir ein, wie sehr der Mann mir geholfen hatte. Ich hatte ein schlechtes Gewissen wegen dem, was ich gesagt hatte, ließ mir aber nichts anmerken.

»Mach dir da mal keinen Kopf. Ich hab das schon mal geschafft, und ich schaff es auch diesmal. Ich weiß, was ich tue.«

»Wo bist du grade dran? Komm schon, JB. An welchem Trade?«

JB sah mir in die Augen, und ich sah ihm in die seinen. Wir waren uns jetzt noch näher, gerade dass unsere Nasen sich nicht berührten. Ich hörte seinen Atem, langsam und gleichmäßig. Mir fiel zum ersten Mal auf, wie blau seine Augen waren: blau, aber ganz blass – die Augen eines alten Mannes, dem das Leben im Lauf der Jahre die Farbe entzogen hat. Es entstand eine lange Pause. Ich war mir nicht sicher, ob er in meinen Augen zu lesen versuchte oder einfach nur überlegte. Ich war mir nicht sicher, ob ich ihn richtig las.

»Aktien.«

»Aktien?«

»Aktien«, wiederholte JB entschieden.

»Du machst in Aktien?«

»Aktien. Sie stehen zu hoch.«

»Was heißt das, die Aktien stehen zu hoch?«

»Schau sie dir an! Die sind zu hoch, verfluchte Scheiße! Sie sind kaum gefallen, obwohl die Wirtschaft abkackt! Die müssen doch runtergehen.«

Ich wandte mich von ihm ab, nahm den Kuli wieder in die Hand und klopfte damit etwa zwanzig Mal auf den bloßen Tisch.

»JB, du kapierst das nicht, oder? So funktioniert das nicht. Aktien gehen nie runter. Aktien gehen nur rauf. Wenn die Wirtschaft brummt, gehen sie rauf, und wenn die Wirtschaft im Arsch ist, druckt man so viel Geld, dass sie noch weiter raufgehen. Das ist wie mit den Häusern, verdammt noch mal. Alles geht rauf. Wer Assets hat, verliert nie. Die Reichen verlieren nie. Die Reichen gewinnen nur. Kauf die Scheißaktien, Mann. Die werden durchs Dach gehen. Und dein Problem ist gelöst, Mann. Mach dir keinen Kopf.«

Dann ging ich vier kleine Espressos holen.

\*

Um ehrlich zu sein. Wenn JB nicht am Desk war und ich neben den meinen auch seine Preise machte, habe ich mir mit seinen nicht dieselbe Mühe gemacht wie mit meinen. Ich meine, seine Preise gingen auf sein Book und in seine PnL. Meine Preise gingen auf mein Book und meine PnL. Ich hatte meine Prioritäten. Tut mir leid, aber so war das nun mal.

JB wusste das. Es war klar, dass das nicht gut gehen konnte.

Sie erinnern sich vielleicht, dass wir als Marktmacher die Spanne, den Spread, einstreichen. Mal angenommen, der tatsächliche Preis liegt bei 71. Ich quotiere Ihnen 70–72, Sie kaufen zu 72, ich suche mir jemanden, der mir zu 71 verkauft, und fertig ist die Laube. Sie haben gekauft, was Sie wollten, und ich habe meinen Schnitt gemacht. Alle sind zufrieden.

Das Problem dabei ist, dass es diesen tatsächlichen Preis nicht eigentlich gibt. Oder, wenn man fairer sein möchte, dass er ständig in Bewegung ist. Und was ist, wenn er sich bewegt und Sie das nicht mitgekriegt haben?

Mal angenommen, er ist jetzt bei 74. Es passiert irgendwas, während ich pinkeln war. Morley hat den Preis auf seinem Screen noch nicht aktualisiert, weil er beschäftigt ist und es eben erst passiert ist. Sie rufen bei mir an und fragen nach einem Preis. Ich schaue auf Morleys Screen und sehe 70–72. Und das quotiere ich Ihnen: 70–72. Sie kaufen bei 72, und ich möchte jetzt für 71 kaufen.

Ich frage Morley nach einem Preis, und der liegt plötzlich bei 73–75,5. *Shit.*

Ich kann jetzt nicht aussteigen, ohne einen Verlust von 3,5 Prozent hinzunehmen.

Ich sage Morley, dass ich 73 zahle.

Zu spät. Ein anderer bietet bereits 74.

Okay, scheiß drauf, hast du noch die Offer zu 75,5? Sag denen, ich zahle 75.

Zwei Minuten Funkstille.

Tut mir leid, Mann, 75,5 ist weg. Das Beste, was ich jetzt habe, ist 77.

Sehen Sie, gar nicht so einfach, den Markt zu machen. Man muss lange und gründlich überlegen, ob und wann man pinkeln geht.

\*

JB war nicht am Desk. Er war wieder mal unterwegs, irgendwo Bier inhalieren, Sake, rohen Fisch und wer weiß was noch alles.

Ich coverte also für ihn. Jemand rief an, bat mich um einen Preis, aber ich war gerade ziemlich beschäftigt. Was ich gemacht habe? Keine Ahnung. Vielleicht habe ich überlegt, was ich an dem Abend kochen soll. Ich war dabei, meine Duck a l'Orange zu perfektionieren.

Ich lege das Kochbuch kurz mal weg, rufe meinen Preis-Screen auf. Frage einen Broker: »Wo stehen die Dreimonatigen?«

»34–37.«

34–37, okay, hört sich ganz gut an. Ich gebe es weiter an den Verkäufer.

»34–37.«

»37 *mine*, 2 *yards*.« Ich kaufe zwei Milliarden zu 37.

Ein kurzes Knistern in der Speakerbox, als der Verkäufer auflegt.

Zwei Milliarden. Das ist eine Menge Holz. Sollten wir vermutlich besser gleich etwas von covern. Ich schnicke den Schalter zum Broker nach oben.

»Marco. Stehen die Dreimonatigen noch?«

»Alles wie gehabt. 34–37.«

»Ich kaufe. Ein Yard.«

Knistern. Zweieinhalb Minuten Funkstille. Ich beobachte die Preise auf meinem Screen und sehe, dass sie angepasst werden. 35–38. 36–39. *Dieses Arschloch!* Marco hat nie eine Offer zu 37 gehabt! Das ist doch Bullshit!

»Marco, wo sind meine verdammten Dreimonatigen?«

»Tut mir echt leid, Alter, dass die weg sind. 39 ist das Beste, was ich habe.«

»*Shit, Mann!* Was zum Geier quatscht du denn dann von 37?«

»Mann, ich hatte die, ich hatte die wirklich, die haben mich verdammt noch mal hängen lassen.«

Einen Dreck hatte er! Der Teufel soll ihn holen! Ich wusste sofort, dass das Geld weg war.

Ich aktualisierte JBs PnL. Sie war um 100k gefallen. Er hatte es eben erst wieder mit Ach und Krach in die schwarzen Zahlen geschafft. Das jetzt brachte ihn womöglich wieder in die roten. Ich beugte mich zu Titzy hinüber.

»Titzy!«

»Hm?«

Titzy aß mit einer Plastikgabel Lasagne aus einem Pappkarton.

»Titzy, ich hab da eben Dreimonatige für JB gekauft, und jetzt sind die verdammt noch mal schon weg. Er ist um hundert runter. Was machen wir da?«

»Ach, du Scheiße, er ist doch grade erst wieder über die Null gekommen. Kannst du covern?«

»Wenn wir jetzt covern, verliert er zweihundert, und er ist wieder im roten Bereich. Was meinst du?«

»Dass du ihm eine SMS schicken solltest.«

Ich schrieb JB eine SMS.

»Dich hat's mit dem Dreimonatigen erwischt. Bist 100k runter.«

Bevor ich die SMS abschickte, aktualisierte ich seine PnL. Sie war jetzt um zweihundert gefallen. Ich löschte »Bist 100k runter« und schrieb dafür: »Sieht nicht gut aus.«

Ich schickte die SMS ab.

\*

Als JB wieder am Desk auftauchte, war es bereits vier Uhr, und der Trade hatte 400k verloren. JB sah gleichzeitig hocherfreut aus und so, als kippte er mir womöglich gleich um. Ich wusste sofort, dass er die SMS nicht gelesen hatte. Ich guckte nach rechts zu Titzy, der seinerseits mich ansah. Ich schloss zwei der drei offenen Knöpfe an meinem Hemd. Titzy tat dasselbe. Ich drückte die Stummtaste an meinem Computer. Das wäre kein guter Zeitpunkt für ein *Ka-tsching!*

»Na, ihr Pfeifen, wie sieht's aus?«

JB sank auf seinen Stuhl. Er frischte seine PnL auf. Ich gab mir alle Mühe, ihn nicht anzusehen, sah ihn aber aus dem Augenwinkel leichenblass werden. Wie aus einem Reflex heraus legte er Marcos Schalter um.

»Marco, wo stehen die Dreimonatigen?«

Knistern. Funkstille. »41–44.«

»Was zum Teufel soll das denn?«

Ich sah JB nicht an, nur seine Speakerbox. Marcos Licht war nicht an. Das bedeutete, dass er mit mir verbunden war.

»Es ist der Dreimonatige, Mann. Bei dem hat's dich erwischt. Hab ich dir doch getextet – steht doch in der SMS! Hast du die nicht gelesen?«

Damit hatte ich ihn. Er hatte die SMS nicht gesehen. Wir wussten beide, dass er die SMS nicht gelesen hatte. Wir wussten beide, dass er sie hätte lesen sollen.

JB streckte sich und griff in die Tasche. Er holte sein Handy heraus, als wäre es eine Waffe. Dann las er die SMS langsam vor, Wort für Wort.

»Dich. Hat's. Mit. Dem. Dreimonatigen. Erwischt. Sieht. Nicht. Gut. Aus.«

JB legte sein Handy weg und stand auf. Also stand ich ebenfalls auf. Dann wandte er sich mir zu, und wir standen uns gegenüber. JB wiederholte die letzten vier Worte. Direkt in mein Gesicht.

»Sieht nicht gut aus.«

Ich überlegte einen Augenblick.

»Na ja, ich meine … Das trifft es doch, oder?«

JB schürzte die Lippen und begann dann zu nicken, schnell, fast unmerklich.

»Was willst du machen?«

Es war offensichtlich, was er damit sagte. Ich hatte ein Plus von über vierundzwanzig Millionen Dollar. Der Trade brachte JB in die roten Zahlen. Ich habe noch heute keinen Zweifel daran, ich meine, ich bin mir absolut sicher, dass JB den Trade selbst auch gemacht hätte.

Ich erinnerte mich an meine erste Begegnung mit JB. Wie er mich unter seine Fittiche genommen hatte. Dass er der erste Trader am Desk war, der überhaupt mit mir sprach. Dass ich ihm mein erstes Book verdankte. Mir fiel ein, wie er mich nach einer Acht-Millionen-Dollar-Pleite getröstet hatte. Ich erinnerte mich noch genau, was er sagte: »Harte Zeiten halten sich nicht, nur harte Kerle.« Dann sah ich in sein rotes Gesicht und sah vier Luxuswohnungen mit Blick auf Big Ben.

Ich bohrte meine Zunge in meine Backe und biss fest drauf.

»Harte Zeiten halten sich nicht, JB, nur harte Kerle.«

Darauf zerriss es ihn. Er nahm sein schweres braunes Handtelefon vom Tisch und schmiss es mit voller Wucht in einen seiner Bildschirme. Es erwischte seinen Hauptmonitor genau in der Mitte, der einknickte und zersplitterte. Das Geschoss selbst landete wieder auf dem Schreibtisch. Völlig intakt. Bildschirme, nehme ich an, sind wohl auch nicht mehr das, was sie mal waren. Ich erinnere mich deutlich, dass die ganze Szene, so schnell, entschlossen und sportlich, wie sie auch sein mochte, enttäuschend geräuschlos ablief.

JB war offensichtlich nicht weniger enttäuscht als ich. Er nahm das Telefon noch mal auf und drosch damit mindestens sieben, acht Mal auf seinen Schreibtisch ein, mit voller Wucht, wobei er jeden Schlag mit einem unverkennbar australischen »Fuck!« unterstrich.

Von der Geräuschentwicklung her war das wesentlich effektiver.

Es kam zu einem kurzen Augenblick der Ruhe, in dem alle JB ansahen und JB selbst in die Zukunft sah. Er hatte immer noch das Telefon in der Rechten. Wieder griff seine Linke, wie aus einem Reflex heraus, nach der Speakerbox, während er mit der Rechten das Telefon ans Ohr hielt.

»Robbie, wo stehen die Drei-Monate?«
Er hatte den Schalter für einen anderen Makler gekippt.
»ROBBIE, WO STEHEN DIE DREI-MONATE?«
Eine kurze Pause, dann zugleich ein FUCK! und ein BANG, als das Telefon hart auf dem Tisch landete. Es tat richtig gut.
»Timmie, wo stehen die Drei-Monate? FUCK!« Peng!
»Millzy, wo stehen die DREI-MONATE? FUCK!« Peng!
Er ging die Maklerverbindungen durch, eine nach der anderen. Es hatte etwas richtig Musikalisches. Es war irgendwie schön.
»JB, WAS IST DENN DA LOS?«
Chuck hatte die Hände vor dem Mund wie ein Sprachrohr und rief JB zu wie sonst auch, als hätte der Aufruhr mit dem Floor nichts mit ihm zu tun. JB war zu beschäftigt und antwortete nicht.
»GARY, WAS IST DENN DA LOS?«
Eine Frage, die gar nicht so leicht zu beantworten war. Ich spielte im Schnellvorlauf einige mögliche Antworten durch. Schließlich entschied ich mich für: »ICH GLAUB, JBS TELEFON IST KAPUTT!«
Das schien mir faktisch zutreffend.
Chuck nickte ausgesprochen verständnisvoll – als wäre JBs Verhalten die einzig natürliche Reaktion auf ein kaputtes Telefon. Dann stand er auf. Er ging langsam zum gegenüberliegenden Ende des Desks, an JB und mir vorbei, zu einem kleinen Schrank mit Ersatzgeräten. Er bückte sich mühsam bis zum untersten Fach und holte ein großes, schweres braunes Handtelefon mitsamt dem langen baumelnden Spiralkabel heraus.

Was Chuck dann machte, werde ich nie verstehen. Anstatt wie ein vernünftiger Mensch wieder den Desk lang zu kommen und JB das Telefon zu übergeben, rief er: »BITTE SEHR, JB!«
Und damit warf er das Telefon hoch in die Luft.
Es schien sich in Zeitlupe zu bewegen. Es flog in einer hohen bogenförmigen Flugbahn bis an die hohe Decke des Floors und erreichte seinen höchsten Punkt über Titzys Kopf rechts von mir. Titzy blickte geradewegs nach oben. Schließlich begann es, über meinem Kopf herunterzukommen, und ich duckte mich unwillkürlich und trat einen Schritt zurück.

Das war unnötig, weil Chuck immer traf. Das Telefon landete genau auf dem Scheitel von JBs kahlem Kopf.

Ich wartete. Alle warteten. Einen Augenblick lang war es mucksmäuschenstill auf dem Floor. Ich fragte mich, ob JB Chuck wohl umbringen würde.

Das machte er aber nicht. Er hielt einfach inne und tat gar nichts. Er hörte auf, Tasten zu drücken. Er hörte auf, sein Telefon zertrümmern zu wollen. Er sank einfach sachte auf seinen Stuhl und schien dann zu überlegen und das gründlich. Schließlich legte er einen der Schalter um, die ihm die Kommunikation mit seinen Brokern ermöglichten, ohne sein kaputtes Telefon benutzen zu müssen, was eigentlich von vornherein die angesagte Option gewesen wäre. »Wo stehen die Drei-Monate?«

»41–44.«

»Kannst du mir zwei Yards zu 44 verschaffen?«

Eine kurze Pause, dann »Kann ich, willst du sie?«

»Nehm ich, zwei Yards. 44.«

Danach machte JB gar nichts mehr. Er saß einfach nur da und atmete etwa fünf Minuten lang tief durch. Irgendwann griff er sich mit der rechten Hand an den Scheitel und beguckte sich dann seine Finger, wie um zu prüfen, ob er blutete. Danach stand er auf und ging nach Hause.

Ich hätte nie gedacht, dass man Menschen mit einem Schlag auf den Kopf zur Vernunft bringen könnte. Ich dachte, das gibt es nur in Cartoons. Aber wer weiß, vielleicht geht das ja doch.

Das war das Drittletzte, was Chuck am Desk gemacht hat.

\*

Zu Hause machte sich Harry langsam Sorgen. Ich ging nicht aus. Alles, was ich machte, war kochen und Geld verdienen.

Mein Name hatte sich auf dem Markt herumgesprochen, was Harry natürlich nicht entgangen war. Es war klar, dass ich eine große Nummer werden würde. Harry konnte nicht verstehen, warum ich mich darüber nicht freuen sollte. Um ehrlich zu sein, verstand ich es selbst nicht. Er lud meine Kumpels auf ein Bier ein und versuchte, mich dazu zu bewegen, clubben zu gehen. An meinem Geburtstag schmiss er eine große Überraschungsparty und lud alle an einen teuren VIP-Tisch im Cargo ein. Ich tat, als müsste ich auf die Toilette, schlich mich dann aber raus und nahm einen Bus nach Hause.

Harry wollte einfach keine Ruhe geben, und ich sah, dass er es gut meinte. Schließlich sagte ich ihm: »Okay, gehen wir auf eine Party. Aber nur eine.« In der alten Streichholzfabrik, wo wir wohnten, sollte eine Art Sommerfest stattfinden. Ein Mädchen hatte mich im Fitnessstudio dort angelächelt, also dachte ich, sie würde hingehen. Ich wollte dem Kleinen nur zeigen, dass ich es noch draufhatte.

Wir gingen also hin, und sie war mit ihrer Freundin da. Ich hatte eine Liter-Flasche Bacardi mitgebracht und fragte die beiden, ob sie nicht was trinken wollten. Wie sich herausstellte, wollten sie. Ich bin von Haus aus nicht der große Charmeur, habe aber durchaus den einen oder anderen Move drauf, wenn es sein muss.

Wir gingen zu viert in eine Bar, wo wir bis in die Puppen blieben, weit über meine übliche Schlafenszeit hinaus. Mir begannen die Augen zuzufallen, und ich hatte den Eindruck, dass Harry sie mochte, also dachte ich mir, lass gut sein und lass die beiden allein. Ich fragte ihre Freundin, die sich als ihre Mitbewohnerin entpuppte, ob sie mit zu McDonald's wollte, und dann nahmen wir den Nachtbus nach Hause. Kaum hatte ich mich in den Bus gesetzt, schlief ich ein, und als ich aufwachte, streichelte sie mein Haar.

\*

Snoopy heiratete in dem Sommer. Außer Billy lud er keinen von uns zur Hochzeit ein.

Snoopy wettete noch immer auf einen wirtschaftlichen Aufschwung. Irgendwann war ich mal hinten in seiner Ecke und versuchte, ihm klarzumachen, dass der nicht kommen würde, als Chuck zu uns rüberkam und fragte: »Na, wie ist das Eheleben so?«

Snoopy saß, und Chuck stand direkt hinter ihm, sodass er den Hals nach oben verdrehen musste.

»Hmmm. Es ist okay, Chuck, doch, ja. Es ist okay, es ist in Ordnung. Alles gut!«

»Ach, komm schon, was soll das heißen, es ist okay? Wie wär's mit ein paar Details!«

»Ich weiß nicht, Chuck, was soll ich sagen? Es ist nett! Ich arbeite den ganzen Tag, ich komme nach Hause, sie hat gekocht. Das ist nett!«

Chuck wollte sich damit nicht zufriedengeben.

»Und, was kocht sie dir denn?«

»Was soll das heißen, was sie mir kocht? Jeden Tag was anderes!«

»Schön, was gab's denn gestern Abend?«

Snoopy überlegte kurz.

»Gestern Abend ... gestern Abend ... gab's Nudelauflauf.«

Chuck verzog das Gesicht und legte die Stirn in Falten. Er kratzte sich am Kopf und schaute zur Seite.

»Nudeln?«

Als wäre das unfassbar für ihn. Und dann noch mal: »Nudeln?«

Er stützte sich mit seinem ganzen Gewicht auf dem Schreibtisch auf, sodass er Snoopy in die Augen sehen konnte, und fragte mit der Ernsthaftigkeit eines Kinds: »Nudeln ... Mit *Curry*?«

Snoopy und ich haben noch lange darüber gelacht, aber es brauchte dazu einen gewissen Abstand vom Desk.

Das war das Zweitletzte, was Chuck je getan hat.

\*

»Sie hat so was an sich. Ich glaube, sie ist eine Zauberin.«

So hat Harry sie mal beschrieben, als er betrunken war. Das Mädchen von der Party, das mich im Bus nach Hause gebracht hatte. Danach war sie für uns nur noch Wizard, die Zauberin.

Wizard war blass, hatte große grüne Augen und langes glattes blondes Haar. Im Mondlicht war sie praktisch blassblau.

Ich versuchte ihr meinen Job zu erklären.

»Hört sich nicht so an, als würde dir das besonders gefallen«, hatte sie darauf gesagt.

»Was soll das heißen, es gefällt mir nicht? Natürlich gefällt es mir!«

»Wenn's dir nicht gefällt, solltest du einfach kündigen. Das würde ich auch machen.«

Und dann sagte ich: »Weißt du, ich bin nicht wirklich auf der Suche nach was Ernsthaftem. Ich glaube nicht, dass ich für so was lange genug hier bin. Ich muss irgendwo hin, aber ich weiß nicht genau. Ich denke, du solltest dich nach jemand anders umsehen.«

*

Chuck rief uns alle in ein Konferenzzimmer. Diesmal durfte ich mitkommen, weil ich nicht mehr der Junior am Desk war. Das war jetzt Titzy. Der saß jetzt draußen für mich.

Der Raum war sonnendurchflutet. Chuck schaffte es irgendwie immer, die besten Konferenzräume aufzutreiben. Es gab einen langen Tisch, an dessen Kopfende Chuck saß, das Fenster hinter sich. Ich saß neben JB. Uns gegenüber saßen Bill und Snoopy. Die anderen Trader hatten sich um den Tisch verteilt.

Chuck sagte, er hätte sich zwei Wochen zuvor auf dem Heimweg verfahren. Das sei nicht das erste Mal gewesen, aber es sei das erste Mal gewesen, dass seine Frau es bemerkt hätte. Sie habe ihn daraufhin ins Krankenhaus geschickt. Chuck hatte einen Gehirntumor von der Größe eines Tennisballs.

»Deshalb brauche ich eine Auszeit.«

Ich sah zu Billy hinüber, dessen Blick bereits auf mich gerichtet war, und er schaute mich noch eine ganze Weile an. JB grub seinen Ellenbogen in meinen Oberarm, und ich spürte, durch meinen Ärmel hindurch, seine warme Haut.

»Aber es ist okay. Die Ärzte meinen, sie können ihn entfernen. Ich sollte also nicht allzu lange vom Desk weg sein.«

Das lenkte meinen Blick wieder auf Chuck, der als dunkler Schatten vor dem Fenster saß – auf seine dicke Brille, sein breites Lächeln und seine Frisur, die aufs Haar der meines Vaters glich.

Und das war das Letzte, was Chuck je gemacht hat. Ich habe ihn nie wieder gesehen.

# 4

Das Schlafzimmer von Wizard lag dem meinen genau gegenüber, auf der anderen Seite des Gartens, nur drei Stockwerke höher, und ich konnte von meinem Bett aus sehen, wie sich ihre Vorhänge bewegten. Wir gingen immer in den Greenwich Park und sahen von der Kuppe eines Hügels aus, dem Nabel der Welt, wie es schien, die Sonne hinter den Wolkenkratzern untergehen.

»Wenn du sagst, dass du irgendwo hinmusst, was meinst du damit?«

»Keine Ahnung. Ich meine nur, dass ich irgendwo hinmuss. Ich kann nicht mein ganzes Leben hierbleiben.«

»Wo willst du denn hin?«

»Weiß ich nicht. Japan? Mit dem Schiff nach Chile? Irgendwo weit weg. Irgendwohin, nur weg von hier.«

»Das ist wegen deinem Job, stimmt's? Du hasst diesen Job. Warum hörst du nicht einfach auf?«

Sie verstand das nicht. Ich hatte neunundzwanzig Millionen Dollar in mir, und jeder einzelne davon schrie: »Du kannst nicht aufhören!«

\*

Wir beknieten Billy, dass er den Chefposten übernimmt, ich und Snoopy. Wir wussten, wenn er ihn nicht übernimmt, bekämen wir den Frosch. Und obwohl wir nicht dachten, dass er es wirklich machen würde, machte er es dann doch: Billy wurde Chef unseres Desks.

Ich weiß nicht, warum er Ja gesagt hat, Billy hasste jede Art von Management. Er beschimpfte die Typen vom Verkauf und die Trader an den anderen Desks, und wenn das Telefon klingelte und ich oder Titzy rangingen, fuchtelte er sich wie wild mit der Hand vor dem Hals herum, als wollte er sagen: »Sag ihm, ich bin nicht da.«

Niemand wollte mit der Schnecke reden, wenn sie anrief. Bill wollte nicht mit ihr reden. JB wollte nicht mit ihr reden. Keiner verdiente damals Geld, und keiner erwartete einen Bonus, sodass das allen scheißegal sein konnte. Außer mir natürlich, mir war es ganz und gar nicht egal.

Also redete ich mit der Schnecke, wenn sie anrief. Und so sagte ich ihr dann: »Billy ist nicht am Desk, Chef, aber hören Sie, wenn ich irgendwas für Sie tun kann?«

Daraufhin sagte er mir, er wolle die Citibank zur größten, will sagen umsatzstärksten Devisenbank der Welt machen. Von da an betrug mein Handelsvolumen fast eine Billion Dollar pro Tag.

\*

Harry versuchte, bei Wizards Mitbewohnerin zu landen, aber ich glaube nicht, dass er bei ihr ankam. Er bat mich immer öfter, etwas zu viert zu organisieren, und bald waren wir jedes zweite Wochenende zusammen unterwegs.

Harry und ich waren als Kids nie wirklich miteinander herumgezogen. Wir hatten eigentlich immer nur gebolzt oder Playstation gespielt. Und da er erst seit zwei Jahren legal trinken durfte, war ich eigentlich auch nie mit ihm im Pub gewesen. Deshalb kam ich jetzt erst dahinter, dass er ein Säufer war. Der Typ trank mehr als mein Körpergewicht. Ein schwächerer Kerl wäre daran zugrunde gegangen.

Sobald er bis über die Kiemen abgefüllt war, guckte sein linkes Auge plötzlich weiß Gott wohin, und anstatt mit dir zu reden, beugte er sich praktisch durch dich hindurch und redete mit dir, die Stirn an die deine gedrückt, einen Fuß hinter dir. Außerdem kippte er auf der Tanzfläche auf Wizards Mitbewohnerin zu, um sie zu begrapschen. Worauf die ihn grimassierend wegstieß.

\*

Mir war das egal. Alles, was mich interessierte, waren Zahlen. Handelsvolumina, Umsätze und PnL-Zahlen, Auktionen der Zentralbanken und sieben-, acht-, neunhundert Milliarden Dollar an Tages-Positionen pro Tag. Die Kids aus Praktikum oder Graduiertenprogramm saßen immer zu zweit oder dritt hinter mir und meinten: »Wie haben Sie diesen Trade berechnet, Gary? Wie hoch ist Ihr Einstiegsniveau?«

Und ich sagte ihnen: »Wen zum Geier interessiert mein Einstiegsniveau? Einstiegsniveaus waren gestern, Mann. Alles, was mich interessiert, ist heute und morgen, ich merke mir keine Zahlen, die ich nicht brauche.« Darauf bekamen die Praktikanten es mit der Angst und verschwanden zum Lunch.

Titzy sagte mir mal: »Du solltest nicht so fies zu den Praktikanten sein. Sie nennen dich ›die Legende‹, weißt du das?«

Ich wusste es. Und es war mir scheißegal.

»Hör zu, du bist ein guter Trader. Womöglich besser als gut, vielleicht sogar großartig. Aber so clever, wie du denkst, bist du auch wieder nicht. Ich sehe, dass du die Hochs und Tiefs rauspickst, aber nicht, weil du 'n Genie bist. Das ist Instinkt bei dir. Für dich ist das ein Spiel.«

Darauf sagte ich gar nichts. So was war einer Antwort nicht wert.

»Du hast da 'n großes Problem, Gary, und das musst du lösen.«

Na, da bin ich mal gespannt.

»Worin besteht das denn, Titzy?«

»Du bist, wie man so sagt, Homo Homini Lupus.«

Na, hör sich einer den an!

»Was zum Geier ist Homo Homini Lupus?«

»Das ist Lateinisch, Gary. Es bedeutet ›Der Mensch ist des Menschen Wolf‹.«

Ich hatte genug von dem Scheiß.

»Titzy, steh mal auf und schau dich um.«

Ich stand auf und breitete die Arme aus.

»Schau dir die Typen da an. Jeden einzelnen von diesen Drecksäcken. Jeder Einzelne von denen hat seine Hand in meiner Tasche. Jeder Einzelne von ihnen beklaut mich. Also komm mir nicht mit Homo Homini Lupus, Kleiner, wir zwei sind hier von Wölfen umgeben.«

Damals hielt ich das für ein schlagendes Argument. Ich denke mal, das bedeutet, dass Titzy vermutlich recht hatte.

\*

So ganz unrecht hatte ich aber auch wieder nicht. Ich war plötzlich einer der größten Trader der Welt, und natürlich wollte alle Welt etwas von mir. Kids kreuzten auf dem Floor auf, klopften mir auf die Schulter und meinten, was für eine Superzeit wir an der LSE gehabt hätten. Und ich erkannte nicht einen von ihnen. Als die Schnecke zu Besuch kam, musste ich mit dem Typen unter vier Augen zum Lunch. Es war zum Speien.

Vor allem aber die Broker spielten verrückt. Es war unmöglich, die wieder loszuwerden. Sie klebten an mir wie ein Ausschlag. Eine Firma engagierte einen Z-Listen-Promi, der mich ausspionieren sollte, um mich als Kunden zu gewinnen. Als ich den Typen googelte, fand ich ein Foto von ihm, irgendwo am Strand, mit einer Ananas, aus der er mit einem Strohhalm einen Cocktail trank. Eine andere Firma stellte einen Jungen von meiner alten Highschool ein, nur weil er behauptete, dass er mich kenne. Und alle hielten sie mich frei: Restaurants, Fußballspiele, Urlaub. Das ging mir bald so auf den Zeiger, dass ich die »Nando's only«-Regel einführte. Sie wollen sich mit mir treffen? Dann gehen wir ins Nando's hier in Canary Wharf. Sie zahlen für sich, ich zahle für mich. Aber irgendwann hatte ich auch Nando's über, weil ich einfach zu viel aß, also musste ich auch das cancln, und danach traf ich mich mit gar keinem mehr.

\*

Die Bosse schickten den Frosch, um Bill zu ersetzen. Das musste so kommen. Billy klammerte sich noch immer an die Idee vom wirtschaftlichen Aufschwung, wobei er sich selbst kaum über Wasser hielt. Er und JB hatten mittlerweile so ziemlich jeden am Floor vergrätzt. Niemand leitete den Desk, und da ich nicht auf meinen Schnitt verzichten wollte, hatte ich das so ziemlich selbst übernommen. Aber man wollte nicht zulassen, dass ein Vierundzwanzigjähriger auf Dauer die Leitung des Desks übernimmt.

Für mich war die bloße Anwesenheit des Frosches schon physisch unerträglich. Mir wurde schlecht in seiner Gegenwart. Ich hatte nie vergessen, wie der Typ mich aufs Kreuz gelegt hatte, und wenn er den Mund aufmachte, juckte es mich. Seine erste Amtshandlung bestand darin, mich in einen Konferenzraum zu ziehen, um mir mitzuteilen, dass er JBs Job zu übernehmen gedachte. Nicht dass er das JB gesagt hätte. Aber er sagte es mir, was bedeutete, dass ich einen ganzen Monat lang neben JB sitzen musste, ohne ihm zu sagen, dass man ihn feuern würde.

\*

Die Broker hatten es nicht nur auf mich abgesehen, sie hofierten auch Harry. Ich weiß nicht, ob sie ihn nur benutzten, um an mich heranzukommen, oder ob er ihnen einfach sympathisch war, aber Harry und die Broker waren wie geschaffen füreinander. Dazu müssen Sie wissen, dass Broker einen auf Laster sondieren. Sie betatschen dich mit ihren schmuddeligen Fingern, bis sie eine Schwachstelle finden, in die sie dann voll reinlangen und dich mit allem abfüllen, was du so brauchst. Und Harry hatte jede Menge Schwachstellen. Er war überall zu finden, in Kneipen, Restaurants, Clubs, Puffs, und er nahm Drogen, von denen ich noch nicht mal gehört hatte. Ich wusste immer, wenn er drauf war, weil ich dann morgens mit siebenundvierzig unverständlichen Textnachrichten aufwachte und er voll auf Dröhnung in seinem Zimmer stand.

\*

Hätte ich mich für JB einsetzen sollen? Vermutlich. Hätte er sich für mich eingesetzt? Ja, hundertpro! Aber zu dem Zeitpunkt saß ich bereits auf über einunddreißig Millionen Dollar, und für die wollte ich mein Geld. Ich hätte dem Frosch vermutlich den Job meiner Mom gegeben, hätte er mich nur nett genug darum gebeten.

Und so übernahm der Frosch dann JBs Job beim Euro-Book. Das machte uns zu Partnern, was wiederum bedeutete, dass ich jeden Tag neben ihm zu sitzen hatte. Er schickte JB in die Ecke, um das Aussie-Book zu machen, bis er einen guten Grund für eine Entlassung fand.

Sobald JB aus dem Weg war, kam der Frosch zu mir.»Hör mal, Gary, wir haben da ein Problem. Du bist ein super Trader und hast ein super Jahr, aber der Desk ist wirklich am Knapsen ... und die Bank ist wirklich am Knapsen ... Ich bin mir nicht sicher, ob wir dich bezahlen können.«

Ich spürte, wie mir das Blut in Kopf und Hände schoss. Mir wurde ein wenig schwindlig. Ich hätte am liebsten auf den Boden gekotzt.

Ich sah den Frosch an. Alles, was er anhatte, klebte an ihm oder hing von ihm weg, ein aus falschen Klötzen zusammengesetzter Lego-Mann. Der Scheißkerl lächelte.

Was zum Teufel bildete der Typ sich ein? Geht dieser Drecksack mit seinem breiten Maul, seinen räudigen Haaren, seiner labbrigen Fresse her und sagt mir, er könne mich nicht bezahlen! Hatte der überhaupt eine Ahnung, was ich dafür gemacht hatte! Nein, von wegen, für ihn war das ein Spiel. Er schuldete mir mehr, als meine Familie in fünfundzwanzig verdammten Generationen verdient hatte, und für diesen Eimer war das ein Spiel.

Ich sage Ihnen mal was: Für mich war es kein Spiel.

Irgendwo steckt hier wohl eine Lektion drin. So nach dem Motto: Schütze die Leute um dich herum davor, dass man sie verarscht, sonst ist keiner da, wenn man dich verarschen kommt.

Nein, scheiß drauf, ich bin hier nicht wegen irgendwelcher Lektionen, und ich schütze niemanden. Ich schütze mich selbst. Das habe ich immer getan.

*

Harry war kaum mehr zu Hause und wenn doch, dann lag er sabbernd auf dem Boden rum.

Entsprechend hatten wir abends die Wohnung für uns allein, ich und Wizard, und wir machten Nudeln und schauten Filme. Um ehrlich zu sein, war das das erste Mal, dass ich mir einen Film ansah.

Ich erzählte ihr, dass irgend so ein Drecksack mit einer Froschfresse mich zu verarschen versuchte und mich nicht bezahlen wollte und dass ich mir das nicht gefallen lassen würde. Worauf sie zu mir sagte:»Die

Typen verstehen dich eben nicht, Baby. Niemand versteht dich außer mir. Du, hör mal, ich habe braune Farbe gekauft und möchte eine der Wände in meinem Wohnzimmer streichen. Kommst du mit rüber und streichst sie mit mir?«

*

Damals bekam ich ständig Anrufe von Headhuntern. Ein paar Mal pro Woche und das jede Woche. Bis dahin hatte ich die abgewimmelt, jetzt jedoch begann ich zu reagieren. Ich bat sie um eine Mail an meine persönliche E-Mail-Adresse, damals »Thegazman100@hotmail.com«, und sie baten mich, ihnen das zu buchstabieren, worauf sie dann sagten: »Thegazman100@hotmail.com?«

Und ich erwiderte etwas wie: »Ja, genau, Thegazman100@hotmail.com. Stimmt was nicht mit Thegazman100@hotmail.com?«

Darauf sagten sie dann: »Nein, nicht doch, nein, nicht doch. schon in Ordnung. Alles gut.«

Dann verschafften sie mir Vorstellungsgespräche.

Ich sprach bei Barclays vor. Ich sprach bei der Bank of America vor. Ich sprach bei Goldman vor. Zum Vorstellungsgespräch bei Goldman erschien ich in Kapuzenpulli und Sneakers und sagte den Leuten, ich wolle den Job auf keinen Fall. Daraufhin lud man mich zu einer zweiten Runde ein.

Bei jedem dieser Gespräche achtete ich sorgsam darauf, eine Visitenkarte des Managing Directors zu bekommen. Die fotografierte ich dann, nahm das Foto mit zur Arbeit und legte es dem Frosch morgens auf den Tisch. Er sollte wissen, dass es Konsequenzen haben würde, sollte ich meinen Anteil nicht bekommen.

Ich fragte die Headhunter, was sie für einen angemessenen Anteil hielten. Sie meinten 7 Prozent. Also 7 Prozent von zweiunddreißig Millionen. Die wollte ich sehen.

# 5

Ich stellte den großen US-Dollar-OIS-Swap glatt, den ich Anfang des Jahres über Harry abgeschlossen hatte. Mit diesem einen Trade verdiente ich neun Millionen Dollar. Ich sorgte dafür, dass ich den Trade auch über Harry schloss und zwar mit dem Trader der Deutschen Bank, also genau dem Mann, mit dem ich ihn abgeschlossen hatte. Dann bat ich Harry, die PnL zu berechnen, um zu sehen, wie viel ich mit diesem einen Trade mit diesem einen Mann verdient hatte. Ich würde Ihnen hier zu gerne sagen, dass ich das machte, um dem Jungen etwas zu geben, zu dem er aufschauen konnte. Die Wahrheit sieht vermutlich anders aus: Ich wusste, dass er in jeder Bar in der Square Mile, wie man die City auch nennt, mein Loblied sang, und wollte einfach vor dem Bonustag noch etwas für meinen Ruf tun.

Dabei wurde die Geschichte mit Harry immer heikler. Er war so ziemlich die ganze Zeit besoffen oder sonst wie drauf. Er kam um Mitternacht nach Hause, mit einem irren Blick in den Augen, weckte mich auf, und ich fragte ihn: »*Bro,* bist du auf Kokain?«

Und er sagte: »Ach was, ich nehm doch kein Kokain.«

Worauf ich ihm sagte: »Und ob du welches nimmst, Alter, du bist doch verdammt noch mal grade voll drauf. Was würde deine Mom sagen, wenn sie wüsste, dass du Kokain nimmst?«

Dann wechselte er das Thema, verhaspelte sich, und sagte: »Alter, wie viel kriegst du denn dieses Jahr?«

Und ich sagte: »Weiß nicht, Alter, zwei Millionen?«

Worauf er mich lachend vor die Brust stieß und sagte:»Warum zum Geier kriegst du bloß so viel Geld? Ich arbeite zehnmal mehr als du!«

Darauf sagte ich ihm: »Es geht nicht darum, wie viel du arbeitest, Alter, darum ging's doch noch nie.« Und dann ging ich wieder ins Bett und ließ ihn über seine Schuhe fallen.

Auch am Desk wurde die Situation langsam heikel. Wenn ich neben dem Frosch saß, wurde mir schlecht. Er erzählte grauenhafte Witze, und mir blieb nichts anderes, als darüber zu lachen. Und jedes Mal, wenn ich lachte, schoss mir scharf und sauer die Galle aus dem Magen und mitten durchs Herz in die Kehle, und mir blieb nichts anderes, als sie wieder hinunterzuschlucken. Wir hatten mittlerweile Dezember, und ich saß auf einem Plus von fast fünfunddreißig Millionen Dollar. Da durfte nichts schiefgehen.

JB saß immer noch drüben in der Ecke, in die der Frosch ihn geschickt hatte, aber irgendetwas stimmte nicht mit ihm. Er hatte so viel Gewicht verloren, dass er richtig mager geworden war, und wenn ich mich zu ihm umdrehte, bewegte sich sein Mund, als spreche er leise mit sich selbst, bis schließlich ein Auge zu zucken begann.

Geschlafen habe ich auch nicht viel.

*

Eines Nachts wurde ich um halb zwei geweckt. Aus dem Wohnzimmer kam ein Mordsradau. Ich öffnete die Tür, und was sah ich? Harry und ein Haufen Schwachmaten, die mir nach Clapham aussahen. Jedenfalls hatte ich noch keinen von ihnen zuvor gesehen. Sie schnupften Kokain von meinem Esszimmertisch.

Harry sah mit einem dämlichen Strahlen zu mir auf. »Alles klar, Gal?«

Ich hatte nichts an außer einer Unterhose. Die anderen Broker (es konnten nur Broker sein) waren nicht ganz so verblitzt wie Harry und nickten nur irgendwie peinlich berührt in den Raum.

Ich stand einen Augenblick in der Tür. Dann ging ich an ihnen vorbei in die Küche. Ich nahm ein Glas aus dem Schrank, knallte es auf die Arbeitsplatte und füllte es mit Milch. Ich nahm das Glas mit ins Wohnzimmer, blieb in der Mitte stehen, trank es langsam aus, in meiner Unterhose, inmitten dieser Arschgeigen, und starrte dabei jeden einzelnen von ihnen an, einen nach der anderen.

Sie begannen sich nach ihren Jacken umzusehen, zogen die Schuhe an und sagten dabei: »Okay, Harry, ich denk, ich muss mal los.« Oder so.

Und Harry sagte: »Oh, nicht doch, Alter, wir haben doch grade erst angefangen!«

Aber binnen einer Minute waren sie alle verschwunden, und ich ging zurück ins Bett. Harry rief mir nach: »Warum musst du mir ständig den Spaß verderben?«

\*

Tags darauf war der Frosch nicht da, sodass ich mich allein um das ganze Euro-Book kümmern musste. Ich war so sauer, dass ich mit niemandem auch nur ein Wort sprach. Nicht mal mit Titzy. Ich saß einfach da und machte meine Arbeit.

Gegen zwei erschien eine Message aus dem IB-Chat auf meinem Bildschirm. Sie lautete: »Hab gestern Abend deine Kleine kennengelernt, Alter. Scharfe Schnitte! Gratuliere.«

Daneben las ich »Quentin Benting«. Ich kannte noch nicht mal jemanden namens Quentin Benting.

Ich muss wohl ziemlich grimmig auf den Bildschirm gestarrt haben, weil JB es bemerkte, der gerade vorbeikam.

»Verdammt, Alter. Was ist denn los?«

Ich sagte nichts, sondern wies nur auf die Message auf dem Bildschirm, worauf JB seine alten Augen zusammenkniff, um sie zu lesen. Dann sagte er: »Scheiße, Mann! Wer zum Teufel ist Quentin Benting?«

Ich schüttelte den Kopf. »Keine Ahnung, Alter.« Ich öffnete die Message und sah in Klammern und Großbuchstaben den Namen seiner Firma: (ICAP PLC).

Einen Augenblick sagten wir beide nichts. Wir standen nur einfach da, nebeneinander, die Hand am Kinn, und überlegten, was wir machen sollten. Dann beugte JB sich vor und schob meinen Schalter zu ICAP nach unten. »Alle Geschäfte der Citibank mit ICAP sind hiermit gestrichen, auf Dauer. Wenn ihr wissen wollt, warum, fragt Quentin Benting.«

Dann drehte er sich um und verkündete dem ganzen Desk: »Geht alle eure ICAP-Leitungen durch und sagt ihnen, dass es keine Geschäfte mit Citi mehr gibt. Wenn die wissen wollen, warum, fragt Quentin Benting.«

Dann bildete er mit beiden Händen vor dem Mund ein Sprachrohr und schrie lauthals über den ganzen Floor: »ALLE LEITUNGEN VON CITI ZU ICAP SIND HIERMIT GESCHLOSSEN. WENN JEMAND WISSEN WILL, WARUM, SAGT IHM, ER SOLL QUENTIN BENTING FRAGEN.«

Schon hatte ich die ersten Anfragen im IB-Chat am Bildschirmrand. Ein *Ping!* jagte das andere. JB klopfte mir ein paar Mal in den Nacken, dann verschwand er auf die Toilette und schnupfte Kokain.

ICAP ist eine große Brokerfirma. Genauer gesagt eine der beiden größten Brokerfirmen in London. Sie haben Broker für jedes nur denkbare Produkt, was bedeutete, dass jeder einzelne Trader auf dem Floor mindestens einen Broker von ICAP hatte. Und in genau diesem Augenblick legte jeder einzelne dieser Fettsäcke, dem Apoplex nahe, seinen Cheeseburger weg und marschierte über den Floor zum Platz eines gewissen Quentin Benting, der direkt neben einem sehr jungen, sehr verkaterten und sehr nervösen Harry Sambhi saß.

*

Ich schrieb Wizard eine SMS. Offenbar war sie mit ihrer Mitbewohnerin unterwegs gewesen, als Harry mit einem Haufen betrunkener, zugekokster Broker in der Bar aufgetaucht war. Die Mädchen hatten sich zu verdrücken versucht, aber da sie und Harry in derselben alten Fabrik wohnten, waren die Jungs ihnen nach Hause gefolgt, und sie waren alle in meiner Wohnung gelandet. Die Mädchen waren nicht lange geblieben, und so hatte ich, als ich aufwachte, nur den Haufen zugekokster feister Kerle gesehen. Und ich denke mal, einer von ihnen muss Quentin Benting gewesen sein.

Als ich nach Hause kam, war Harry untröstlich. Er lief in der Wohnung auf und ab, in seinen übergroßen Schuhen, den Kopf in die

Hände gelegt, und schluchzte heiser vor sich hin. »Was zum Teufel machst du da? Was zum Teufel soll das? Die schmeißen uns raus! Die schmeißen uns beide raus!«

»Was zum Teufel, meinst du, was ich da mache? Was soll das? Wer zum Geier ist die verdammte Arschgeige, dieser Quentin Benting? Und außerdem war das nicht ich, verdammt noch mal, es war JB!«

»Ja, aber du kannst das verdammt noch mal stoppen. Du kannst das stoppen, du kannst das stoppen! Schaltet die Leitungen wieder, schaltet sie wieder frei!«

»Warum zum Geier soll ich die Scheißleitungen wieder freischalten? Diesem verdammten Schwachkopf gehört eine verdammte Lektion verpasst, und für dich gilt dasselbe, Mann. Was zum Geier machst du denn eigentlich?«

»Was meinst du, was ich eigentlich mache? Ich hab nichts gemacht! Was zum Teufel hab ich gemacht?«

»Hör zu, du Vollidiot«, ich sagte ihm das jetzt direkt ins Gesicht, »ich bin verdammt noch mal einen Monat davon entfernt, ein verdammter Multimillionär zu werden, Alter. Und ich kann mir keine Fehler leisten, und was zum Geier machst du? Du bringst mir hier vier fette Arschgeigen aus der verdammten Branche ins Haus, um ein Uhr nachts an einem verdammten Arbeitstag, und ihr schnupft Kokain von meinen verdammten Tischsets – das ist es, was du verdammt noch mal machst. Geht's noch, Harry? Haben sie dir ins Hirn geschissen oder was?«

Harry schwieg. Wir standen einfach nur da, die Nasen so nahe aneinander, dass sie sich berührten.

»Was würde deine Mom denken? Was würde deine Mom denken, wenn sie wüsste, was du machst? Glaub nicht, ich wüsste nicht, was du machst. Ich weiß es nämlich, verdammt noch mal. Ich weiß, wo du dich nachts rumtreibst, ich weiß, was du machst. Was würde sie denken? Was würde sie denken, wenn sie dich jetzt sehen könnte und wenn sie mich jetzt sehen könnte? Wäre sie stolz auf uns? Wenn sie wüsste, was du aus deinem Leben machst?«

Harry stieß mich so hart gegen die Brust, dass ich um ein Haar umgekippt wäre.

»Red du nicht über meine Mutter, verdammt noch mal, Alter, du bist nicht mein verdammter Vater! Ist doch nicht dein Scheißjob, auf mich aufzupassen. Ich pass schon auf mich selbst auf!«

»Ach ja, und wie läuft das so? Wie zum Geier geht es dir? Wo zum Geier ist dein Vater? Wer zum Geier kümmert sich um dich? Wer kocht dir das Abendessen? Wer bezahlt deine Scheißrechnungen? Wer hat dir deinen Scheißjob besorgt, und wer bringt dich zur Arbeit, wenn du zu fertig bist, um aus dem Bett zu kommen? Genau! Ich! Ich mach das alles, verdammt noch mal. Ich bin derjenige, der sich verdammt noch mal um dich kümmert, und ich bin derjenige, der das Geld verdient. Und du verkackst das! Das ist alles, was du machst.«

»Ja, aber warum, Gary? Warum, Gary? Warum? Warum zum Teufel verdienst du so viel, Gary, und gibst verdammt noch mal nie was aus? Du hast verdammt noch mal keine Freude dran! Du gehst nirgendwohin, du unternimmst nie was, du redest nicht mal mit deiner Mutter. Wann waren wir das letzte Mal mit deinem Vater bei Orient? Scheiße, eine Ewigkeit nicht mehr! Wir gehen nie hin, wir machen nie was! Du redest nicht mal mit deinen Freunden! Was zum Teufel machst du da? Wozu machst du das alles? Du redest über Ilford, als ob es dir verdammt noch mal was bedeuten würde, als ob du das alles für die Leute dort machen würdest. Du fährst ja noch nicht mal hin! Wann warst du das letzte Mal dort? Du redest nie mit jemandem aus Ilford, du redest überhaupt nie mit jemandem! Wozu machst du das dann alles, Gary? Wozu?«

Da es darauf keine Antwort gab, ließ ich ihn einfach stehen. Ich verließ die Wohnung und ging in den Fitnessclub. Als ich zurückkam, lag er bewusstlos auf dem Sofa, sein Speichel bildete eine kleine Lache auf dem Boden vor ihm.

\*

Am nächsten Tag arrangierte ich ein Treffen am Kai. Ich, Quentin Benting und sein Chef. Ich hatte das Treffen mit seinem Chef vereinbart, nicht mit Quentin. Ich wollte den Arsch eigentlich nicht sehen.

Quentin war Mitte 30. Sein Chef war in den 40ern. Sie wussten es, ich weiß, dass sie es wussten. Sie kannten die Situation des Kleinen, dass er niemanden hatte, sie wussten, dass sie sich mehr um ihn hätten kümmern sollen.

Ich sagte ihnen Bescheid. Ich sagte ihnen, dass ich seiner Mutter versprochen hätte, mich um ihn zu kümmern, und der Teufel sollte mich holen, bevor ich zulassen würde, dass diese beiden fetten Arschgeigen sein Leben mit Huren und Drogen zum Klo runterspülten. Ich fragte sie, wie sie sich selbst sahen: zwei erwachsene Männer! Und was hatten sie aus diesem zwanzigjährigen Jungen gemacht?

Sie versprachen mir, sie würden sich besser um ihn kümmern. Ich weiß nicht, ob sie das jemals getan haben. Ich ging zurück auf den Floor und rief: »DIE LEITUNGEN ZU ICAP SIND WIEDER FREI!«

# 6

Dann kam der Bonustag.

An den Tag selbst erinnere ich mich nicht mehr, nur an die Zahlen. Meine PnL belief sich auf knapp über fünfunddreißig Millionen Dollar. Der angemessene Satz für meine Arbeit betrug 7 Prozent. Das ist so ziemlich alles. Ich erinnere mich nicht an den Raum. Ich erinnere mich nicht daran, wie ich den Bonus bekommen habe. Ich erinnere mich nicht mal an die hässliche Fresse des Froschs.

Ich erinnere mich, dass ich den Betrag, den ich wollte, auf den Dollar genau kannte. Ich weiß nicht mehr, wie hoch die Zahl genau war, aber wenn es 7 Prozent von etwas über fünfunddreißig Millionen Dollar waren, dann müssen es etwa 2,45 Millionen Dollar gewesen sein.

Sobald die PnL gelöscht war, hatte ich die Zahl vergessen. Sie war eine weitere tote Zahl, die der Vergangenheit angehört. Ich behalte keine Zahlen im Kopf, die ich nicht brauche. Fünfunddreißig mal null Komma null sieben. Das war es, was ich bekam. Das hatte ich verdient.

Alle waren zufrieden.

Job erledigt.

Als ich an dem Abend nach Hause strampelte, in der dunklen Kälte einer Londoner Januarnacht, meinen weißen Atem vor mir, nahm ich wie immer die Strecke durch den Chrisp Street Market. Dort gibt es ein riesiges Wandgemälde, mein Lieblingsgraffito, ein riesiger Chihuahua, sechs Stockwerke hoch, auf den Hinterbeinen sitzend, eine Pfote gehoben, auf der Seite hängt ihm die Zunge raus. Und ganz unten ist ein Halal-Fried Chicken Shop. Als ich zu dem Imbiss hinüberschaute, der rot-schwitzend in der Dunkelheit leuchtete, sah ich an der Seite des Geschäfts einen grauhaarigen alten Mann, der ein Spannbetttuch über die Ecken einer großen, zerschlissenen Matratze zog. Der Bezug leuchtete. Er war strahlend weiß oder besser gesagt, im Augenblick leuchtete er im Mondlicht blau. Er musste frisch aus der Packung sein. Ich fragte mich, wie ein so alter grauer Mann in einer Gasse neben einem Hähnchengrill an ein nagelneues, strahlend weißes Spannbetttuch kam. Und dann spürte ich plötzlich, zum ersten Mal in fünfundzwanzig Jahren in dieser Stadt, beim Einatmen die kalte Luft Londons in mich eindringen. Ich sog sie ein, sie füllte brennend meine Lunge, und ich konnte schlicht nicht verstehen, warum.

Als ich nach Hause kam, besorgte ich in dem kleinen Büro in der Ecke meines Wohnzimmers meine Investitionen. Ich hatte eine Menge Geld verdient; ich musste es investieren.

Wizard kam vorbei. Ich sah sie an, als sie hereinkam, und bemerkte, dass sich sofort ein besorgter Schatten über ihr Gesicht legte, als sie mich sah. Ich wandte mich wieder meinem Bildschirm zu. Sie kam rüber und strich mir übers Haar.

»Na, wie war's? Bist du zufrieden?«

»Es war gut. Es war großartig. Es war genau das, was ich verdient hatte.«

»Sehr glücklich siehst du mir aber nicht aus.«

»Na ja, das ist eine Menge Geld, das will investiert werden. Das ist nun mal stressig.«

»Weißt du, wenn ich so viel verdient hätte wie du, würde ich jetzt nicht allein in der Ecke meines Wohnzimmers sitzen und rumstressen.«

Und kaum hatte sie das gesagt, wusste ich, dass sie recht hatte – was mir verdammt noch mal aufrichtig stank.

Am nächsten Tag, am Desk, war alles beim Alten.

Dieselben Leute, dieselben Geräusche, dieselben rosa und weißen Hemden.

Dieselbe Wirtschaft, dieselben verdammten Trades.

Ich hatte das Book bis zum Jahresende abgearbeitet, alle Positionen waren glattgestellt, aber wir hatten ein neues Jahr, und ich brauchte ein neues Geschäft.

Nein, das stimmt eigentlich nicht. Ich brauchte kein neues Geschäft, weil sich am alten nichts geändert hatte.

Es herrschte dieselbe Ungleichheit, die nach wie vor wuchs; es waren dieselben Familien, die ihre Häuser verloren. Es war immer noch kein

Geld zum Ausgeben da. Es herrschte das gleiche verdammte Nichts. Kein Wachstum, keine Verbesserung. Ich setzte mein Headset wieder auf und machte mich, im zweiten Jahr in Folge, wieder an den Handel mit dem Desaster.

Und wissen Sie was? Ich habe klotzig daran verdient.

\*

Ein Teil meiner grandiosen These über die Wirtschaft besagte, dass die Reichen immer reicher und alle anderen immer ärmer würden, was bedeutete, dass die Zinssätze für immer bei null bleiben würden, da es nie genug Kaufkraft geben würde, um die Preise je wieder ernsthaft nach oben zu treiben.

Das bezog sich jedoch nicht auf *alle* Preise. Der Grund, weshalb die Preise nicht so recht steigen wollen, solange die Ungleichheit zunimmt, ist einfach der, dass die Reichen einen weitaus geringeren Anteil ihres Einkommens für Waren und Dienstleistungen ausgeben als der kleine Mann. Auf der anderen Seite geben sie weit *mehr* für Vermögenswerte aus. Und die Reichen häufen nicht nur in immer größerem Tempo immer mehr Geld an, sie haben damit auch Zugang zu extrem günstigen Krediten. Diese beiden Faktoren mussten unweigerlich zu einem massiven Anstieg der Preise von Vermögenswerten, einschließlich der Preise für Aktien und Immobilien führen.

Das beunruhigte mich, schließlich hatte ich gerade ein Schweinegeld bekommen, besaß aber kein Haus. Ich ging also los und sah mir ein schickes Apartment in einem schicken Yachthafen ganz in der Nähe vom Citigroup Centre an, bot 5 Prozent über dem geforderten Preis und kaufte es. Einfach so.

Eines Abends nahm ich Harry mit, um es ihm zu zeigen, und wir standen auf dem Balkon und sahen auf die Boote hinaus. Er rauchte, ich nicht. Und dann sagte ich zu ihm: »Ich kauf das hier, Harry. Du weißt, was das bedeutet, ja?«

Er erwiderte: »Ja, Mann, das wird super! Wir werden hier eine irre Zeit haben! Es ist so was von groß, ich kann's kaum erwarten!«

Und ich sagte zu ihm: »Nein, Harry, *ich* kaufe die Wohnung. *Ich.* Nicht du. Ich kaufe die Wohnung, und du gehst nach Hause.«
Ich erinnere mich noch an den Mond in seinen Augen.

\*

Im Büro war mir von da an alles und jeder scheißegal. Ich habe mit niemandem mehr geredet; selbst zu Titzy sagte ich kaum noch etwas. Titzy und meine Broker tätigten für mich das absolut notwendige Minimum an Trades, und das Geld kam einfach so rein. Ich saß nur da, mit meinem Kopfhörer, und las die Zeitung. Ende März war ich bereits wieder mit neun Millionen im Plus.

Der Frosch hat mich nicht mal gefragt, wie ich so viel Geld verdienen könne. Ebenso wenig die Schnecke. Ich glaube, sie wollten es lieber erst gar nicht wissen, nur für den Fall. Aber ich lachte nicht mehr über die Witze vom Frosch. Überhaupt redete ich nur mit ihm, wenn es sich absolut nicht vermeiden ließ, und so zog er mich eines Tages in ein Büro und sagte: »Wir machen uns Sorgen um dich, Gary. Wir sind besorgt, dass du womöglich kein ›Teamplayer‹ bist. Wir wollen, dass du ›einer von uns‹ bist.«

Ich hatte nicht richtig zugehört, aber der letzte Teil erregte dann doch meine Aufmerksamkeit, sodass ich nachhakte: »Was meinst du damit, ›einer von uns‹?«

Der Frosch senkte seinen länglichen Kopf, beugte ihn verschwörerisch vor und sagte dann: »Hör zu, Gary, du bist ein großartiger Trader, du bist superclever, du hast eine große Zukunft vor dir. Du könntest einer von uns sein, ich meine im Management. Aber, ich weiß nicht. Es gibt da ein Problem. Wir wissen nicht so recht, was du willst.«

»Was meinst du damit, was ich will?«

»Na ja, Geld scheint dich nicht zu motivieren, und ich bin mir nicht sicher, ob ich dich wirklich verstehe. Ich und der Rest des Managements ... Wir würden gern Bescheid wissen ... Was willst du?«

Ich sah den Mann an, und natürlich dachte ich bei mir: Für den Anfang wär's ganz nett, wenn du kein so unausstehlicher Eimer wärst.

Aber ich war müde. Ich meine, ich war wirklich müde. Und auch wenn ich nicht mehr über seine Witze lachte, stieß mir der Kerl immer noch sauer auf – in dem Augenblick gerade wieder besonders schlimm. Also nahm ich mein Herz in die Hand und schloss sie zur Faust. Dann sagte ich: »Frosch, ich möchte einfach ein besserer Teamplayer sein. Ich möchte ein Teamplayer sein und mehr für die Bank verdienen.«

\*

Eine Reihe hochkarätiger Trader von anderen Banken wollte mich kennenlernen, und so baten sie Billys Broker, Billy zu fragen, ob er mich nicht mal mitnehmen könnte. Zu der Zeit ging ich kaum noch aus, aber wo es nun mal Billy war, ging ich mit.

Der Raum hatte etwas von einer Höhle, niedrig, finster jenseits des Kerzenlichts, und im hinteren Teil stand ein langer, gerader, mit Speisen überladener Tisch.

Trader säumten den Tisch, zu beiden Seiten, und als Bill und ich dazukamen, waren sie bereits am Essen. Ich sah die Rücken der Trader, die von uns abgewandt saßen, zusammengekauert, sah die Wülste unter ihren weißen Hemden, wie sie so dasaßen, über ihre Teller gebeugt.

Ein Baum von einem Mann erhob sich und griff über den Tisch, die beiden Broker ihm gegenüber teilten sich wie das Rote Meer, als er mir eine Hand entgegenhielt.

»Carlo Lengua, Senior Sterling Trader, Credit Suisse.«

»Gary, Gary Stevenson«, sagte ich ihm, während Bill gar nichts sagte. Dann gingen wir zu unseren Stühlen.

Unsere Plätze befanden sich am rechten Ende, und von dort aus konnte ich den ganzen Tisch und die beiden Reihen der Männer entlang sehen.

In Erinnerung geblieben ist mir vor allem die schiere Körperlichkeit dieser Männer: Muskeln und Fett in perfekter Harmonie, in Hülle und Fülle, durchwachsen wie das Fleisch japanischer Kobe-Rinder. Die Überfülle ihrer Körper spiegelte sich in der Überfülle der Speisen auf dem Tisch: ein Teller Fleisch neben dem anderen und, von unsichtbaren Kellnern nachgereicht, endlos fließender Wein.

Es wurde schnell klar, dass dies Carlos Party war. Carlo saß in der Mitte des Tisches und sprach laut und vernehmbar, wählte in Abständen Männer aus und bezog sie in das Gespräch mit ein. Er aß und trank, während er sprach und Hof hielt, und wir anderen hatten nichts zu tun, als ihn zu bestaunen. Billy ging zur Bar und kaufte uns beiden ein Bier.

Carlo hatte eine Menge Geld verdient. *Eine Menge* Geld. Es troff geradezu aus allem, was er sagte und tat. Er wollte von den besten Tradern der Welt umgeben sein und zwar allen, und so machte er die Runde und sprach jeden von uns der Reihe nach an.

Er wusste, wer ich war; er wusste, wer Billy war. Auch wenn ich keine Ahnung hatte, wer er war. Er schwärmte von unseren Fertigkeiten als Trader und das ziemlich laut, da wir ganz am Ende des Tisches saßen. Billy und ich nickten und hielten unsere Biere hoch.

Billy trank schnell. Sehr schnell. Es dauerte kaum eine Stunde, und er war betrunken. Er stand schließlich auf und lallte etwas in seinem Liverpooler Dialekt, worauf ich ebenfalls hochfuhr und ebenfalls etwas sagte, wenn auch etwas Manierlicheres und Verständlicheres als er. Dann half ich ihm zur Tür hinaus.

»Verfluchte Scheiße ... Carl ... ich werd nicht mehr, CARL *fucking* LENGUA!«

Ich hatte von Bills Telefon seinen speziellen Taxifahrer angerufen, und Bill hatte die Wartezeit genutzt, um wild gestikulierend zu tanzen. Er packte mich mit beiden Händen am Hemdkragen, fest entschlossen, es mir noch mal zu sagen, mitten ins Gesicht, damit mir auch nichts entging. »CARL FUCKING LENGUA! SCHEISS AUF DEN KERL! CARL! KERL FUCKING LENGUA! SCHAUT AUS WIE EIN FEISTER RÖMISCHER KAISER! FICK DIESEN FUCKING FUCKING ... Schwachkopf ... Fucking ... Drecksack?«

Mitten im letzten Satz hatte er sich von einem Fuchs ablenken lassen, den er in der Dunkelheit davonschleichen sah, was leider der Effektivität seiner Schimpfkanonade abträglich war. Da er mich aber immer noch am Kragen festhielt, gab ich ihm eine sachte Ohrfeige und sagte: »Bill!«

Das holte ihn wieder zurück.

»Hör mal, Gal. Wenn du jemals, verdammt noch mal, so enden solltest wie dieser fette römische Saftarsch, mach ich dich verdammt noch mal eigenhändig kalt. Mit diesen Händen!«

Dann nahm er seine beiden kleinen Hobbit-Fäustchen von meinem Kragen und fuchtelte wild herum, und ich dachte bei mir: Dann sollte ich wohl besser vorsichtig sein. Schließlich tauchte endlich Bills Taxler auf, und ich stieß den feisten kleinen Kerl kopfüber in den Fond des Wagens, und er verschwand grummelnd, um an die Bank von England zu pissen.

Ich ging wieder nach unten, um mit den anderen einen Haufen Fleisch zu verdrücken und dabei darüber zu schwadronieren, wie fantastisch wir doch alle waren.

Vielleicht hört sich das für Sie abscheulich an. Vielleicht finden Sie es ekelhaft. Aber so eklig war es eigentlich gar nicht. Zu dem Zeitpunkt ekelte mich nichts mehr an. Zu dem Zeitpunkt war es einfach nur noch scheißlangweilig. Langweilig, langweilig, langweilig, langweilig, langweilig. Ich wünschte mir, Bill wäre noch da. Ich wollte nach Hause zu Wizard.

So um zehn hatte ich das Gefühl, das sei wohl eine akzeptable Zeit, mich zu verabschieden.

»Oh, gehen Sie nicht!«, schrie Carl. Er war inzwischen schön rot und fett genug, um vom Spieß genommen zu werden.

»Tut mir leid, Carl. Ich muss wirklich los. Ich muss morgen früh zur Arbeit, wissen Sie?«

Carl war darüber alles andere als glücklich. Er entwand sich seiner Umgebung und kam schwerfällig die Berge von Fressalien entlang auf mich zu, und ich versank in der Umarmung eines Wagyu-Bullen. Ich erinnere mich noch an meine Überraschung darüber, wie weich und warm er war.

»Gehen Sie noch nicht, Gary.« Ich spürte seinen feuchten Atem an meinem Ohr.

»Hören Sie, ich wollte Ihnen das eigentlich nicht sagen«, flüsterte er konspirativ, »aber ich und einige der Jungs gehen danach noch aus. In die Dover Street Wine Bar. Waren Sie schon mal in der Dover Street Wine Bar?«

Nein, war ich nicht.

»Hören Sie. Die ist absolut spitze. Da müssen Sie mit. Gerammelt voll heißer Bräute. Acht von zehn, *achteinhalb* von zehn.«

Ich wandte mich zum Gehen, aber er hielt mich an und drehte mich wieder um, sodass wir uns gegenüberstanden. Mit einem direkten Blick in meine Augen und väterlich gestrenger Miene schob er nach: »Ich spreche hier von einer *properen* Skala von eins bis zehn.«

Ich ging nicht mit.

Ich nahm den Zug nach Bow. Und auf dem Weg vom Bahnhof nach Hause, mitten in der Nacht, packte ich den Außenspiegel eines Autos und riss ihn ab, einfach so, ohne jeden Grund.

# 7

Ich sagte Harry, wir könnten an unserem letzten gemeinsamen Abend in der Wohnung eine Abschiedsparty geben, so richtig einen draufmachen. Er war begeistert und lud alle ein – Kids von zu Hause, Kids aus der City. In seinem Übereifer lud er sogar die Mädchen aus dem Pret a Manger bei uns gegenüber ein.

Titzy kam und einige andere Kids von Citi und noch ein paar, die behaupteten, von Citi zu sein, deren Namen mir jedoch, um ehrlich zu sein, nichts sagten. Asad aus Ilford kam. Jalpesh, Aidan, Mashfique, alle waren sie da. Wizards kleine Schwester kam den ganzen Weg von Norwich herunter. Mein älterer Bruder kam und saß den ganzen Abend in der Küche und trank Tee. Wir rissen alle Türen und Fenster auf und hörten bis in die Puppen Musik. Es hagelte Beschwerden, aber das war mir egal, schließlich waren meine Sachen schon alle in der neuen Wohnung, und am nächsten Tag wären wir ohnehin nicht mehr da.

Es gab einen Augenblick, mittendrin, in dem alles seine Ordnung zu haben, in dem alles okay zu sein schien. Die Leute von daheim und die von der Arbeit plauderten und tranken miteinander, und irgendwie schien alles völlig normal. Asads avantgardistische ukrainische Freunde aus dem Mode-College tanzten und nahmen Drogen. Und ich stand mit Wizard in der kalten Nacht und schaute, auf das Balkongeländer gelehnt, zu den hohen roten Schornsteinen der zweihundert Jahre alten Streichholzfabrik hinauf und fragte mich, ob wir dort wohl jemals wieder zusammen sein würden.

Aber ich sah es kommen, mitten in der Nacht, kurz bevor es passierte. Ich sah, wie in seinen Augen das Licht auszugehen und seine Zunge zu stolpern begann, und ich sah, wie es ihm den Boden unter den Füßen wegzog. In dem Augenblick wusste ich, dass ich ihn verlieren würde. Ehrlich, ich wusste, dass er weg war. Ich wusste, er war bereits nicht mehr da. Er hob seine Whiskyflasche hoch, und sie begannen beide zu fallen. Flasche und Junge landeten krachend auf dem Boden und die braunen Glasscherben in seiner Hand.

Und schon war der Teppich voll Blut, und es war Wizard, die zu ihm rüberging, nicht ich, und dann grapschte er zappelnd nach ihr, während sie ein Küchentuch um seine Hand zu wickeln versuchte. Als sie gerade mal genug getan hatte, um die Blutung zu stoppen, nahm ich sie bei der Hand und dann ihre Schwester und sagte: »Kommt. Hauen wir verdammt noch mal ab.«

Ich habe acht Jahre lang nicht mit Harry gesprochen.

\*

Ich zog in die neue Wohnung und riss erst mal alles raus: Wände, Böden, Lampen, Toiletten, Küchenspüle. Ich habe die Bude ausgeräumt, bis nichts mehr da war außer ein leerer grau-weißer Kasten aus Putz und Beton.

Graue Betonböden, weiß verputzte Wände.

Danach hätte ich wohl Handwerker anrufen und alles neu einrichten sollen. Neue Küche, neue Böden.

Aber ich tat es nicht. Ich weiß nicht, warum. Ich konnte nicht.

Ich stellte einen Fernseher auf den nackten Betonboden und legte im Schlafzimmer eine Matratze aus. Und jeden Tag wachte ich um halb sechs auf und las fünfhundert E-Mails, einfach so, auf dem Boden.

Eines Tages kam Wizard vorbei und sagte: »Was machst du denn da? So kannst du doch nicht leben!«

Darauf erwiderte ich lachend: »Sieht aber ganz danach aus.«

Sie klappte ihren Laptop auf und arrangierte über eine Website namens »Freecycle«, dass man mir ein altes, kaputtes, schäbiges rotes Cordsofa ins Wohnzimmer brachte. Das stand dann gegenüber vom Fernseher, und ich kam jeden Tag um halb sechs von der Arbeit und schlief sofort darauf ein. Und jede Nacht wachte ich um eins oder zwei auf, fand die Vorhänge alle beiseite gezogen und das Mondlicht hell in dem leeren Raum. Und sie war bei mir, eingerollt, ein kleines Knäuel neben mir auf dem schäbigen roten Sofa, und ich strich ihr übers Haar, weckte sie auf und brachte sie ins Bett.

\*

Die Personalabteilung wollte allen möglichen Scheiß von mir: Ich sollte Ansprachen halten und mit neuen Absolventen reden. Weiß der Geier, warum, vielleicht hält man mich ja für zugänglich.

Einmal organisierten sie den Besuch einer großen Gruppe von Schulkindern aus der Gegend, und man fragte mich, ob ich nicht mit ihnen rauf in den obersten Stock fahren und dort ein paar Worte sagen könnte.

Natürlich sagte ich: »Klar, warum nicht.« Ist doch genau die Art von Scheiß, auf den Typen wie ich stehen.

Erst zwei Tage vor ihrem Besuch wurde mir klar: Er biss sich mit einer Sitzung der EZB.

Die Sitzungen der Europäischen Zentralbank sind vermutlich für einen Euro-STIRT-Trader das Wichtigste überhaupt. Man sollte sie wohl nicht versäumen, um irgendwelchen Schulkindern aus der Gegend etwas über sein Leben zu erzählen. Aber, wissen Sie was, scheiß drauf. Ich hatte es versprochen.

Ehrlich gesagt, ich wäre wahrscheinlich sogar damit durchgekommen, aber wie Sie mittlerweile wissen, ist der Euro-Handel am STIRT-Desk ein Job für zwei, in unserem Fall für mich und den Frosch. Ich war eben auf dem Weg, den Kids aus Poplar ein positives männliches Vorbild zu geben, als der Frosch lauthals über den ganzen Floor schrie: »WO ZUM TEUFEL IST GARY?« Gleich darauf fand die Frage ihren Weg in Form einer SMS auf mein Handy.

Ich antwortete dem Frosch so höflich, wie ich nur konnte: »Tut mir echt leid, ich habe den Personalern für heute die Förderung unterprivilegierter Schulkinder zugesagt.«

Worauf der Frosch ziemlich unhöflich reagierte: »KOMM VERDAMMT NOCH MAL AN DEN DESK!«

Das war so unmanierlich *wie hochgradig* unsensibel angesichts des Maßes an sozialer Benachteiligung rund um unseren privilegierten Arbeitsplatz. Andererseits war es aber auch eine relativ klare Anweisung, sodass mir nichts anderes übrig blieb, als meine Bürgerpflichten sausen zu lassen, kehrtzumachen und zurück an den Desk zu gehen.

Während der verdammten EZB-Sitzung ist dann verdammt noch mal nichts passiert, sodass ich Zeit hatte, der Personalabteilung zur Entschuldigung folgende E-Mail zu schreiben:

Sehr geehrter *Name*
Bitte zu entschuldigen, dass ich kurzfristig verhindert war, an Ihrem freundlicherweise organisierten Event teilzunehmen.
Das lag daran, dass mein Vorgesetzter *nicht genannt* (in CC) den Kontakt mit unterprivilegierten Schulkindern aus der Gegend für keine sinnvolle Verwendung meiner Energie und Zeit hält.
Alles Gute und
mit freundlichen Grüßen,
Gary

Der Frosch schrie. Der Frosch brüllte. Der Frosch lief auf und ab, jammerte, Oberkörper nach vorne, Oberkörper nach hinten, auf und ab, hin und her. Und fuchtelte dabei mit den Armen.

Ich hörte nicht wirklich hin. Ab und an warf ich einen nachdenklichen Blick hinüber und nickte ihm zu. Nur aus Respekt, um ihm zu zeigen, dass ich da war. Aber in Wirklichkeit war es mir scheißegal.

Er zog mich in eine Art Besenkammer, um mich runterzuputzen, und ich kam mir vor wie in der Schule.

In der Schule hat man mich oft angeschrien. Ich kam zu spät, hatte die Hausaufgaben nicht gemacht, gab den Lehrern freche Antworten. Und ich habe Drogen verkauft, wenn auch nur ein einziges Mal.

Der Grund, weshalb ich so oft zu spät kam, war einfach der, dass ich erst meine Zeitungsroute machen und dann drei Kilometer im Sprint zurücklegen musste, um pünktlich in der Schule zu sein. Und dass ich die Hausaufgaben so oft nicht machte, lag offen gesagt einfach daran, dass ich nie wirklich einen sicheren Ort dafür hatte.

Aber, wissen Sie, die scherten sich einen Dreck um so was, also habe ich sie einfach schreien lassen. Und manchmal sah ich sie mitfühlend an, nickte und dachte mir: Na ja, vielleicht tut ihnen das ja gut, mal Dampf abzulassen.

Aber meistens saß ich da, das Kinn auf die Hände gestützt, die Ellbogen auf den Knien, den Blick auf den Boden gerichtet, und ließ sie schreien, bis nichts mehr drin war. So hielt ich es gerade auch in dem kleinen Büro mit dem Frosch.

Und der schrie und brüllte und jammerte, und ich stand da und guckte zu Boden. Und dabei fiel es mir zum ersten Mal auf.

Ich hatte Löcher in meinen Schuhen.

Ja, an den äußeren Ecken meiner Onitsuka Tigers, vollkommen symmetrisch, genau an den beiden kleinen Zehen, waren sie aufgeplatzt: zwei Löcher, so um die zwei Zentimeter breit. Und da blitzten sie durch, zwei leuchtende Farbkleckse, meine beiden kleinen Zehen, in meinen roten Leyton-Orient-Socken.

*Shit, Mann!* Wie lange habe ich diese Sneakers schon? Seit dem ersten Jahr an der Uni. *Shit, Mann!* Und wie lange sind diese Löcher schon da? *Shit, Mann* ... Ich hatte das noch nicht mal gemerkt.

Dann hob ich den Blick und erinnerte mich daran, dass der Frosch noch am Schreien war, und ich sah ihm in die Augen und sagte: »Chef, ich glaub, ich bring das nicht mehr. Ich glaub, ich muss gehen.«

Das traf den Frosch hart, wie ein Telefon am Kopf, und so plötzlich, wie er reagierte, musste ich lachen.

»Was sagst du?«

# 8

Ich hätte nie gedacht, dass ich ihn je wiedersehen würde, aber er war es. Er war da.

Der verdammt große Kopf. Die verdammt massigen Schultern. Die verdammt großen Finger an den verdammt großen Händen.

Er stand da, wie er immer gestanden hatte, mit der Sonne im Rücken, obwohl das Fenster jetzt weiter entfernt war.

Caleb Zucman.

Ich hatte ihn weder herein- noch an den Desk kommen sehen, weil ich, wie ich das damals so machte, mit übergeschlagener Kapuze und Kopfhörern tradete. Titzy, jung und empfänglich, wie er war, hatte die Kopfhörer übernommen, war aber noch nicht selbstbewusst genug für die Kapuze, sodass er es bemerkte, als JB, der Frosch, Snoopy und Billy alle aufstanden und sich um den Mann am Ende des Desks scharten.

Er zupfte mich am Ärmel. Ich zog einen Stöpsel aus dem Ohr. Und er sagte zu mir: »Hey! Wer ist denn der Typ?«

Ich drehte mich um und sah, was los war. Endloses Schulterklopfen am Ende des Desks. Die reinste Orgie. Es war drei Jahre her, dass ich den Mann das letzte Mal gesehen hatte. Er sah noch genauso aus, nur ein bisschen kleiner – so wie Ihr Großvater nach Ihrem jüngsten Wachstumsschub.

Alle Trader hatten ihre Plätze verlassen und waren rübergegangen, außer Titzy, der ihn noch nie gesehen hatte, und mir.

Ich stand aber nicht auf. Ich drehte meinen Stuhl und sah ihn an. Die Magensäure fraß mir Löcher ins Herz.

Ich musste ihn einfach fragen: »Warum?«

Aber man kann jemanden nicht einfach so fragen: »Warum bist du zurückgekommen?«

Das wäre respektlos.

Das würde implizieren, dass das, weswegen der Mann gegangen war, nicht geklappt hatte. So etwas macht man mit einem Mann wie Caleb nicht. Diese Frage muss man schon geschickter stellen.

Ebenso erkannte Caleb, seit jeher schon ein Meister in der Kunst der Konversation, dass es sich nicht gehörte, mich, den mittlerweile profitabelsten Trader der Citibank, einfach so zu fragen, warum ich dem Frosch erst eine Woche zuvor gesagt hatte, mit dem Trading aufhören zu wollen – mit einem Verweis auf die Löcher in meinen Schuhen (eine Begründung, die niemand so ganz befriedigend fand). Ich hatte meine Eingabe um eine fristlose Entlassung schließlich zu einem längeren Sabbatical deeskaliert, ein Gesuch, das offiziell noch in Prüfung war.

Aus eben diesen Gründen saßen Caleb, JB, Billy und ich einige Stunden später an diesem warmen Sommertag auf der Veranda eines japanischen Restaurants, über Drinks, bis in den späten Abend hinein, und sahen den Mond über der Themse aufgehen. Aber die eigentlichen wahren Fragen auf dem Grund unserer vier Herzen sprach keiner aus.

Wussten Sie, dass die Japaner Reiswein aus einem Holzkästchen trinken? Nein, im Ernst, das tun sie. Sie stellen ein Glas in ein quadratisches Holzkästchen und füllen das Glas langsam mit Sake bis an den Rand. Nur hören sie an dem Punkt nicht auf. Sie gießen weiter, bis der Reiswein über- und an der Seite des Glases herunterfließt und sich das kleine Kästchen zu füllen beginnt. Sie gießen so lange Sake in das Glas, bis sowohl das Glas als auch das Holzkästchen voll sind. Erst dann hören sie auf. Mir hat das schon immer gefallen. Ich nehme an, es steht für ein Übermaß an Gastfreundschaft oder etwas in der Art. Aber mich, der ich an dem Abend zum ersten Mal Zeuge dieses Rituals wurde, erinnerte dieser Brauch immer an die Fragen, die uns nicht einfach so aus dem übervollen Herzen quellen.

Weder die drei Männer, die wissen wollten, warum Caleb wieder da war, noch die vier, die wissen wollten, warum ich ging, sprachen diese Gedanken je aus. Stattdessen unterhielten wir uns über Calebs Leben in Kalifornien und über die Trading-Großtaten von Billy und mir; über JBs Neugeborenes und die heimtückische Art, wie der Frosch ihn kaltgestellt hatte. Und natürlich über JBs zukünftige Rache.

Worüber wir jedoch nicht sprachen, das war seine gescheiterte Ehe oder das Kokain, das gerade in seinen Adern pulsierte. Wir sprachen auch nicht über die Veränderung in unseren Gesichtern, will sagen darüber, wie hager wir beide, ich und JB, geworden waren. Wir sprachen nicht darüber, dass wir den alten Glanz in Calebs Augen vermissten, oder darüber, dass ich mich gerade dadurch an eine jüngere, glücklichere Version meiner selbst erinnert fühlte.

An diesem warmen Abend, inmitten der funkelnden Lichter der City, die die Themse zu uns heraufwarf, war das alles tabu. Wir sonnten uns in unserem Ruhm, nicht in unseren Fehlschlägen. Die ließen wir ungehört in der Themse versinken.

Das änderte nichts an der Säure, die mir das Herz zerfraß.

Wir wussten damals alle, dass Caleb mich mitnehmen würde. Das war offensichtlich. Wohin er auch gehen würde – Citi, Deutsche, was weiß ich –, er würde mich mitnehmen. Deshalb war er zurückgekommen. Er war da, um mich von dem Frosch wegzuholen.

Aber ich konnte nicht mit, nicht ohne zu fragen, und so wartete ich auf den richtigen Augenblick.

Dann, ganz plötzlich, ergab sie sich, diese Gelegenheit, als JB und Billy beide tief in ihren Getränken und in den Augen des anderen versunken waren. Ich schob mein Gesicht ganz nahe an Caleb und fragte ihn: »Nun sag doch, wie war das Leben in Kalifornien wirklich?«

Diesen einen Augenblick lang waren wir beide allein, und er sagte mir: »Es war schön, Gary, wir hatten ein riesiges, schönes Haus, mit mächtigen Balken an der Fassade. Wir hatten extra draußen auf dem Land gebaut. Und innen öffnete es sich in einen riesigen schönen Garten, der sich nach hinten hinaus ausbreitete, ewig weit, bis tief in einen Wald voll riesiger Bäume. Solche Bäume gibt es hier nicht. Die Kinder spielten den ganzen Tag im Garten, bis in den späten Abend hinein, und Florence machte Abendessen für uns vier, und ich ging raus und rief sie rein. Es war schön und das ganze Jahr über warm.«

Es entstand eine Pause, und er zögerte einen Augenblick. Und ich begegnete diesen riesigen Augen und diesem riesigen Lächeln und fing sie auf und hielt sie fest. Ich ließ nicht locker.

»Aber es gab da ein Problem. Die Leute, die das Haus gebaut hatten, weißt du. Ich bin mir nicht sicher, ob sie die Richtigen waren. Sie waren Freunde der Familie meiner Frau, du verstehst, ja? Es gab da so ein paar Kleinigkeiten. Mit dem Design. Mit dem Haus an sich. Ich bin mir nicht sicher, weißt du? Ich glaube irgendwie nicht, dass die sonderlich gut waren.«

Nach einer weiteren Pause wandte er sich ab, und ich drängte ihn weiterzusprechen. »Inwiefern, Caleb? Was meinst du?«

»Na ja, ich meine, um nur ein Beispiel zu nennen. Der Thermostat. Sie haben den Thermostat zu nah am Kamin montiert. Wenn man im Winter Feuer machte, schaltete der Thermostat sich aus. Dann ging im Obergeschoss die Heizung aus, und es wurde kalt.«

Halte den Blick. Lass nicht zu, dass er dir ausweicht.

»Wir ließen sie noch mal kommen und den Thermostat verschieben. Aber das Problem, das trat immer wieder auf. Egal, wo wir den Thermostat anbrachten, er ließ sich einfach nicht richtig einstellen.«

Caleb erzählte weiter, aber ich hörte nicht mehr zu. Alles, was ich in dem Augenblick sah, war eine Vision. Ein riesiges schönes Haus, eine riesige schöne Küche; das Ganze öffnet sich nach hinten auf einen schönen Garten hinaus; zwei schöne blonde lebensfrohe Jungs spielen in der untergehenden goldenen Sonne, die den Schatten riesiger fremdartiger Bäume über sie wirft. Die schöne Mutter geht in den Garten.

»Timothy! Jacob! Das Essen ist fertig! Kommt rein!«

Und dort, gleich neben der riesigen Küche, ein riesiger Esstisch und dahinter ein riesiges Wohnzimmer.

In der Mitte des Wohnzimmers, unter einem schimmernden Kronleuchter, ein riesiger Luxussessel und in diesem ein großer, wohlhabender Mann mit einem großen Kopf.

Seine Augen fixieren ein kleines Ding an der Wand. Über dem Kamin, ein Stückchen über dem Sims, auf der linken Seite.

Er beobachtet und beobachtet und beobachtet. Wie ein Wolf. Dann zuckt ein dicker Finger auf der Armlehne des Stuhls.

Der Thermostat.

Und in dem Augenblick wusste ich, warum Caleb auf den Trading Floor zurückgekehrt war.

Er war hier, weil er nicht anders konnte. Weil er hier sein musste.

»Ich möchte dir was sagen.«

Die jähe Schärfe und die Lautstärke meines Ausrufs schreckten JB und Billy auf, und wir waren wieder zu viert.

»Weißt du noch, wie ich dir erzählt habe, dass ich vom Gymnasium abgegangen bin, weil ich dachte, ich hätte dadurch bessere Chancen auf einen Platz an der LSE?«

Die drei Männer nickten.

»Das war gelogen, so war das nicht. Ich bin von der Schule weg, weil sie mich rausgeschmissen haben. Ich bin rausgeflogen, weil ich Drogen verkauft habe.«

Langsam, ganz langsam, begannen JB und Caleb zu lächeln. Ihre Gesichter leuchteten auf, und ich sah das Feuer darin.

Nur Billy lächelte nicht, er schaute mir tief in die Augen, und als ich seinen Blick erwiderte, sah ich die Angst darin.

# 9

Als ich klein war, ich meine ganz klein, hatte ich einen Freund in der Straße. Jamie Silverman.

Jamie war in allem der Beste: Fußball, Werfen, Klettern, Radfahren, Spucken. Er hätte um ein Haar über die Mauer des Werkstoffhofs am Ende unserer Straße gepisst. Auch in der Schule war er gut, er hatte immer die besten Noten. Alle mochten ihn, und weil mein älterer Bruder irgendwie komisch war und immer gepiesackt wurde und ich zu klein, zu schmächtig und zu jung war, um ihn zu beschützen, beschützte Jamie uns beide. Ich sah meine ganze Kindheit über zu ihm auf.

Als wir älter wurden, musste Jamie bei allem, was neu war, ob es sich nun um eine neue Sportart handelte oder einen neuen Wettbewerb, ein neues Schulfach oder einen neuen Trend wie Inline-Skating, immer der Beste sein. Was er auch immer war, nichts war zu schwer für ihn. Bei allen Schulwettbewerben und Sportarten schaffte er es in die regionalen Teams, vor allem im Weitwurf, und er schien sich nicht einmal anzustrengen.

Als Mädchen für uns interessant wurden, tat er sich mit den Mädchen hervor, und als Drogen interessant wurden, tat er sich mit den Drogen hervor.

Und er hat mich dabei nie außen vor gelassen, sondern mich immer mitgenommen und mir alles beigebracht.

Als ich mit sechzehn wegen der Drogen von der Schule verwiesen wurde, habe ich für immer damit aufgehört. Jamie nicht. Er nahm einfach mehr und mehr und mehr und mehr. Was Drogen anging, hatte der Junge wirklich was drauf. Ich meine, wirklich.

Irgendwann konnte ich ihn dann schlicht nicht mehr sehen. Er verlor von Tag zu Tag an Gewicht. Jedes Mal, wenn ich ihn sah, war er ein Stückchen größer und dünner als beim letzten Mal. Ich sah ihn rauchend auf irgendeinem Bahngelände oder bei irgendjemandem auf dem Dach.

Irgendwann dachte ich nur noch, dass ich den Jungen nicht mehr sehen möchte. Ich mochte ihn natürlich, aber ich sah ihn nur ungern. Weil es mir jedes Mal wehtat, wenn ich ihn sah.

Jahre später bekam er ein Emphysem, was bedeutet, dass die Lunge kaputtgeht, weil man zu viel geraucht hat, und ich besuchte ihn im Krankenhaus. Ich brachte ihm Weintrauben und Blumen, verdammt noch mal, und der Typ war nur noch ein Skelett mit Schläuchen in der Nase.

Trotzdem wollte er immer noch über die alten Zeiten lachen. Was er immer noch tut, jedes Mal, wenn ich ihn sehe. Als wäre alles beim Alten.

Als ich ihn so sah, im Krankenhaus, abgemagert, ganz gelb und voller Schläuche, dachte ich nur: Du warst mal im Weitwurf der Beste im ganzen verdammten Bezirk. Was für eine Verschwendung!

## 10

Der Frosch zitierte mich in den kleinen Raum.
»Die Schnecke sagt, ein Sabbatical ist nicht drin.«
Antworte nicht. Nick einfach nur.
»Er sagt, das letzte Mal, als er jemandem ein Sabbatical gab, kam der nicht wieder. Er will nicht, dass das mit dir genau so geht.«
Einfach nicken.
»Aber es gibt noch eine andere Möglichkeit. Caleb kommt zurück. Er wird STIRT-Leiter in Tokio. Er möchte dich da drüben dabeihaben.«
Ein weiteres Nicken.
»Na, was denkst du?«
Ein tiefer Seufzer. Überleg ruhig ein wenig.
»Um ehrlich zu sein, Frosch, ich halte das für keine so gute Idee. Ich bin am Arsch. Ich kann einfach nicht mehr.«
Jetzt war der Frosch mit Seufzen dran. Er senkte den Blick und tat, als würde er überlegen, dabei knackte er mit den Knöcheln. Dann, nach einer Weile, sah er wieder zu mir hoch, mit einer Grimasse, die größer war als sein ganzes hässliches Gesicht.
»Du verstehst nicht, Gary. Du musst da rüber.«
Okay.
Kein Problem.
So geht das eben.

\*

Ich führte meine Eltern in ein schickes japanisches Restaurant in der City aus, um ihnen mitzuteilen, dass ich nach Japan ziehen würde. Beide waren angezogen wie für die Kirche und rutschten auf den hockerähnlichen hohen Stühlen unaufhörlich von einer Backe auf die andere.

»Kommst du denn da drüben zurecht?«

Das war meine Mom.

»Natürlich komme ich zurecht. Ich komme immer klar.«

Sie schienen sich die ganze Zeit über nicht einen Augenblick zu entspannen, was wohl daran lag, dass sie nicht mit Stäbchen umgehen konnten.

»Das ist schon okay«, sagte ich ihnen, »Sushi darf man mit den Händen essen.«

Ich nahm einen Brocken und steckte ihn in den Mund, um ihnen zu zeigen, dass das okay war. Aber mein Vater machte gerade etwas Komisches mit der Sojaflasche, sodass er es nicht mitbekam.

Ich rief den Kellner und bat um zwei Gabeln. Das schien aber auch nicht zu helfen.

\*

Es waren nur noch zwei Wochen bis zu meiner Abreise, und mein Plan sah vor, Wizard zu sagen, dass wir uns trennen müssten.

Mitten in einer blauen Nacht, wir lagen beide im Bett, entschloss ich mich schließlich, das Thema anzusprechen. »Hey ... Du weißt, dass ich nach Japan gehe, oder?«

»Ja, natürlich weiß ich das.«

Sie lag im Bett, und ich saß über sie gebeugt neben ihr. Die Vorhänge waren offen, und der Raum war ganz in Blau getaucht. Ihre Worte hingen in der Luft, und es war, als könnte ich sie sehen, während ich sie zu verstehen versuchte. Mir fiel ein, dass es da etwas gab, das ich ihr sagen sollte, etwas, das ich *tun* sollte, aber ich konnte mich beim besten Willen nicht erinnern, was in aller Welt das sein könnte, als sie einsprang und die Lücke füllte.

»Du weißt, dass ich auch gehe, nicht wahr? Du weißt, dass ich mit nach Japan gehe?«

Ich hörte das aus einem anderen Zimmer, wie aus einem Traum, und es weckte mich, und ich schaute auf sie hinunter und dachte: Du weißt, dass ich dich nicht verdient habe. Du solltest dir einen anderen suchen.

Aber das sagte ich nicht, sondern: »Ich denke ... du *musst* mitkommen ... Ich brauche dich da.«

Ich weiß nicht, warum ich das gesagt habe; es war nicht das, was ich geplant hatte. Ich habe es wohl gesagt, weil es wahr war.

\*

Mein letzter Tag auf dem Londoner Citibank-Floor war Ende September 2012. Ich packte meine Tasche, klopfte dem einen oder anderen auf die Schulter. Es war JB, der über die Lautsprecher rief: »Gary Stevenson is leaving the building.«

Als ich den Desk verließ, wusste ich, dass alle aufstanden und klatschend johlten. Als ich aus dem Saal ging, konnte ich sie hören und sah sie alle in meinem peripheren Blickfeld, in allen Schneisen, zu beiden Seiten. Weißes Hemd, weißes Hemd, rosa Hemd, blaues Hemd.

Aber ich habe mich weder umgedreht noch umgesehen, sondern ging einfach raus.

# FÜNFTER TEIL
# 東京
## Abwärts

# 1

Tokio ist eine wunderbare Stadt zum Deprimiertsein. Besonders im Herbst.

Die Banken liegen alle in Marunouchi, »innerhalb des Kreises«, einem Viertel, dessen Name sich davon ableitet, dass es irgendwann mal innerhalb des äußeren Grabens um den Kaiserpalast lag, obwohl ich keine Ahnung habe, wo dieser Graben heute ist. Ich habe ihn jedenfalls nie gefunden.

Lange Zeit waren in Marunouchi hohe Gebäude verboten, weil man von dort aus den Palast hätte überblicken können, und, ich weiß nicht, vielleicht hatte man Angst, dass jemand auf den Kaiser schießen könnte, mit einer Armbrust oder so. Aber in den 1980er-Jahren stieg der Bodenpreis in dem Viertel derart, dass erste Ausnahmen gemacht wurden, und als ich dort hinzog, war das ganze Viertel fünfzig Stockwerke hoch. Tradition und Kaiser sind natürlich wichtig, denk ich mal, aber Geld wohl auch.

Wenn ich das Citi-Building, das dunkelgrau metallene Shin-Marubiru, verließ und mich westwärts hielt, kam ich in den Nationalgarten vor dem Palast, den »Kokyogaien«. Dieser Garten ist nichts weiter als eine riesige, perfekt gepflegte Wiese, die durch zwei stark befahrene Straßen in drei Abschnitte unterteilt und mit nichts anderem als einer Million einzigartiger, aber identischer Bäume bepflanzt ist, die alle in perfekten Abständen von sieben oder acht Metern voneinander stehen.

Die Bäume sind von einer Sorte, wie ich sie in England nie gesehen habe: klein, etwas über Mannshöhe, und filigran verzweigt. Als ich zum ersten Mal durch den Garten spazierte, hielt ich sie für Bonsai-Bäume, aber später erfuhr ich, dass es sich bei Bonsais um eine japanische Kunstform, die Zucht wirklich winziger Bäume, handelt, die nicht eigentlich eine Baumart sind, sodass ich annehme, dass es sich um eine andere japanische Baumsorte handeln muss.

Geht man etwa zehn Minuten durch den Garten, vorbei an den Millionen identischen Bäumen, gelangt man zu einer alten Steinbrücke, die über den inneren Wassergraben zum inneren Teil des kaiserlichen Palastkomplexes führt. Dort sieht man sich dann vor einem Tor, das immer geschlossen ist, und man kann nicht hinein.

Ich ging da oft hin, setzte mich auf eine kleine Stufe im Kies und wandte mich dann Marunouchi zu. Von dort aus bietet sich einem eine nette Perspektive. Man sieht hinten die riesigen Wolkenkratzer in den blauen Himmel von Tokio ragen und im Vordergrund die grüne Wiese und die Bäume des Kokyogaien.

Marunouchi ist ganz anders als Canary Wharf. In Canary Wharf gibt es nicht derart viele Wolkenkratzer, und ich habe sie einen nach dem anderen hochwachsen sehen. Für mich existieren sie als Individuen, vor allem die drei zentralen, die ich als Kind »aufwachsen« sah – der Citibank Tower, der HSBC Tower und der mittlere, die Pyramide. In Marunouchi gibt es derart viele Wolkenkratzer, dass das ganze Viertel mehr aus Wolkenkratzern als anderen Gebäuden besteht. Es müssen mindestens dreißig, vierzig oder fünfzig gewesen sein, alle mit vierzig Stockwerken oder mehr, und das ganze Viertel wächst aus der Erde wie ein einziger Block. Obwohl das Tokioter Wetter zwischen Sommer und Winter sehr verschieden sein kann, ist der Himmel in meiner Erinnerung immer warm, immer blau. Vielleicht liegt das daran, dass das so war, als ich Ende September 2012 zum ersten Mal dort ankam.

Wenn ich dort auf der kleinen Stufe vor dem Kaiserpalast saß und mir Marunouchi ansah, dachte ich immer dasselbe: Mein Gott, was für eine Unmenge Fenster.

So viele Wolkenkratzer, mit so vielen Stockwerken und so vielen Fenstern. Und hinter jedem dieser Fenster Reihen und Aberreihen von Männern und Frauen, die Tag für Tag an Reihen und Aberreihen von Computern arbeiten, vom frühen Morgen bis tief in die Nacht.

Warum um alles in der Welt haben die die Probleme der Welt nicht gelöst?

Dann stand ich auf, wischte mir den weißen Kiessand vom Hosenboden und ging zurück in mein Büro, um dort auf den Weltuntergang zu wetten.

# 2

Zu dem Zeitpunkt, an dem ich nach Tokio zog, hätte ich eigentlich überhaupt nicht umziehen sollen. Egal wohin. Ich hatte damals an Gewicht zu verlieren begonnen, seit einigen Monaten schon, und brachte kaum noch sechzig Kilo auf die Waage. Selbst für meine Größe ist das nicht viel.

Ich könnte nicht sagen, ob ich wusste, dass ich ein Problem hatte. Irgendwann jedoch wurde mir klar, dass es vermutlich nicht normal, wenn nicht gar krank ist, wenn man nicht in der Lage ist, sich ein Sofa oder überhaupt Möbel zu kaufen. Aber ich ließ den Augenblick verstreichen, wie so viele andere Augenblicke des Zweifelns auch. Hätte ich das nicht getan, hätte sich vielleicht nicht alles so rasant in einem solchen Maß verschlimmert. Aber es gab eben andere dringende Probleme, wie etwa die Zinssätze.

Gegen meine Herzschmerzen hatte man mir Pillen gegeben, »PPIs«, die die Magensäure davon abhalten, sauer zu sein, was sie eigentlich sein sollte. Als ich sie zum ersten Mal nahm, etwa ein Jahr vor meinem Umzug, waren sie ziemlich wirksam, und die Schmerzen waren weg. Als ich nach Japan zog, war ich bereits bei der dritten Kur, und sie wirkten nicht mehr ganz so gut. Ich hatte den Arzt damals gefragt: »Hat es sich damit? Ich nehme einfach die Pillen für den Rest meines Lebens?«

Er lächelte, als er mir das Rezept aushändigte, und sagte: »Vermutlich.«

Bei alledem hatte ich jedoch das Trading. Das Trading, das Trading, das Trading. Der einzig wahre Freund, den ich noch hatte. Objektiv, teilnahmslos, sicher.

Das Problem mit dem Trading ist, dass es eben immer da ist. Die Märkte, wissen Sie, die stehen nie still. An den Wochenenden ist wohl Ruhe, aber selbst da geht die Wirtschaft weiter.

Die Wirtschaft war mir zu einer Obsession geworden, sie hatte sich wie ein beruhigender Ölteppich über die Säure in meinem Herz gelegt. Es stimmte, dass mich der Desk keinen Dreck mehr scherte. Aber die Wirtschaft? Diese Liebe ist nie gestorben.

Als mir damals klar wurde, dass die Wirtschaft kaputt war und dass das Jahr für Jahr schlimmer würde, habe ich nicht weiter darüber nachgedacht. Ich meine, darüber nachgedacht habe ich schon, klar, aber ich habe mich nie gefragt, was das zu *bedeuten hat*.

Ich meine, sie war mein Job. Man schaut sich die Wirtschaft an und sagt sich: Okay, was wird das wohl dieses Jahr? Ist die Wirtschaft stark oder schwächelt sie? Wie sieht es nächstes Jahr aus? Das ist jetzt etwas vereinfacht ausgedrückt, aber im Grunde genommen ist das so ziemlich das, was den Zinshandel ausmacht. Das war mein Job.

Mal angenommen, Sie hätten beruflich Swimmingpools zu vermessen. Da würden Sie doch auch nicht nach jedem Pool fragen: »Was *bedeutet* das?« Oder? Mal angenommen, Sie würden Sofas reparieren. Sie würden Ihre Freunde doch nicht fragen: »Was bedeutet das Sofa da?«

Als mir klar wurde, dass es mit der Wirtschaft auf immer bergab gehen würde, stimmte mich das zuversichtlich. Es stimmte mich zuversichtlich genug, um eine Menge Geld darauf zu setzen. Ich konnte den Mechanismus hinter diesem Niedergang erkennen und sah ganz genau, warum das Gros studierter Volkswirtschaftler ihn übersehen würde. Für mich war das klar zu erkennen. Ich kann es immer noch sehen. Aber ich habe mich dabei nie gefragt: Was hat das zu bedeuten? Ich habe nur den Trade abgeschlossen. Ich habe nur meinen Job gemacht.

Aber als meine Trades mich zum profitabelsten Händler der Citi Global Foreign Exchange machte, wurde mir immer klarer, dass das nicht nur eine Theorie war. Es war wirklich so.

Und dann habe ich eine Menge Geld für das bekommen, was ich da machte, und dieses Geld investiert. Während ich so investierte, kam schließlich ein Punkt, an dem ich mich fragte: Wofür investiere ich dieses Geld eigentlich? Werde ich es jemals ausgeben? Vermutlich nicht.

Dann dachte ich damals: Gut, in diesem Fall investiere ich es eben für meine Kinder. Und dann, wenn auch nur ganz, ganz flüchtig:

Aber was ist, wenn ich recht habe? In was für einer Welt leben meine Kinder denn dann?

Aber ich verdrängte diesen Gedanken und wandte mich rasch wieder meinen Investitionen zu. Ich mag Investitionen, ich mag Zahlen. Zahlen sind etwas, bei dem ich mich sicher fühle.

Aber es gab Augenblicke, kurze kleine Augenblicke, in denen sich das dichte Blätterdach der Bäume über mir auftat und ich einen flüchtigen Blick auf den dunklen Sternenhimmel erhaschte. In diesen Augenblicken träumte ich davon aufzuhören. Ich glaube, das war genau das, was an dem Tag in dem kleinen Büro mit dem Frosch passiert war. Ich hatte da einen Augenblick sengender Klarheit gehabt. In diesem Augenblick sah ich den Himmel über mir, und mir wurde klar, dass es unmöglich seine Richtigkeit haben konnte, als fünfundzwanzigjähriger Millionär mit Löchern in den Schuhen zur Arbeit und dann nach Hause in eine Wohnung ohne Fußboden zu gehen. Abends auf einem kaputten roten Sofa einzuschlafen und mitten in der Nacht frierend aufzuwachen und zu merken, man hat von Zahlen geträumt. Herzrasen zu haben und manchmal schlicht nichts essen zu können. Das ist wahrscheinlich der Grund, weshalb ich in dem Augenblick gesagt habe, dass ich aufhören will.

Das Problem war nur, dass ich nicht aufhören konnte. Ich meine, ich war praktisch mit Handschellen an den Job gefesselt. Als die Citibank mir Anfang 2012 diesen riesigen Bonus zahlte, an den ich mich nicht mehr erinnern kann, haben sie schon dafür gesorgt, dass ich an meine Monitore gekettet war. Ich sollte einen Teil des Bonus sofort bekommen, und das war das Geld, das ich investierte. Den Rest wollten sie mir mit erheblicher Verzögerung zahlen: ein Viertel 2013, ein Viertel 2014, ein Viertel 2015, ein Viertel 2016. Wie Sie sehen, konnte ich zu dem Zeitpunkt nicht wirklich gehen. Die Bank schuldete mir über eine Million Pfund. Wenn ich ging, würde ich das alles verlieren.

Das ist vermutlich der Grund, weshalb ich an dem Tag in dem kleinen Büro Ja gesagt habe. Ich saß da, mit meinen kaputten Schuhen, meinem kaputten Magen und der Säure, die mir das Herz zerfraß. Ich war ein Häufchen Elend, völlig am Boden, fühlte mich in die Ecke gedrängt wie eine Ratte, als der Frosch mir sagte, ich müsste nach Tokio ziehen. Und so sagte ich Ja. Obwohl ich wusste, dass ich nicht die Kraft dazu hatte. Ich hatte nichts. Definitiv nicht Kraft genug, Nein zu sagen. Man hatte mich in Eisen gelegt.

Aber Ratten haben nun mal auch Zähne, wissen Sie, und ich auch. Also begann ich in meiner Freizeit zu recherchieren.

Ich meine, wenn Trader nicht aussteigen können, weil sie sich in Eisen gelegt sehen, wie hatte das dann Caleb 2009 gemacht? Wie hatte Caleb sein Haus bauen können? Sein wunderbares Haus inmitten all der wunderbaren Bäume?

Ich begann mich umzuhören, ein paar Leute zu fragen. Ach, was rede ich: Ich habe einfach Bill gefragt.

Von Billy erfuhr ich von einer Klausel im Arbeitsvertrag, die einem auszusteigen erlaubte, und zwar mitsamt seinem Geld. Man musste dazu nach dem Ausstieg für wohltätige Zwecke tätig sein. Nicht viele wussten davon, aber Caleb hatte es gewusst, und irgendwie hatte er sich auf diese Klausel berufen. Er war jedoch nie karitativ tätig geworden, jeder wusste das, aber aus irgendeinem Grund ließ die Schnecke ihn trotzdem gehen. Niemand wusste so recht, warum. Oder jedenfalls war man sich nicht sicher. Möglicherweise hatte Caleb irgendwas gegen die Schnecke in der Hand.

Das war das dünne Rettungsseil, das ich auf dem langen einsamen Flug nach Tokio im Gepäck hatte. Wenn Caleb sich mitsamt seinem Geld abgeseilt hatte, dann konnte ich das wohl auch. Und nicht nur das, ich würde für Caleb arbeiten. Wenn alles schiefgehen sollte, wenn es zum Debakel kam, würde ich eben auf den nächsten Bonus warten, bevor ich ging, und dann für einen wohltätigen Zweck tätig werden. Caleb würde das sicher verstehen, oder?

Natürlich würde er das. Wenn das jemand verstand, dann er.

\*

Ich flog tatsächlich allein nach Tokio. Wizard flog nicht mit. Wizard sollte nach Japan ziehen, wie sie es versprochen hatte, aber nicht gleich mit mir. Sie flog mit ihrem eigenen Ticket und besorgte sich selbst einen Job, wenn auch aus irgendeinem Grund nicht in Tokio. Und dieser Job begann erst im Januar 2013.

Ich flog also praktisch mit nichts. Die Bank zahlte mir acht Kubikmeter Luftfracht, in denen ich was weiß ich mitnehmen sollte. Meine Lieblingsmöbel? Aber ich hatte ja kaum etwas, was nicht in einen Rucksack gepasst hätte, also bat ich sie nur, mir mein Rad nachzuschicken. Es dauerte allerdings zwei Wochen, bis das kam, und so hatte ich, als ich dort ankam, erst mal nur mich, meinen Rucksack und die Märkte.

Wenn ich mir damals die Märkte ansah, sah ich keine bloße Ansammlung von Zahlen mehr. Das ist heute noch so. Ich sah vielmehr eine Reihe von Vorhersagen für die Welt, so wie man sich vielleicht den Wetterbericht ansieht und versteht, dass er einem sagt, wie das Wetter wird. Die Zinsprognosen waren eine genaue Karte, die zeigte, wann und wie schnell sich die einzelnen Volkswirtschaften erholen würden, und sie änderten sich jeden Tag. Bewegen sich die Zinssätze nach unten, könnte das bedeuten, dass die wirtschaftlichen Aussichten sich verschlechtert haben, oder es *könnte* bedeuten, dass die Zentralbank bekannt gegeben hat, dass sie die Zinssätze nicht erhöhen wird. Was von beidem ist nun der Fall? Wenn Sie sich den Aktienmarkt ansehen, werden Sie vermutlich feststellen, dass im ersten Fall die Papiere wahrscheinlich nach unten, im zweiten aber nach oben gehen.

Gestandene Trader schauen keine Nachrichten, sie beobachten die Märkte. Scheiß auf den *Economist*, scheiß auf die *Financial Times*, scheiß auf das *Wall Street Journal*. Das Einzige, was ein richtiger Trader braucht, sind die Märkte. Sie werden einem etwas Reales sagen.

Das ist allerdings trotzdem falsch. Es ist zwar real, aber falsch. Ich reimte mir langsam, aber sicher zusammen, warum das so ist. Zu dem Zeitpunkt hatte ich, was die Wirtschaft anging, erst seit anderthalb Jahren recht. Wollte ich meine Theorien hinterfragen, musste ich sie länger beobachten. Ich brauchte Bestätigung. Ich musste der Wirtschaft beim Sterben zusehen.

Das also war mein Plan, und obwohl ich nichts mehr hatte außer einem halb leeren Rucksack, wusste ich, dass ich immer traden könnte, immer, und ich wusste, ich würde dabei verdienen. Ich wollte zusehen, wie meine Prognosen sich einmal mehr bewahrheiteten, wenigstens ein weiteres Jahr. Ich wollte, dass Gott mir seine Wahrheit offenbart. Das ist alles, was ich wollte. Nur die Märkte, weiter nichts.

# 3

Rosa Hemden sind in Tokio nicht beliebt oder waren es zumindest nicht, als ich dort war. Auch blaue Hemden sah ich keine. Die Hemdenkultur dort bevorzugt Weiß an Weiß. Und diese weißen Hemden strömten, fein säuberlich von schwarzen Hosen und schmalen schwarzen Jacketts gesäumt, morgens um acht und neun Uhr aus den Ausgängen der U-Bahn-Stationen wie aufwärts fließende Wasserfälle hinaus in die reale Welt. Die einzelnen Männer und Frauen in diesem Strom kämpften sich flussaufwärts wie Karpfen. Mit schlichten, aber ordentlichen kantigen Köfferchen bewehrt, spannten sie Regenschirme auf, checkten Handys, wischten sich mit kleinen weißen Tüchlein über die Stirn.

Ich war einer in diesem Strom.

Die Citibank hatte sich um alles gekümmert. Man hatte mir eine knackfrische cremefarbene Wohnung im dreißigsten Stock des Prudential Building zugewiesen, eines Wolkenkratzers, in dem man nicht wohnen, sondern Versicherungen verkaufen sollte und dessen oberste Ecke als menschliche Behausung entworfen war. In dieser obersten Ecke gehen wackere Abenteurer wie ich schlafen und wachen Nacht für Nacht hoch, hoch oben am Himmel auf. Morgen für Morgen sehen wir den Fuji, aber wir atmen nicht die Höhenluft über Tokio, da man die Fenster nicht öffnen kann.

Das Prudential Building hat über die U-Bahn-Station Akasaka Mitsuke einen direkten Zugang zu Tokios riesigem, weitläufigem und überaus effizientem U-Bahn-System. Die Station selbst liegt im Herzen von Akasaka, einem gehobenen Geschäftsviertel im Zentrum der Stadt. Hier findet man enge gepflasterte Gassen, altmodische Sushi-Shops und galoppierende Mieten.

Die Verbindung zum U-Bahn-System war so direkt, dass ich mit dem Aufzug vom Flur vor meinem Schlafzimmer bis hinunter in die

Station fahren konnte, von der aus ich mit der Marunouchi-Linie in gerade mal acht Minuten an der Tokyo Station war, von der aus ein weiterer Aufzug direkt hinauf zu meinem Arbeitsplatz fuhr. Den ganzen Weg von meinem Bett bis zum Trading Floor bekam ich nicht ein einziges Mal den Himmel zu sehen. Praktisch, finden Sie nicht auch? Oder, wie die Japaner sagen würden: »便利ですね?«

*

Der Tokioter Trading Floor im vierundzwanzigsten Stock des Shin-Maru-Biru, was so viel wie »Neues Marunouchi-Building« bedeutet, war beileibe nicht klein. Für meine Begriffe jedoch war er genau das. Wenn man am Eingang stand, den Hinterkopf an die Tür gelehnt, und sich gerade machte, konnte man den hinteren Teil des Saals sowie dessen rechten und linken Rand gleichzeitig sehen. Bei meiner Körpergröße bedeutete das, der Saal war klein.

In Wirklichkeit freilich kam dieser Eindruck vermutlich weniger von einem Mangel an Größe als von den niedrigen Decken und der Ruhe, die hier herrschte. Außerdem sorgte die Höhe des Raums für ein Gefühl der Weite jenseits der Fenster auf beiden Seiten, die nicht auf die anderen Wolkenkratzer von Marunouchi hinausführten. Ich könnte nicht so recht sagen, warum, aber vom ersten Tag auf diesem Floor an konnte ich mich des Gefühls nicht erwehren, dass der Himmel über Tokio ungewöhnlich hoch ist.

Ungewöhnlich hoch und ungewöhnlich ruhig. Ich war überwältigt von diesen Eindrücken. Natürlich hätte man nicht wirklich eine Stecknadel fallen hören können, schon deshalb nicht, weil der Boden mit einem teuren Teppich ausgelegt war. Aber ich hatte immer das Gefühl, man hätte sie hören können.

Auf dem Floor selbst sah ich einige rosa Hemden, was irgendwie ganz guttat, weil es für eine gewisse Vertrautheit sorgte. Der Grund für die Abwechslung war jedoch nicht, dass die japanischen Trader einen untypisch verwegenen Sinn für Mode gehabt hätten, sondern dass es auf dem Floor viele *gaijin* gab. Gaijin bedeutet Ausländer. Das Wort bezeichnet vor allem eine Person aus dem Westen, insbesondere wohl einen Amerikaner. Normalerweise ist es nicht abwertend gemeint. Manchmal aber doch.

Etwa ein Drittel der Trader dort waren Gaijin und etwa zwei Drittel davon Amerikaner. Die übrigen waren Europäer, die sich irgendwann dorthin verirrt hatten. Leute wie ich. Die Einzigen, die ich auf dem ganzen Floor kannte, waren Caleb und, wenn auch nur beiläufig, zwei japanische Trader, Hisa Watanabe und Joey Kanazawa, die ich fast zwei Jahre zuvor auf meiner Weltreise kennengelernt hatte.

Der STIRT-Desk befand sich ganz hinten auf dem Floor, am hinteren Fenster, sodass ich, wenn mir danach war, rüberspazieren und einen Blick auf den Palast werfen konnte. Da ich keine Armbrust hatte, war nichts dabei. Meinen Arbeitsplatz als Desk zu bezeichnen, traf es nicht ganz, da es dort, mich eingeschlossen, nur drei Trader gab und nur einer von uns, wenn überhaupt, tatsächlich mit Trading befasst war.

Zu der Zeit war Citi STIRT in Asien aufgeteilt zwischen Tokio und Sydney. Sämtliche Währungen wurden von Sydney aus gehandelt, mit Ausnahme des japanischen Yen, der von Japan aus gehandelt wurde. Das bedeutete, dass in Tokio nur ein einziger Trader gebraucht wurde, eben der für den Yen, und trotzdem standen wir zu dritt in unserer kleinen Reihe: Hisa Watanabe, Arthur Kapowski und, in der kleinen Lücke zwischen den beiden, ich.

Hisa Watanabe war der Yen-Trader und das schon seit Menschengedenken. Er war ein kleiner mausgrauer Mann, der sich unerklärlicherweise in den Kopf gesetzt hatte, Englisch mit dem Akzent eines New Yorker Gangsters der 1920er-Jahre zu sprechen. Er war ein lausiger Trader. Nein, das ist unfair. Er war überhaupt kein Trader. Er war ein Krämer, ein Buchhalter, ein Mensch, dem eher der Papierkram lag.

Hisa hätte eigentlich entlassen gehört, als ich seine Stelle bekam. Wurde er aber nicht. Vielmehr wurde er im wahrsten Sinne des Wortes seitwärts befördert: Ich bekam seinen Platz und er, als mein frischgebackener Manager, den Platz rechts von mir. Und er managte buchstäblich nur eine Person, und die war ich. Als ich in Tokio landete, holte mich Hisa mit seiner Frau und seinem schreienden Baby am Flughafen ab. Ich hätte wohl gleich damals sehen sollen, was das bedeutete, aber ich sah es nicht. Der Typ sollte mir die nächsten sechs Monate meines Lebens so unerschütterlich wie unaufhörlich reinreden – der Kerl saß mir verdammt noch mal wie eine Hämorrhoide im Arsch.

Zu meiner Linken saß Arthur Kapowski. Arthur war Australier und sein Vater Bergbaumagnat, Prominentenchirurg oder Zeitungsmagnat oder etwas in der Art. Keine Ahnung. Irgendetwas anonym Reiches und Einflussreiches, und es sah ganz so aus, als hätte er seinen Sohn dazu erzogen, der nächste blitzblanke Chef vom australischen Gegenstück zu den amerikanischen Republikanern zu werden, was auch immer das ist. Er wirkte wie der größte und renommierteste Fünfzehnjährige der Welt, aber ich denke, er muss wohl mindestens fünfundzwanzig gewesen sein. Man stelle sich Jared Kushner mit einem um Klassen besseren Personal Trainer vor. Arthur stand weiter rechts als irgendjemand, den ich je persönlich gekannt habe. Arthur war großartig. Der Mann war zum Schreien.

Es gab absolut keinen anderen Grund für Arthurs Anwesenheit in Tokio als den Umstand, dass Rupert Hobhouse (ja, genau der, Claphams Bester, der Werwolf) immer noch der Chef von Citi-STIRT für ganz Asien war, und er mochte es nun mal, seine Leute wie Figuren auf einem Schachbrett hin und her zu bewegen. Möglicherweise hatte er Arthur nach Tokio versetzt, um mir beim Eingewöhnen zu helfen, vielleicht aber auch nur, um vor Caleb damit zu protzen, dass er einen Mann, der eindeutig zum künftigen Leader der freien Welt bestimmt war, als seinen Junior-Trader am STIRT-Desk eingestellt hatte. Arthur selbst jedenfalls schien gern dort zu sein. Er sagte, er sei so näher bei seiner Freundin. Seine Freundin lebte in New York.

Da waren wir also, die drei STIRT-»Trader« – ein Trader, sein Chef und sein Junior – drei verdammte Köche mit verdammt wenig Brei.

Als wären drei Männer für einen Job nicht schon Overkill, hatte Rupert, der – wenn auch 5 000 Meilen weit weg – irgendwie auch »mein Chef« war, auf eine Live-Video-Schaltung zwischen seinem und meinem Arbeitsplatz bestanden. Das bedeutete, dass einer meiner kostbaren Monitore nun permanent einem Livestream von »Ruperts täglichen Highlights« gewidmet war, darunter Must-Sees wie »Rupert isst Nudeln zu schnell«, »Rupert perfektioniert die Kunst des doppelten

Windsor« und »Rupert macht plötzlich den Ton an, um dir ein ›Wo steht der Verbraucherpreisindex der Eurozone?‹« entgegenzuschreien. Es war wie ein grauenhafter wiederkehrender Albtraum aus der Kindheit, der unerklärlicherweise zurückkommt, um einen als Erwachsener zu terrorisieren.

Links von uns saß der Rest der Devisenabteilung. Da das Devisenteam in Tokio insgesamt viel kleiner war, lohnte es sich nicht, uns in getrennte Desks aufzuteilen, und so teilten wir unseren Desk, um der Reihe nach vorzugehen, mit einem Paar durch und durch properer japanischer Verkäufer mittleren Alters, die, wie ich mit zunehmenden Japanisch-Kenntnissen feststellte, den ganzen Vormittag darüber diskutierten, was sie zu Mittag essen sollten, um dann, nach dem Mittagessen, eine gründliche Beurteilung darüber abzugeben, wie das Mittagessen gewesen war. Als Nächste kamen zwei japanische Devisenhändler, darunter der semi-legendäre und absolut unverwüstliche Joey Kanazawa, und zu ihrer Linken, am hinteren Ende des Desks, der ebenso breite wie robuste Caleb Zucman. Der Mann, der wie die größte Buchstütze der Welt am Rand des Desks saß, war mittlerweile Chef der gesamten Devisen- und Zinsabteilung und erhöhte so die Zahl der Chefs in meiner unmittelbaren Umgebung auf drei. Über mangelnde Betreuung würde ich nun sicher nicht zu klagen haben.

# 4

Im Japanischen gibt es ein Konzept namens »O-mo-te-na-shi«. Aus irgendeinem unerfindlichen Grund sprechen es die Japaner genau so aus, eine Silbe nach der anderen, und sie machen dabei eine spaßige Geste mit beiden Händen. Es bezeichnet, so wurde mir gesagt, »den Geist der japanischen Gastfreundschaft«. Ich glaube, es hat etwas mit grünem Tee zu tun.

Joey Kanazawa hat mir gegenüber durchaus etwas japanische Gastfreundschaft an den Tag gelegt, aber ich glaube, es war womöglich nicht »O-mo-te-na-shi«. Ich glaube, es hatte einen anderen Grund.

Joey Kanazawa war ein kleiner Mann mit durchdringendem Blick und sparsamen Bewegungen. Er war ein »Spot Trader«, mit anderen Worten ein reiner Devisenhändler. Das ist die einfachste, unkomplizierteste Art von Trader, die man sein kann, und die Leute haben den Ruf, ungehobelt zu sein. Und dumm. Alle Trader bezeichnen FX-Trader als Affen, und FX-Trader bezeichnen Spot-Trader als Affen. Womit sie die Affen der Affen sind. Aber Joey Kanazawa war anders. Er war cool; er war clever; er war ein stiller Typ.

An meinem ersten Tag auf dem Floor sagte Joey so gut wie gar nichts zu mir, genauer gesagt, weder zu mir noch zu sonst jemandem. Dann, am Ende des Tages, Punkt halb sieben, stand er mit einer sparsamen, fließenden und präzisen Bewegung auf, schob seinen Stuhl unter den Schreibtisch, tat drei Schritte nach rechts und rief etwas auf Japanisch.

Die drei Japaner um mich herum – Hisa Watanabe und die beiden Gourmets – antworteten mit einem lauten, militaristischen Grunzen, das in einen langen Zischlaut überging. Dann erhoben sie sich und räumten ebenfalls ihre Stühle auf.

Zusammengenommen hatte die Bewegung der vier Männer etwas Ballettartiges, weil sie so synchron vonstattenging. Überrascht und beeindruckt zugleich, hatte ich mich zu Joey umgedreht und sah mich ihm gegenüber.

Mit perfekter Geradlinigkeit richtete er den rechten Arm auf mich. Die Handfläche nach oben gerichtet, Daumen, Zeige- und Mittelfinger gestreckt, war klar, was die Geste signalisierte: Er richtete eine Waffe auf mich. Er hielt meinen Blick gerade mal einen Augenblick fest, und seine Augen blitzten dabei mit flammender Intensität. Dann riss er die Pistole nach oben.

Die Geste war so eindeutig wie entschieden, über jede Sprachbarriere hinweg. Ich tastete unter meinem Schreibtisch nach meinem kleinen billigen Rucksack und folgte ihm hinaus in die Nacht.

\*

Um diese Tageszeit ist es in Tokio Ende September bereits dunkel und der letzte Hauch von Blau aus der Luft verschwunden. Der Himmel wird schwarz, und die Straßen erstrahlen im Neonlicht. Als wären die Sterne auf die Erde gefallen.

Nach allem, was ich jetzt weiß, könnte ich mir vorstellen, dass wir durch die breiten Straßen von Ginza gegangen sind, einem Viertel direkt im Osten von Marunouchi, und durch eine der prächtigsten und berühmtesten Einkaufsstraßen ganz Tokios, wenn nicht gar der ganzen Welt.

Aber ich wusste damals nicht, was ich heute weiß, und so sah ich nur eine große, breite, von hohen Gebäuden flankierte Straße, deren Bürgersteige von perfekten Bäumen gesäumt waren. Von den Flanken der Gebäude hingen in gewaltigen Kaskaden unzählige Leuchtreklamen, die ich nicht lesen konnte. Vier japanische Männer gingen jeweils zu zweien, alle in weißen Hemden und schwarzen Jacketts. Ich lief hinter ihnen, die großen Augen nach oben gerichtet, in zerschlissenen weißen Sneakers und einem dünnen schwarzen Topman-Kolani.

\*

Was suchte ich wohl an diesem ersten heißen Abend in Tokio, als ich diesen vier Männern in weißen Hemden und schwarzen Jacketts in die Neonnacht folgte? Vielleicht war mir nach etwas Omotenashi, dem Geist japanischer Gastfreundschaft. Ist es nicht das, wonach jeder dumme kleine weiße Jüngling sucht, wenn er alles zurücklässt und nach Japan zieht? In den Armen eines neuen, fremden Ortes zu landen, von dessen warmer Luft umhüllt.

Eine scharfe Wendung nach rechts brachte uns in eine winzige Gasse, die dort gar nicht hätte sein dürfen, kaum breit genug, um zu zweit nebeneinander zu gehen. Vier Männer an einer knallroten Theke, die praktisch unisono Nudeln schlürfen. Dem Fünften rutschen sie auf den Boden. Ich fragte Hisa, was »schwarzer Pfeffer« auf Japanisch heißt. »Burakku peppaa«, sagte er. Ein kurzer Spaziergang, eine zweite kleine Gasse. Fünf Männer in einem kleinen Aufzug. Keiner hatte auch nur daran gedacht, mir zu sagen, wohin es ging. Nun, von da an ging es bergab.

Was kann ich Ihnen über Hostessen-Bars, Soaplands und Hostessen-Karaoke erzählen? Wahrscheinlich weit mehr, als wir beide wissen wollen. Ich sage nur Frauen. So viele Frauen. Habe ich deutlich genug gesagt, dass mich niemand gewarnt hat?

Es gab dort ältere Frauen; es gab dort jüngere Frauen. Letztlich Mädchen. Es gab Frauen in Wizards Alter. Und dann gab es alle möglichen Zimmer, große reich verzierte und kleinere private. Sie wurden einem zugeteilt. Zuteilung, wohin man sah. Auch mir teilte man jedes Mal eines zu.

Man bekam Zigaretten angezündet, Mixdrinks eingeschenkt; man lachte hinter vorgehaltener Hand über den einen oder anderen Scherz. Sorry, ich kann kein Japanisch. Ein Kichern, eine Hand auf meinem Oberschenkel.

Was macht man in so einer Situation? Ich hätte vermutlich heimgehen sollen. Das tat ich aber nicht. Warum eigentlich nicht?

Ich hielt mich wacker, versuchte, langsam zu trinken, aber die Gläser waren immer voll, sodass es schwierig war, den Überblick zu behalten. Die Genießer trugen ihre Krawatten jetzt um die Stirn. Mein *furendo*, mein *furendo*. Sie Izu. *Adaruto mubii staa* – was als »Mein Freund, mein Freund, das ist Izu, die Pornodarstellerin!« zu verstehen ist.

Um mich herum verschwimmt alles, aber wir stolpern in Taxis, und kurz darauf sind wir in einem anderen Etablissement. Hisa singt jetzt »Wonderwall«, und Joey Kanazawa fährt wie ein Tier hoch und reißt dem Mann das Hemd vom Rücken. Das Mädchen neben mir drückt ihre Schulter gegen meine. Sie sieht um die zwanzig aus. Sie ist sehr hübsch. Sorry, ich kann kein Japanisch.

Ich versuche, von ihr abzurücken, worauf sie nervös zu dem kleinen Bullauge in der Tür hinüberspäht. Ich folge ihrem Blick und erkenne das Augenpaar eines Mannes, der uns beobachtet, und innerhalb von Minuten öffnet man die Tür, und mein Mädchen geht, und man schickt ein anderes herein, für mich.

»Hör zu, du scheinst wirklich sehr, sehr nett zu sein und so, und es tut mir wirklich leid, dass ich kein Japanisch kann, aber ich wollte dir nur sagen, dass alles okay ist, ich brauche niemanden, ich meine ... ja, also, ich weiß nicht, wie das hier geht, aber du kannst machen, was du willst, oder nach Hause gehen, wenn du willst.«

Aber sie versteht kein Wort, weil die Musik zu laut ist und die Gourmets gerade irgendeine traditionelle japanische Ballade ins Mikrofon grölen. Also beuge ich mich vor und sage ihr das Gleiche noch mal, direkt ins Ohr. Und dann schaut sie mich an, legt mir lächelnd ihre Hand auf die Schulter und neigt ihren Kopf leicht zur Seite. Sie haben sie noch vier weitere Male ausgetauscht.

Ein Stück meiner Seele starb bei diesem Ringelspiel, wenn überhaupt noch etwas davon am Leben gewesen sein sollte. Schließlich fand ein Mädchen zu mir, das doch tatsächlich ein paar Brocken Englisch sprach. Sie hätte definitiv weiter oben auf der Liste stehen sollen.

»Bitte, bitte, bitte, lass du dich nicht auch noch ersetzen.«

»Bitte, bitte, bitte. Sein mehr happy.«

Mir kam der Gedanke, dass ich das noch nie probiert hatte. Ich fragte mich, ob es schon zu spät war.

# 5

»Also, wie hast du nun so viel Geld verdient?«

Arthur war nicht der typische Trader, mit dem ich bisher gearbeitet hatte, das zeigte sich schon in der Frage, die er mir da stellte. Zu dem Zeitpunkt war ich seit fast zwei Jahren einer von Citis Top-Tradern, und man hatte mir diese Frage nicht ein einziges Mal gestellt.

»Easy. Ich habe einfach darauf gewettet, dass die Zinssätze für immer auf null bleiben.«

»Ha!«

Arthur lachte kurz und laut auf. Es war die kurze, pointierte Lache eines australischen Privatschulsnobs.

»Die Zinssätze können nicht ewig auf null bleiben.«

Arthur stellte eine Menge dummer Fragen und verstieg sich zu einer Menge kühner Aussagen. Das gefiel mir. Man sah daran, dass er kein Volkswirtschaftler war. Er hatte Musik studiert. Er war Konzertpianist oder so was in der Art. Aber der beste Job, der einem Konzertpianisten wohl heute winkt, ist Trader bei der Citibank. Man verdient da recht gut.

Volkswirtschaft ist heute ein Studiengang, in dem die Studenten nicht wirklich verstehen, was ihnen da beigebracht wird, weil die, die es ihnen beibringen, natürlich selbst Volkswirtschaft studiert und das alles selbst nie richtig verstanden haben. Gelegentlich kommt es vor, dass ein Student in einem lichten Augenblick gleichzeitig intelligent genug ist, um sein Unverständnis einzusehen, und mutig genug, seinem Professor die entsprechenden Fragen zu stellen. Das versetzt dem Seelchen seines Professors, der sich jahrelang um die Erkenntnis herumgedrückt hat, dass er sein Fach selbst nicht wirklich versteht, einen kurzen, aber scharfen Stich. Nicht zuletzt, weil es ihn an die bittere Tatsache erinnert, dass sein Vater nie stolz auf ihn war. Um diese entfleuchten Gefühle rasch wieder in ihren Tresor der Verdrängung zu sperren, wird der Professor seinen Fragesteller entweder beschämen oder langweilen, bis er kapituliert (was Menschen, die sich ihrer Ansicht nicht ganz sicher sind, in einer Verhörsituation für gewöhnlich tun). Auf diese Weise lernen Volkswirtschaftler, keine dummen Fragen zu stellen, die natürlich fast immer die wichtigsten Fragen überhaupt sind.

Arthur hatte das alles nicht durchgemacht, und außerdem war er ein ausgezeichneter Pianist. Welch ein Glück für ihn! Was für ein glücklicher Junge!

»Selbstverständlich können die Zinsen für immer auf null bleiben. Warum zum Geier sollten sie nicht?«

»Tja ...« Arthur überlegte einen Augenblick. Ich mochte den Jungen. Man konnte ihn denken sehen.

»Na ja, weil das alles nur vorübergehend ist. Die Staaten befinden sich in einer Schuldenkrise. Die Wirtschaft wird sich wieder erholen. Und dann gehen auch die Zinsen wieder hoch.«

»Cleveres Kerlchen, wo hast du denn *das* gelesen? Die Wirtschaft geht den Bach runter.«

»Ha!«

Der Junge lachte für sein Leben gern und das laut. Eigentlich machte er alles, was er machte, in sonorer Lautstärke. Der Trading Floor in Tokio war mit Abstand der leiseste, auf dem ich je gewesen bin, und wenn Arthur etwas zu sagen hatte, konnte ihn jeder hören. Aber das kümmerte Arthur nicht. Warum zum Teufel sollte es? Er ist der nächste Leader der freien Welt.

»Was soll das heißen, die Wirtschaft geht den Bach runter?«

»Was glaubst du denn, was das heißen soll? Es wird nie wieder besser werden. Das ist keine vorübergehende Krise, sondern das Endstadium. Von jetzt an geht es nur noch bergab. Jahr für Jahr.«

»Was geht bergab? Die Zinssätze? Der Aktienmarkt?«

»Scheiß auf den Aktienmarkt, komm schon, Arthur, so dumm bist du doch nun wirklich nicht! Hast du verdammt noch mal fünf Jahre lang gepennt? Eine Wirtschaft am Arsch ist eine Spritze für die Börse. Der Aktienmarkt geht durchs Dach.«

Für mich war das ein gutes Argument. Das von Tag zu Tag offensichtlicher wurde. Arthur ließ sich das durch den Kopf gehen.

»Aber warum sollte die Wirtschaft am Arsch sein? Das sagt doch keiner. Warum ist sie am Arsch?«

»Arthur, verdammte Scheiße, wenn du nur glaubst, was alle anderen glauben, wirst du dein ganzes Leben nie auch nur ein Pfund verdienen. Du kannst den Markt nicht dadurch schlagen, dass du der Markt bist. Du verdienst daran, dass die Leute falsch liegen.«

Arthur sah mich aufrichtig verblüfft an, und ich fragte mich, ob er nicht vielleicht in irgendeinem Konzertsaal besser aufgehoben wäre als hier mit mir.

»Okay, dann pass mal auf. Ich werd's dir verdammt noch mal sagen: Es ist die Ungleichheit. Sie ist das Einzige, was zählt. Auf sie zu wetten, macht dich als Trader zum Millionär.«

Arthur lachte ein letztes Mal laut auf, bevor er merkte, dass mir ernst damit war. »Die Ungleichheit?«

»Ja Arthur, ja, die Ungleichheit. Die Reichen bekommen die Assets, die Armen die Schulden, und dann müssen die Armen jedes Jahr ihr ganzes Einkommen dafür ausgeben, ein Dach über dem Kopf zu haben. Und die Reichen verwenden dieses Geld dafür, das restliche Vermögen der Mittelschicht aufzukaufen, und das Problem verschlimmert sich von Jahr zu Jahr. Die Mittelschicht verschwindet, was der Wirtschaft auf Dauer die Kaufkraft entzieht, die Reichen werden verdammt noch mal immer reicher und die Armen, nun ja, ich denke, die krepieren einfach.«

Das hing eine Sekunde lang in der Luft, und ich konnte die Umdrehungen des Räderwerks in seinem Gehirn sehen.

»Und ... die Zinssätze?«

»Die Zinssätze? Die bleiben bei null.«

»Hm. Du meinst also, wir sollten grüne Eurodollar kaufen?«

Mich laust der Affe, Arthur! Doch nicht so dumm, wie er aussieht.

Unsere Unterhaltung hatte Ruperts Aufmerksamkeit erregt, der uns beide wie immer auf seinem Videobildschirm beobachten konnte. Er schaltete den Ton auf seinem Monitor an und rief meinen Namen, eine Gewohnheit, die ihm leider Freude zu machen schien.

»Gary! Schön, dass ihr beide miteinander auskommt! Worum ging's denn da gerade?«

In diesem Stadium meines Lebens fiel es mir immer schwerer, mir meine Verachtung für Rupert nicht ansehen zu lassen. Auch wenn Rupert das nie bemerkt hat, da bin ich mir sicher. Wahrscheinlich dachte er, Gesichter sähen einfach so aus. Ich hatte plötzlich ein merkwürdiges Zucken im Auge und um den Mund, sodass ich nicht antwortete, und so füllte Arthur die Lücke und rief: »Um die Wirtschaft!«

»Ah, die Wirtschaft! Ich liebe die Wirtschaft! Ich wusste doch, dass aus Gary noch ein großartiger Volkswirtschaftler wird. Deshalb habe ich ihn ja bei Citi eingestellt! Sag doch, Gary, wer ist deiner Meinung nach der beste Volkswirtschaftler der Citibank?«

Zu dem Zeitpunkt war Rupert einer von gut sieben Leuten, die behaupteten, sie hätten mich eingestellt, aber ich denke mal, Rupert hatte mehr Anspruch darauf als viele der anderen. Immerhin hatte er mich nach Vegas mitgenommen. Ich hatte, mit einiger Mühe, meinen Blick unter Kontrolle gebracht und spuckte ihm den Namen geradezu hin: »Bill.«

Rupert war betroffen. »Bill ist doch kein Volkswirtschaftler!« Er hielt das vermutlich für einen Witz.

»Na schön. Wenn nicht Bill, dann eben ich.«

Das fanden offenbar beide zum Schießen. Jedenfalls lachten sie quietschvergnügt. In der Ecke des Bildschirms mit Rupert in voller Lebensgröße war das Bild unserer eigenen Kamera eingeblendet, auf dem Arthurs herrliches perlweißes Lächeln zu sehen war. Und Rupert hatte sich nach seinem Umzug nach Australien die Zähne machen lassen. Sie waren perfekt, wie die Tasten eines Klaviers.

Plötzlich erschien Calebs Gesicht hinter dem meinen im Rahmen meines Monitors, und ich spürte seine schwere Hand auf meiner Schulter. »Rupert! Wie geht's denn so? Was freut euch denn so?«

»Caleb! Wie geht's? Ich habe gerade mit Gary gesprochen. Er meint, er sei der beste Volkswirtschaftler der ganzen Bank!«

Caleb fand das genauso lustig wie die anderen beiden, und sie lachten alle übers ganze Gesicht, sodass der Monitor voll weißer Zähne war.

»Na ja, das stimmt schon, er ist als Volkswirtschaftler ein Ass. Ich wusste das von Anfang an, schon damals beim Trading Game. Deshalb habe ich ihn ja eingestellt.« Caleb schwieg einen Augenblick, um sich physisch zu rekalibrieren, um dann etwas ernster fortzufahren.

»Ich werde nie vergessen, wie ich Gary seinen ersten Bonus gab. Ich wusste, dass das, was ich ihm da gab, für ihn eine riesige Summe war, aber ich wollte, dass er sich gewürdigt fühlt. Ich werde nie sein Gesicht vergessen, als wir ihm die 50 000 Pfund überreichten.«

Die drei Männer lächelten herzlich und starrten mich an, während ich nur auf den Monitor sah. Es waren nicht 50 000 Pfund gewesen, sondern nur 13 000, und ich fragte mich, warum Caleb einen Mann, der genau wusste, dass er log, so dreist anlügen sollte. Drei überdimensionale Lächeln, jedes einzelne davon schlicht perfekt. Ich lächelte nicht; ich sah eher aus wie eine Ratte.

\*

Ungefähr um diese Zeit brachen die Zinssätze weltweit ein letztes Mal – jedenfalls für mich – so richtig ein, was mir nicht nur eine Menge Geld einbrachte, sondern auch Arthurs unvergängliche Loyalität. Was vermutlich das Schlimmste war, was mir passieren konnte.

Passen Sie auf, wenn die Zinsprognosen auf null fallen, dann liegen eben nicht mehr alle falsch. Es haben vielmehr alle recht. Endlich, zum ersten Mal in den knapp zwei Jahren, in denen ich nun Trader war, waren alle mit mir einer Meinung: Die Wirtschaft *war* für immer am Arsch. Es *würde* keinen Aufschwung mehr geben. Nie wieder. Es gibt nichts Schlimmeres, als recht zu haben und alle auf seiner Seite zu sehen. Wie soll man da noch Geld verdienen? Unmöglich.

Nur wenige Monate zuvor war ich einer der größten Trader der Welt gewesen. Ich hatte Tag für Tag mit Hunderten von Milliarden gehandelt, auf einem unsteten Markt. Das war jetzt vorbei. Ich war der Yen-Trader. Für eine amerikanische Bank, wohlgemerkt, nicht für eine japanische. Die japanischen Zinssätze bewegten sich verdammt noch mal nie, und der Markt war mausetot. Und selbst wenn ich mal Preise zu machen hatte, hob Hisa sie wieder auf, und ich hatte noch nicht mal Bock, mich zu wehren.

Das war's dann. Keine Kundschaft, mit denen sich das Trading Game spielen ließ. Keine Wirtschaft, auf deren Tod sich wetten ließ. Nur ich und Arthur und Hisa Watanabe und zwei Pseudogourmets, die sich tagtäglich am Lunch hochzogen.

Schluss mit Trades. Zum ersten Mal seit langer Zeit hatte ich keine Trades mehr. Ich blickte auf meine Hände auf der Tastatur, auf der Maus, und mir wurde klar, wie inhaltslos das alles geworden war.

Ich wandte mich nach rechts. Da saß Hisa Watanabe. Er schlürfte mit Stäbchen Nudeln aus einer kleinen Pappschale, und es hörte sich ekelhaft an. Ich will nicht zu sehr über Hisa Watanabe herziehen. Ich weiß, warum er gemacht hat, was er gemacht hat. Warum er mir bei allem über die Schulter reingeredet und alle meine Trades ausgebremst hat. Es tat ihm nicht gut, dass ich da war, seinen Job machte und mehr Geld verdiente, als er je verdient hatte, ohne wirklich zu arbeiten. Der Mann hatte eine Frau, die ihn seines Gehalts wegen geheiratet hatte, also musste er dieses Gehalt verdammt noch mal auch weiterhin verdienen. Gott weiß, dass er nicht der erste Trader war, dem es so erging. Scheiß drauf, auch wenn ich ihm alles Gute wünsche.

Ich wandte mich nach links. Arthur Kapowski. Was war der Junge glücklich über all das Geld, das wir mit unseren Wetten auf den Weltuntergang verdient hatten. Ich fragte mich, ob mich das jemals so glücklich gemacht hatte wie ihn. Gott weiß, dass die Leidtragenden eher wie meine Eltern aussahen und nicht wie die seinen.

Ich schaute auf den Monitor links oben. Rupert Hobhouse. Aus irgendeinem Grund, und vermutlich war es nur ein verdammter Zufall, schlürfte der Typ ebenfalls Nudeln aus einem kleinen Pappkarton, und ich war verdammt noch mal dankbar, dass der Ton an seinem Monitor nicht an war. Zum ersten Mal in meinem Leben wurde mir klar, dass ich ihn hasste. Das heißt, hasste ich ihn oder verachtete ich ihn? Ich weiß es nicht, verdammt noch mal, aber wo ist der Unterschied? Ich fragte mich, ob er wohl wusste, dass ich ihn hasste, und ich fragte mich, warum ich ihn hasste. Der Typ hatte viel für mich und meine Karriere getan. Und je mehr er für mich tat, desto mehr hasste ich ihn. So ist das nun mal, nehme ich an.

Ich blickte wieder nach links, an Arthur vorbei, hinüber zu den Gourmets. Sie unterhielten sich über das Tempura auf Reis, das sie zu Mittag gehabt hatten, und waren sich einig, dass es recht lecker war. Ich wusste, dass das stimmte, da sie mir eine Portion mitgebracht hatten. Nein, es war nicht ihre Schuld, niemand konnte den beiden böse sein.

Als Nächstes kam Joey Kanazawa. Er starrte angespannt auf seine Monitore. Nein, Joey Kanazawa konnte ich keine Vorwürfe machen, er hatte sein Bestes getan, um mich in Tokio willkommen zu heißen.

Und dann kam er, am Ende des Desks, Caleb Zucman. Der erste Trader, den ich je zu Gesicht bekommen hatte. Was in aller Welt hatte ihn auf den Gedanken gebracht, dass ich hierher passen würde? Keine Märkte, keine Kunden, keine echten Trader weit und breit. Keine Schlachten, keine Siege, die es zu erringen galt. Und zum ersten Mal kam mir der Gedanke, dass er vielleicht gar nicht der erste Trader war, der mir je untergekommen war. Womöglich war er überhaupt nie Trader gewesen.

Ich wandte mich wieder meinen Monitoren zu und bemerkte, dass ich mein Handy aus der Tasche gezogen und in den Kontakten geblättert hatte. Da ist keiner drin, Alter. Ex-Familie, Ex-Freunde und Ex-Freundinnen – du hast sie ja alle weggestoßen, jeden einzelnen. Wizard könntest du natürlich immer eine SMS schicken, sie versteht dich.

Ich habe ihr keine geschickt. Ich habe mein Handy wieder weggesteckt und gewartet. Wenn man lange genug wartet, kommt immer ein neuer Trade. Vielleicht war das der Augenblick, in dem ich wahnsinnig zu werden begann.

\*

Ich denke mal, es war irgendjemandem aufgefallen, dass mit mir etwas nicht stimmte, jedenfalls teilte man mir einen jungen Japaner namens Kousuke Tamura als Junior Trader zu. Dadurch erhöhte sich die Zahl der Leute in meinem Team, die die Arbeit eines einzigen erledigten, auf vier – wie ein Set russischer Trader-Püppchen, Herrgott noch mal. Natürlich gab es für Kousuke nichts zu tun, und so verbrachte er den ganzen Tag mit der Arbeit an einer riesigen Trading-Tabelle, in der er alle Märkte am STIRT-Desk analysierte.

Eines Tages, am Nachmittag, bekam ich mit, wie Kousuke die ganze Tabelle markierte, komplett löschte und noch mal von vorn anfing.

Tags darauf, als Hisa mal nicht da war, nahm ich Kousuke beiseite und fragte ihn, ganz leise: »Hey, hör mal, hast du gestern deine komplette Tabelle gelöscht?«

Ohne auch nur einen Augenblick zu zögern, nickte Kousuke, sein Gesicht so unbewegt wie das einer Moai-Figur. Ich war verblüfft.

»*What the fuck?* Warum, zum Geier? Warum?«

Kousuke warf einen Blick erst über die eine, dann über die andere Schulter, um mir dann tief in die Augen zu schauen.

»Werde niemals fertig mit Arbeit. Mach Arbeit auf keinen Fall fertig. Du machst Arbeit fertig? Du bekommst nur mehr zu tun.«

\*

Für mich war das ein echtes Problem. Ich meine, ich hatte seit etwa einem Jahr nichts mehr getan. Selbst in meinen letzten neun Monaten in London hatte ich kaum wirklich getradet. Titzy hatte das meiste für mich erledigt. Und jetzt gab es noch nicht mal mehr Trades.

Es war nicht so, dass ich faul gewesen wäre. Mir war irgendwie die Fähigkeit abhandengekommen. Ich hatte die Fähigkeit zur Arbeit verloren. Ich konnte schlicht kein Interesse mehr dafür aufbringen. Verfluchte Scheiße, ich war ja noch nicht mal in der Lage, mir ein Sofa zu kaufen. Vermutlich hätte ich sogar zu essen aufgehört, hätte mir nicht das Herz zu brennen begonnen, wenn ich mal drei Stunden nichts aß. Allein mich jeden Tag unter die Dusche zu prügeln, war ein Kampf.

Trotzdem hatte ich weiter Geld verdient. Ich hatte immer verdient. Das war ja nun wirklich einfach. Man brauchte nur auf Katastrophen zu wetten. Auf das Ende der Wirtschaft. Auf das Ende der Welt. Das war der letzte Faden gewesen, der mich mit dem Rest der Menschheit verband. Und mit einem Mal hatte ich sogar den verloren.

Ich kam jeden Tag um acht Uhr morgens zur Arbeit. Alle traten um acht Uhr morgens an, obwohl es nichts – ich meine, absolut nichts –

zu tun gab. Was immer sich auf den Märkten tut, das passiert während der Handelszeiten in London und New York, die in Tokio vom Nachmittag bis in die Nacht hineinreichen. Außer den Fischen ist um acht Uhr morgens in ganz Tokio kein Aas wach. Und trotzdem ging es um acht Uhr los.

Ich meine, alles was anfiel, war der eine oder andere klitzekleine Trade. Ein kleines Geschäft mit Yen-FX-Swaps. Ich hätte das in zwanzig Minuten erledigen können, aber wenn ich mir so richtig Mühe gab, ließ es sich bis zehn Uhr morgens hinziehen. Und was gab es danach noch zu tun? Nichts. Ich plauderte mit Arthur und Kousuke über die Wirtschaft, und mit den Lunch-Gourmets übte ich mein Japanisch. Tatsache ist, dass die anderen nicht mehr zu tun hatten als ich, aber sie waren ganz groß, wenn es darum ging, so zu tun, als arbeiteten sie.

Ich konnte das nicht. Nach zehn schlief ich dann etwas. Ich legte die Füße auf den Schreibtisch und machte ein Nickerchen. Oder ich ließ die Füße dabei einfach auf dem Boden. So oder so, wenn ich aufwachte, brannte alles in mir, und ich lief los, um Nudeln zu holen. Ich rief die PnLs vom Londoner Desk auf, um zu sehen, wie es Titzy so ging, der jetzt meinen alten Job hatte. Dann nahm ich die dreihundert Ein-Yen-Münzen, die ich in einem kleinen Beutel gesammelt hatte, und ging in die Cafeteria, um damit irgendwelche japanischen Snacks zu kaufen. Und grünen Tee. Es gab nichts, aber auch gar nichts zu tun.

Hisa konnte das nicht haben. Ihm stieß das alles auf.

Japaner haben die merkwürdige Eigenheit, einem nicht zu sagen, wenn sie sauer auf einen sind, zumindest nicht direkt. Das gehört zur Kultur. Stattdessen kommt es immer wieder vor, dass sie so tun, als tue ihnen etwas weh.

Lassen Sie mich Ihnen ein Beispiel geben. Wenn Sie als Anfänger mit einem Lehrbuch Japanisch lernen, ist eines der ersten Wörter, die Ihnen begegnen, »iie«, für »nein«. Dem Wörterbuch zufolge ist das zwar korrekt, aber niemand benutzt das Wort wirklich. Warum? Weil dort niemand jemals wirklich Nein *sagt!* Man kann sich mit einer Art vagem nasalen Grunzen behelfen, das jedoch eher ein international akzeptierter Laut für »nein« ist, und es ist nur unter Freunden erlaubt. Zu Leuten, die einem nicht so nahestehen, sagt man einfach nicht Nein.

Was also macht man, wenn einen jemand bittet, am Samstag mit ihm abzuhängen, man aber am Samstag schon ein heißes Date hat? Sagt man Nein? Natürlich nicht. Man legt den Kopf zur Seite, zieht eine Grimasse und zieht scharf Luft durch die Zähne, als hätte man Zahnschmerzen. Unser Gegenüber, der unseren plötzlichen Schmerz sieht, versteht dies als »nein« und lässt einen in Ruhe.

Hisa machte das immer öfter mit mir. Das Problem war nur, dass ich nicht verstand. Ich legte meine Füße auf den Tisch, und Hisa zischte, als wäre ich ihm auf den Fuß getreten. Ich drehte mich um und guckte ihn verwirrt an und versuchte dann einzunicken. Hisa verwand seinen Körper und stieß langsam die Luft aus, aus tiefer Kehle, als würde er sich, eine japanische Version des heiligen Sebastian, einen verdammten Pfeil aus dem Rücken ziehen. Ich zog eine Braue hoch und sah ihn besorgt an. Da er es nicht schaffte, mir seinen Unmut zu vermitteln, legte Hisa nach und nach drauf, bis er ein totales Organversagen zu erleiden schien. Mich machte das langsam, aber sicher rasend. Ich begann, mir mehr Pausen vom Desk zu gönnen, um auf die Toilette zu gehen und mir die Zähne zu putzen. Aber wie oft kann man sich als Normalsterblicher die Zähne putzen gehen?

Aber es gab nun mal nichts zu tun, und so versuchte ich mich schließlich an dem, was alle anderen taten, was vielleicht heute jeder hinter jedem der Wolkenkratzerfenster so tut: Ich setzte mich hin und tat, als würde ich etwas tun.

*

Das freilich tat mir gar nicht gut. Die Herzschmerzen wurden schlimmer. Ich verlor noch mehr von dem Gewicht, das ich ohnehin nicht mehr hatte, und ich musste mich bei einem Privatarzt anmelden, um wieder PPIs zu bekommen.

Um mich etwas abzulenken, begann ich wieder zu kochen, oder zumindest versuchte ich es. In London hatte ich viel gekocht, aber in Japan machte ich ständig alles falsch – wenn ich Rindfleisch wollte, kaufte ich Schwein; wenn ich Schwein wollte, entpuppte es sich als

Rind. Warum, verdammt noch mal, müssen sich in Japan Rind- und Schweinefleisch aber auch derart ähnlich sehen!

Nachdem mir das Kochen nicht gelingen wollte, schlenderte ich abends wie ein hungriges Gespenst auf der Suche nach Nahrung durch die Gässchen von Akasaka. Akasaka ist ein schickes Viertel, in dem es viele Restaurants gibt. Aber nirgendwo spricht man Englisch, und so was wie eine englische Speisekarte gibt es auch nicht. Ich landete schließlich in einem Sushi-Restaurant, wo ich einfach die Achseln hochzog, sodass man mir trotzdem einen Platz zuwies und etwas zu essen gab. Es war zwar teuer, aber nie genug, um wirklich satt zu werden. So gönnte ich mir dann auf dem Heimweg immer noch einen Big Mac.

Da es mir nicht gelingen wollte, *nicht* im Büro zu schlafen, wirkte sich das auf meinen Schlaf zu Hause aus. Immer öfter wachte ich um zwei oder drei Uhr morgens schweißgebadet auf. Ich stieg dann in meine Sneakers und lief rüber zum Ostgarten und dann einmal um den ganzen Kaiserpalast. Das sind alles in allem etwa fünf Kilometer. Danach konnte ich dann etwa eine Stunde lang schlafen. Im zweiten Stock meines Gebäudes gab es ein Fitnessstudio, und wenn das geöffnet hatte, ging ich dorthin und lief fünf Kilometer auf dem Laufband. Es gelang mir, meine fünf Kilometer auf knapp achtzehn Minuten zu reduzieren. Eines Morgens versuchte ich, die achtzehn Minuten zu unterbieten, musste aber aufhören und wieder rauf in mein Zimmer, um mich zu übergeben. Ich bekam Zahnfleischbluten, also ging ich wieder zum Arzt, und der sagte mir, ich solle aufhören, mir ständig die Zähne zu putzen, und wenn, dann nicht so fest.

\*

Die Leute machten sich allmählich Sorgen um mich. Ich wog mittlerweile nur noch fünfundfünfzig Kilo. Caleb machte sich Sorgen und auch das Management. Ich könnte nicht sagen, ob sie bemerkt hatten, dass ich nur noch Haut und Knochen war, aber meine mangelnde Arbeitsmoral war für alle peinlich. Caleb hatte der Chefetage einen Jungen versprochen, der in einer einzigen Mittagspause hundert

Burger anschleppt. Was er geliefert hatte, war ein Kind, das entweder schlief oder sich die Zähne putzen ging.

Er lud mich zu sich nach Hause ein, in ein schönes Haus im Tokioter Bezirk Yoyogi, ganz in der Nähe des größten Schreins, Meiji Jingu, und des größten Parks der Stadt, Yoyogi Koen. Ich lernte die wunderbaren Kinder und die schöne Frau kennen, mit denen Caleb die Sorgen um den falsch gesetzten Thermostat geteilt hatte.

Sie waren reizend; sie waren alle wirklich reizend. Wir aßen zusammen zu Abend und tranken dann was.

Aber etwas fehlte, etwas wirklich Wichtiges. Ich verkümmerte, und niemandem fiel es auf. Niemand konnte sehen, dass ich nicht mehr da war.

Ich habe an diesem Abend nach etwas zu greifen versucht, nach etwas in Caleb, nach etwas Wichtigem. Ich streckte die Hand aus in dem Versuch, in ihm etwas zu finden, an dem ich mich festhalten konnte. Etwas Menschliches, etwas, das ich spüren konnte.

Aber da war nichts mehr. Auch Caleb war nicht mehr da.

# 6

Es gab noch weitere Versuche, mich aufzuheitern. Vor allem Florent LeBoeuf tat sich da hervor.

Florent LeBoeuf hatte mit mir an der LSE studiert, wir waren im selben Jahrgang gewesen, und er hatte nicht den geringsten Zweifel daran, dass wir alte Freunde waren. Ich hatte den Typen nie zuvor im Leben gesehen.

Florent war ein stämmiger Draufgänger, hatte eine lausige Haltung und wirkte wie ein ungepflegter Teddybär. Er war mit der erklärten Absicht nach Japan gezogen, mit so vielen Frauen wie möglich zu schlafen (was für Gaijin in Tokio gar nicht so ungewöhnlich ist), nur wurde er von der tief sitzenden Zwangsvorstellung geplagt, eine japanische Prostituierte könnte versuchen, sein Sperma zu stehlen. Ich mochte die poetische Symmetrie, die seine Träume und seine Ängste in der Balance hielt.

Florent hatte nicht den geringsten Zweifel daran, was zu meiner Aufmunterung nötig war. Er trommelte sämtliche jungen Gaijin unter den Tradern zusammen, und gemeinsam verschleppten sie mich nach Roppongi.

Roppongi liegt südlich von Akasaka und ist eines von mehreren Zentren des Tokioter Nachtlebens. Eine monumentale Schnellstraße erstreckt sich auf Pfeilern über das Viertel, unter der man Frauen und Kebab verkauft. Am Ende der Straße erhebt sich ein riesiger, leuchtend orangefarbener Eiffelturm, dessen Spitze direkt in den Himmel zu ragen scheint.

Roppongi ist berühmt für Gaijin. Es ist das Viertel, wo Gaijin hingehen. Als ich in Tokio lebte, war es, und ich glaube nicht, dass sich da groß etwas geändert hat, den meisten Japanern unangenehm, Englisch zu sprechen, und im Grunde gingen viele Ausländern lieber gleich aus dem Weg. Aber es gibt achtunddreißig Millionen Menschen in Tokio, und selbst wenn nur ein Prozent von einem Prozent davon junge Frauen mit einem Fetisch für Ausländer sind, dann sind das immer noch dreitausendachthundert Frauen. Und alle diese Frauen findet man in Roppongi.

Wir begannen unsere Tour in einer kleinen Bar, die bizarrerweise innen praktisch ein Eisenbahnwaggon war. Die Gäste waren typisch für Roppongi: dem Aussehen nach ausländische Banker (zu denen natürlich auch ich gehörte) und gefährlich anmutende japanische Frauen.

Wir hatten unterwegs bereits etwas getrunken, eine Dose eines allgegenwärtigen alkoholischen Grapefruit-Getränks aus dem Supermarkt mit dem passenden Namen *Strong*, und Florent bestellte uns eine zweite Runde. Während wir darauf warteten, begann Florent mit dem Unterricht.

»Siehst du die beiden Mädchen da drüben? Die kannst du haben. Na ja, jedenfalls eine von ihnen. Welche du eben willst. Welche gefällt dir? Liegt ganz bei dir. Pass auf, du gehst rüber. Du sagst Hallo. Du lächelst und verbeugst dich, nur ganz leicht. Du schaust ihnen in die Augen. Du stellst dich vor. Sag ihnen deinen Namen. Frag sie, ob du sie auf einen Drink einladen kannst. Kauf ihnen die Drinks. Such dir eine aus. Mit der redest du ein bisschen mehr. Berühr ihren Arm. Bitte sie, mit dir in die Ecke da drüben zu gehen. Knutsch ein bisschen mit ihr rum. Nimm sie mit nach Hause. *Peng!*«

Ich hatte die Lektion nicht verlangt, wusste sie aber zu schätzen, und sei es auch nur wegen ihres pointillistischen Stils. Anschließend gingen wir in einen Nachtclub namens »Gas Panic«, und als wäre es seine Absicht gewesen, Florents ausgeklügelte Strategie zu unterlaufen, ging einer der Trader, kaum dass wir über die Schwelle waren, auf ein Mädchen zu, das er noch nie zuvor gesehen hatte, und fing an, mit ihr rumzumachen, einfach so.

Mir wurde etwas flau im Magen, was mir womöglich anzusehen war. Jedenfalls spürte ich Florents schweren Arm auf den Schultern. »Keine Sorge, Alter, du musst ja nicht. Wir gehen in den Stripclub.«

\*

»Meinst du, wir sollten was tun?«

Nachdem Kousuke mein Junior geworden war, hatte man beschlossen, Arthur nach Sydney zurückzurufen, wodurch er sich unseligerweise von seiner Freundin getrennt sah. Dieser Tag sollte sein vorletzter am Desk sein. Er aß Sushi aus einer durchsichtigen Plastikbox.

»Inwiefern?«, fragte er laut und mit vollem Mund.

»Weiß nicht ... was die Wirtschaft angeht.«

»Wir haben doch bereits was getan. Wir haben die grünen Eurodollar gekauft.«

»*Du* hast die grünen Eurodollar gekauft, ich hatte sie ja schon. Macht doch keinen Sinn, bei dem Niveau noch mehr zu kaufen. Außerdem rede ich von was anderem.«

»Wovon denn?«

Die Stäbchen beförderten die letzte Portion Reis in seinen Mund.

»Ich spreche, na, du weißt schon, von der *Wirtschaft an sich*! Denkst du, wir sollten etwas wegen der *Wirtschaft tun*?«

Arthur war mit seinem Sushi fertig, und so zerbrach er seine hölzernen Stäbchen, warf sie in den Plastikbehälter und machte ihn fein säuberlich wieder zu.

»Ich weiß nicht, was du meinst.«

Ich spürte eine Art stechenden Schmerz in meiner linken Schläfe.

»Arthur, ich spreche von der Wirtschaft. Sollten wir etwas tun, was die Wirtschaft angeht. Was zum Geier gibt es da nicht zu verstehen?«

Arthur ließ sich das durch den Kopf gehen, rückte dabei seinen Stuhl näher an meinen und beugte sich vor, als ginge es um einen Drogendeal.

»Also, wir reden hier nicht von grünen Eurodollar. Hab ich recht?«

»Herrgott noch mal, Arthur, es geht hier nicht um die *verdammten* grünen Eurodollar! Die Wirtschaft ist auf immer und ewig am Arsch. Meinst du, wir sollten etwas dagegen tun?«

Arthur schob seinen Stuhl einen guten Meter zurück und sah mich an, als versuche er mich einzuschätzen. Einen Augenblick lang versuchte er sich an einem Lächeln. Das Lächeln begann etwas durchzuhängen und wurde ein bisschen nachdenklich. Arthur stützte sich mit beiden Armen auf dem Schreibtisch auf.

»Dir ist verdammt noch mal ernst damit, oder?«

»*Ja*, Arthur, ich meine es verdammt noch mal ernst, denkst du, wir sollten etwas unternehmen wegen der *verdammten* Wirtschaft? Verdammte Scheiße ...«

Arthur machte eine Pause, um ein extralautes Lachen nachzuladen, und drückte dann ab.

»Was hast du vor, Alter? Willst du Premierminister werden? Willst du die ganze verdammte Welt retten?«

»Shit, ich weiß auch nicht. Was sollten wir denn deiner Meinung nach tun? Hier rumhocken und verdammt noch mal gar nichts tun?«

»*Ahhhh*, Mann. Ist doch alles in Ordnung. Wir haben doch was gemacht, wir haben die grünen Eurodollar gekauft! Und klotzig damit verdient. Du musst dir keinen Kopf machen, Alter, du wirst noch stinkreich. Du bist doch selbst dahintergekommen, wie das geht!«

»Ja, aber ...« Nichts ja, aber, verdammt noch mal, nichts. Langsam dämmerte es mir. Ich wusste, er hatte recht. »Ich weiß nicht ... Ich weiß wirklich nicht, Mann. Es ist nur ... Mir ist einfach nicht wohl dabei.«

»Du machst dich lächerlich, Mann. Was zum Teufel quatschst du denn da? Was könntest du denn überhaupt tun?«

»Ich weiß nicht. Ich könnte noch mal an die Uni gehen ... Vielleicht? Versuchen, den Typen dort klarzumachen, dass sie falschliegen.«

Ich dachte an die Universitäten, an all die verbildeten miefigen Bücherwürmer, die in kleinen fensterlosen Räumen Matrizen invertieren, und an die Vorstellung, dass sie die Welt verändern könnten. Und damit war ich mit Lachen dran.

Arthur ging danach wieder zurück nach Australien. Ich bin mir ziemlich sicher, dass er immer noch Trader ist und noch nicht der Leader der freien Welt. Aber das schafft er irgendwann auch noch, denk ich mal, so nach zehn oder fünfzehn Millionen Pfund.

# 7

Arthur ging, und der Winter kam. Es wurde kalt und die Bäume kahl. Der Winter in Tokio ist nicht wie der Winter in London. Er ist blau, und den ganzen Tag scheint die Sonne.

Als Arthur weg war, hatte ich nur noch Kousuke. Er schien ein netter Junge zu sein: ernst, mit ehrlichem Gesicht, fleißig. Er hatte die Ausstrahlung des typischen Protagonisten japanischer Teenager-Animes: unauffällig, aber von zäher Entschlossenheit. Ganz gleich, wie oft er sein Spreadsheet fertig hätte, ich war mir sicher, er würde jedes Mal wieder von vorn anfangen.

Ich hätte den Typen gern näher kennengelernt. Er schien, ich weiß nicht, wie ich sagen soll, kein Besessener zu sein, was zu dem Zeitpunkt in meinem Leben eine Seltenheit war. Das Problem war nur, dass er kaum Englisch sprach. Aber je besser mein Japanisch wurde, desto mehr kamen wir ins Gespräch. Eines Tages sagte er mir, dass er jeden Tag fünf neue englische Wörter auswendig lerne und das schon seit fünfzehn Jahren. Ich war überrascht, da mir sein Englisch wirklich schlecht zu sein schien, und so bat ich ihn, mir seine Wörter für diesen Tag zu zeigen. Das erste Wort auf der Liste war »notwithstanding«. Darauf wurde mir klar, dass sein Englisch im Grunde perfekt war, es versteckte sich nur hinter seinem Akzent.

Nachdem diese Nuss geknackt war, machte unsere Kommunikation rasante Fortschritte. Ich stellte mich auf sein Stakkato-Katakana-Englisch ein und versuchte mich auch selbst daran. Das erwies sich als Durchbruch – nicht nur für meine Kommunikation mit Kousuke, sondern mit ganz Japan.

Also, Sie werden von Japanern immer wieder hören, dass sie kein Englisch verstehen, aber wenn Sie Katakana sprechen, versteht man Sie. Katakana ist ein phonetisches Alphabet, das englische Wörter wie japanische klingen lässt – man sagt nicht »black pepper«, sondern »burak-ku-pep-paa«, man sagt nicht »table«, sondern »te-e-bu-ru«. Wenn Sie an der Hotelrezeption nach einem »iron« fragen, weil Sie ein Bügeleisen wollen, wird man Sie ratlos ansehen; fragen Sie dagegen nach einem »a-i-ro-n«, und schon haben Sie eines auf Ihrem Zimmer.

Mich mit Kousuke ordentlich unterhalten zu können, war eine echte Erleichterung. Wie dringend das Bedürfnis ist, mit jemandem zu reden, der nicht verrückt ist, merkt man erst, wenn man lange keine Gelegenheit mehr dazu gehabt hat. Ich bat Kousuke schließlich, mit mir mal abends essen zu gehen.

Kousuke war von der Tokioter East Side, der Altstadt, dem »Shitamachi«, wie sie bei den Einheimischen heißt, und er lud mich dorthin auf ein Okonomiyaki ein. Okonomiyaki ist eine Art würziger Pfannkuchen. Wenn Sie mich fragen, besteht er hauptsächlich aus Kohl. Er ist riesig, köstlich und kostet etwa einen Fünfer. In London bezahlt man dafür fünfundzwanzig Pfund.

Wir bogen von der Straße ab und stiegen eine winzige schmale Holztreppe hoch. Eine hölzerne Schiebetür, das Bimmeln silberner Glöckchen, eine laute Begrüßung: *Irrashai!* Eine tiefe Verbeugung, dann durch einen Vorhang ins Innere des Lokals.

Drinnen war alles aus Holz, in warmes Licht getaucht, und jeder Zentimeter der Wände war mit Plakaten alter japanischer Filme gespickt, ich denke mal aus den 1950er-Jahren. Die Kunden saßen an niedrigen Tischen, vor ihnen, auf Warmhalteplatten, riesige dampfende Pfannkuchen.

Im Büro war Kousuke immer ruhig und gesetzt. Hier stieß er, kaum dass wir uns gesetzt hatten, einen ohrenbetäubenden Schrei aus. Schon tauchte eine Kellnerin auf, wie eine Katze. *Toriaezu-biiru.* Erst mal ein Bier. Wie es sich gehört.

Ich hatte Kousuke eine Menge zu sagen. Ich erklärte ihm, dass ich zu Hause eine Freundin hätte und dass sie nach Japan kommen würde, aber noch nicht da sei. Ich war mir ziemlich sicher, dass ich das vor niemandem verheimlicht hatte, und dennoch schien es im Tokioter Büro niemanden zu geben, der auch nur einen Augenblick gezögert hätte, mich mit wildfremden Frauen zu versorgen. Kousuke druckste besonnen herum und trank dabei in herzhaften Schlucken sein Bier.

Ich erzählte ihm, dass ich Hisa nicht ausstehen konnte, so wie er mich ständig beobachtete und dann grimassierend seinen Körper verwand. Dafür hatte Kousuke volles Verständnis. Hisa sei, wie jeder sehen könne, »ein Mann mit einem sehr kleinen Herzen«.

Ich ging noch weiter und erzählte ihm, was für ein großartiger Mentor Caleb mal gewesen sei und ein Idol von mir und dass ich gehofft hatte, unsere Beziehung wieder aufbauen zu können, nur sei er jetzt irgendwie nicht mehr da.

Ich denke mal, dass dabei so einiges in der Übersetzung verloren ging, aber Kousuke drückte mir trotzdem sein Mitgefühl aus. Und dieses Mitgefühl war so aufrichtig und tief, dass ich das Gefühl hatte, ich sollte wohl besser auf den Punkt kommen.

Der Grund, weshalb ich um das Essen mit ihm gebeten hatte, war einfach der, dass ich jemandem, vermutlich egal wem, sagen musste, dass ich aufhören würde. Und dass ich dieses Mal wirklich gehen würde. Dass ich bis zum Bonustag im Januar warten und dann, wenn ich den Bonus auf dem Konto hätte, zu Caleb gehen würde, um ihm zu sagen: Ich bin fertig, ich bin raus. Dass ich irgendwie karitativ tätig werden und so alle meine Nachzugsaktien behalten würde. Dass Caleb das selbst mal so gemacht hätte und dass er mich gerade deshalb sicher gehen lassen würde.

Japaner sind oft schwer zu deuten. Sie zeigen ihre Emotionen nicht im Gesicht. Aber Kousuke sah mich an und rang ganz offensichtlich nach Worten. Ich konnte sehen, dass er sich Sorgen um mich machte.

\*

Zu dem Zeitpunkt hatte ich bereits mein Fahrrad bekommen. Man hatte es mir per Luftfracht aus London nachgeschickt. Ich bin ganze Wochenenden damit in Tokio rumgefahren.

So fuhr ich zum Beispiel mit dem Fahrrad in Richtung Süden zum leuchtend orangefarbenen Tokyo Tower. Er ist dem Eiffelturm nachempfunden, aber neun Meter höher, und die Praxis meines Arztes liegt gleich daneben. Im ersten Stock gibt es dort einen »Family Mart«, in dem man einen Karton Milch kaufen kann. Direkt darunter befindet sich ein Park mit dem alten Zojo-ji-Tempel. Ein paar Mal habe ich die buddhistischen Mönche dort singen hören, und wenn bei Einbruch der Dunkelheit am ganzen Turm hinauf die orangenen Lichter angehen, erstrahlt der Tempel davor in schwarzem Glanz.

Dann fuhr ich gern mit dem Rad nach Westen zum Meiji-Schrein mit seinen riesigen Torii-Toren oder zur belebten Takeshita-Straße oder zu dem riesigen offenen Platz am Eingang des Yoyogi-Parks, wo sich Sonntag für Sonntag Männer mittleren Alters mit Elvis-Frisuren um alte Ghettoblaster versammeln, um sich Dance-Battles zu liefern, praktisch auf Leben und Tod.

Und dann radelte ich ostwärts nach Shiodome, das Hochhausviertel auf ehemaligem, mit abgetragenen Bergspitzen aufgefülltem Marschland, und weiter zum Tsukiji-Fischmarkt mit Wannen voll riesiger Thunfischköpfe mit ausgekratzten Backen, und schließlich zum Hama-Rikyu-Garten, wo es ein kleines Teehaus gibt, wo eine alte Japanerin einem für 500 Yen nette kleine Süßigkeiten und grünen Tee reicht.

Schließlich fuhr ich nach Norden zum Ueno-Park mit seinen Teichen voll Schildkröten und Karpfen, die man füttern kann, oder zum Senso-Ji-Tempel mit seinen gewaltigen rauchenden Weihrauchkesseln, wo vom Alter gebeugte verhutzelte graue Männer und Frauen kleine Holzkästchen schütteln, um einem die Zukunft vorherzusagen, wenn man vorbeikommt.

Manchmal fuhr ich sogar ganz raus nach Odaiba, einer riesigen künstlichen Insel mitten in der Bucht von Tokio, was eine Ewigkeit dauert, weil man mit dem Rad nicht über die Brücke kann. Dort gibt es einen künstlichen Strand mit einem Meer, in dem man nicht schwimmen darf, und eine verkleinerte Nachbildung der Freiheitsstatue. Ich setzte mich auf einen der kleinen Holzpfähle an dem künstlichen Strand, beobachtete den Sonnenuntergang über der Stadt und wartete darauf, dass die Lichter der Rainbow Bridge angingen.

Ende Dezember flog ich über Weihnachten zurück nach London und wohnte zwei Wochen in einem Hotel im Westfield-Shopping-Centre in Stratford, dem schlimmsten Ort der Welt. Wizard kam mich dort besuchen und hielt mich fest, und als ich in ihren Armen lag, setzte in meinen Beinen ein furchtbares Zittern ein.

# 8

Wir haben jetzt 2013. Der Tag der Abrechnung nahte. Ich spürte ihn geradezu kommen.

Das Einzige, was ich von dem Tag noch in Erinnerung habe, ist, dass der Frosch mir den Bonus auf einem großen Bildschirm überreichte und dass Caleb mit im Raum war. Da sie den Betrag in Yen geschrieben hatten, nahm er sich absolut riesig aus. An die Zahl selbst erinnere ich mich nicht mehr, aber selbstverständlich an meine PnL. Ich hatte achtzehn Millionen Dollar verdient, bevor ich zu handeln aufhörte. Was werde ich also dafür bekommen haben? Achtzehn mal null Komma sieben. Eins-Komma-zwei-sechs Millionen Dollar. So um den Dreh.

Das war gegen Ende Januar, und danach war es ein Countdown, bis das Geld irgendwann Anfang Februar auf meinem Konto war. Ich checkte meinen Kontostand jeden Tag. Das Geld ging an einem Donnerstag ein, das heißt der nächste Tag war ein Freitag, an dem ich mich mit Caleb verabredet hatte, um mit ihm zu reden. Nur tat ich es nicht. Was soll ich sagen? Vermutlich war ich zu feige, denke ich mal.

Es war ein schwieriges Wochenende. Ich war irgendwie rastlos. Irgendetwas arbeitete unter meiner Haut. Wizard war zu der Zeit in Japan, aber nicht in Tokio, sondern in Higashiosaka, in der Nähe von Nara, etwa fünfhundert Kilometer westlich von mir. Ich weiß nicht so recht, warum. Ich habe ihr bei einem Skype-Call gesagt, dass ich aufhören würde. Darüber freute sie sich; sie hatte das ja immer gewollt.

Montag. Caleb sagte mir ein Meeting in seinem Eckbüro zu. Er hatte auf ein Eckbüro bestanden. Es war eine seiner Bedingungen für die Rückkehr in die Bank gewesen. Ich weiß das, weil er es uns erzählt hatte, mir, JB und Billy, in der Nacht im Sommer zuvor, als wir an der Themse etwas trinken waren. Ich konnte meilenweit in zwei Richtungen sehen, nach Westen und Süden. Ein solider Holztisch, zwei solide hölzerne Schultern. Irgendwo hinter ihm, in der Ferne, von hohen Bäumen verdeckt, lag der Palast des Kaisers.

Was mir sofort auffiel, als ich in sein Büro trat, war eine lauernde Ernsthaftigkeit, die ich an Caleb bislang nie gesehen hatte. Rückblickend vermute ich mal, dass er angesichts des Zeitpunkts geahnt haben dürfte, was ich vorhatte, aber aus irgendeinem Grund kam mir das damals nicht in den Sinn. Alles, was ich bemerkte, war der beherrschte Ausdruck in seinen Augen und rund um den Mund, die mitten in der Bewegung angehaltene und erstarrte Muskulatur seiner Miene. Ein Schachspieler; ein Pokerspieler; ein Wolf.

Ich setzte mich. Wie immer schaute er nach unten und ich zu ihm hinauf.

Wusste er, was ich sagen wollte?

Wie auch immer, ich habe es ihm gesagt.

Ich war noch nie der große Stratege und meine Rede nicht einstudiert. Ich hatte mir nur ein paar Punkte gemerkt, die ich ansprechen musste: dass ich gehe; dass es mir leidtut; dass ich für wohltätige Zwecke arbeiten werde (im Engagement gegen die Ungleichheit); dass ich in Anerkennung all dessen, was er und Citi für mich getan haben, den Rest des Jahres ohne Bonus arbeiten würde, aber danach würde ich wirklich gehen. Dieses Mal wirklich. Letzteres, das mit dem Verzicht auf den Bonus, war ein eher künstlerischer Tusch – es war genau das, was Caleb 2009 der Schnecke angeboten hatte.

Soweit meine Vorgaben, nur habe ich sie verfehlt: ich stolperte mehrmals; ich fiel. Ich verlor mich in einem langen Sermon über Krankheiten und sprach über meinen Magen, mein Herz. Ich kam auf Dinge, die definitiv besser unerwähnt geblieben wären: meine Turnschuhe (was hatte ich bloß mit denen?); den Nachtclub »Gas Panic«; Quentin Benting. Ich muss wohl völlig irre gewirkt haben.

Hat es Caleb berührt, als ich vor ihm aus dem Leim ging? Wurden ihm die Augen feucht, als ich ihm von meiner Krankheit erzählte? Um ehrlich zu sein, ich weiß es nicht. Es ist fast, als wäre ich gar nicht dort gewesen. Meine Erinnerung an meinen Sermon ist bestenfalls verschwommen – undeutlich wie die Art meines Vortrags selbst. Ich sehe mich in meiner Erinnerung gar nicht sprechen. Ich reime mir das hier nur zusammen.

Ich erinnere mich jedoch deutlich daran, wie er sich zurechtsetzte, nachdem ich fertig war. Die Geste hatte so einen Beiklang, einen Hauch von Mitgefühl, von dem ich sofort wusste, dass es nicht echt war. Mitgefühl ist etwas, woran man sich festhalten kann. Bei diesem Mann gab es nichts, woran man sich hätte festhalten können.

Caleb tat es leid. Es tat ihm zutiefst leid. Er wusste, wie schwierig das alles für mich war. Er war ja selbst als junger Mann nach Tokio gegangen. Er wusste, wie schwer man sich hier tun, wie einsam, wie kalt sich das alles anfühlen konnte. Aber die Bank wollte nun mal nicht, dass ich ging. Man schätzte mein Engagement, meine Arbeit. Nimm dir doch einfach etwas Zeit. Überstürz lieber nichts. Nur keine übereilten Schritte. Komm doch wieder vorbei. Sagen wir, in zwei Wochen.

*

Ich kam mir vor wie der Mann aus dem Zeichentrickfilm, der von einem Hochhaus springt und auf einem Trampolin landet, worauf er im nächsten Augenblick wieder oben steht. Auch ich landete wieder dort, wo ich abgesprungen war, am STIRT-Desk.

Wenn auch nicht ganz; es hatte sich etwas verändert.

Eine Sanduhr war umgedreht worden; es war etwas in Gang gesetzt. Mein Verstand wusste das damals nicht, aber ich wusste es, ich spürte es.

Ich spürte instinktiv, dass da etwas nicht stimmte, wusste aber nicht genau, was es war. Ich schickte der Personalabteilung eine E-Mail und bat um einen Termin. Ich wollte sicherstellen, dass Caleb nichts unternehmen konnte: meine Nachzugsaktien streichen, meinen Fluchtweg blockieren.

Dazu musste ich mich heimlich an die Personalabteilung wenden. Niemand durfte mein Misstrauen sehen.

*

Vor mir, auf einem Stuhl in einem fensterlosen Raum saß ein Eiszapfen. Oder ein Model. Groß, blond, lange, schlanke Finger. Schweizerin? Schwedin vielleicht. Ihr Auftreten so makellos wie ihr gepflegtes Äußeres, legte sie einige Dokumente zurecht und nahm mit einem Blick in meine Augen Maß an mir.

Kann die Unternehmensleitung einem die Nachzugsaktien annullieren? Nein, natürlich kann sie das nicht. Ist es möglich, aus der Bank auszuscheiden, um für einen wohltätigen Zweck tätig zu werden, und dabei alle Nachzugsaktien zu behalten? Davon habe ich noch nie gehört, ich werde mich da schlaumachen. Gary, sind Sie in Ordnung? Sie scheinen mir ziemlich durch den Wind. Sagen Sie's ruhig, Sie scheinen mir irgendwie nicht ganz bei sich. Es ist alles okay, wir sind zu Ihrem Schutz hier.

Sonderlich beruhigt hat mich das nicht.

# 9

Die nächsten beiden Wochen fegten einfach so über mich hinweg, und sie hatten etwas von der Schärfe des Winterwinds. Ich nahm den Zug Richtung Westen nach Hyotan-yama in Higashi-Osaka, um Wizard zu besuchen. Am Bahnhof Kyoto raus aus dem »Bullet Train«. Noch mal umsteigen in Yamato-Saidaiji.

Ganz in der Nähe von Wizards Wohnort, in Nara, gibt es ein Festival namens »Yamayaki«, was so viel bedeutet wie »den Berg verbrennen«. Wizard arbeitete als Englischlehrerin in einer Mittelschule am Ort und hatte an dem Tag Unterricht, also sah ich mir das Spektakel allein an. Sie setzten den gesamten dortigen Berg, den Wakakusayama, in Brand, und im Schein der orangefarbenen Flammen erstrahlten auch die alten Tempel von Nara in schwarzem Glanz.

Es war beeindruckend: der ganze Berg in Flammen, dazu Feuerwerk, die riesige Menschenmenge, all der Rauch. Es dürfte nicht ungefährlich sein, einen ganzen Berg in Brand zu setzen, aber es waren Löschfahrzeuge der Feuerwehr da. Das trockene Gras rund um den Berg war gemäht, damit sich das Feuer nicht ausbreiten konnte.

Und was war mit mir? Hatte ich das trockene Gras rund um mich gemäht?

Würde die Feuerwehr mir zu Hilfe kommen?

\*

Zwei Wochen vergingen wie im Flug, dann war ich wieder am Desk. Dann war es Zeit für mein zweites Meeting.

Aus irgendeinem Grund trafen wir uns diesmal nicht in Calebs Büro. Er wollte wohl nicht, dass der Kaiser zusah. Er führte mich in irgendeinen fensterlosen weißen Raum, irgendwo in den Tiefen des Gebäudes.

»Also, du hattest deine zwei Wochen Zeit zum Überlegen. Bist du dir immer noch sicher, dass du gehen willst?«
Was sollte sich geändert haben? Was in aller Welt könnte sich geändert haben?
»Ja, natürlich bin ich das.«
»Okay. Also ich habe mir das näher angesehen, das mit der Kündigung mit karitativen Absichten. Leider muss ich dir sagen, dass diese Option nur mit der Zustimmung der Bankleitung möglich ist. Und die Bankleitung wird diese Genehmigung nicht erteilen.«
Er lächelte. Große, strahlende Klavierzähne. Die Bank schuldete mir zu dem Zeitpunkt über 1,5 Millionen Pfund, glaube ich. Vielleicht waren es auch eher zwei. Ich war damals schon weit über die Phase hinaus, in der ich mir Zahlen merkte, ich wusste nur, es war »mehr als nur viel«.
Es war klar, was er damit sagen wollte. Du kannst gehen, aber das Geld bleibt hier.
Das schmeckte mir gar nicht. Nein, mir schmeckte das ganz und gar nicht. So raubt man doch keine Banken aus.
Die Erkenntnis, das was ich bislang gespürt hatte, erreichte schließlich mein Hirn. Das heißt also Krieg. Sie wollen tatsächlich Krieg.
Ich sagte mir, kein Problem. Ist schließlich nicht der erste Krieg in deinem Leben.

\*

Was folgte, war die rasante Abwärtsentwicklung meines ganzen Lebens zur Farce. Ich trat in eine Phase ein, die ich heute als »Die Meeting-Periode« in Erinnerung habe, als einen Teil meines Lebens mit anderen Worten, der aus nichts als Meetings bestand.
Plötzlich sah ich mich jeden Tag zu drei, vier Meetings bestellt. Nicht dass es immer genau drei oder vier gewesen wären, an manchen Tagen waren es vielleicht zwei, vielleicht fünf, jedenfalls ersetzten die Meetings die Trades als Grundbausteine meines Lebens.
Die Meetings hatte ich durch die Bank mit Leuten aus dem höheren Management, wenn auch die jeweilige Zusammensetzung recht

unterschiedlich ausfiel. Morgens zum Beispiel mochte das ein Meeting unter vier Augen mit Hisa Watanabe sein – der klopfte mir lächelnd auf die Schulter. Am frühen Nachmittag konnte es vorkommen, dass Rupert Hobhouse und der Frosch mich zu einer Videoschalte baten, bei der die beiden gestreng meinen Verfall kommentierten; ich nickte dazu, den Blick auf meine Füße gerichtet. Abends waren dann Caleb persönlich und die Schnecke auf dem Bildschirm dabei: Wir glauben an dich! Du schaffst das!

All diese Leute, Hisa, Rupert, Caleb, der Frosch, die Schnecke und die vielen, vielen anderen Manager, die ich noch nicht einmal kannte, die aber plötzlich ganz scharf darauf waren, Teil des Geschehens zu sein, machte die möglichen Kombinationen endlos, und es gab so viele verschiedene Spielchen zu spielen. Das Lieblingsspiel von Rupert und dem Frosch war »Die Vermittlung von Weisheiten«, aber letztlich redeten sie nur einfach gern über sich selbst. Hisa und die Schnecke standen auf »Zuspruch und Unterstützung« und waren im Allgemeinen recht nett. Caleb erwies sich überraschenderweise als Anhänger der »Kopfwäsche« und stand auf den Good Cop/Bad Cop-Vibe.

Meine Favoriten unter den Meetings waren die »Shoutings«. Die fand ich immer besonders lustig. Caleb war für viele davon verantwortlich, er hat einfach zu gern geschrien – so zum Beispiel: »Wir waren so gut zu dir!« und »Was fällt dir ein!« Und dergleichen mehr. Sie waren in natura immer viel besser, wenn sie mit den Fingern auf einen einstochern konnten. Bei Videokonferenzen, bei denen man aus Versehen das Mikro stumm schalten kann, verloren sie viel von ihrer Wirkung, also trug ich hier besonders dick auf. Ja, ich mochte die Shoutings, sie erinnerten mich an meine Kindheit, und als Erwachsener erlebt man so etwas nicht mehr allzu oft. Ich habe mich immer gefragt, ob so etwas tatsächlich wirksam sein könnte. Ich meine, es wäre doch zu merkwürdig, seine Meinung zu ändern, nur weil einem einer ins Gesicht schreit. Ich frage mich, ob man das damit mal erreicht hat, und sei es auch nur ein einziges Mal.

Der allgemeine Tenor dieser Meetings war, dass ich meinen Mann stehen und eine Entscheidung treffen sollte. Wollte ich ein Mann sein und meine Arbeit machen? Oder wollte ich mich verpissen und meiner Wege gehen?

Eine schwierige Entscheidung.

Die besten Meetings in diesem Tenor waren die unter dem Motto »Vermittlung von Weisheiten«, weil man bei denen dabei ein bisschen sehen konnte, was in den Leuten vorging. So saß mir bei einem Videoanruf aus London der Frosch gegenüber und meinte ganz sachlich, dass das Geld, selbst wenn ich es hätte behalten können (was natürlich definitiv nicht ginge), niemals ausreichen würde. Wie viel hatte ich denn nach Steuern verdient? Zwei Millionen Pfund? Er musste laut lachen bei dieser Zahl. Nicht mal fünf Jahre würden die reichen! Dann würde ich wieder angekrochen kommen, auf allen vieren! Wir lachten beide, und ich senkte den Blick auf meine Schuhe.

Auch Rupert hatte Unterhaltungswert. Ich mochte ihn. Er sprach viel über seinen Vater. Seinen Vater, der beim Militär gewesen war. Er hätte, so erzählte er, seinem Vater mal gesagt, dass er mit seinem Bonus nicht zufrieden sei, und sein Vater hätte ihm darauf gesagt, er solle sich »Am Riemen reißen«. Ich war mir nicht sicher, inwiefern das relevant war. Ich schätze, es bedeutete, dass ich mich ebenfalls »Am Riemen reißen« sollte.

Aber das Beste an all diesen Meetings war zweifellos die phänomenale »Inkonsistenz der Rollen«. Hier war ganz offensichtlich keine offizielle Strategie der Citibank am Werk, ich hätte es also vermutlich nicht in Anführungszeichen setzen sollen, und das hat mir den Lebenswillen zurückgegeben. Welch Kolorit! Welch Drama! Was für ein Theater! Man wusste nie, wer oder was als Nächstes dran war! Auf Calebs Auftritt als *bad cop* folgte oft auf der Stelle der *good cop* der Schnecke, und es gab ein paar heitere Gelegenheiten, bei denen Caleb das Glück hatte, bei beiden Meetings zugegen zu sein. Das dramatische Nebeneinander dieser Auftritte war schlicht exquisit. Zu sehen, wie Caleb von einem Augenblick zum anderen vom knurrenden Wolf zum Teddybären wurde, gab einem Hoffnung für die Menschheit. Niemand scherte sich einen Dreck um diese Ungereimtheiten. Beim Schach gibt es keinen unehrlichen Zug. Die einzige Person, der sie überhaupt aufzufallen schienen, war ich. Und was mich angeht? Nun, ich entwickelte ein richtiges Faible für sie.

Angesichts all dieser Strategien habe ich mir ein eigenes Spiel ausgedacht: »Versuch, so lange wie möglich nichts zu sagen«. Eigentlich hatte ich das schon als Kind perfektioniert. Der Titel ist selbsterklärend – allerdings ist, wie ich hinzufügen möchte, das eine oder andere Grunzen erlaubt. Das gab mir einen gewissen Anreiz, allerdings gewann ich das Spiel manchmal enttäuschend leicht, zum Beispiel bei den Meetings unter vier Augen mit dem Frosch oder Rupert. Am interessantesten war es bei den feindseligen Meetings mit Caleb, weil sich da allein schon mit den Augenbrauen eine Menge erreichen ließ.

Zu keinem Zeitpunkt dieser Meetings ging es für mich in irgendeiner Weise um die Dichotomie Gehen/Bleiben, die man mir pausenlos antrug. Absolut nicht. Die sollten sich ins Knie ficken! Nie und nimmer würde ich ohne mein Geld gehen. Und dass ich weiter für diese Arschgeigen arbeiten würde, kam schon gar nicht infrage. Das Beste, was mir passieren konnte, war, dass man mich rauswarf. So würde ich aussteigen *und* das Geld bekommen, das mir zustand. Was zum Geier sollten sie schon groß machen? Nein, nein, kam gar nicht infrage. Die konnten mich mal.

Die konnten mich mal. *Fuck them. Fuck them. Fuck them.*

Sollten die Arschgeigen mich doch zu Tode schreien.

\*

Schließlich führte mein Mangel an Optionen – und möglicherweise auch meine Wortkargheit – zu einem letzten großen Meeting, bei dem alle Angehörigen des höheren Managements entweder persönlich oder per Videoschaltung mit dabei waren.

Die Schnecke hatte bei dem Meeting den Vorsitz, was eine eher nette Runde in Aussicht stellte.

Die Schnecke ließ alle der Reihe nach zu Wort kommen und hielt dann ein großes Plädoyer. Behauptete der Typ doch glatt, er verstünde mich; er wüsste, dass ich krank sei. Er glaube mir durchaus. Er zweifele nicht an meinen Worten. Die Bank würde alles tun, um mir zu helfen, damit ich wieder auf die Beine käme. Medizinische Unterstützung, praktische Unterstützung, emotionale Unterstützung, was auch immer. Was immer ich bräuchte, ich würde es bekommen. Alles, was er von mir bräuchte, war mein Engagement. Zu bleiben. Meinen Job als Trader zu machen. Geld zu verdienen.

Ganz ruhig, sagte er, entspannen Sie sich, lassen Sie einfach los. Nur keinen Stress. »Nehmen Sie sich die Zeit, die Sie brauchen.« Machen Sie sich keine Sorgen, sagte er, es ist alles in Ordnung. »Wir werden alle für Sie da sein.«

Danach ließ er jeden einzelnen der anwesenden Manager zu Wort kommen, und alle, einer nach dem anderen, brachten sie ihren Glauben an mich zum Ausdruck. Es war wunderbar. Balsam für die Seele. Herzerwärmend. Als Caleb sich an mich wandte, hatte er Tränen in den Augen.

Daraufhin beschloss ich, ein neues Spiel auszuprobieren. Mein Vertrauen in die Schnecke war absolut ungetrübt, und so nahm ich den Typen beim Wort und nahm mir die Zeit, die ich brauchte, um »mehr Rücksicht auf meine Gesundheit zu nehmen«.

Ich begann, meine vertraglich vereinbarten Stunden wörtlich zu nehmen. Meine vertragliche Arbeitszeit ging von neun bis fünf. Ich denke mal, es ist gut möglich, dass in Japan in jedem Arbeitsvertrag von neun bis fünf die Rede ist.

Niemand arbeitet von neun bis fünf.

Die vorbehaltlose und unerschütterliche Unterstützung des gesamten Managements im Rücken, machte ich mir einen eher entspannten und ganzheitlichen Ansatz zu eigen, was meine Arbeit anging. So machte ich täglich eine Stunde Mittagspause. Manchmal sogar anderthalb! In der Winterluft Tokios spazierte ich zum Ostgarten, um dort die Bäume zu zählen. Manchmal war ich müde, also dachte ich, gib dem doch einfach nach. Ich zog mir meine Kapuze über und machte ein Nickerchen.

Es war herrlich. Es war wirklich entspannend. Es war hinsichtlich meiner PnL die beste Woche meiner Zeit am Tokioter Desk. Und es war die letzte volle Woche meiner Laufbahn.

In der nächsten Woche, gleich am Montag kurz nach neun, kam Caleb zu mir rüber, nahm mich ganz sanft bei der Schulter und fragte, ob ich am nächsten Tag mit ihm zu Abend essen wolle.

Und dann ist es natürlich passiert.

# 10

An diesem Tag, einem kalten, dunklen Dienstagabend Mitte Februar 2013, malte mir, in einem anonymen Ramen-Lokal im sechsten Stock eines anonymen Einkaufszentrums in Marunouchi, ein großer, mehr als gut situierter Mann mit feisten Fingern und einem abgründigen Hass auf schlecht eingestellte Thermostate eine Vision meines Lebens aus.

Es war eine Zukunft in Gerichtssälen und Armut, eine Zukunft, in der ich die Früchte jahrelangen Bankraubs dahinschwinden sah.

Es war brutal, und es steckte Macht dahinter – die Macht eines der größten Konzerne der Welt.

Was soll man davon halten? Was soll man denken, wenn man, sechsundzwanzig Jahre alt, einer der profitabelsten Trader der Welt, bei einer der größten Banken der Welt, aufgestiegen aus dem Nichts beschissener Zeitungsrouten für zwölf Pfund die Woche, seinem ehemaligen Idol gegenübersitzt, das einem bei zwei Schüsseln Ramen mit einem tiefen Blick in die Augen sagt: »Manchmal stößt auch guten Menschen Schlimmes zu. Wir können dir das Leben sehr schwer machen.«

Als wäre er ein Gangster. Als wäre er ein Don.

Was soll man davon halten?

Überlegen Sie mal: Es war fast auf den Tag genau zehn Jahre her, dass ich von der Schule verwiesen wurde. Es war nicht so, dass ich ein Dealer gewesen wäre, aber es war eben ein Gymnasium, also eine Art noblere Lehranstalt, und die Kids dort wussten, dass ich Drogen besorgen konnte.

Und ja, natürlich *konnte* ich das. Sie hatten recht. Es stimmte. Ich konnte Drogen besorgen, weil es in meiner Straße Dealer gab. So einige. In ihren Straßen gab es keine Dealer, in meiner Straße gab es eben welche. Also baten mich Kids aus besserem Hause, ihnen Drogen zu besorgen, und so war eben ich es, der von der Schule flog.

Und wissen Sie was? Auch diese Dealer hatten nie die Möglichkeiten, die ich hatte, oder die Möglichkeiten dieser anderen Kids. Sie werden nie an der LSE studieren. Sie gewinnen keine Praktika als Investmentbanker beim Kartenspiel, das ist schlicht nicht drin. Sie haben keine reellen Wege aus der Armut, und so verkaufen sie eben Drogen. Manchmal machen sie auch etwas anderes, betrügen, brechen irgendwo ein. Einige verdienen daran, andere nicht. Einige von ihnen landen im Gefängnis, andere nicht. Manchmal passiert solchen Kindern wirklich Schlimmes. Man sticht sie nieder, man bringt sie um. Manchmal wartet man vor einem Nachtclub im Auto auf sie, bis sie über die Straße gehen, und dann überfährt man sie, und dann liegen ihre Körper zuckend auf dem Asphalt.

In dem Augenblick wurde mir klar, dass wir alle vom selben Schlag sind. Wir sind alle gleich. Drogendealer, Banker, Trader, ich jetzt, ich damals, Caleb, Brathap, Saravan, Rupert Hobhouse, Jamie, Ibran, JB. Wir sind alle gleich. Alles, was uns unterscheidet, ist das Bankkonto unserer Väter. Wären die Dealer aus meiner Straße in Eton gewesen oder St. Paul's oder auf welchem Scheißinternat auch immer Rupert gewesen ist, dann wären sie jetzt mit mir auf dem Trading Floor, säßen neben Arthur, säßen neben JB. Sie würden verdammt noch mal grüne Eurodollar kaufen. Und wenn diese Trader dort geboren wären, wo ich geboren wurde, im Barking Hospital, East London, wo Bobby Moore zur Welt kam und John Terry und eine Million kleiner Geschäftemacher, die in der Pause Penny-Drops verkauften, dann wären sie auch dort und würden an den Ecken mit Drogen dealen. Wir sind dieselben. Wir sind alle gleich. Dumm. Clever. Jung. Ehrgeizig. Wollen etwas *werden*. Nicht dass wir wüssten, was. Wir sind hinter was her, ohne zu wissen, hinter was wir her sind. Wir laufen darauf zu und laufen weg.

So sieht der Weg für hungrige junge Kerle, die nichts anbrennen lassen, nun mal aus, ob sie nun Drogen oder Scheißanleihen verkaufen. Wir sind alle gleich. Wir unterscheiden uns verdammt noch mal keinen Deut voneinander. Es ist nur so, dass Gott eben manchmal den falschen verdammten Wahrsager das falsche verdammte Kästchen schütteln lässt, im falschen verdammten Tempel, sodass einer wie ich oder

Billy rücklings rausfällt und auf der Fresse landet – auf dem falschen verdammten Brett, im falschen verdammten Spiel.

Wir sind alle gleich. Ihr seid nicht besser als wir. Ihr *seid* nicht besser als wir. Wir spielen nur zwei verschiedene Spiele auf zwei verschiedenen Spielbrettern und das von Anfang an. Ich meine, *vom ersten Augenblick an.* Vom Augenblick der Geburt.

Aber in dem Augenblick fällt einem das nicht alles ein. Das sind Sachen, die einem im Traum kommen. In dem Augenblick starrst du nur auf dieses feiste Gesicht und denkst dir: Alter, komm mir nicht wie ein Gangster, wenn du kein Scheißgangster bist.

Und ich wusste in dem Augenblick, dass ich mich wehren würde.

Es war keine Entscheidung, es war nie eine Frage der Entscheidung. Manchmal muss man dem Teufel einfach die Stirn bieten.

War es klug? War es klug, der Citibank den Krieg zu erklären? Einem der größten Konzerne der Welt? Ich weiß es nicht. Scheiß drauf. Ich habe nie behauptet, klug zu sein.

\*

Ich habe in dieser Nacht kein Auge zugetan, nicht eine Sekunde. Ich ging direkt nach Hause und übergab mich. Es kam kein Essen, nur etwas dünne pissfarbene Galle. Nicht mal Säure, wegen der Pillen. Du wischst dir den Mund ab und beginnst auf und ab zu gehen. Dann gehst du auf und ab und gehst auf und ab.

Ich hatte es verkackt. Ich hatte es verdammt noch mal wirklich verkackt. Ich war da ohne Plan reingegangen. Was zum Teufel konnte ich jetzt noch tun?

Ich hatte mich bereits an die Personalabteilung gewandt. Was immer er gesagt hatte, es stimmte: Ich konnte nicht gemeinnützig tätig werden, wenn die das nicht abnickten.

Aber ich hatte verdammt noch mal nicht die Absicht, ohne mein Geld zu gehen. Doch darum ging es in diesem Spiel längst nicht mehr. Das hatte jetzt eine ganz andere Dimension. Die ganze Situation war auf den Kopf gestellt. Jetzt war es an mir, mich zu verteidigen.

Also, werden die mich jetzt verklagen? Weshalb?

Er konnte nichts gegen mich in der Hand haben. Wenn er auch nur ein halbwegs gutes Blatt gehabt hätte, dann hätte er es mir gezeigt. Um noch deutlicher zu sagen, dass ich am Arsch bin.

Aber brauchte er denn überhaupt ein gutes Blatt? Vermutlich nicht. Es war genau wie damals, 2009, als die Politiker ankündigten, man würde die Scheißbanken besteuern, und damit nur dreckiges Gelächter ernteten. Sie wussten, wer das Sagen hatte. Vermutlich hatten sie dieselbe Macht über die Gerichtsbarkeit. Wir sprechen hier von der Citibank. Wahrscheinlich verklagen die, wen immer sie verklagen wollen.

Aber trotzdem. Ganz so einfach geht das wohl auch wieder nicht. Sie müssen *etwas in der Hand* haben. Gab es da was? Konnte es etwas geben? Hatten sie tatsächlich etwas gegen mich in der Hand?

Billy sei Dank hatten sie nichts gegen mich vorzuweisen. Sie erinnern sich? *Cover. Your. Arse.* Ich hatte den meinen schon eine ganze Weile gegen die Wand gehalten. Ich war sauber. Da war ich mir sicher. Da gab es nichts. Ich hatte sauber gespielt. Von Anfang an.

Oder hatte ich das etwa nicht?

War da etwas? Möglicherweise gab es da ja was. Wie viele Trades hatte ich auf dem Buckel? Verdammte Scheiße, das müssen doch Millionen gewesen sein. Wie viele Chats? Wie viele Telefonate mit Brokern? Jedes einzelne von ihnen aufgezeichnet. Notariell beglaubigt, tabellarisch erfasst, archiviert. Sie hatten jedes einzelne davon. *Jedes einzelne.* Und was hatte ich? Ich hatte nichts. Einen Dreck.

Bei all den Belegen könnten die immer was aus dem Ärmel zaubern. FUCK FUCK FUCK FUCK FUCK. Was mache ich jetzt?

Mir kam der Gedanke, dass sie womöglich ihr Blatt überreizt hatten. Vielleicht hatten sie gedacht, ich hätte mehr Dreck am Stecken, als das tatsächlich der Fall war. Vielleicht war das der Grund, weshalb mich nie jemand aus dem Management gefragt hatte, wie ich so viel Geld verdienen konnte. Vielleicht dachten sie, es stecke dahinter irgendein dubioses Geheimnis, und sie wollten kein Blut an ihren Händen haben. Vielleicht dachten sie, dass zwielichtige Kids wie ich nur so zu Geld kommen: durch Dealen oder sonst einen dubiosen Scheiß. Aber vielleicht ist das *ihr* Modus Operandi. Vielleicht machen *sie* das *ihr* ganzes

Leben lang so. Sie bescheißen und scheißen sich gegenseitig an, bis ans Ende ihrer eingefetteten Fahnenstange.

Nein. Nicht doch, Gary. Das ist nicht produktiv. Was es hier verdammt noch mal braucht, ist ein Plan.

Ja. Das war's. Du musst den ersten Zug machen. Und zwar sofort. Wann macht die Arztpraxis auf? Die am Tokyo Tower. Google doch mal. Neun Uhr morgens. Okay. Um Punkt neun Uhr rufst du in der verdammten Praxis an und besorgst dir den ersten verfügbaren Termin. Du sagst denen, dass du durchdrehst. Trag ruhig ein bisschen dick auf. Du sagst, du isst nicht, du schläfst nicht, du verlierst an Gewicht. Ich meine, das ist ja nun wirklich nicht übertrieben, es stimmt ja alles, aber pack ruhig noch was drauf, irgendwas. Vor allem, *lass dich krankschreiben!* Verlass die verdammte Praxis nicht ohne Attest! Das schickst du dann per E-Mail an alle: an Caleb, an die Personalabteilung, an die Schnecke. *Raus damit!* Damit hättest du die Messlatte für die doch wohl hoch genug gelegt. Ein falscher Vorwurf ist und bleibt ein falscher Vorwurf, aber ein falscher Vorwurf gegen jemanden, der sich eben wegen Stresserscheinungen hat krankschreiben lassen, ist etwas ganz anderes. Es wird nach einer Bestrafung für deinen Antrag aussehen. So bist du geschützt. Invaliditätsrecht oder so? Was zum Teufel weißt du über Invaliditätsrecht? Gar nichts, verdammte Scheiße. Jetzt hör mal, nun werd doch nicht gleich sauer auf mich. Was hast du sonst noch?

Nichts. Ich hatte nichts. Das war der Plan, und den würden wir durchziehen.

Sollten wir nicht jemanden um Rat fragen? Wie spät ist es denn? Zwei Uhr morgens. Das ist in London immer noch fünf Uhr nachmittags, da sind alle noch hellwach. Wen könntest du um Rat fragen? Billy? Snoopy?

Nein, das ist mein Problem. Das ist mein Scheiß, und ich werde den verdammt noch mal allein durchstehen. Ich werde denen verdammt noch mal die Stirn bieten, und ich werde gewinnen.

Ich habe nur einer Person eine SMS geschickt, Kousuke, um halb drei.

»Kousuke, es ist da was ganz Übles passiert. Sag niemandem was von der SMS. Kann ich mich so schnell wie möglich mit dir treffen?«

Ich beschloss, meinen Chefs um fünf Uhr morgens eine SMS zu schreiben und ihnen mitzuteilen, dass ich die ganze Nacht gekotzt hätte und deshalb nicht zur Arbeit kommen konnte. Das verschaffte mir drei ganze Stunden. Mitten in der Nacht joggte ich einmal um den ganzen Palast.

Ich drehte eine verdammt schnelle Runde um den Palast, die Winterluft an Gesicht und Händen. Immer wieder hatte ich Flashbacks von meinem Abendessen mit Caleb. Er hatte mir danach die Hand gereicht, und ich hatte nicht die geringste Erinnerung daran, ob ich sie angenommen hatte oder nicht.

Ich denke mal, das bedeutet, dass ich sie verdammt noch mal nahm.

\*

Fünf Uhr morgens. Verschick die SMS. Keine Antworten. Gut.

Von fünf bis neun ist eine Menge Zeit. Vielleicht kannst du ein bisschen schlafen? Stell dir den Wecker. Nein, schlafen ist nicht drin. Geh noch mal joggen. Wann hast du eigentlich das letzte Mal etwas gegessen?

Neun Uhr. Ruf in der Praxis an. Sie ist speziell für Ausländer; die Dame an der Rezeption spricht Englisch. Wann ist der nächste Termin? Um 10.30 Uhr.

10.20 Uhr: Tokyo Tower. Groß und orange unter blauem Himmel. 10.28 Uhr: die Empfangsdame: Nehmen Sie doch bitte Platz. 10.30 Uhr: Sprechzimmer des Arztes. Pünktlich. Setz dich hin und versuch, wie ein Irrer dreinzuschauen. Okay, du siehst ohnehin schon wie ein Irrer aus. Geht's nicht vielleicht noch ein bisschen irrer?

Erzähl ihm alles.

»Mein Chef droht, mich umzubringen.«

Nein. Das ist zu dick aufgetragen, spul noch mal zurück.

»Sorry, ich meine, mein Chef droht, mich zu verklagen. Ich habe wirklich Angst. Ich habe eine Menge Gewicht verloren.«

Der Arzt ist ein hochgewachsener kahlköpfiger Japaner in einem weißen Kittel. Er schaut mich lange an, mit seinem linken Auge, als wäre das das einzig gute Auge, das er hat.

Zwei Wochen Stress- und Angstlöser. Einen Monat krankgeschrieben. Einige Krakel mit einem Kugelschreiber mit schöner blauer Mine auf einem kleinen weißen Zettel. Das dürfte es tun.

Wieder zu Hause. Schick die E-Mail ab. Du warst beim Arzt, er macht sich Sorgen um dich, er hat dir was gegen Angstzustände gegeben und dich einen Monat krankgeschrieben. Sag ihnen, dass du dir den Rest der Woche freinehmen musst, weil es eben verdammt noch mal nötig ist, weil du auf dem Zahnfleisch gehst. Schalt dein verdammtes Blackberry aus.

Jetzt geh erst mal schlafen, Gary. Geh ins Bett.

\*

Als ich aufwachte, war es bereits mitten in der Nacht. Das heißt, um ehrlich zu sein, hatte ich keine Ahnung, wie spät es war, aber in meinem Zimmer war es dunkel, obwohl ich in Klamotten und bei weit geöffneten Vorhängen eingeschlafen war.

Ich machte mein Blackberry erst gar nicht an. Scheiß auf das Teil! Ich war endgültig fertig mit all dem Scheiß. Dann warf ich trotzdem einen Blick darauf. Es war schon elf oder so, und ich hatte eine SMS von Kousuke.

»Was ist passiert? Was ist denn los? Ich kann dich heute Abend oder morgen sehen.«

Er hatte sie untertags abgeschickt. Nun, diesen Abend hatte das wohl keinen Sinn mehr. Ich verabredete mich mit ihm für den nächsten Tag.

Ich traf mich mit Kousuke vor dem Okonomiyaki-Laden, in dem wir gewesen waren. Ich habe keine Ahnung, wie ich ausgesehen haben muss. Anscheinend grauenhaft, dem Gesichtsausdruck von Kousuke nach zu urteilen, als er mich sah.

Ich halte es für gut möglich, dass ich ein wenig gezittert habe, als ich Kousuke bei einem Bier erzählte, was passiert war.

Kousuke hörte mit offenem Mund zu. Er konnte es nicht glauben. Das Problem mit Caleb ist, dass er so ein verdammt netter Kerl ist. Doch, ist er, wirklich, das ist er! Wenn Sie ihn kennenlernen würden,

Sie würden ihn mögen. Wenn ich es Ihnen sage. Jeder mag ihn. Jeder mochte ihn.

Kousuke fehlten die Worte, als ich fertig war. Er saß einfach da, mit offenem Mund, wie eine Venusfliegenfalle.

Schließlich merkte er, dass die Reihe an ihm war, etwas zu sagen.

»Das ist *illegaru!*«

Das rief er dreimal, ganz laut.

»Kousuke, ich weiß, dass das illegal ist. Das ist aber scheißegal, Alter, das interessiert doch niemanden. Das ist die Citibank, die größte Scheißbank der Welt. Die können tun und lassen, was sie wollen.«

»Nein! Das können sie nicht! Wir sind hier in Japan! Wir haben Regeln! Gegen Gesetze zu verstoßen, ist hier nicht erlaubt.«

»Kousuke, Alter, ich denk mal, nicht gegen das Gesetz verstoßen zu dürfen, gilt verdammt noch mal auf der ganzen Welt, und das hat die nicht aufgehalten, oder?«

Kousuke war wütend; er war fuchsteufelswild. Aber er unterdrückte seinen Zorn und trug ihn mit Fassung, wie sich das in meiner und seiner Heimat gehört.

»Du musst das aufzeichnen. Du musst es aufnehmen. Kauf dir einen Rekorder. Bring ihn dazu, das noch mal zu sagen.«

Er ging tatsächlich zu Yodobashi-Kamera und tauchte tags darauf am späten Abend mit seinem kleinen blauen Rad vor meinem Gebäude auf und gab mir ein kleines, winziges Diktiergerät, das er gekauft hatte. Dann sagte er noch mal: »Nimm alles auf. Er soll es noch mal sagen.«

Tja, was soll ich über Kousuke sagen?

Ein braver Kerl.

\*

Was habe ich die nächsten Tage gemacht? Ich bin untergegangen. Und dann, am Montag, war ich wieder im Büro.

Man hatte mir das Yen-Book entzogen, was durchaus klug war. Es war an Hisa zurückgegangen. Von mir aus. Ich war ja überhaupt nur ins Büro gekommen, um direkt zu einem Meeting mit Caleb zu gehen.

Es versprach ein interessantes Meeting zu werden, schließlich hatte ich mir eine neue Strategie ausgedacht. Und die sah folgendermaßen aus: Bring Caleb derart auf die Palme, dass er was völlig Irres sagt, was sich aufnehmen lässt. Merkwürdigerweise freute ich mich irgendwie darauf. Mal sehen, ob der Spieß sich nicht umdrehen ließ.

Ich hatte am Wochenende einige Male mit dem Diktiergerät geübt. Es war ein kleiner Zylinder, vielleicht zehn Zentimeter lang, mit einem kleinen roten Aufnahmeknopf. Natürlich konnte ich es nicht mitten im Meeting herausholen und auf Aufnahme drücken, also ging ich vorher auf die Toilette, drückte den Knopf und steckte es wieder ein. Das hatte ich zu Hause ein paar Mal probiert, aber ich hatte trotzdem Angst, aus Versehen mit dem Oberschenkel an den Knopf zu kommen und das Teil auszuschalten.

Zurück zum Trading Floor und dann ins Büro. Auf geht's! Zeit für ein Spiel.

Caleb war vom ersten Augenblick an beherrscht, die Ruhe selbst. Keine Spur mehr von dem narrativen Schwung, den ich von ihm gewohnt war. Das war jammerschade. Was für ein Unterschied zu dem Mann im Restaurant. Ich brauchte ihn aber, den alten Caleb, für meinen Plan.

Also nur nicht aufgeben! Reiz ihn doch mal ein bisschen. Nichts. Es war hoffnungslos. Shit! Warum hatte ich daran nicht schon vor dem Essen im Restaurant gedacht! Warum hatte ich ihn nicht schon da aufgenommen?

Vielleicht weiß er Bescheid. Vielleicht hat deine plötzliche Redseligkeit seinen Blick auf die kleine Beule in deiner Tasche gelenkt.

Aber was soll's, mach weiter. Verfluchte Scheiße! Was hast du schon zu verlieren?

»Es tut uns wirklich leid, wie sich das entwickelt hat. Es tut uns wirklich leid, dass du dich so entschieden hast.«

»Einen Dreck tut es dir leid! Du hast dich nie auch nur einen Dreck um mich geschert! Du hast mir nie eine verdammte Chance gegeben! Von Anfang an hast du mir Hisa in den Arsch geschoben! Wie soll ich denn traden, wenn so einer hinter mir sitzt? Einer, der meine Zeit auf dem Scheißhaus timt! Was hast du dir dabei gedacht, ihn weiter zu beschäftigen? Jeder weiß, dass man ihn hätte feuern müssen!«

»Ach, komm schon!« Er schreit jetzt. Er zeigt erste Risse. Wir haben ihn! »Du warst es doch, der all dem hier nie eine Chance gegeben hat. Seit dem Tag, an dem du hierhergekommen bist, hast du nichts mehr ernst genommen. Du wusstest von vornherein, dass du gehen willst! Du stehst bei mir am Tag nach dem Bonustag auf der Matte und sagst, dass du aufhören willst! Das hattest du doch vom ersten Tag an vor! Und du hast dir auch nicht einen Augenblick genommen, um darüber nachzudenken, oder? Du gehst von meinem Büro aus direkt zur Personalabteilung. Ist dir klar, wie ich dastehe, wenn ich dich nach Tokio hole und du absolut nichts tust? Ich habe Himmel und Erde in Bewegung gesetzt, um dich hierherzuholen! Weißt du eigentlich, wie ich jetzt dastehe? Nach allem, was ich für dich getan habe! Ich habe dich eingestellt! Ich habe dich zu dem gemacht, was du bist! Du warst ein Nichts! All das Geld, das wir dir bezahlt haben!«

Ich hätte ihn reden lassen sollen, aber ich tat es nicht.

»Geld! Ach, ich schulde dir Geld, ja? Jetzt hör mal. Für jeden verdammten Dollar, den ich bei der Citibank verdient habe, hat die Citibank zehn an mir verdient. Das weißt du ganz genau. Du *weißt*, dass das die Wahrheit ist. Und ihr hättet das *nie* ohne mich geschafft.«

Das ließ ihn verstummen, das saß, und einen Augenblick lang wurde mir ganz warm vor Stolz. Dann fiel mir ein, dass mein Plan darauf basierte, ihn zum Reden zu bringen, und jetzt saßen wir schweigend da.

»Bekomme ich nun meinen Krankenurlaub oder was?«

Er war wieder ganz der Caleb, der das Meeting begonnen hatte. Kalt, professionell, distanziert. Mist, ich hatte es verkackt.

»Es steht uns nicht zu, deinen Krankheitsurlaub zu genehmigen. Das entscheidet der Betriebsarzt.«

# 11

Schließlich saß ich, albernerweise, wieder am STIRT-Desk, als Füllsel zwischen Hisa und Kousuke, mit buchstäblich nichts zu tun. Ich holte meine Japanisch-Bücher heraus und begann, Kanji zu lernen.

Es stank mir, dass bei dem Meeting nichts herausgekommen war. Und ich schiss mir in die Hosen, was den Betriebsarzt anging. Nach dem zu urteilen, was Caleb gesagt hatte, war es offensichtlich, dass er die Personalabteilung in der Tasche hatte. Da konnte der Betriebsarzt ja wohl nicht fehlen. Und wenn der Betriebsarzt mich nicht krankschrieb, war ich aufgeschmissen. Wenn ich am Desk blieb, würde ich eingehen.

Augenblick mal. *Stopp, stopp, stopp, stopp.* Da gibt es ja vielleicht doch etwas. Was hat er gleich gesagt? Dass ich direkt von seinem Büro aus zur Personalabteilung gelaufen sei? Sollte er etwa mit der Personalabteilung unter einer Decke stecken? Das ist sicher nicht erlaubt. Eigentlich sollte er doch gar nicht wissen, dass ich nach dem ersten Meeting mit ihm wegen der Kündigung zur Personalabteilung gegangen bin. Das sollte er nicht wissen, oder? So Sachen sollten vertraulich sein oder nicht? Shit, vielleicht hast du da ja etwas in der Hand.

Schick doch mal eine E-Mail an die Personalabteilung, unter dem Vorwand, einen Termin mit dem Betriebsarzt vereinbaren zu wollen.

»Lieber Eiszapfen,
könnte ich ein Meeting bezüglich meines Antrags auf Krankentage bekommen?
Mit freundlichen Grüßen,
Gary Stevenson

Noch einmal ab in den fensterlosen Raum, liebe Freunde. Vergiss diesmal nicht, auf »Aufnahme« zu drücken.

Wie immer ist sie so kühl wie gelassen. Ihre Haltung geradezu unfassbar aufrecht. Angesichts dieser erstaunlichen Geradlinigkeit kam ich mir noch mehr wie eine Ratte vor.

Aber was soll's, hat ja keiner zugeschaut. Diesmal habe ich wenigstens einen Plan.

»Kann ich Sie was fragen?«

Mein Gambit.

»Natürlich, Gary, was wollen Sie denn wissen?«

»Sind unsere Treffen vertraulich?«

Damit hatte sie nicht gerechnet. Hatte sie da eben gezögert? Wenn ja, dann kaum einen Wimpernschlag lang.

»Das kommt darauf an.«

»Es kommt darauf an? Wie meinen Sie das, es kommt darauf an?«

»Es kommt darauf an.«

»Hängt wovon ab, verdammt noch mal!?«

Sie legte ihre beiden vollkommenen Hände auf die Rückseite ihres vollkommenen Moleskine-Buchs. Man sollte vor jemandem aus der Personalabteilung wirklich nicht ausfällig werden.

»Manche Gespräche sind vertraulich, andere wiederum nicht. Sie sehen also, Gary, es kommt wirklich darauf an.«

»Okay«, sie begann mich etwas zu irritieren, »was ist denn nun vertraulich und was nicht?«

»Nun, wenn Sie zum Beispiel andeuten würden, Sie wollten sich etwas antun, hätte ich keine andere Wahl, als das nach oben weiterzugeben.«

»Ach was, Herrgott noch mal, kein Mensch redet davon, sich was anzutun! Hören Sie, als ich Anfang Februar zu Ihnen kam, ob ich gehen und was Wohltätiges machen könnte, haben Sie da mit Caleb darüber gesprochen?«

»Nein, habe ich nicht.«

Das war schnell. Zu schnell.

»Sind Sie sich da sicher?«

»Ich habe mit Caleb nicht über dieses Meeting gesprochen.«

Eine kleine Pause. Machen wir das nun oder was? Ja, wir machen es.

»Okay, wie kommt es dann, dass Caleb bei einem Meeting grade eben meinte, Sie hätten es ihm gesagt?«

Diesmal folgte eine längere, eine viel, viel längere Pause. Ich weiß sogar genau, wie lang sie war, da ich mir die Aufnahme mehrmals angehört habe. Es waren ganze siebenundvierzig Sekunden. Das ist eine lange Pause in einem Gespräch unter vier Augen.

Während der gesamten Pause saß der Eiszapfen da wie erstarrt. Vollkommen reglos, wie eine Statue. Ihre langen schlanken Finger klopften auch nicht ein einziges Mal auf die Rückseite ihres Notizbuchs. Nicht die Spur eines Bebens um ihren Mund. Ihr Blick huschte nicht hin und her. Hat sie überlegt? Ich bin mir ziemlich sicher, dass sie nicht mal geblinzelt hat.

Ich dagegen brummte geradezu. Während ich sie so beobachtete, fragte ich mich: Ob sich ihr Haar wohl im Wind bewegt?

Schließlich machte sie den Mund auf: »Ich habe mich mit den Einzelheiten Ihrer aufgeschobenen Vergütung befasst und auch mit Ihrem Ausscheiden aus dem Unternehmen, um gemeinnützig tätig zu werden. Wenn Sie das wollen, kann Sie niemand aufhalten. Das liegt nicht im Ermessen der Bank.«

Nun ja. Was soll man dazu noch sagen? Hatte es die Ratte ja doch noch in sich.

Danach ging ich zum Betriebsarzt. Er befand sich drei Etagen tiefer, weit weg vom Trading Floor. In einer kleinen, hell erleuchteten Praxis saß ein freundlicher Japaner mittleren Alters mit grau meliertem Haar auf einem kleinen Plastikstuhl, die Arme auf seinem ausladenden Bauch. Hinter ihm stand eine junge hübsche Japanerin in einer Schwesterntracht.

Der Mann bat mich, Platz zu nehmen. Er fragte mich, was mit mir sei. Irgendwie hatte ich das Gefühl, dass ihm das nicht gleichgültig war.

Na schön, ich sollte Ihnen wohl erzählen, was passiert ist. Ich sprach etwa eine Minute, dann brach ich zusammen. Die beiden waren die einzigen Menschen, bei denen ich mich ausheulen konnte. Zwei Menschen, denen ich nie im Leben begegnet war.

Ich glaube, bis zu diesem Augenblick war mir gar nicht klar gewesen, wie beschissen es mir tatsächlich ging. Ich glaube, ich hatte mir hier und da eingeredet, dass das alles nur Strategie sei, ein Spiel. Vielleicht war es aber gar kein Spiel. Womöglich war das mein Leben.

Er schrieb mich drei Monate krank, bei vollem Gehalt.

\*

Danach wurde ich einen Augenblick unschlüssig. Ich schwankte und bewegte mich nicht.

Ich fand mich einmal mehr am Rand des Atriums. Ich schaute nach unten, sprang aber nicht.

Damit hatte ich es geschafft, ich hatte meine Krankmeldung. Aber einen Antrag auf Krankenurlaub stellte ich nicht.

Nachdem ich aus der Arztpraxis kam, ging ich zurück auf den Floor, um meine kleine Tasche mit der Kordel zum Umhängen zu holen, und dann ging ich nach Hause.

Irgendwann an dem Tag muss wohl jemand die Katze aus dem Sack gelassen haben, jedenfalls wurde meine Situation über das Management hinaus bekannt. Ich weiß das, weil ich die eine oder andere SMS von den Jungs in London bekam.

Snoopy schrieb: »Gib nicht auf. Du kannst sie schlagen. Du bist cleverer als diese Wichser.«

Titzy schrieb: »Wäre eine Schande, dich gehen zu sehen, Mann, ich dachte, du würdest eines Tages der Chef von dem Laden hier.«

Ich erwartete ehrlich gesagt auch eine SMS von Billy, aber die kam erst spät abends. Darin hieß es: »Alles in Ordnung, Gal? Management sagt, dass du zu gehen versuchst, und man bittet mich ständig, dich zum Bleiben zu bewegen. Sie sagen, du wolltest dich krankschreiben lassen, wegen Stress. Was ist, Gal? Bist du okay?«

Das war die einzige Nachricht, auf die ich geantwortet habe.

»Mach dir keinen Kopf um mich, Boss. Ich bin immer okay.«

Das war vermutlich gelogen.

\*

Also, warum schob ich den Antrag auf Krankenurlaub nicht nach? Weil es, so habe ich mir damals eingeredet, zu riskant sei. Ich hatte Angst, die Bank könnte rechtliche Schritte einleiten, wenn ich eine Eingabe um Krankentage machte.

Aber stimmte das? Bestand diese Gefahr tatsächlich? Man kann doch wohl nicht verklagt werden, nur weil man sich krankschreiben lässt ... oder doch?

Rückblickend steckte da wohl mehr dahinter. Ich denke mal, auf einer gewissen Ebene wusste ich, was das bedeutete: Nie wieder PnL, nie wieder »Liquidator«. Keine neidischen Blicke mehr von ehrgeizigen jungen Kerlen.

Ich hatte ein Meeting mit Rupert, denn die Meetings waren noch immer im Gang. Bei diesem Meeting war niemand sonst zugegen, nur Rupert und ich. Es war wieder eine Videoschaltung, wenn auch diesmal in Calebs lichtem Zimmer oben im Himmel.

Ich setzte mich auf meinen Stuhl und senkte den Blick auf meine Schuhe.

»Weißt du, Gary, niemand kauft dir das ab. Niemand glaubt dir, dass du krank bist. Sie halten das Ganze für einen Trick, um mehr Geld zu bekommen oder um mit deinen Nachzugsaktien aus der Bank aussteigen zu können, damit du zu Goldman Sachs gehen kannst.«

Ich tat nichts, ich starrte auf meine Schuhe und nickte. Manchmal machte ich im Kopf auch eine ungekürzte Division.

»Aber ich glaube dir.«

Das machte mich hellhörig. Ich hob den Blick auf den Monitor.

»Gary, wo wärst du jetzt gerne? Wenn du irgendwo sein könntest?«

Ich dachte kurz darüber nach und antwortete ihm dann ganz ehrlich.

»Nirgendwo. Ich möchte nirgendwo sein. Um ehrlich zu sein, Hobbs, es ist mir im Grunde egal.«

»Wie geht's denn Harry?«

»Wie's Harry geht? Dem geht's gut ... Ja, es geht ihm gut.«

Natürlich konnte Rupert keine Ahnung davon haben, dass wir uns zerstritten hatten, dass ich seit fast einem Jahr nicht mehr mit Harry gesprochen hatte.

»Wie wär's, mit Harry Fußball zu spielen – in der Straße, in der ihr aufgewachsen seid, in Ilford. Wär das ein Ort, wo du jetzt lieber wärst?«

Wie alt war Harry, als wir das erste Mal zusammen Fußball spielten? Er musste gerade mal fünf oder sechs gewesen sein. Ich musste damals neun gewesen sein oder, im anderen Fall, zehn. Wie alt war er, als er besser wurde als ich?

»Ja. Ja, ich nehm's wohl an. Ja, das kann schon sein.«

Unsere Tage auf der Straße sind lange her, und der Laternenpfahl und der Telegrafenmast und die konkave Wand am Wertstoffhof sind weit, weit weg. Wie oft haben wir den Ball in den Wertstoffhof gekickt. Wie oft mussten wir auf der anderen Seite hinüberklettern, um ihn zu holen. Über die große Eisenbrücke, durch den Garten eines alten Zausels, der zum Fenster rausschrie, und dann in den Wertstoffhof selbst, mit seinen Bergen von schmutzigen alten Zeitungen, die bestimmt sechs, sieben Meter hoch waren. Dann kickte man den Ball über die Mauer und kletterte auf der anderen Seite wieder raus, um weiterzuspielen. Im Winter spielten wir bis weit nach Sonnenuntergang, bis eine unserer Mütter vors Haus trat und uns zum Abendessen rief. Manchmal war es meine, manchmal war es Harrys. Manchmal aßen wir zusammen, manchmal allein.

»Du kannst da wieder hin. Du kannst dorthin zurückkehren.«

Nein, verdammt, das kann ich eben nicht, ich werde nie wieder mit dem Kleinen reden.

»Ist schon okay. Alles wird wieder gut. Du musst nur stark bleiben und das durchstehen. Das wird schon wieder.«

Warum sagte er das? Warum machte Rupert das?

»Danke, Hobbs. Ich weiß das zu schätzen. Dank dir.«

»Ist schon okay, du wirst schon wieder.«

Er beendete den Anruf.

Ich saß allein im Büro und starrte auf den Kaiserpalast hinaus. Ich bekam eine SMS auf mein privates Telefon. Sie kam von Rupert.

»Lass dich krankschreiben. Die Bank kann nichts machen. Sie haben nichts gegen dich in der Hand.«

Also tat ich es.

# 12

Drei Monate.

Drei Monate sind keine lange Zeit. Für mich waren sie eine Ewigkeit.

Seit ich neunzehn war, hatte ich keine drei Monate mehr freigehabt. Und die hatte ich größtenteils mit Kissenaufschütteln verbracht.

Es fühlte sich an, als tauchte ich auf, als bekäme ich endlich wieder Luft.

Als Erstes nahm ich den Bullet Train nach Hyotanyama. Umsteigen in Kyoto. Umsteigen in Yamato-Saidaiji.

Wizard wohnte in einem winzigen Plastikapartment, das ihr die Schule gestellt hatte. Man schlief auf einem Regalbrett am oberen Ende einer Leiter, und die Nase berührte praktisch das Dach. Viele junge Japaner leben so, ohne richtige Küche, mit mattierten Fenstern, sodass niemand etwas sieht.

Die einzige Heizung bestand in einer kleinen Klimaanlage, und im Winter war es immer eiskalt. Aber wir hatten es für uns, wir mussten es mit niemandem teilen.

Ich fuhr zu ihr, und ich glaube, ich hatte ihr nicht mal gesagt, dass ich kommen würde, also war sie überrascht, wenn auch nicht wirklich.

Wir kletterten die Leiter hoch und warfen den Futon auf den Boden, und ich verbrachte viel Zeit dort unten, während sie herumtappte und eine Tasse Ramen aufwärmte und mich dabei fragte, ob ich irgendwelche guten Filme gesehen hätte.

Es war kalt, aber wir zogen uns warm an und gingen in einen kleinen Park in Hyotanyama. Sie breitete ihre kleine Picknickdecke aus und legte sich auf den Bauch, und ich schmiegte meinen Kopf in ihr Kreuz, und wir lagen einfach da und lasen Bücher. Oder wir gingen in einen der großen Parks in Nara und sahen uns die riesigen, alten Holztempel an. Oder wir fütterten Rehe.

Aber zwischendurch kam es immer wieder zu Meetings, die nicht aufgehört hatten, bloß weil ich krankgeschrieben war, nur dass jetzt alles übers Telefon ging. Ich warf dazu mein Handy mit eingeschalteter Freisprechfunktion auf den Futon und legte mich daneben auf den Boden. Ich streckte alle viere von mir wie ein Seestern und schaute, den Kopf nach hinten gelegt, nach oben, sodass ich verkehrt herum durch die Milchglasscheibe über mir gucken konnte. Und mit dem Geplapper des einen oder anderen Managers im Hintergrund sah ich zu, wie der verzerrte blaue Himmel langsam in Schwarz überging.

Manchmal kam Wizard dazu und setzte sich neben mich, und wann immer sie das tat, nahm sie das Telefon und drückte den Anrufer weg.

»Komm schon, Gary«, sagte sie dabei, »jetzt ist es aber genug.«

\*

Ich flog nach Hause, um meine Mutter zu besuchen. Ich weiß gar nicht so recht, warum, wir standen uns nie wirklich nahe. Ich fuhr mit ihr auf der kleinen schwarzen Vespa, die ich mit meinem ersten Bonus gekauft hatte, durchs Zentrum zum Regent's Park. Dort gingen wir spazieren, durch den Garten und um den See. Ich fragte sie, warum sie eigentlich nie Gitarre gelernt hatte.

Sie sah mich merkwürdig an. Damals hat mich jeder merkwürdig angesehen. Dann fragte sie mich: »Gary, bis du okay?«

Und ich sagte: »Ja, ja, ja. Ja, ich bin okay. Du kennst mich doch, ich bin immer okay.«

\*

Auf dem Rückflug sah ich zum ersten Mal *Der Unbeugsame*, mit Paul Newman, dem attraktivsten Mann der Welt. Aus irgendeinem Grund kommt er in den Knast, vermutlich weil er total verkorkst ist, und landet als Kettensträfling in einem Arbeitskommando.

Der Capo des Kommandos ist ein ziemlicher Bully und fordert Paul Newman heraus. Paul ist viel kleiner und hat keine Chance, und der Bully schlägt immer wieder auf ihn ein. Jedes Mal, wenn Paul zu Boden geht, rappelt er sich wieder auf, tausend Mal, bis er grün und blau geschlagen ist. Irgendwann gibt der Bully auf.

Was für ein Wahnsinnstyp, dachte ich, dieser Paul Newman. Und er sieht verdammt gut aus.

\*

Ich trieb damals eine Zeit lang irgendwie haltlos vor mich hin, und meine Schlaf- und Essensgewohnheiten waren mehr als seltsam. Tagsüber schlief ich, und in der Nacht wanderte ich auf der Suche nach Essbarem durch die Stadt.

Es hätte keinen besseren Ort dafür geben können, das meine ich wirklich ernst. In Tokio gibt es eine Menge zu essen, gerade für einen einsamen Menschen, und mit dem Frühling kommt auch die Wärme.

In der Nähe meines Hochhauses gab es ein kleines Ramen-Lokal. Es gab Ramen mit Schwein, aber auch Ramen mit Huhn. Die Brühe war klar und mit Essig abgeschmeckt. Absolut köstlich. Das Lokal gibt es mittlerweile nicht mehr.

Die Öffnungszeiten des Lokals waren allerdings eher kurz, und ich verschlief sie meistens, aber dann gab es Yoshinoya. Liebliche Yoshinoya, Königin meiner Nächte, deine leuchtend orangefarbenen Fenster ließen mich nie im Stich. Yoshinoya bedeutete 24/7-Rindfleisch auf Reis. Immer köstlich, schnell und billig. Und eingelegter rosa Ingwer, so viel man wollte. Manchmal gab es sogar Aal.

Es gab aber auch einiges, was in Japan nicht zu finden war, wie etwa grüne Erbsen. Die habe ich manchmal schon vermisst. Ich fand sie aber schließlich bei Saizeriya, der japanischsten aller italienischen Restaurantketten der Welt. Günstig, großzügige Portionen, beliebt bei Studenten. Man verrührte dort die grünen Erbsen mit Bacon und servierte das Ganze mit einem leicht angekochten Ei.

Ich hatte aber nicht nur Fast Food. Manchmal war ich auch zur richtigen Zeit wach und konnte mir etwas Feines gönnen: Steak-Frites in dem französischen Restaurant in Toranomon. Ich meine, die Citibank bezahlte mich schließlich noch.

Nicht dass man in Tokio wirklich Geld bräuchte, um wie ein König zu essen. Sushi gab es praktisch umsonst. Sushi Zanmai, Kamiyacho, mindestens drei Mal pro Woche. Tsukedon, marinierter Thunfisch auf Reis. Die große Portion (*oomori*) zum gleichen Preis. Mit Miso-Suppe und grünem Tee, für nur 500 Yen. Ich bekam jedes Mal einen kleinen Hundert-Yen-Rabattgutschein, sodass ich nur 400 Yen zahlte. 2,50 Pfund! Ich saß dabei am Tresen und schäkerte mit dem Sushi-Chef.

Tun Sie sich etwas Gutes. Gehen Sie in ein Izakaya. Fragen Sie nach einer Schale Chazuke. Sie brauchen mir nicht zu danken. Lassen Sie es sich einfach schmecken.

Freshness Burger. Miso-, Shio-, Shouyu-, Tonkotsu-Ramen, in dieser Reihenfolge. Aber die Karashibi-Ramen in Kanda sind die besten. Banh Mi aus einem Gässchen in Takadanobaba. Kalte Soba mit brauner Soße von 7–11. Onigiri mit Thunfisch-Mayo von 7–11. Famichiki. Gyoza aus diesem Lokal in Azabujuban. Thunfisch auf Reis, jeden Tag, zum Frühstück (gleich nach dem Aufwachen gilt es als Frühstück). Nudeln mit Dip von Fu-u-u-u-unji. Gegrillte Makrele von Yayoiken.

Alle diese Lokale hatten immer geöffnet und waren voll einsamer Männer. Vor allem in den Ramen-Lokalen war das so und im Yoshinoya bis tief in die Nacht. Endlose Reihen einsamer Männer schlürfen köstliche Speisen. Ihre Schultern und Ellbogen berühren sich, während sie ihre Stäbchen in die Schalen tauchen. Dann zahlen sie ihre 600 Yen und gehen.

Wo auf der Welt ließe sich besser deprimiert sein?

Einmal wachte ich am helllichten Tag auf, in voller Kluft, und warf einen Blick auf mein Handy. Es war 12.37 Uhr. Mittags. Ich hatte 127 Anrufe verpasst, alle von Harry.

Ich setzte mich im Bett auf und sammelte meine Gedanken. Am Tag zuvor hatte er Geburtstag gehabt.

# 13

Okay, ich nehme an, es wird Zeit, den Hintern hochzukriegen. Man sollte nicht warten, bis die Rache zu einem kommt.

Ich meine, Ramen hatte ich ja wohl nun genug gehabt. Es war an der Zeit, mich nach einem Anwalt umzusehen.

Ich schickte eine Nachricht an Sagar Malde. Sie erinnern sich, ja? Der kenianische Junge von der LSE. Er war zwei Monate bei Lehman gewesen, bevor die Firma 2008 baden ging, und er kannte Leute, die die Bank verklagt hatten.

Ich brauchte jemanden, der sich mit so was auskannte, und ich bat ihn, mir den Kontakt zu vermitteln.

Schließlich hatte ich drei Anwälte, einen im Vereinigten Königreich, einen in Amerika und einen in Japan. Es war teuer, aber die Citibank hatte mein Jahresgehalt bei meiner Versetzung nach Japan auf 120 000 Pfund erhöht, also war es in gewisser Weise ihre eigene Schuld: Anwälte, Sushi, Ramen, alles. Ich sollte wohl wirklich dankbar sein, denk ich mal.

Freilich erfuhr ich von den Anwälten nicht wirklich etwas, worauf ich nicht schon selbst gekommen war.

Kann die Bank einen verklagen, obwohl man verdammt noch mal nichts getan hat?

Tja, rechtlich dürften sie das natürlich nicht. Aber du wärst bestimmt nicht der Erste.

Kann ich gemeinnützig tätig werden und so meine Nachzugsaktien behalten?

Technisch gesehen, dem Vertrag nach, ja. Aber was ist ein Vertrag gegen die Citibank?

Sollte ich die Bank verklagen?

Das könnten Sie schon, aber Sie müssten wahrscheinlich jahrelang prozessieren, und die schulden Ihnen zwei Millionen Pfund.

Hm, Prozesse für den Rest meiner Tage. War es nicht das, was ich vermeiden wollte?

Aber wenn dem so ist, wie sehen dann deine Optionen aus? Tja, außer abzuwarten und Tee zu trinken, lässt sich da wohl nichts machen. Du sitzt den Rest deiner drei Monate aus, schläfst tagsüber, versuchst, wieder etwas zuzunehmen. Nach den drei Monaten gehst du wieder hin, stellst deinen Antrag auf Wohltätigkeitsbasis (eine Wohltätigkeitsorganisation musst du dir natürlich suchen) und hoffst, dass es klappt.

Wirklich wasserdicht war der Plan nicht.

Ich fand im Internet ein Video über die ungleiche Verteilung des Wohlstands. Darüber war damals noch kaum etwas zu hören. Es war von einem Südafrikaner, einem Anthropologie-Professor an der LSE. Ich schrieb ihm in einer E-Mail, dass ich gern für eine Wohltätigkeitsorganisation arbeiten würde, die mit Vermögensungleichheit befasst sei. Er vermittelte mir den Kontakt zu einer solchen Organisation, und wir trafen uns. Die Leute sagten, sie würden mir helfen, die Bank zu verlassen.

Das war alles, was ich an Arbeit damit hatte. Dann wartete ich darauf, dass meine Zeit ablief.

Mit den Anwälten der Wohltätigkeitsorganisation im Rücken und etwas mehr Gewicht an den Knochen stellte sich bei mir so etwas wie Zuversicht ein. Ich hatte jetzt einen Plan; mein Vorhaben stand. Das Pochen in Magen und Herz freilich wollte nicht vergehen. Ich vermute, dass ich damals einfach Angst hatte. Ich hatte diese dumpfen Schmerzen in meinen Oberschenkeln.

Oft lag ich auf dem Boden, auf dem Bauch, am Fenster, im Sonnenlicht. So hatte ich es schon als Kind gemacht, als ich von der Schule verwiesen wurde und keine Schule mehr hatte, in die ich hätte gehen können. So machte ich auch meine Mathehausaufgaben, auf dem Bauch, auf dem Boden, am Fenster, ein kleine Schreibunterlage aus Holz vor mir.

Ich bin alles andere als stolz darauf, das zuzugeben, aber ich hatte entsetzliche Angst davor, wieder zur Arbeit zu gehen. Ich hatte Angst, nach Ablauf der drei Monate wieder auf dem Floor arbeiten zu müssen.

Es dauerte nicht lange, und die drei Monate waren vorbei. Der Erste, mit dem ich mich traf, war der Betriebsarzt. Ich ging zu ihm und gestand ihm meine Angst ganz offen ein. Dass der Gedanke, wieder auf den Floor zu müssen, mich in Schrecken versetze. Er sah mir in die Augen, nickte und schrieb mich für weitere drei Monate krank.

\*

Inzwischen war es Ende Mai geworden, eine wunderbare Zeit in Tokio. Japaner mögen diese Zeit nicht unbedingt, weil sie den Beginn der Regenzeit markiert. Die Intensität der Sonne nimmt zu, und es wird in der Stadt sehr schnell sehr heiß. Die Luft wird ungemein feucht, und wenn man aus dem Haus geht, hat man das Gefühl, es lege sich einem ein heißes Handtuch um die Schultern.

Ich mochte das. Ich mochte es wirklich sehr.

Das japanische Wort für »Regenzeit« ist *tsuyu*, und die chinesischen Schriftzeichen dafür – 梅雨 – bedeuten wörtlich so viel wie »Pflaumenregen«. Diese Art Regen hatte ich in England nie erlebt, ein Regen, der auf einen herunterkommt, als hagele es heiße Pflaumen. Ein schwerer, heißer Regen, der in massiven Wänden übers Land fegt, praktisch wie Meereswellen.

Der Regen war so stark, dass ich binnen zehn Sekunden klatschnass war, wenn ich mit dem Fahrrad in einen dieser Schauer geriet. Ich hatte einen kompletten Satz frischer Klamotten in einer Plastiktüte in meinem Rucksack, und wenn ich dann irgendwo ankam, musste ich mich erst mal umziehen. Am liebsten hatte ich es, wenn es regnete und ein wirklich heftiger Wind dazu wehte; der trieb einem den heißen Regen dann direkt ins Gesicht.

Als ich die zweiten drei Monate krankgeschrieben wurde, kam mir natürlich der Gedanke: Könnte das wohl ewig so weitergehen?

Könnte ich so leben, immer und immer wieder, Saison für Saison, einfach nur krank? Wenn ich für immer krank war, würde ich nie wieder arbeiten müssen. Die Welt würde weiter dahintreiben, wie die Jahreszeiten, und ich würde mein Leben damit verbringen, mit dem Rad durch den Regen zu fahren.

Wie wäre das wohl? Wäre das etwas Gutes? Wäre das einen Gedanken wert? Wäre das ein gutes Leben?

Ich war immer häufiger nachts mit dem Rad unterwegs, da die Hitze nicht gar so brütend war. Meine Lieblingsbezirke für diese Touren waren Shinjuku und Shibuya. Sie sind Neonpaläste, deren Farben sich einem bei Regen wie Schlieren über die Augen legen. Einmal bin ich nach Kabukicho, einem der Viertel von Shinjuku, gefahren. Dort wimmelt es nur so von winzigen Bars voll betrunkener Japaner, die perfekten Orte, um sein Japanisch zu üben.

Ich parkte mein Rad am südlichen Ende des Viertels, in der Nähe des Prince Hotels und weit entfernt von den Bars. Ich wollte durch die überfüllten neonbeleuchteten Gassen spazieren, sozusagen auf Tuchfühlung mit weiteren einsamen Männern gehen.

Ich kette mein Fahrrad an einem Geländer auf dem großen Platz vor dem Hotel an. An der Stirnseite führt eine breite, mit Taxis gefüllte Straße vorbei. Sie stehen schnurrend in Dreierreihen. Etwas abseits rumpeln die grünen Züge der Yamanote-Linie über eine Eisenbahnbrücke. Rundum nichts als hohe, hohe, hohe Gebäude und überall riesige Leuchtreklamen. Zu meiner Rechten, im Westen, ragt das Wolkenkratzerviertel in den Himmel; ein schwarzer Turm wirkt wie von weißen metallenen Spinnweben umhüllt. Auf der Straßenseite gegenüber bietet, leuchtend orange, ein weiteres Yoshinoya Rindfleisch auf Reis. Darüber zeigt ein fünfstöckiger LED-Bildschirm seine bewegten Bilder. Kyary Pamyu Pamyu tanzt über diesen Bildschirm, eine riesige rote Schleife quer auf dem Kopf.

Ein heißer Wind fährt mir ins Gesicht, als ein weiterer Zug vorbeirollt.

Ich könnte mir vorstellen hierherzuziehen.

\*

Danach versuchte ich, mehr zu unternehmen. Intensiver Japanisch zu lernen, ein paar Freunde zu finden.

Ich fand eine nette Nachhilfelehrerin, eine Japanerin mittleren Alters. Sie hieß Yoko Ueno. Sie trug zu jeder Jahreszeit eine Gesichtsmaske: im Sommer wegen der Feuchtigkeit, im Herbst wegen der Kälte und der Grippe, im Winter wegen der Trockenheit und im Frühling wegen der Pollen.

Von ihr erfuhr ich von den »English Language Conversation Cafes«, in die völlig abgedrehte Tokioter gehen, um sich in fremden Sprachen zu unterhalten. Man sitzt dort, trinkt Tee und unterhält sich mit Spinnern. Damals war das perfekt für mich.

Mein Favorit unter den English Language Conversation Cafes befand sich in Takadanobaba, einem Studentenviertel gleich nördlich von Shinjuku. Ich hatte meine Freude daran, die Studenten zu beobachten. Im Sommer soffen sie sich in großen Gruppen zu und stolperten dann sturzbetrunken durch die Straßen, bis einer hinfiel. Wann immer es dazu kam, mussten die Freunde den Betreffenden wieder hochzerren, aber der blieb liegen und rief: »Ich bin okay!« Die Spielregeln besagen, auf dem Boden zu bleiben, mit aller Kraft. Normalerweise schaffen es deine Freunde, dich wieder auf die Beine zu stellen. Wenn nicht, pennst du einfach ein und übernachtest dort.

Mir ging es nach und nach besser. Oder jedenfalls dachte ich das. Aber ich hatte fünf Monate nicht gearbeitet.

Je mehr Zeit ich vom Floor weg war, desto unmöglicher schien mir die Rückkehr. Wenn ich mit Wizard über das Ende meiner Beurlaubung sprach, wurde mir das manchmal zu viel. Ich begann dann, ein ganz sachtes Stechen im linken Augenwinkel und ein leichtes Zittern in meinem Arm zu spüren.

Wenn das passierte, legte Wizard eine Hand auf die meine. Sie sagte nie etwas über das Zittern, aber sie sagte: »Warum führst du Krieg gegen die, Gary? Du brauchst doch keinen Krieg gegen die zu führen! Du hast doch genug. Warum gehst du nicht einfach?«

Da lag sie falsch. Man hat nie genug. Und ich würde niemals gehen. Nicht, wenn ich sie gewinnen lassen müsste.

# 14

Mein zweites Vierteljahr Krankenurlaub neigte sich dem Ende zu, und ich war mir ziemlich sicher, man würde ihn noch einmal verlängern. Ich war definitiv immer noch krank.

Doch eine Woche vor meinem Arzttermin bekam ich eine E-Mail von Kyle Zimmerman.

Kyle Zimmerman war Amerikaner und der Leiter der Personalabteilung in der Tokioter Niederlassung – der Chef von Eiszapfen. Er war klein und sah aus wie eine Ratte, wodurch ich mich in dieser Phase meines Lebens an mich selbst erinnert sah. Das machte alles irgendwie fairer, wie ich fand.

In seiner E-Mail sprach er, sehr detailliert, eine juristische Spitzfindigkeit bezüglich des mir geschuldeten Geldes an. In der Anlage gab es eine Menge Papierkram, aber unterm Strich lag der Fall ganz klar.

Ein mehr als sechsmonatiges Sabbatical bedeutete, dass das Geld in seiner Gesamtheit hinfällig würde.

Ich hätte das Ganze nicht unbedingt als Sabbatical bezeichnet, aber ich denke, das hat niemanden interessiert.

Ich sprach noch mal mit dem Arzt. Dessen Ansicht war unmissverständlich: Ich sollte nicht wieder zurück auf den Floor. Ich habe ihm gesagt, dass das nicht wirklich an mir liege. Ich müsste wieder antreten, ich hätte keine andere Wahl.

Er legte mir eine Hand auf die Schulter, was bei Japanern sehr selten vorkommt. Dann sah er mich eine Weile an, bevor er sprach.

»Dann nehme ich an, dass es wohl nicht anders geht.«

\*

Wizard kam nach Tokio. Ich sagte ihr, ich müsste wieder zur Arbeit. Ich konnte sehen, dass sie meine Angst sah, und ich konnte sehen, dass sie verletzt war.

»Geh nicht«, sagte sie. »Tu's einfach nicht.«

In ihren grünen Augen konnten wir es beide sehen. Dass ich einmal mehr nicht schlafen könnte und weiter abnahm.

»Darum geht es nicht, Wizard, mir bleibt nichts anderes übrig. Ich muss das einfach durchziehen.«

»Gar nichts musst du, du entscheidest dich eben dafür! Du musst nichts von alledem tun! Du hast doch genug! Du könntest jederzeit gehen! Warum tust du dir das an?«

»Das spielt keine Rolle. Es spielt keine Rolle, was ich mir antue. Es ist einfach was, das ich tun muss.«

Sie schaute mich an und sah aus, als würde sie weinen. Aber sie weinte nicht, sie schürzte die Lippen und sagte nicht, was immer sie sagen wollte. Ich werde mich wahrscheinlich immer fragen, was sie wohl gesagt hätte.

Noch am selben Tag machte ich Schluss mit ihr. Eine Woche später ging ich wieder zur Arbeit.

\*

Am Tag, bevor ich wieder auf den Floor ging, passierte etwas Merkwürdiges. Ich aß in einem Restaurant im obersten Stockwerk meines Gebäudes. Ich wohnte zu der Zeit nicht mehr im Prudential Tower, nicht mehr im Himmel. Ich war in eine andere Gegend umgezogen, nach Atago, wo es einen winzigen Schrein auf dem Gipfel eines Hügels gibt, zu dem eine sehr steile Treppe hinaufführt. Einmal sah ich einen Samurai auf seinem Pferd die Treppe hinaufreiten, um Pflaumenblüten zu liefern. Er brauchte fünfundvierzig Minuten, um wieder herunterzukommen.

In meinem neuen Gebäude wohnte ich nicht mehr im dreißigsten Stock. Ich wohnte im achten Stock, was immer noch hoch ist, aber meine neue Wohnung führte auf die Flanke eines Hügels hinaus, an dessen Fuß ein Friedhof lag. Das bedeutete, dass ich von meinem Fenster aus auf die Wipfel der Bäume sah, was mir sehr gut gefiel.

Es war ein schicker Apartmentkomplex für Firmenangehörige mit einem privaten Restaurant im obersten Stock. Die Preise waren erstaunlich vernünftig, und ich aß oft dort, wenn ich zu den Öffnungszeiten wach war.

Ich bestellte immer dasselbe: eine kleine Schüssel mit Lachs, Avocado und Reis, zu der es Umeboshi gab, die sauerste und köstlichste runde Frucht der Welt. Die Dinger waren so sauer, dass ich unwillkürlich das Gesicht verzog, wenn ich reinbiss, was eine japanische Kellnerin, Ende zwanzig oder Anfang dreißig, sehr lustig fand.

Am Tag, bevor ich wieder ins Büro ging, bemerkte ich spät abends nach dem Essen im Restaurant, dass man mir einen Brief unter die Tür geschoben hatte. Darin stand nur: »Sie sahen im Restaurant sehr traurig aus. Ich hoffe, es ist alles in Ordnung. Wenn Sie jemanden zum Reden brauchen, können Sie mir unter dieser Adresse eine Nachricht zukommen lassen. Maki.«

Am nächsten Tag ging ich wieder zur Arbeit.

# 15

Zu dem Zeitpunkt, sechs Monate nach Beginn meines Krankenstands, rief niemand mehr an. Weder rief mich Caleb an noch die Schnecke. Auch Meetings mit dem Management gab es keine mehr.

Ich gehörte nun endgültig der Personalabteilung – Kyle Zimmerman, der Superratte der Personalabteilung. Den Eiszapfen, so schien es, hatte man aus deren Führungsriege entfernt – eine geschickte Variation meiner eigenen Rolle, wie ich fand.

Einer der ersten Ratschläge, die Billy mir gegeben hatte, lautete: »Mit Human Resources zu reden, ist nie sehr gescheit.« Na, den hatte ich ja wohl sauber verkackt.

Das Büro von Kyle Zimmerman lag in einer Ecke der kleinen Personalabteilung. Ich musste die ganze Abteilung durchqueren, um zu ihm zu gelangen, wobei ich versuchte, Augenkontakt mit dem Eiszapfen herzustellen, aber sie sah nicht ein einziges Mal auf.

Das Büro war klein und ordentlich und hatte ein Fenster. Eine Wand war bis an die Decke voller Aktenschränke. Der Schreibtisch war schmucklos und ohne Schnickschnack. Ein Notizblock, ein teurer Kugelschreiber. Kyles Augen waren voller Leben, als ich durch die Tür trat, und er lächelte, als er mich hineinbat.

Natürlich zeichnete ich alles auf. Ich hatte sogar überlegt, ob ich ihn nicht anschreien und mit Anschuldigungen eindecken sollte in der Hoffnung, ihm ein Eingeständnis oder einen Ausrutscher zu entlocken, wie ich es bei Caleb versucht hatte. Aber ich war zu neugierig zu erfahren, was sie vorhatten, also hörte ich zu. Sie konnten mich ja wohl unmöglich wieder an den STIRT-Desk setzen.

Kyle sprach mit geschmeidiger Lebhaftigkeit. Effizienz gepaart mit Elan. Er sei froh, dass ich mich erholt hätte. Das fand ich recht lustig, und um ein Haar hätte ich gelacht. Er freue sich, dass man eine neue Rolle für mich gefunden hätte. Auch das war ausgesprochen witzig.

Mir gefiel Kyle Zimmermans rabenschwarzer Stil. Ich wünschte, er wäre bei mehr Meetings dabei gewesen.

Kyle nahm mich mit die Treppe hinauf zum Trading Floor. Ich muss gestehen, dass mir das Herz stockte, als ich sie alle sah, vor allem weit hinten in der Ecke Calebs schwerfällige Gestalt.

Der STIRT-Schalter war direkt vor mir, aber er war nicht unser Ziel. Stattdessen bog Kyle rechts ab und dann gleich noch mal um eine Ecke, an den Druckern vorbei in eine Nische. Dort lernte ich Gerald Gunt kennen.

Er war zweifellos der langweiligste Mensch, dem ich je begegnet war, sei es auf dem Floor oder sonst wo. Seine Brille hatte mehr Leben in den Gläsern als seine Augen, und seine Seele schien sich nach dem Tod zu sehnen.

Wirklich, dachte ich, ich weiß ja, ich bin nicht in Bestform, aber echt jetzt, das hier ... *Ich gegen den?* Ich spürte zum ersten Mal seit Langem wieder das Blut in den Fingern. Ich dachte: Das Spiel, das kann ich gewinnen.

Ich war zu dem Zeitpunkt schon eine ganze Weile ohne Sieg, sodass mich der Gedanke ein wenig aufmunterte. Ich streckte die Hand aus und drückte die seine. Fest.

»Hallo, Gerald, ich bin Gary.«

*

Man hatte beschlossen, mich in das Ressort »Business Management« zu versetzen. Fragen Sie mich nicht, was Business Management ist; ich wusste es damals nicht und weiß es auch heute nicht. Ich weiß nur, dass es Geralds Abteilung war. Sie machten Tabellen. Spreadsheets. Alles drehte sich um Papierkram.

Gerald lächelte nicht. Ich habe Gerald nie lächeln sehen. Er blickte zu Boden und schob sich die Brille auf den Nasenrücken. Er hievte sich langsam aus seinem Sessel, mit seinen letzten Reserven an Willenskraft, wie es schien.

Dann machte er sich auf den Weg, und ich folgte ihm – in das deprimierendste Büro der Welt.

Das bisschen Licht in Gerald Gunts Büro kam von einer einzigen mattblauen Halogenröhre an der Wand, die im Todeskampf surrend und zischend ihr eigenes Ende besang. Die Deckenlampe war kaputt. Aber waren wir das nicht alle?

Gerald Gunt sprach in breiten, nölig zerdehnten Lauten. Seine Stimme hatte in ihrer Langweiligkeit schon fast wieder eine gewisse Intensität.

Definitiv hatte sie etwas Trauriges, Tiefes, etwas von einem Echo, etwas vom Stöhnen eines verirrten einsamen Wals.

Er erklärte mir meinen Job. Ich hörte nicht zu. Ich schaute mich um. Das muss der Raum vor der Hölle sein, in dem sie einen warten lassen, wenn es im letzten Augenblick zu einer administrativen Verzögerung kommt. Er war völlig schmucklos. Die einzige persönliche Note war ein gerahmtes Foto auf dem Schreibtisch von Gerald und, wie ich mal vermute, seiner Frau.

Die Frau auf dem Bild sah jung aus, vielleicht Mitte zwanzig. Sie war Japanerin, und sie war sehr hübsch. Sie lächelte. Er lächelte auch. Er dürfte auf dem Foto etwa im selben Alter gewesen sein. Gott, wie alt mochte er wohl jetzt sein? Es war unmöglich zu sagen. Was ist passiert, Gerald? Was ist mit dir passiert, Gerald? Was ist aus dir geworden? Wo bist du falsch abgebogen?

Ich weiß nicht, wie lange ich so dasaß und das Foto betrachtete, aber es muss eine ganze Weile gewesen sein, da Gerald mit seinem Vortrag fertig war. Ich lächelte ihn an, aufrichtig und tief, und tat dann mein Bestes, ihm die Hand zu zerquetschen.

\*

Ich hatte aus Geralds Monolog nichts, aber auch rein gar nichts herausgehört, was meine neue Aufgabe anging. Ich hatte das Ganze sogar aufgenommen, aber nicht ein einziges Mal angehört aus Angst, ich könnte dabei um Jahre altern.

Insofern empfand ich es, zumindest verwaltungstechnisch, als Erleichterung, als Gerald nach unserem Treffen mir eine E-Mail mit einem Überblick über meine Arbeit schrieb.

Es handelte sich um so endlose wie mühselige und detaillierte Tabellenarbeit, was durchaus einen Sinn ergab, schließlich war Gerald ein Mann so endloser wie mühseliger und detaillierter Spreadsheets. Nach einer flüchtigen Lektüre seiner E-Mail war mir klar, der Umfang der Arbeit, die er mir zugewiesen hatte, war schlicht enorm. Sie würde mehrere Wochen dauern, wenn nicht gar Monate.

Damit hatte es sich. Nach all meiner Angst vor der Rückkehr, nach all dem Bangen, war das alles, was sie hatten. Das war alles, was sie verdammt noch mal hatten: mich in die Ecke zu setzen, neben die Recyclingtonnen, wo ich Excel-Tabellen auszufüllen hatte. Sie ließen mich nachsitzen. Auf immer. Und dafür zahlten sie mir verdammt noch mal hundertzwanzig Mille im Jahr. Na, von mir aus. Ich hatte in meinem Leben oft nachsitzen müssen, aber das hat mich nie davon abgehalten, ein Arsch zu sein.

Ich öffnete Microsoft Excel, legte eine neue Tabelle an, und in fünfzehn Minuten war die ganze Geschichte erledigt.

Zwei Wochen später rief mich Gerald zu sich ins Büro und wollte meine Tabelle sehen. Darauf hatte ich mich schon gefreut.

Ich hatte sie ihm im Vorfeld des Treffens per E-Mail geschickt.

Er öffnete sie und war völlig perplex.

»Was ist das denn? Wo ist der Rest? Ist das alles, was Sie gemacht haben?«

Lächelnd blickte ich in das trübe Grau seiner Augen.

»Ja, Gerald, das ist alles, was ich gemacht habe.«

»Aber hier steht doch nichts! Kein Strich von der ganzen Arbeit ist gemacht!«

Ich zog die Stirn kraus und kratzte mich im Haar. Das war in der Tat Anlass zur Sorge.

»Tut mir leid, Gerald ... Bist du sicher, dass es da ein Problem gibt? Ich bin sicher, das ist, worum du mich gebeten hast!«

Noch ein Lächeln, und Gerald kapitulierte. Selig sind die Sanftmütigen, denn sie werden das Erdreich besitzen.

\*

Gerald gab mir danach nie wieder etwas zu tun. Weder er noch sonst jemand.

Genauer gesagt, redete überhaupt niemand mehr mit mir, nicht ein einziges Mal. Und ich hatte absolut nichts zu tun. Bei den ganz seltenen Gelegenheiten, in denen er sicher sein konnte, dass ihn keiner sah, schlich sich Kousuke vorbei und legte mir einen Onigiri oder so etwas auf den Schreibtisch. Es gab einen langen Korridor zwischen dem Trading Floor und der Toilette, und manchmal sah ich Caleb in der entgegengesetzten Richtung auf mich zukommen, wenn ich mir die Zähne putzen ging oder vom Zähneputzen kam, und er tat dann immer so, als hätte er seinen Ausweis vergessen, und kehrte um.

Als ich kapiert zu haben meinte, wie das lief, schrieb ich Kyle eine E-Mail und fragte ihn, wie viele Urlaubstage ich angesammelt hätte.

Ich hatte in meiner Laufbahn als Trader kaum je einen Tag Urlaub genommen, wirklich, höchstens ein paar. Und natürlich war ich in den letzten sechs Monaten krankgeschrieben gewesen und hatte keinen offiziellen Urlaub gehabt. Er teilte mir mit, dass ich über fünfzig Tage angesammelt hätte, also nahm ich die nächsten sechs Wochen frei.

\*

Es war mittlerweile Herbst, und ich begann zu reisen. Ich war schon mehrmals mit Wizard in Kyoto gewesen, und so beschloss ich, meinen Radius auszuweiten, und fuhr nach Hiroshima, wo man Nudeln in die Okonomiyaki gibt.

Ich hatte nicht damit gerechnet, dass die Rückkehr zur Bank so unproblematisch sein würde. Ich hatte mir ausgemalt, von der Polizei oder dergleichen in Empfang genommen zu werden, Anwälte im Rücken – ich meine, ich hatte mich schon hinter Gittern gesehen. Ich hatte nicht mit einem gut bezahlten Job gerechnet, bei dem ich absolut nichts tun musste und obendrein bequemen Zugang zu den Druckern hatte. Was hatte das zu bedeuten?

Bedeutete das, dass sie wirklich nichts gegen mich in der Hand hatten? Hatten sie gesucht und nichts gefunden?

Ich ging oft in das English Language Conversation Cafe in Takadanobaba und unterhielt mich dort mit unzähligen Leuten. Meist waren das einfache Japaner, aber das Café diente auch als Treffpunkt für Gauner und allerhand nicht sesshaftes Gelichter aus allen Ecken und Enden der Welt. Einmal trank ich mehrere Stunden lang Tee mit einem Holländer mittleren Alters mit sandfarbenem Haar und einer riesigen Nase. Er hatte als junger Mann ein japanisches Mädchen kennengelernt; sie hatten geheiratet; sie hatten sich scheiden lassen. Er war Priester geworden und geblieben.

Ich redete und redete, meine Geschichte sprudelte nur so aus mir heraus. Ich hatte noch nie jemandem *alles* erzählt; ich hatte noch nie jemandem gesagt, dass ich Millionär war. Gut möglich, dass ich über eine Stunde lang redete, während der holländische Priester nickend ein Bier nach dem anderen trank. Irgendwann war ich fertig und wartete, und er sagte: »Fock, *man*. Das ist ja echt abgefockt.«

\*

Meine Schwester kam zu Besuch, und da es mir dort so gut gefallen hatte, fuhr ich mit ihr nach Hiroshima und auf die heilige Insel Miyajima, die auch Itsukshima genannt wird, wo mitten im Meer das riesige rote Torii-Tor steht. Ich zog mich aus und schwamm durch das Torii-Tor, und als die Sonne unterging, fütterten wir die Rehe.

Meine Schwester fragte, wie es mit der Arbeit laufe, und ich zeigte ihr einige Bilder, die ich am Schreibtisch im Büro gezeichnet hatte. Eines zeigte John Lennon, eines Paul McCartney.

Ich hatte meiner Schwester meine Situation nie wirklich erklärt, und so sah sie mit zusammengekniffenen Augen von meinen Bildern auf mich und fragte, ob ich okay sei. Ich lachte und sagte: »Ja, Debs, ich bin immer okay.«

Und sie lachte, weil sie wusste, dass ich nicht log.

\*

Als ich im Spätherbst, Frühwinter ins Büro zurückkam, widmete ich mich ganz dem Erlernen der japanischen Sprache, dem Studium der Kanjis (der kleinen, ursprünglich chinesischen Schriftzeichen, mit denen Japanisch geschrieben wird) und dem Zeichnen von Beatles-Porträts.

Meine Porträts wurden im Lauf der Zeit ziemlich gut. Irgendwann kam ein jüngerer Mitarbeiter an meinem Schreibtisch vorbei, der vermutlich weder die Details noch die Geschichte meines langen Nachsitzens kannte, und bemerkte eine meiner Arbeiten.

»Hey! Das ist wirklich gut! Das ist Ringo Starr, stimmt's?«,

»Danke. Ja, das ist er.«

»Das ist wirklich gut! Du bist wirklich gut, Mann! Wofür ist das?«

»Das weiß ich auch nicht so recht, um ehrlich zu sein ... Für meine kreative Entwicklung vielleicht? Es soll wie das Foto hier aussehen.«

Und ich zeigte ihm das Foto, das mir als Vorlage gedient hatte. Er wirkte etwas verwirrt.

»Ja ... aber ... *Wofür* ist es? Wozu brauchen wir so was?«

Ich sagte nichts. Ich war selbst verwirrt von der Frage, und so kam es zu einem kurzen intimen Augenblick beidseitiger Ratlosigkeit. Nach einer Weile begann er zu nicken und zog sich langsam zurück.

\*

Nach einigen Wochen dämmerte mir, dass ich aufgrund meines Mangels an wirklicher Arbeit ziemlich viel Freizeit hatte, und so kamen wir nach einem Meeting all derer, die noch mit mir sprachen, und das war niemand, einstimmig zu folgendem Schluss: Ich sollte meine Arbeitszeit auf ein, zwei Stunden pro Tag reduzieren.

Ich kam gegen zehn ins Büro und begann Japanisch zu lernen oder zu zeichnen. Manchmal hatte ich Papierkram von meinen Anwälten auszudrucken, aber ich hatte die Drucker ja bequemerweise gleich um die Ecke. Gegen zwölf ging ich zum Mittagessen und von da aus direkt nach Hause. Am liebsten aß ich im Kikanbou Karashibi Ramen in Kanda zu Mittag, einem schummrigen, mit roten Dämonenmasken dekorierten verrauchten kleinen Lokal, wo Angestellten in weißen

Hemden bei irre scharfem Ramen der Schweiß von der Stirn lief. Die scharfen Ramen machten mich so richtig schön müde, sodass es Zeit für ein Nickerchen war.

So ging das einige Wochen lang. Abends ging ich ins Conversation Cafe, und an den Wochenenden traf ich mich mit einer Kellnerin aus der Beatles Bar in Roppongi. Sie war süß und sprach kein Wort Englisch, aber mein Japanisch wurde von Tag zu Tag besser. Sie kam immer zu mir in mein großes Firmenapartment, wo sie sich statt auf das Sofa auf den Boden setzte. Eines Tages drehte sie sich um und sagte zu mir: »Hey, wie kannst du dir diese Wohnung leisten, wenn du so gut wie nie arbeitest?«

Allmählich begann ich mich zu fragen, ob ich womöglich den besten Job der Welt gefunden hatte.

# 16

Im Dezember 2013 rief Kyle mich in sein Büro. Ich hoffte, dass man mich gefeuert hatte, was für mich der Endsieg gewesen wäre.

Kyle nickte mich auf einen Stuhl und setzte ein Lächeln auf, das einer Ratte wie ihm gut zu Gesicht stand.

»Wie läuft es mit der Arbeit?«, fragte er.

»Wunderbar. Ja, meine Arbeit ist echt wunderbar. Wie läuft's bei Ihnen?«

»Auch gut, ja, gut, sehr gut.« Das Lächeln verschwand. »Warum haben Sie sich für die gemeinnützige Schiene beworben?«

»Die gemeinnützige Schiene?«

»Ja, die gemeinnützige Schiene. Der Eiszapfen hat gesagt, dass Sie sich bewerben wollen.«

»Oh! Die *gemeinnützige* Schiene! Ja, stimmt, ja. Da würde ich mich sehr gerne bewerben.«

»Schön und gut, aber warum haben Sie's denn dann nicht getan?«

»Na ja, wissen Sie ... Ich habe einfach so viel Arbeit ...«

»Was für Arbeit ist das denn, Gary, die Sie machen?«

»Ich weiß nicht so recht, ob Sie das verstehen, Kyle ... Wissen Sie, das ist eher was Kreatives.«

Er lächelte wieder und wandte sich seinem Computer zu. Er schickte mir die Unterlagen für meinen Ausstieg.

\*

Wie Sie sich vielleicht vorstellen können, war ich hocherfreut über diese Entwicklung. Die Tür stand offen, ich musste nur noch rausgehen.

Aber wollte ich denn wirklich gehen?

Im Rückblick sehe ich, dass meine Situation toxisch war. Ich war streng genommen kein freier Mann und hatte ständig Angst, dass man mich verklagen würde. Gelegentlich funkelte mich jemand aus dem höheren Management an, aber vernünftig wie ich nun mal bin, gab ich der Versuchung, den Blick zu erwidern, nicht nach.

Das war zwar schmerzlich, aber eigentlich konnte ich mich in Sachen Lebensqualität nicht beklagen. Ich hatte sozusagen meine erste japanische Freundin, mein Japanisch machte Riesenfortschritte, ich hatte inzwischen eine ganze Reihe von, na ja, Freunden wäre zu viel gesagt, sagen wir mal eine ganze Reihe von Bekannten aus dem Konversationscafé, und ich hatte eine ganz unglaubliche Liste von Restaurants. Außerdem stand Weihnachten vor der Tür. Ich beschloss, mir noch etwas Zeit zu lassen.

*

Die Japaner haben es nicht so mit Weihnachten; sie verwechseln den Weihnachtsmann mit dem Typen von KFC. Aber eine Gruppe der Bekloppten aus dem Konversationscafé ging trotzdem zum Karaoke, um zu feiern.

Ich konnte Karaoke immer noch nichts abgewinnen. Nicht dass ich ein so schlechter Sänger wäre, aber ich war dabei immer furchtbar gehemmt. Hiroshi, ein Typ in den Sechzigern mit stolzer weißer Haarpracht, setzte sich nach meinem Vortrag zu mir.

»Weißt du, beim Karaoke ist es egal, ob du gut oder schlecht singst. Was zählt, ist, dass deine Gäste ihren Spaß haben.«

Danach machte mir Karaoke gleich viel mehr Spaß. Vielleicht ist auch das eine Lektion fürs Leben.

*

In der Silvesternacht ging ich um Mitternacht mit einer Gruppe von Leuten aus dem Café zum Hanazono-Schrein, um ihm die Ehre zu erweisen. In der Silvesternacht einen Schrein zu ehren, ist eine japanische Tradition, und so bilden sich in Kälte und Dunkelheit endlose Schlangen. Einige Leute tragen dabei traditionelle Kleidung.

Der alte Hanazono-Schrein befindet sich in Kabukicho, Tokios größtem Rotlichtviertel. Dort befindet sich auch das Trinkerviertel, Shinjuku Golden Gai, mit seinen absolut winzigen Bars für professionelle Säufer, und rundherum, in jeder Richtung, findet man nichts als Alkohol, Sex und großartiges Essen.

In diesen Bars habe ich eigentlich Japanisch gelernt, vor allem in meiner liebsten, der bei all ihrer baufälligen Schäbigkeit stets warmen und einladenden »Kangaroo Court Decision«. Dort bestellte ich immer Shochu mit Grapefruitsaft. Unweigerlich ging dann die Grapefruit aus, sodass ich nach und nach immer mehr Shochu bekam, bis keine Grapefruit mehr da war und der Besitzer zum 7-Eleven laufen musste, um neue zu holen.

Am Hanazono-Schrein standen wir eine Ewigkeit an, ich und meine Bekannten/Freunde aus dem Café. Japaner verbringen den Silvesterabend mit ihrer Familie, und so waren wir im Schrein in dieser Nacht alle gleich: frierende Menschen ohne Familien.

Als ich an der Reihe war, trat ich vor und warf eine kleine goldene Fünf-Yen-Münze in eine kleine Holzkiste, und sie sprang ein paar Mal hin und her, bevor sie ganz reinfiel. Metall auf Holz. Ich griff nach dem dicken schweren Seil und schüttelte es, worauf ein blechern rasselndes Klingeln erklang. Ich verbeugte mich, zweimal, ich klatschte, zweimal, ich wartete. In diesem Augenblick spürte ich plötzlich, wie die kalte Luft wieder in meine Lungen drang. Eine Art kalter feuchter mitternächtlicher Luft. Nur brannte sie diesmal nicht.

»Dann ist es wohl Zeit, nach Hause zu gehen.«

\*

Ich brauchte bis Ende Januar, um meinen Papierkram auf die Reihe zu kriegen. Um ehrlich zu sein, hatte ich es nicht eilig. Eine Wohltätigkeitsorganisation hatte mir einen Job angeboten. Sie saß in den USA, aber die Leute meinten, ich könne von London aus arbeiten und über Ungleichheit schreiben. Der Kollaps der Weltwirtschaft hatte sich die ganze Zeit über im Zeitlupentempo fortgesetzt; kein Wachstum, wie gehabt, sinkender Lebensstandard, obwohl das in Japan leicht zu vergessen war. Hin und wieder fragte ich mich, ob man meine alten Trades beibehalten oder ob man sie alle geschlossen hatte. Eigentlich hätten sie sie ja beibehalten sollen, aber ich vermutete mal, das hatten sie nicht. Aus welchem Grund auch immer war der Papierkram für den Ausstieg aus dem Konzern zugunsten eines Jobs bei einer gemeinnützigen Firma enorm. Aber ich wühlte mich durch und stellte meinen Antrag.

Die Antwort kam erst einen Monat später per E-Mail. »Ihr Antrag wurde abgelehnt.«

Ich denke mal, Sie hätten darauf vielleicht genauso reagiert wie ich damals. »Warum zum Teufel haben die mich dann aufgefordert, den Antrag zu stellen?«

Was für eine dumme Frage, die Antwort war offensichtlich. Zweck der Übung war, mir zu zeigen, dass ich in der Falle saß.

Ich sollte wissen, dass ich in Tokio Gyoza essen konnte, bis ich verdammt noch mal schwarz würde. Dass ich monatelang durch die Stadt strampeln, mit ihren Beatles-Fans abhängen, an Neujahr Glocken läuten und historische Schreine durchschwimmen könnte. Ich konnte tun und lassen, was ich wollte. Nur weg konnte ich nicht. Nur nach Hause konnte ich nicht.

Wie lange würde es dauern, bis das ganze Geld ausbezahlt wäre? Noch drei Jahre? Bis dahin wäre ich dreißig. Nein, so ging das nicht. Der Typ konnte mich mal. Die konnten mich alle mal. Was sollte das für ein Spiel sein? Wo war der Sinn?

Ich drückte auf den roten Knopf meines Rekorders, den ich immer noch mithatte, steckte ihn wieder ein und stürmte unangemeldet in Kyles Büro.

»Was zum Geier soll das?«

Kyle strahlte vor Freude. Um ein Haar hätte ich mich mit ihm gefreut.

»Gary! Wie schön, Sie zu sehen! Hatten wir einen Termin? Setzen Sie sich doch.«

Ich setzte mich.

»Was zum Teufel soll das?«

»Was meinen Sie, Gary? Worum geht es hier eigentlich?«

»Sie wissen verdammt genau, worum's hier geht! Warum zum Geier machen Sie so was?«

»Tut mir leid, Gary, aber ich weiß wirklich nicht, worum es hier geht. Ich glaube nicht, dass wir einen Termin hatten. Gibt es ein Problem? Was ist denn passiert?«

»Warum haben Sie den Wohltätigkeitsantrag abgelehnt?«

»Ohhh, der Wohltätigkeitsantrag!« Er lehnte sich lächelnd in seinen Stuhl zurück. »Jetzt verstehe ich, deswegen sind Sie hier. Wo liegt das Problem?«

»Warum haben Sie ihn abgelehnt?«

»Lassen Sie mich mal sehen.«

Er wandte sich seinem Computer zu, auf dessen Monitor ich natürlich keine Einsicht hatte, und ich sah ihm einige Zeit dabei zu. Er summte eine beschwingte Melodie, die ich nicht erkannte. Ich fragte mich, ob es etwas Japanisches war.

»Okay, ich hab's. Leider ist die Wohltätigkeitsorganisation, für die Sie sich beworben haben, in den USA nicht offiziell als solche registriert. Sie erfüllt also nicht die Kriterien. Leider können Sie nicht für die arbeiten. Tut mir leid.«

Wir starrten einander an, und wieder lächelte er. Was für ein wunderbares Lächeln für eine Ratte.

»Ich weiß doch, was Sie verdammt noch mal machen.«

»Tut mir leid, ich weiß nicht, was Sie meinen.«

»Dass Sie mich angelogen haben, Sie und der Eiszapfen, Sie haben mich angelogen und Caleb auch. Und der Eiszapfen hat mit Caleb über vertrauliche Meetings gesprochen, und das war illegal. Was halten Sie davon?«

»Tut mir leid, Gary, von alledem weiß ich nichts. Wovon reden Sie da eigentlich?«

»Sie wissen verdammt genau, wovon ich rede, verfluchte Scheiße! Sie haben doch da von Anfang an mit dringesteckt, verdammt noch mal. Und Sie haben das absichtlich gemacht! Was zum Teufel haben Sie sich dabei gedacht?«

Ich hatte keine Chance. Es gab keine Möglichkeit, ihn zu überführen. Ihn zu verärgern, ihn aus der Reserve zu locken. Er genoss die Situation. Und wie er sie genoss! Wie ein Schwein suhlte er sich in diesem Scheiß.

»Tut mir leid, Gary, tut mir wirklich leid, aber ich weiß einfach nicht, wovon Sie reden.«

Er hatte wirklich ein wunderschönes Lächeln, ehrlich. Ich schwöre, es fehlte nicht viel, und der Scheißkerl hätte mir zugezwinkert.

\*

Da war nichts zu machen. Ich setzte mich wieder an meinen Schreibtisch und forderte von der Personalabteilung der Citibank per E-Mail deren offizielle Definition einer verdammten Wohltätigkeitsorganisation. Sie ließen sich drei Wochen Zeit. An dem Wochenende machte ich mit meiner japanischen Freundin Schluss. Ich wollte nicht, dass ein weiteres Mädchen mit Tränen in den Augen zusah, wie mein Leben zerfiel. Ich begann wieder um den Palast zu joggen. Sieh zu, dass du das Fett loswirst, das ganze verdammte Fett. Selbst Fett, das gar nicht da ist. Sieh zu, dass du alles loswirst, was du nicht brauchst.

Was würde es bedeuten, wenn die mich nicht gehen ließen? Was würde ich tun? Würde ich die ganze Scheißbank verklagen? Würde ich weitere drei Jahre auf dem Trading Floor rumsitzen wie der verdammte Geist der vergangenen Weihnacht? Wie würde mich das verändern? Was würde aus mir werden? Würde ich klein beigeben? Kehrtmachen? Ein zweiter Caleb werden? Würde ich alt und grau werden wie Gerald Gunt?

Fast auf der Stelle stellten sich die Schlafstörungen wieder ein. Ich wurde einmal mehr ein Geschöpf der Nacht. Der Winter ging damals gerade zu Ende, und die Nächte waren immer noch richtig kalt, und ich flog in dieser Kälte auf der Suche nach Nahrung mit eisigem Atem auf dem Rad durch die Neonlichter der Stadt.

Ungefähr zu dieser Zeit stahl die Polizei mir das Rad.

In Japan wird nicht gestohlen. Niemand stiehlt verdammt noch mal irgendwas. Sie können Ihren Geldbeutel auf den Gehsteig werfen und drei Tage später zurückkommen, und es wird kein Yen fehlen. Aber die Polizei wird Ihnen Ihr Fahrrad klauen, also passen Sie darauf auf. Stellen Sie es nie vor dem Bahnhof ab.

Ich habe an der Rezeption bei mir im Haus gefragt, wie ich mein Rad von der Polizei zurückbekäme. Man gab mir eine Adresse, und ich fuhr hin. Ich musste den Zug nehmen, verdammt noch mal.

Als ich dort ankam, sah ich mich, da war ich mir absolut sicher, auf dem größten Fahrradparkplatz der Welt. Ich habe noch nie so viele Fahrräder auf einem Haufen gesehen; ich hätte mir so etwas nicht mal vorstellen können. Eine Welt, ein Universum nur aus Fahrrädern. Unmöglich, dass es auf dieser Welt je unersättlichere Fahrraddiebe gegeben hat als Tokios Polizei. Aber irgendwas müssen die ja mit ihrer Zeit anfangen, denk ich mal.

Sie brachten mich zu meinem Rad. Dass sie wussten, wo genau es stand, war ein Wunder der modernen Technik. Wir brauchten eine Viertelstunde zu Fuß.

Ein Rad war kaputt. Ich hatte keine Ahnung, wie das passiert sein könnte. Ich wollte es reparieren lassen, aber es hatte irgend so eine beschissene Sondergröße oder was weiß ich, und deshalb war reparieren nicht drin. Ich hätte mir ein neues Rad machen lassen müssen. Zu diesem Zeitpunkt hatte ich dieses Fahrrad schon länger als jede Freundin, die ich je gehabt hatte. Es war das Einzige, was ich aus London hatte einfliegen lassen. Wenn ich so etwas wie einen alten Freund hatte, dann war das dieses Rad.

Ich nahm es und stellte es vor dem Bahnhof ab, demselben Bahnhof, an dem es mir abhandengekommen war. Bitte schön, Tokioter Polizei, hier ist ein bisschen Arbeit für euch, klaut es noch mal. Dann ging ich in einen alten Second-Hand-Bike-Store in einer beschaulichen Wohngegend hinter dem Yoyogi-Park, unweit von Calebs Wohnung. Dort saß ein knorriger buckliger alter Japaner, den ich auf Japanisch bat, mir das billigste Rad zu zeigen, das er im Laden hatte.

Er führte mich zu einem winzigen gelben »Mama-Chari« mit einem kleinen Korb und einer Glocke. Es sah aus wie aus einer Komödie. Ich probierte die Glocke. Sie war nicht ganz in Ordnung. Aber sind wir das nicht alle? Ich fragte ihn, wie viel es koste, und er sagte, fünftausend Yen, damals so um die dreißig Pfund. Ich gab ihm das

Geld und strampelte nach Hause. Manchmal gehen alte Freunde nun mal verloren.

*

Frühling 2014. Kirschblüte und die zäheste E-Mail-Schlacht der Welt.

Die Citibank brauchte geschlagene drei Wochen, nur um mir ihre Definition von Wohltätigkeit zu schicken. Ich bin mir sicher, dass meine Wohltätigkeitsorganisation sie erfüllte. Ich musste all den popligen Kleinkram zusammensuchen, um das kristallklar darzustellen. Dann ging das Ganze wieder zurück an Kyle Zimmerman. Er hat darauf einen geschlagenen Monat nicht reagiert. Offensichtlich hatte ich diesmal auf einer Seite, Seite sechsunddreißig oder so, an der falschen verdammten Stelle unterschrieben.

Es war ziemlich klar, was sie vorhatten, und nicht weniger klar war, dass es dauern würde. Ich fragte mich, ob es wohl ewig so weitergehen und ob sie mich einfach weiter dafür bezahlen würden, in Gunts Ecke zu sitzen. Die Kirschblüten fielen zu Boden. Bis auf die letzte.

Mein psychischer Zustand verschlechterte sich zusehends. Seit dem Meeting mit dem Eiszapfen, bei dem sie mir gesagt hatte, dass meiner Kündigung nichts im Wege stehe, hatte ich wenigstens das Gefühl gehabt, ein Rettungsseil zu haben. Ich hatte zwar nie gewusst, wie stabil es war, aber ich hatte immer gewusst, es war eines da. Mit dieser Gewissheit hatte ich zum ersten Mal seit langer Zeit wieder ein wenig aufatmen können; ich schien den Wölfen entkommen zu sein. Aber jetzt war ich zurück auf dem Floor, und es sah ganz so aus, als käme ich da nicht mehr raus.

Ich begann, wieder mehr Zeit im Büro zu verbringen, obwohl es kaum etwas zu tun gab. Was immer ich früher gemacht hatte, machte mir keinen Spaß mehr, und in meiner Freizeit ging ich nur noch joggen. Die Kirschblüten fielen von den Bäumen, und es begann eine neue Regenzeit.

In diesem Moment machte die Citibank ihren nächsten Zug. Sie kündigte mir die Wohnung.

*

Seit ich in Japan war, hatte Citi mir die Wohnung gestellt, was für Expatriates im Bankensektor ziemlich normal ist, zumal in Japan. Und das üppige Wohngeld in Verbindung mit dem hohen Gehalt, das ich nach wie vor bekam, hatte einer der Hauptanreize für meinen Umzug sein sollen.

Ich mochte die Wohnung mit ihrem Blick vom Balkon auf den Friedhof und das Restaurant mit den Umeboshis im obersten Stock. Wenn ich mich über das Geländer beugte und den Hals reckte, konnte ich vom Balkon aus gerade noch so ein bisschen den Tokyo Tower sehen, und das Restaurant im zweiundvierzigsten Stock war ein prima Ort, um Leute zu beobachten. Einmal hatte ich zugesehen, wie sich ein amerikanischer Banker mit einem Japaner und dessen Frau eine ganze Stunde lang über *Moby Dick* unterhielt, ohne dass die Japaner auch nur ein einziges Wort sagten. Sie haben die ganze Zeit nur gesummt und genickt. Als der Banker das Lokal verließ, nickte er mir mit einem breiten Lächeln zu, während hinter ihm, gleich über seiner Schulter, der Japaner den Kopf in den Händen hielt.

Abends war das Restaurant in der Regel leer, und im Sommer, während der Feuerwerkssaison, sah ich mir manchmal, ganz allein in dem dunklen Restaurant, das Feuerwerk weit draußen über der Bucht von Tokio an.

Schluss mit Feuerwerk, dachte ich bei mir. Die Wohnung war wirklich teuer, und wenn die Bank nicht dafür berappte und ich tatsächlich ausstieg, würde ich die Miete dafür wahrscheinlich gerade mal zwei Monate aufbringen. In dem Augenblick war mir klar, dass ich aufgeschmissen war. Ich würde vermutlich jahrelang nicht mehr arbeiten können. Ich hatte bereits zu haushalten angefangen unter der Annahme, nie wieder fit und gesund genug für eine geregelte Arbeit zu sein, möglicherweise für den Rest meines Lebens.

Ich hatte da einen Freund, einen Typ aus Romford in Essex, unweit von dort, wo ich aufgewachsen bin, der nach Japan gezogen war, um Stuntman in den *Power-Rangers*-Filmen zu werden. Davon hatte er schon als Kind geträumt. Er hatte ein schäbiges Zimmer in einer schäbigen Wohnung in Shin-Okubo, dem Koreanerviertel im Zentrum von Tokio, das wohl am ehesten unserer Vorstellung von einem

Ghetto entspricht und ganz in der Nähe unseres englischsprachigen Cafés liegt, in dem er arbeitete. Ich schrieb ihm eine SMS und fragte, ob ich bei ihm auf dem Boden schlafen könne. Er sagte: »Ja, klar, Mann. Kein Problem.«

Ich fragte mich, ob die Citibank mich wohl so lange mit ihrem albernen, völlig willkürlichen Scheiß zu terrorisieren gedachte, bis ich klein beigab und ging. Na gut, dachte ich, sollten sie doch! Ich werde nicht aufgeben. Und sie sind nicht die Ersten.

# 17

Danach war es sehr heiß und sehr nass, und ich begann einmal mehr durchzudrehen. Ich hatte es wirklich über, nur herumzusitzen und zu warten, und so entschloss ich mich, etwas Neues auszuprobieren.

Ich begann Leuten zu mailen, einer ganzen Menge von Leuten, jeden Tag einer anderen Person. Ich mailte dem CEO, mehrere Male, ich mailte dem Global Head of Human Resources, dem obersten Personaler. Diese Strategie hatten meine Anwälte weder vorgeschlagen noch abgenickt. Sie war mein eigener kleiner kreativer Touch.

Ich weiß nicht mehr so recht, was genau ich in diesen E-Mails geschrieben habe. Manchmal sprach ich die Empfänger mit schicken, innovativen Spitznamen an, die ich mir ausgedacht hatte, oder faselte irgendein kryptisches Zeug. Manchmal sprach ich auch ganz konkret etwas an, was Caleb, der Eiszapfen und Kyle sich geleistet hatten. Manchmal ließ ich zwischen den Zeilen anklingen, wie abscheulich sich das alles in den Zeitungen ausnehmen würde. Dann wieder versuchte ich es mit heiterer Leichtigkeit und erzählte humorvolle Anekdoten oder ließ mich über meine Mahlzeiten aus. Als ich erfuhr, dass der weltweite Leiter der Personalabteilung Mormone war, wob ich in die E-Mails an ihn kleine Passagen aus mormonischen Schriften ein. Ich hielt das für eine recht nette Idee.

Nach etwa zwei Wochen, die Sommerhitze hatte eben ihren Höhepunkt erreicht, rief mich Kyle Zimmerman in sein Büro.

Ich wusste, Kyle Zimmerman würde sich freuen, mich zu sehen. Er freute sich immer.

Kyles Büro war mir inzwischen so vertraut, dass ich sofort bemerkte, dass jetzt auch auf seinem Schreibtisch ein Familienfoto stand. So konnte ich sehen, dass Kyles, wie auch Geralds Frau, Japanerin war und er drei Kinder hatte, die, wie ich annahm, zur Hälfte Japaner sein mussten. Als ich das Büro betrat, beugte ich mich in der Taille vor und betrachtete das Foto sehr, sehr, sehr lange und genau. Erst dann blickte ich zu Kyle auf.

Kyle sah anders aus. Wie immer lächelte er. Aber diesmal nicht mit dem Mund, sondern mit den Augen.

Da stimmte was nicht. Er wirkte wie auf den Kopf gestellt oder wie eine spiegelverkehrte Version seiner selbst.

Auf der Stelle wie gebannt, setzte ich mich vor ihn, und eine ganze Weile lang sagte keiner etwas; wir sahen einander nur an. Danach hatten wir ein langes Gespräch, und mit diesem Gespräch änderte sich alles.

Also, in Geschichten wie auch im richtigen Leben passieren zuweilen Dinge, über die wir nicht sprechen können. Wir alle kennen so etwas: Sie sind Ihnen passiert, genauso wie mir.

Es gibt dafür eine Vielzahl von Gründen. Vielleicht können wir das Vertrauen oder die Erinnerung an einen anderen nicht verraten, eine geliebte Person vielleicht, einen engen Freund. Vielleicht sitzen die Gefühle aber auch so tief, dass wir sie nicht aussprechen, sie nicht benennen können.

In anderen Fällen kommen die Gründe dafür, über etwas nicht sprechen zu können, nicht aus dem Herzen, sondern aus dem Kopf. Genau deshalb sagen wir unseren Müttern nicht, wenn wir vierhunderttausend Pfund verdienen.

Und dann wieder liegen die Gründe dafür nicht bei uns, sondern bei anderen. Manchmal schreibt die Gesellschaft unsere Namen auf einen Zettel, knüllt ihn zu einem Bällchen und stopft es uns in den Mund.

Was davon ist mir passiert? Oder trifft in meinem Fall nichts davon zu?

Ich kann Ihnen das wirklich nicht sagen. Es tut mir leid, ehrlich. Ich nehme an, wenn wir die Fesseln durchschneiden, die uns halten, schneiden wir uns dabei auch mal in die Haut.

Ich werde nie vergessen, wie glücklich Kyle am Ende des Treffens aussah. Und ich spreche hier nicht von Schein oder Heuchelei. Er war wirklich ehrlich und aufrichtig glücklich. Er drückte mir die Hand, und ich sah den Stolz in seinem Gesicht, den Stolz eines Vaters auf seinen Sohn.

*Fuck you*, dachte ich mir, du bist eine verdammte Ratte. Eine verdammte Ratte bist du, genau wie ich.

Und das war's dann, ich war frei.

# 18

Wie ich gewonnen habe? Tja, wie habe ich diese Schlacht gewonnen?

Ich würde Ihnen jetzt gerne sagen, weil ich verrückt war. Weil ich clever war und mutig. Und natürlich, weil ich originell war; weil ich kreativ und nicht zu bändigen war. Weil ich mich von den künstlichen Zwängen, die mich fesselten, befreit habe, indem ich mich entschloss, völlig abzudrehen.

Aber ich weiß es nicht. Vermutlich trifft nichts davon zu.

Eine Woche bevor man mich freisetzte, genau zu der Zeit, als ich die Chefetage mit meinen abgedrehten E-Mails bombardierte, wurde die Schnecke gefeuert. Ich könnte nicht sagen, warum. Ich würde gerne glauben, dass ich zumindest einer der Gründe war, aber auch dem ist vermutlich nicht so.

Aus mehreren zuverlässigen Quellen habe ich erfahren, dass er nach seiner Entlassung eine Videokonferenz mit allen Mitarbeitern von Citibank Global Sales and Trading einberief und dass er sich in dieser bei allen von Herzen für die Arbeit bedankte, die sie unter ihm geleistet hätten, und dass er danach in Tränen ausbrach. Noch während der Konferenz. Vor aller Augen. Das gesamte höhere Management war dabei, und obwohl ihn auch nicht einer ausstehen konnte, wischte sich jeder – ausnahmslos – eine kalte Träne aus dem trauernden Auge.

Das Zusammentreffen dieser beiden an sich getrennten Ereignisse – die Entlassung der Schnecke und mein persönlicher Abstieg in ganz neue Tiefen des Wahnsinns – bedeutet, dass ich unmöglich wissen kann, wem ich meine Freiheit verdanke. Mir selbst? Oder der Schnecke?

Die Schnecke war bei den Meetings immer der Nette gewesen, weshalb ich, vielleicht etwas naiv, davon ausgegangen war, dass Caleb und nicht die Schnecke mich in der Bank festgehalten und mir ein Jahresgehalt von 120 000 Pfund nebst Wohnung gezahlt hatte, nur um mich öffentlich zu demütigen und mich vielleicht an der Flucht zu hindern, die ihm selbst nicht gelungen war.

Aber vielleicht lag ich auch falsch. Vielleicht war es nicht Caleb. Vielleicht war wirklich alles nur eine Schmierenkomödie. Vielleicht war es ja doch die Schnecke, die mich dort festhielt, und als der Typ weg war, ließ Caleb mich einfach gehen.

Ich weiß es nicht. Ich werde es nie erfahren. Ich werde nie erfahren, wie und warum ich das Spiel gewann.

Aber so ist es eben nun mal, oder? Man weiß nie genau, wie viel man dem Glück und wie viel man seinem Können verdankt, oder? Hätte der russische Linienrichter, der nicht mal ein richtiger Russe war, an jenem Tag im Jahr 1966 das Tor nicht gegeben, wäre England vielleicht nie Weltmeister geworden. Wäre John Terry, der in derselben Klinik zur Welt kam wie ich, an jenem Abend in Moskau beim Champions-League-Finale nicht ausgerutscht, wäre Avram Grant womöglich der beste Trainer der Welt. Hätte die Ilford County Highschool an jenem Tag im Oktober 2002 die Polizei auf mich angesetzt, wäre ich womöglich vorbestraft gewesen und hätte für immer zu den Jungs gehört, die an Straßenecken Drogen verkaufen müssen, und nichts von dem, was ich hier geschildert habe, wäre je passiert. Man kann nie wissen, oder? Wie viel ist Glück und wie viel ist Können?

Mag sein, dass ich die Citibank überlistet habe, vielleicht habe ich sie ja tatsächlich ausmanövriert. Vielleicht habe ich wirklich ein tolles Spiel absolviert. Vielleicht habe ich aber auch nichts von alledem getan. Vielleicht bin ich, trotz aller Schläge ins Gesicht, einfach nur immer wieder aufgestanden, wie der gut aussehende Paul Newman in *Der Unbeugsame*. Wie können wir jemals wissen, welche unserer Siege und welche unserer Niederlagen wir bloßem Glück und welche unserem Können verdanken?

So ist es doch auch beim Trading, oder nicht? Sicher, ich habe 2011 und 2012 Geld verdient, indem ich auf den Kollaps der Weltwirtschaft wettete, auf den langsamen, aber stetigen und sicheren Zusammenbruch des Lebensstandards für normale Menschen, normale Familien, auf den Abstieg von Hunderten Millionen Familien auf der ganzen Welt in die unausweichliche Armut. Und natürlich ist es dazu gekommen, in der richtigen Welt. Aber heißt das am Ende, dass ich recht gehabt haben muss?

Und ja doch, ich habe weiter auf all das gewettet, fast jedes Jahr, von meinem Sofa aus, von meinem Schlafzimmer aus, bis heute, bis 2023, und ja, es ist weiter passiert, und ja doch, immer mehr Familien fallen Jahr für Jahr in immer schlimmere Armut, können ihre Hypotheken nicht bezahlen und ihre Kinder nicht ernähren. Aber ist das nun Können oder ist das nur Glück?

Wir wissen es nicht, oder? Vielleicht werden wir es nie erfahren. Was also sollen wir in diesem Fall machen? Lassen wir es zu oder halten wir es auf? Machen wir unsere Augen zu und sagen, es ist nur ein Spiel? Reden wir uns ein, dass es einfach nur Glück ist?

Denn schließlich sind auch all die wohlhabenden Volkswirtschaftler mit ihren kleinen Herzen, smarten Anzügen und noch smarteren Akzenten von der Richtigkeit ihrer Ansichten überzeugt. Sie sind nicht weniger zuversichtlich als ich, wenn sie uns versichern, dass wieder alles besser werde, dass unsere Probleme nur vorübergehend seien. Und ja doch, sie haben sich geirrt, jedes einzelne Jahr, seit 2008, und ja, sie und ihre Klasse werden von Jahr zu Jahr reicher, während sie uns beruhigen. Aber womöglich ist ja auch das einfach nur Glück.

Es ist unmöglich, das jemals zu erfahren, oder? Wer im Recht ist und wer im Unrecht, oder was wir tun oder ob wir etwas ändern sollten. Wir müssen einfach abwarten und sehen, was passiert, oder etwa nicht?

Vielleicht hatte auch Arthur recht, als er meinte, wir könnten nichts tun. Nun, er hat nicht gesagt, dass Sie *gar nichts* tun könnten, oder? Wir können sehr wohl etwas tun. Auch Sie. Wir können darauf wetten. Wir können auf das Ende der Welt wetten. Wir können darauf wetten, dass die Zinssätze immer unter der Inflation liegen werden; dass die Wirtschaft auf alle Ewigkeit kollabieren wird. Dass Immobilien-, Aktien- und Goldpreise steigen werden und die Reichen noch reicher werden, während die Löhne stagnieren und effektiv einbrechen. Das können wir doch, oder? Wir alle können das. Und wenn wir es tun, können wir alle davon reich werden, oder? Meinen Sie nicht? Solange uns das Glück hold genug ist. Wir können alle reich daran werden, dass die

Welt untergeht, aufhalten können wir es nicht, wir können ihr nur beim Kollabieren zusehen.

Wissen Sie was? Ich hatte da einen Freund, als ich noch klein war. Er hatte keinen Vater, er hatte nur eine Mutter, und seine Familie war viel ärmer als meine. Seine Mutter aß öfter mal nichts, damit ihre Kinder zu essen hatten, und sie dachte, mein Freund und seine Schwestern würden das nicht merken. Aber sie haben es gemerkt. Ich weiß es, weil er es mir gesagt hat.

Ich weiß nicht, ich nehme an, Spiele sind nun mal so. Manchmal gewinnt man und manchmal verliert man. Und, mal ehrlich, was ist wichtiger, als zu gewinnen? Ich weiß es nicht. Mir fällt jedenfalls nichts ein.

# 19

Ich habe Kyle gesagt, er solle mir zwei Wochen geben. Warum ich ihn um diese zwei Wochen gebeten habe, weiß ich nicht. Vermutlich war ich noch nicht ganz so weit. Ich hatte schließlich nicht gewusst, dass ich an diesem Tag meine Freiheit bekommen würde. Ich brauchte etwas Zeit, um sie einzuatmen.

In diesen zwei Wochen ging ich jeden einzelnen Tag zur Arbeit und blieb die ganze Zeit über dort. Und meine vertraglich vereinbarte Arbeitszeit ging von neun bis fünf.

Warum ich das getan habe? Ich weiß nicht so recht. Ich glaube, ich wollte einfach nur die Geräusche hören. Der Floor in Tokio war natürlich nicht mein angestammter Floor. Es war nicht der Floor, auf dem ich mir einen Namen gemacht habe. Es ist nicht der Floor, den ich in meinen Träumen sehe.

Aber es war ein Trading Floor. Es war ein Ort, an dem Männer miteinander konkurrieren, um Geld zu verdienen, um recht zu haben, um besser zu sein als der andere und um sich Wohnungen ohne Türen, aber mit drehbaren Wänden leisten zu können. Und es war ein Ort, an dem nicht alle Träume in Erfüllung gehen. Ein Ort, an dem Kids immer noch aus dem Nichts kommen und über Nacht die Besten der Welt sein können, auch wenn es so gut wie nie wirklich vorkommt. Aber wenn, dann schauen alte reiche Männer und junge reiche Jungs gleichermaßen zu ihnen rüber, wenn sie auf die Toilette gehen und denken: Schau dir den an, mit seinem bescheuerten Topman-Hemd. Was zum Teufel hat der, was ich nicht habe?

Und, wie schon gesagt, vielleicht stimmt es ja, vielleicht war alles wirklich nur Glück.

Manchmal hoffe ich selbst immer noch, dass alles nur Glück war. Unsere Zukunft sieht weiß Gott nicht sehr rosig aus, wenn dem nicht so war.

*

Dann kam er, mein letzter Tag auf dem Trading Floor. Ich musste mich nicht groß verabschieden. Ich ging rüber zu Florent Leboeuf, wir unterhielten uns und lachten ein wenig über seine jüngsten Weibergeschichten. Er sagte, er würde sich melden, wenn er das nächste Mal in London vorbeikäme. Was er jedoch nie getan hat.

Ich ging zu den Lunch-Gourmets, und wir unterhielten uns kurz darüber, was wir zu Mittag gegessen hatten, und sie meinten: »O Gary, dein Japanisch ist so was von gut.«

Schließlich bedankte ich mich bei Kousuke für alles, worauf er lächelnd mit der Hand vor der Nase abwinkte und auf Japanisch sagte: »Schon gut, schon gut.« Danach habe ich ihn nie wieder gesehen.

Es gab keinen Applaus, als ich den Floor verließ, dafür blieb diesmal ich stehen und blickte zurück, nur ein einziges Mal.

# 20

Ich ging und befreite mein kleines gelbes Rad von dem Laternenpfahl neben der Bank. Ich stellte meine Tasche ab, knöpfte mein gestreiftes weißes Hemd auf, knüllte es zusammen und stopfte es in die Tasche. Es war sehr, sehr heiß hier draußen, und ich nahm die dünne graue 7-Eleven-Weste heraus, die Wizard mir geschenkt hatte, als sie zum ersten Mal nach Japan gekommen war, und die das Personal bei 7-Eleven immer zum Lachen brachte. Ich zog sie an und entschloss mich, diesmal nicht mit dem Rad nach Hause zu fahren, sondern noch einmal durch den Ostgarten des Palastes zu gehen.

Es dauerte eine ganze Weile, zu Fuß nach Hause zu gehen, und die Sonne brannte auf meiner Haut. Ich schob mein kleines gelbes Rad durch die Millionen von identischen Bäumen und versuchte, sie noch einmal zu zählen, aber ich wurde immer wieder abgelenkt.

Ich überlegte, was es wohl bedeutete, dass ich wegging, und fragte mich, wer nun recht hatte und wer nicht.

Hatte der Frosch recht, als er sagte, mir würde das Geld ausgehen? Dass ich irgendwann wieder angekrochen käme?

Hatte Arthur recht, als er meinte, der Kollaps der Welt ließe sich nicht verhindern? Dass wir nichts tun könnten, außer zuzusehen und davon zu profitieren?

Hatte ich recht? Dass die Wirtschaft tatsächlich weiter kollabieren würde? Dass das Leben immer schlimmer werden würde?

Und was ist mit dem Rest von uns? Hatte irgendjemand von uns recht? Hatte Chuck recht, seine Stapel Münzen einzupacken und einfach so zu verschwinden? Hatte Caleb recht? Der gegangen und wiedergekommen war. Was ist mit JB, Harry und Snoopy? Was machten wir eigentlich? Hatte irgendeiner von uns recht?

Ich war überfordert und konnte auch nicht einen der Bäume zählen, geschweige denn alle. Ich spürte, wie die Sonne mir Nacken und

Schultern verbrannte, und ich dachte daran, mein Hemd wieder anzuziehen.

Aber dann dachte ich, ach was, lass gut sein, wer weiß, ob du je wiederkommst.

Ich versuchte noch nicht mal mehr zu denken, während mir Japans Sonne die Schultern verbrannte, sondern versuchte, die feuchte Wärme der Luft auf der Zunge zu schmecken, während ich unter dem Gezirpe der Zikaden nach Hause ging.

Danach flog ich zurück nach London, um mir ein Spiel zu suchen, das ich nicht gewinnen konnte.

Und ich dachte: Ist mir egal, ob ich weiter gewinne, aber ich sollte wirklich aufhören, allein zu spielen.

Spielen Sie doch das hier mit mir.

Viel Glück!

# Nachtrag

(Ich gebe im Folgenden wieder, was mir William Douglas Anthony Gary Thomas Jahre später in seinem so beschwingten wie beschwipsten Liverpooler Dialekt in einem hübschen Dorfpub in Harpenden, Hertfordshire, erzählt hat.)

»Weißt du, an dem Tag, an dem du gingst, gab's eine Telefonkonferenz. Ich meine, nicht wegen dir oder so, die monatliche Telefonkonferenz eben. Sie fiel nur eben zufällig auf den Tag, an dem du gingst. Also, es waren alle dabei, die STIRT-Trader, das gesamte STIRT-Management in New York, London, Tokio und Sydney und Chuck (Chuck war nicht gestorben, sondern sein Tumor war operiert und er war nach Singapur »befördert« worden). Insgesamt also vielleicht sechs-, siebenundzwanzig Trader und das Management.

Es ging um das Übliche, Trades und Märkte, und am Ende kam Caleb rein und meinte: ›Ich möchte allen mitteilen, dass heute Gary Stevensons letzter Tag bei der Citibank war.‹

Daraufhin sagte keiner mehr etwas, und es war eine Weile mucksmäuschenstill. Dann kam verdammt noch mal Chuck rein und fragte: ›Wer hat denn nun gewonnen? Gary oder die Citibank?‹

Es kam dann so ein kleines Brummen, ein Klicken, ein Knistern, als ob Caleb den Ton an seinem Telefon anmachen würde, und schließlich meinte er nur: ›Gary hat gewonnen.‹ Danach sagte keiner mehr etwas. Man hörte bloß noch zehn, fünfzehn kleine Klicks, als alle ihre Telefone auf stumm schalteten, sofern sie noch an waren. Und dann haben wir uns alle vor Lachen bepisst, sogar der Frosch.«

ENDE

# Die 33 Gesetze für Leben und Arbeit

In diesem Buch geht es nicht um Strategie. Strategien ändern sich wie das Wetter. In diesem Buch geht es um etwas viel Dauerhafteres: um die 33 fundamentalen Gesetze des Lebens und der Arbeit, die auch in 100 Jahren noch gültig sein werden. Die Gesetze, die darüber entscheiden, ob Sie große Dinge verwirklichen und selbst zu einer großartigen Persönlichkeit werden. Ganz egal, in welcher Branche Sie sind oder in welcher Position. Die 33 Gesetze beruhen auf Erkenntnissen aus der Psychologie, den Naturwissenschaften und jahrhundertelanger Forschung. Sie wurden validiert durch Umfragen unter zehntausenden Menschen aus der ganzen Welt, jeder Altersklasse und aus allen möglichen Berufszweigen. Und das Schönste ist: Einmal verstanden, sind Sie ganz einfach umzusetzen. Sind Sie bereit, Ihr Leben zu einem großartigen zu machen?

978-3-424-20295-3

Leseprobe unter www.ariston-verlag.de

# Besser entscheiden – Stress reduzieren

Die Ausbildung zum Kampfpiloten gehört zu den anspruchsvollsten und schwierigsten der Welt. Einen Jet bei über 1.000 Meilen pro Stunde zu fliegen, bedeutet, dass jede Entscheidung in Sekundenbruchteilen katastrophale Folgen haben kann. Hasard Lee hat gelernt, dieses Risiko zu beherrschen.

Jetzt berichtet er über seine Zeit als Kampfpilot und fasst das Wissen der besten Piloten der Welt so zusammen, dass es jede*r in der Geschäftswelt und im Leben einsetzen kann. Er zeigt, wie man besser und schneller lernt, mentale Stärke entwickelt und die Fähigkeit erwirbt, schnell zu bewerten, auszuwählen und umzusetzen.

Von diesen kampferprobten Techniken profitierten bereits CEOs, Astronauten und CIA-Agenten, ab jetzt wird Die Macht der Instinkte jedem ermöglichen, Höchstleistungen zu erbringen.

978-3-424-20296-0

Leseprobe unter **www.ariston-verlag.de**

# Loslassen als Chance – Die Kraft des Neuanfangs

»Die Stärke zu wissen, wann es Zeit ist aufzuhören«. In der heutigen leistungsorientierten Gesellschaft ist das Aufgeben ein Schandfleck im Lebenslauf. Wie oft haben wir schon etwas abgeschlossen, was uns weder glücklich gemacht hat, noch einen Vorteil gebracht hat, einfach nur, weil wir es nicht abbrechen konnten, oder wollten? Annie Duke beschreibt in »Quit«, wann der Mut, der eine Tugend ist und uns voran treibt, sich in einen Laster verwandeln kann. Über Jahrzehnte hinweg gibt es die Mentalität: »Quitters never win, and winners never quit.« Aber stimmt das? Die Autorin gibt uns auf faszinierende und erfrischende Art und Weise Einsichten in eine neue und mögliche gesellschaftliche Mentalität, in der das Aufgeben auch eine Chance sein kann.

978-3-424-20279-3

Leseprobe unter **www.ariston-verlag.de**